Direcciones y números telefónicos importantes

Sala de urgencias_____

_____

Centro de control de envenenamientos_____

_____

Ambulancia_____

_____

Médico familiar_____

_____

Especialista_____

_____

Especialista_____

_____

Dentista_____

_____

Dentista (teléfono para urgencias)_____

_____

Teléfono del hospital_____

_____

Cuídate

GUÍA PARA UNA MEJOR ATENCIÓN MÉDICA

Cuídate

GUÍA PARA UNA MEJOR ATENCIÓN MÉDICA

Tercera edición

Dr. Donald Vickery
Dr. James Fries

Versión en español de
Francisco J. Calva Pellicer
México

Con la colaboración de
D. M. Carlos E. Náter
Puerto Rico

Addison-Wesley Publishing Company
Reading, Massachusetts • Menlo Park, California
New York • Don Mills, Ontario • Wokingham, England
Amsterdam • Bonn • Sydney • Singapore • Tokyo • Madrid
San Juan • Paris • Seoul • Milan • Mexico City • Taipei

Datos de catalogación en publicación de la Biblioteca del Congreso

Vickery, Donald M.
   [Take care of yourself. Spanish]
   Cuídate: guía para una mejor atención médica / Donald Vickery, James Fries; versión en español de Francisco J. Calva Pellicer con la colaboración de D. M. Carlos E.Náter. --3a ed.
      p. cm.
   Translation of: Take care of yourself: the consumer's guide to medical care. 3rd ed.
   Bibliography: p.
   Includes index.
   ISBN 0-201-08292-6
   1. Medicine, Popular. 2. Self-care, Health. I. Fries, James F.
II. Title.
RC81.V518   1988   616--dc19   88-21909

Diseño de portada de Hannus Design Associates

 2 3 4 5 6 7 8 9–DO–9695949392
Second printing, November 1992

Prefacio

Au revoir, auf wiedersehen, take care of yourself, cuídate. Con estas tradicionales palabras de despedida expresamos nuestros sentimientos a los amigos. Cuando vuelva a verte, ¡qué estés sano! Conserva tu valiosísima salud. Revelamos nuestras prioridades en las palabras que usamos para despedirnos. Ni dinero ni fama, ¡cuídate!

Este libro tiene la finalidad de explicar al lector cómo debe cuidarse. Para nosotros, el título tiene cuatro significados. Primero, "cuídate" significa vigilar los hábitos que conducen al vigor y a la salud. El estilo de vida es la mayor garantía de vigor prolongado, y es posible aplazar la mayoría de las enfermedades crónicas graves mediante las decisiones acertadas para prevenir alteraciones de la salud. Segundo, "cuídate" significa vigilancia periódica para evitar las contadas enfermedades que pueden sobrevenir sigilosamente sin previo aviso, como la hipertensión arterial, el cáncer mamario o cervical, el glaucoma o las caries. En estos casos, cuidarse puede significar la precaución de acudir a un profesional de la salud para solicitar su ayuda. Tercero, "cuídate" significa responder decisivamente a cualquier nuevo problema médico que surja. En la mayoría de los casos, la respuesta debe ser atenderse uno mismo, por lo que cada persona puede ser su propio médico; sin embargo, en algunas ocasiones es necesaria la asistencia profesional. Responder decisivamente significa que se preste atención especial a la decisión de acudir o no al médico. Este libro se dirige en particular a ayudar al lector a tomar esa decisión.

Muchas personas creen que toda enfermedad debe tratarse en el consultorio médico, la clínica o el hospital. De hecho, más del 80% de los nuevos problemas se trata en el hogar, pero la proporción podría ser aún mayor. El público ha tenido escasa instrucción para determinar cuándo se necesita la ayuda de terceros y cuándo no. En los Estados Unidos de América, una persona común acude al médico poco más de cinco veces al año. Se extienden anualmente más de 1500 millones de prescripciones, alrededor de ocho por cada hombre, mujer y niño. Los costos médicos ahora ascienden a un promedio de $1300 dólares anuales por persona, más del 10% del producto nacional bruto de los Estados Unidos de América. Entre los millones de diferentes servicios médicos utilizados cada año, algunos previenen la muerte, otros consiguen una gran mejora de la salud y muchos proporcionan un notable alivio. Sin embargo, no pocos son totalmente innecesarios o incluso nocivos.

En la búsqueda nacional de una existencia libre de síntomas, se ha considerado que hasta el 70% de las visitas al consultorio médico a causa de un nuevo problema son innecesarias; por ejemplo, el 11% corresponde a resfriados sin ninguna complicación. Muchas otras son por cortaduras pequeñas que no requieren puntos de sutura, para solicitar una vacuna antitetánica —pese a que el sujeto se encuentre debidamente inmunizado—, por esguinces ligeros del tobillo y por otros problemas comprendidos en este libro. Pero aunque no se requiera un médico para tratar la mayoría de los casos de tos, hay algunos que en efecto lo precisan. De aproximadamente diez cortaduras que no necesitan ningún punto de sutura, hay una que sí lo amerita. En cada tipo de problema, hay circunstancias en las que el sujeto debe decidirse por consultar al médico, así como otras en que no procede hacerlo.

Considere la importancia que tienen estas decisiones. Si se demora la visita al médico cuando en realidad está indicada, el sujeto puede sufrir una molestia innecesaria o tener una enfermedad desatendida. En cambio, si se acude al médico cuando no se precisa hacerlo, se pierde tiempo, a menudo dinero y, quizás, algo de dignidad. De manera sutil comienza a erosionarse la confianza de la persona en su propia capacidad y en la fuerza de recuperación espontánea de su organismo. El sujeto puede incluso ocasionarse un daño físico si recibe un medicamento que no necesita o se somete a una prueba innecesaria. El médico se siente en una posición incómoda cuando alguien que no necesita sus servicios acude a solicitarlos y puede sentirse obligado a ejercer "medicina defensiva" por si el paciente obtiene malos resultados, pero cuenta con un buen abogado. Este libro intenta, sobre todas las cosas, ayudar al lector en la toma de las citadas decisiones; le proporciona una "segunda opinión" al alcance de la mano en un librero. Contiene información para ayudar a quienes lo consulten a formarse un buen juicio acerca de su salud personal.

El título del libro tiene un cuarto y último significado. La salud de cada quien es su propia responsabilidad y depende de sus decisiones. No hay otro camino. Uno debe decidir cómo vivir, si consultar a un médico o no, a cuál acudir, con qué prontitud y aceptar o rechazar los consejos ofrecidos. Nadie más puede tomar estas decisiones, que dirigen profundamente el rumbo de los sucesos futuros. Para estar sano, cada quien debe llevar las riendas.

¡Cuídate!

Reston, Virginia, D.M.V.
Stanford, California, J.F.F.

Agradecimientos

Agradecemos a muchas personas la ayuda que nos han prestado en esta tercera edición, incluyendo a los miles de lectores que nos han enviado sugerencias y palabras de aliento y a los centenares de profesionales de la salud que han utilizado la primera y segunda ediciones en sus programas y trabajo diario.

En particular, quisiéramos expresar nuestra gratitud por los consejos y apoyo que nos brindaron a los siguientes colaboradores: doctor William Bremer, Edward Budd, doctor William Carter, doctora Grace Chickadonz, doctor Peter Collis, Charlotte Crenson, Ann Dilworth, doctor Edgar Engleman, William Fischer, Sarah Fries, Jo Ann Gibely, doctor Halsted Holman, doctor Robert Huntley, doctor Kenneth Larsen, doctora Kate Lorig, profesor Nathan Maccoby, Florence Mahoney, Michael Manley, Lawrence McPhee, doctor Dennis McShane, doctor Eugene Overton, Charles L. Parcell, Christian Paul, Clarence Pearson, William Peterson, George Pfeiffer, doctor Robert Quinnell, Nancy Richardson, doctor Robert Rosenberg, doctor Ralph Rosenthal, Lloyd Schieferbein, doctor Douglas Solomon, doctor Michael Soper, John Staples, Judy Staples, Warren Stone, doctor Richard Tompkins, Shelley Vickery, doctor William Watson y doctor Craig Wright.

A nuestros lectores

Este libro es un potente medicamento, y puede serle de gran utilidad. La información médica es la más segura posible, pero no siempre resultará útil. Como los consejos de su médico, no siempre será lo indicado para usted. He aquí nuestro problema: si no le hacemos una recomendación directa, no podremos ayudarlo y, de hacerlo, a veces estaremos equivocados. Por tanto, hacemos estas advertencias: si usted se encuentra bajo el cuidado de un médico y éste le aconseja algo que no concuerde con el libro, observe la indicación de su médico; considere las características individuales de su problema. Si usted es alérgico al medicamento recomendado o sospecha serlo, aclare la duda con su médico, aunque sea por teléfono. Lea cuidadosamente las instrucciones del envase del medicamento, pues las indicaciones varían de un año a otro y el usuario debe observar las más recientes. Si el problema persiste después de un plazo razonable, por lo general será conveniente consultar al médico.

Contenido

Introducción

Usted puede hacer más por su salud que su médico

Presentamos la primera edición de *Cuídate* en 1976 con esta frase. El concepto de que la salud es más una responsabilidad personal que profesional era entonces motivo de controversia, aun cuando la idea apareció antes en los escritos de Rene Dubois, Victor Fuchs y John Knowles, entre otros. Sin embargo, estas ideas eran todavía ajenas en una sociedad que dependía en gran medida de expertos de toda índole y al parecer adicta a aparatos y medicamentos cada vez más complicados. La mayoría de las personas parecía confiar en que el ingenio de los estadounidenses podría curar cualquier enfermedad, ya que se consideraban capaces de declarar la guerra al cáncer o a cualquier otro problema y en pocos años se descubriría una nueva solución, tal vez un novedoso procedimiento, un comprimido o un aparato.

¡Qué gran diferencia puede haber en unos cuantos años! En 1981, el jefe de sanidad de los Estados Unidos de América publicó un informe cuidadosamente redactado, *Health Promotion and Disease Prevention (promoción de la salud y prevención de enfermedades),* con esa frase: "Usted, el individuo, puede hacer más por su propia salud y bienestar que cualquier médico, cualquier hospital, cualquier fármaco o cualquier exótico dispositivo médico". El comunicado procede a detallar una estrategia para conseguir un mayor nivel de salud nacional basado en el esfuerzo personal. El gobierno federal estadounidense ahora cuenta con una oficina de promoción de la salud y prevención de las enfermedades. La estrategia de *Cuídate* goza ya de aceptación en nivel nacional. La salud de cada persona depende de ella misma. Los autores nos sentimos orgullosos de que esta obra haya desempeñado un papel importante para lograr un cambio en la percepción nacional de la salud.

Las primeras dos ediciones en inglés de *Cuídate* se imprimieron 56 veces, alcanzando un total de casi tres millones de ejemplares. El texto se ha traducido a 12 idiomas, y ha constituido el elemento central de muchos programas de salud patrocinados por corporaciones, planes de seguros de salud y otras instituciones. La aceptación que ha merecido de parte de grupos profesionales que han revisado el libro es un testimonio de lo acertado de los consejos médicos ofrecidos en estas páginas y es, además, un testamento para los grupos y directores de programas con visión, quienes se han percatado de la necesidad de abordar con nuevos enfoques los problemas de salud. El notable éxito de las primeras dos ediciones fue posible sólo gracias al apoyo de todas estas personas.

Pero, ¿en verdad sirve *Cuídate?* ¿Puede usted, lector, mejorar su estado de salud con la ayuda de este libro? ¿Le es posible recurrir con menor frecuencia al médico, aprovechar los servicios con mayor prudencia y ahorrar dinero? Sí. Críticos especializados han revisado *Cuídate* en una forma más minuciosa que cualquier otro libro jamás escrito sobre la salud, y sus apreciaciones han aparecido en las revistas médicas de mayor prestigio. Los tres estudios principales reunieron un grupo de varios miles de individuos y su costo ascendió a casi dos millones de dólares, si bien todos los estudios han sido favorables.

• Un reciente informe publicado en el *Journal of the American Medical Association* describe un estudio aleatorio en el cual 460 familias (elegidas por sorteo) de Woodland, California, recibieron un ejemplar de *Cuídate,* y 239 no lo recibieron. El número de visitas al consultorio médico de quienes tenían *Cuídate* descendió 7.5% en comparación con las otras familias. Las visitas al médico disminuyeron 14% a causa de infecciones en las vías respiratorias (resfriados).

• En 1983, un artículo del *Journal of the American Medical Association* comparó el uso del libro *Cuídate* en un organismo dedicado al mantenimiento de la salud, Medicare, con un grupo testigo aleatorio. El total de segundas visitas al consultorio se redujo 17% y las correspondientes a enfermedades menores, 35%. Para este amplio estudio —de 3700 sujetos durante cinco años— se recopilaran los datos directamente de expedientes médicos, ciñéndose a un riguroso diseño experimental y se encontraron reducciones estadísticamente significativas en poblaciones tanto de Medicare como de índole general.

• Un estudio de importancia publicado en la revista *Medical Care* en 1985 da a conocer un experimento en 29 centros de trabajo donde, después de la distribución de *Cuídate,* la frecuencia de visitas al consultorio médico descendió 14% en las familias de 5200 empleados, es decir 1.5 visitas médicas anuales por familia.

• Por último, se ha preguntado a quienes recibieron *Cuídate,* cómo aprovecharon sus ejemplares. En Middlebury, Vermont, se tabularon las respuestas al cuestionario de 359 personas. De este número, 342 declararon que *Cuídate* es una buena obra de consulta y 349 que lo habían usado cuando menos una vez para resolver un problema. Cinco de cada seis opinó que el libro mejoró la eficacia de su atención médica y más de la mitad de los interrogados aseveró que al usarlo habían ahorrado dinero. En Woodland, California, una encuesta telefónica en 295 familias indicó que el 89% había leído por lo menos parte del libro y que el 40% lo había utilizado para resolver uno o varios problemas. De cuantos se sirvieron de la obra, aproximadamente una proporción tres veces mayor de personas decidió no acudir al médico que cuantas optaron por hacerlo. No se dio a conocer algún resultado negativo del uso del libro. Al interrogar a los lectores acerca de cómo se sentían, el 55% aseguró tener mayor confianza personal sobre el cuidado de su salud. Ninguna persona comunicó pérdida de confianza.

La presente edición de *Cuídate* contiene muchas secciones nuevas, actualizadas y sometidas a revisión. La información del efecto del estilo de vida sobre la salud ha aumentado considerablemente y se presentan nuevos datos sobre el papel de la ingestión de grasas, fibras, alcohol y también sobre otros factores. En una nueva sección indicamos cómo se puede reducir la necesidad de intervenciones quirúrgicas. Debido al creciente número de individuos que realizan actividades para mejorar su condición física, hemos aumentado las secciones relacionadas con lesiones deportivas y agregado diagramas de decisión para afrontar estos problemas. Ha surgido una nueva enfermedad, el SIDA. Presentamos un análisis de esta epidemia, así como las medidas preventivas para detenerla. También se exploran otros temas, que incluyen mecanismos de pago en asuntos médicos, la cantidad cada vez mayor de profesionales de la medicina y nuevos enfoques de la promoción de la salud en los que intervienen las evaluaciones de riesgos de distintas enfermedades. Se ha añadido una sección sobre la menopausia, así como otra que incluye técnicas para mejorar la memoria. En resumen, ahora se sabe más a fondo cómo puede cuidarse cada persona y esta nueva edición ayudará al lector a lograrlo mejor.

Sin embargo, el cambio más importante de este libro es quizá más sutil. Tendemos a concentrarnos menos en las enfermedades y cómo prevenirlas, y más en la salud y la forma de conservarla. Los mismos factores que disminuyen las enfermedades influyen en la salud y en el proceso de retardar el envejecimiento. Para la persona sana son esenciales un estilo de vida vigoroso, un sentido constante de aventura y entusiasmo, el ejercicio incesante de la voluntad personal y de responsabilidad individual, así como la alegría. Finalmente, no podemos evitar la muerte cuando llega a su fin nuestra existencia natural, pero nos es posible mantener nuestro vigor y nuestro gozo casi hasta ese momento del que nadie escapa.

Sección I CONOCIMIENTOS PRACTICOS PARA EL USUARIO DE SERVICIOS MEDICOS

1 Sus hábitos y su salud

Usted puede hacer más que cualquier médico para conservar su salud y bienestar. Pero, necesita adquirir el hábito de la salud. A los 50 años de edad, los sujetos con buenos hábitos de salud son físicamente 30 años menores que los sujetos con malos hábitos de salud; a los 50, usted puede tener la edad física de 65 o de 35 años. En sus manos está.

Las enfermedades que pueden prevenirse por acciones del médico son sorprendentemente escasas. De vez en cuando, el profesional puede detectar una enfermedad, como hipertensión arterial o cáncer, en una etapa incipiente, y entonces el tratamiento médico adecuado puede contribuir en grado significativo a la salud prolongada del paciente. Desgraciadamente, en la actualidad, el médico no puede detener el avance de las enfermedades crónicas más importantes, como endurecimiento de las arterias, diabetes, osteoartritis, enfisema, cirrosis y cáncer pulmonar. Quizá sería bueno que el médico fuera capaz de tratar de modo más eficaz estas enfermedades y que usted pudiera evitar toda responsabilidad, pero esto no es posible.

Si todos tuviésemos buenos hábitos de salud, ¿qué sucedería? El cáncer pulmonar y el enfisema desaparecerían casi por completo, la mortandad por todos los tipos de cáncer disminuiría en aproximadamente dos tercios y la cirrosis hepática se convertiría en una enfermedad poco frecuente. Las úlceras pépticas y gastritis disminuirían en gran medida, sería una rareza la hemorragia masiva de la parte superior del tubo digestivo (esófago, estómago o duodeno), lo mismo que la pancreatitis (inflamación del páncreas). La hipertensión arterial no sería común y habría un número mucho menor de embolias y ataques cardiacos. La aterosclerosis (endurecimiento de las arterias) ocurriría menos a menudo, reduciéndose quizá a menos de la mitad. Sería posible eliminar el 50 % de las camas de hospital en todo el país. Bajaría el costo de la atención médica, se ahorraría el precio de los costosos malos hábitos y el consumidor de servicios médicos tendría más dinero, tanto para sus necesidades como para sus deseos. El número de días de incapacidad disminuiría a menos de la mitad y ascendería la productividad nacional. ¡Qué increíble conjunto de oportunidades!

BUENA CONDICION FISICA

El hábito de salud más importante de la vida es el ejercicio activo. Las diversas partes del organismo necesitan usarse para que funcionen bien, es decir, o se usan, o se pierden. Nuestros órganos tienden a atrofiarse más rápidamente que a desgastarse.

Sin ejercicio, los músculos se tornan flácidos, los huesos se hacen quebradizos, el impulso sexual disminuye, el músculo cardiaco se ablanda y se reduce la reserva cardiaca con la cual afrontamos el esfuerzo físico; las células del organismo no pueden utilizar tan eficientemente el oxígeno, y los reflejos declinan, por lo que se favorecen las caídas y accidentes.

El ejercicio es la clave de muchos de los demás factores de riesgo para la salud. Ayuda a controlar el peso corporal, reduce el colesterol, disminuye la frecuencia del pulso y los niveles de la presión arterial, ayuda a contrarrestar el estrés emocional y a prevenir la depresión. Incrementa la reserva física, mejora la resistencia durante la jornada de trabajo y fomenta la confianza en uno mismo.

Su programa de ejercicios debe ser placentero. Lo que a menudo resulta difícil es el inicio de un nuevo hábito; casi todas las personas obtienen una profunda satisfacción por su programa de ejercicios una vez que se ha convertido en hábito. ¿No cuenta usted con el tiempo necesario?

El ejercicio es la actividad que le añade tiempo a su día al incrementar su resistencia y años vigorosos a su vida. En realidad, nadie puede darse el lujo de *no* hacer ejercicio.

Se han promovido muchas fórmulas de ejercicio excesivamente detalladas, pues quienes lo practican suelen resultar conversos intolerables, cuya nueva euforia a menudo se traduce en celo de misioneros. De hecho, el sentido común es su mejor guía. El cuerpo humano fue diseñado para una vida menos regalada de la que se le ha dado en décadas recientes, y funciona mejor si se utiliza más.

El ejercicio debe realizarse de manera regular, por lo menos cuatro días a la semana. La mayor parte del ejercicio debe ser aeróbico para que el corazón y los mecanismos para la utilización de oxígeno adquieran una mejor condición. El ejercicio aeróbico requiere actividad constante durante no menos de 15 minutos; este ejercicio debe ser lo suficientemente enérgico para aumentar la frecuencia cardiaca y producir sudor.

Cerciórese de distinguir entre el ejercicio aeróbico y el diseñado para incrementar la fuerza o la flexibilidad, ya que estos otros ejercicios también son útiles, pero sólo los aeróbicos protegen el corazón.

El programa de ejercicios debe iniciarse en forma gradual a fin de permitir que el cuerpo se prepare para un nivel superior de actividad; la realización del programa completo puede tomar muchos meses e incluso varios años. Sea cauteloso al principio e incremente sus actividades con lentitud, conforme sienta tener la capacidad de esforzarse más y desee hacerlo. No trate de competir demasiado pronto. Si la nueva actividad le causa alguna molestia, está avanzando demasiado aprisa. En cambio, cuando sufra el inevitable conjunto de punzadas, dolores y lesiones leves, no lo interprete como una advertencia de que debe suspender sus ejercicios, sino como un indicio de que necesita un descanso temporal, seguido por la pronta reanudación del programa. Si necesita ayuda para afrontar los problemas menores del ejercicio, consulte la sección II.

Usted puede elegir libremente entre una amplia diversidad de ejercicios aeróbicos. En la actualidad, trotar es el ejercicio de mayor aceptación, ya que lo practican 30 millones de personas tan sólo en los Estados Unidos de América. Sin embargo, esta actividad no ofrece ninguna ventaja en particular sobre otras formas de ejercicio. Nosotros hemos sido corredores habituales durante muchos años y disfrutamos de la soledad de atravesar campos y colinas. A otros les gusta correr en una pista, nadar, dedicarse al ciclismo, caminar o saltar la cuerda. A algunos les atrae la bicicleta estacionaria frente a su televisor. No falta quien prefiera hacer sus ejercicios oyendo música con audífonos. Algunos deportes competitivos, como el baloncesto y el fútbol *soccer*, pueden proporcionar ejercicio aeróbico. Sin embargo, ese no es el caso de los bolos, el golf y el tenis. Su elección particular es mucho menos importante que el hecho de escoger una actividad que le proporcione placer, en la que usted espere continuar durante un período prolongado. Incluya el ejercicio en su programa de rutina: correr muy temprano por la mañana, antes de la comida o «en vez de una copa» al atardecer; usar su bicicleta para ir al trabajo; fijar una hora específica para nadar, o caminar un poco después del desayuno.

Aun cuando usted desempeñe un trabajo físico, necesita ejercicio aeróbico; encontrará que le ayuda a mantener su nivel de energía en el trabajo. Muy pocas labores físicas requieren ejercicio aeróbico y el hecho de levantar y empujar objetos pesados con distintos intervalos durante todo el día, aunque ocasiona fatiga, no contribuye a la buena condición física. Además, también se derivan beneficios psicológicos de los programas de ejercicios emprendidos libremente. La decisión voluntaria de asumir la responsabilidad personal hará, por sí misma, que usted se sienta mejor al tenerse confianza. El estímulo proveniente del ejercicio aeróbico es un beneficio inmediato y positivo.

CIGARRILLOS

El hábito de fumar cigarrillos es el más perjudicial de los vicios personales. En los Estados Unidos de América mata a 350 000 personas al año, lo que equivale a la muerte de todos los pasajeros y tripulación de aviones 747 que se estrellaran tres veces al día durante un año. Según se dice, fumar cigarrillos puede ser un peligro para la salud, un ejemplo claro de disimulo. Por fortuna, este hábito es cada vez menos aceptable socialmente y en la actualidad el consumo de cigarrillos por persona disminuye aproximadamente 7 % al año. Los médicos han disminuido su hábito de 79 % en 1960 al actual 6 %.

Los médicos califican a los fumadores según su número de «cajetillas-años», que es el número de cajetillas fumadas por día multiplicado por el número de años que el sujeto lleva fumando. Por ejemplo, si usted ha fumado dos cajetillas al día durante cinco años, es un fumador de diez «cajetillas-año». Por cada cajetilla año que usted fume, disminuye su esperanza de vida alrededor de un mes, por tanto, aumenta enormemente el riesgo de muerte súbita, pero, además, se incrementa aún más la probabilidad de sufrir una muerte lenta y dolorosa. El gran fumador, que consume dos cajetillas diariamente por espacio de 30 años, o sea de 60 cajetillas-año, ha disminuido su esperanza de vida en 5 años y casi con toda certeza padecerá dificultad respiratoria durante sus últimos 20 años de vida.

El fumador de cigarrillos sufre casi el doble de ataques cardiacos, cuatro veces más embolias, 300 veces más de cáncer pulmonar, 300 veces más de enfisema y bronquitis, cuatro veces más arrugas en la piel y el doble de hipertensión arterial. La reserva física del fumador de cigarrillos disminuye. Los fumadores son menos saludables y vigorosos; tienen una vida sexual menos activa y permanecen hospitalizados el doble de tiempo que los no fumadores. Los grandes fumadores cuadruplican el tiempo que permanecen internados en un hospital.

Los últimos años de un gran fumador de cigarrillos no son un período de bendiciones y belleza. Se caracterizan por jadeo, labios amoratados e hinchados y una sensación de sofocamiento. En la jerga médica, el fumador de cigarrillos en sus etapas avanzadas se denomina «hinchado azuloso». El que fuma menos padece un grado menor de dificultad respiratoria, pero dista mucho de respirar normalmente.

Por fortuna, las pruebas actuales sugieren que el sujeto que deja de fumar puede recuperarse bastante y favorecer su esperanza de vida, si bien no igualar la del no fumador. El humo de la pipa y del cigarro puro es menos dañino si no se inhala, y ocasiona sólo una parte de los problemas creados por el humo del cigarrillo inhalado, pero fumar en pipa o cigarros puros también pueden disminuir la aceptabilidad social del individuo. El no fumador militante («¿Quisiera usted apagar ese cigarrillo?») es un nuevo fenómeno social, y los fumadores se ven limitados a espacios cada vez más reducidos en aviones, restaurantes y otros sitios públicos. Los riesgos del humo «de segunda mano» son muy reales, si bien relativamente pequeños, y muchas personas consideran ofensivo en alto grado verse obligadas a exponerse al humo de otros. Abandone el hábito de fumar y evite conflictos.

¿Cómo dejar de fumar? Hay muchas formas de hacerlo. Algunos asisten a cursos o participan en programas especiales para dejar de fumar. Sin embargo, la mayor parte de los fumadores dejan el hábito por sí solos. Muchos logran breves períodos sin fumar antes de lograr el cambio definitivo. Las distintas formas de romper el hábito de fumar tienen varias características en común. Primero, el sujeto debe estar convencido intelectualmente del efecto perjudicial de los cigarrillos y sentirse motivado para hacer un gran esfuerzo personal. Entonces, es conveniente que elija un día, tal vez algo lejano, para comenzar a privarse del tabaco. Luego debe comprometerse a sí mismo al comunicar a sus amigos lo que intenta hacer. Al aproximarse el día señalado, es aconsejable eliminar los ceniceros, así como destruir los cigarrillos restantes. Se debe identificar las ocasiones en que la persona suele encender un cigarrillo y procurar evitarlas. Una vez que se ha conseguido la abstinencia por espacio de una semana, el sujeto debe darse algún premio, incluso jactarse con sus amigos de lo que ha logrado. El hecho de cambiar a la pipa o a mascar tabaco es sólo una solución a la mitad, pues se protege a los pulmones pero se sacrifica la boca. En general, los productos comerciales que tienden a ayudar en este propósito resultan menos eficaces que las acciones que el fumador tome por sí mismo, pero hay quienes los encuentran útiles. Fumar cigarrillos es una verdadera adicción y es un hábito muy difícil de dejar. No obstante, millones de personas han logrado abstenerse de fumar permanentemente y usted también puede hacerlo.

ALCOHOL

El consumo de bebidas alcohólicas es una costumbre social para la gran mayoría de los adultos de los Estados Unidos de América. Con *moderación,* esta costumbre puede mejorar la circulación, reducir la presión arterial así como las grasas en la sangre y actuar como tranquilizante relativamente menor y seguro.

Sin embargo, el alcohol contribuye a la midad de todos los accidentes de tráfico, a una proporción todavía más alta de fatalidades accidentales y a riñas, asesinatos y suicidios. Además, un 10 % de la población estadounidense tiene problemas graves de alcoholismo y estas personas constituyen más del 20 % de los pacientes hospitalizados. Los alcohólicos suelen padecer uno o varios problemas del conjunto de afecciones graves asociadas con su hábito: cirrosis hepática, úlceras, hemorragias intestinales, senilidad prematura y deficiencias vitamínicas. A veces presentan signos de psicosis mental grave e incluso exhiben cuadros espectaculares de *delirium tremens.*

Para la mayoría de la gente no es perjudicial beber en forma moderada. Si usted no trabaja, conduce su automóvil o maneja maquinaria después de beber, es poco el daño médico que produce tomar vino con la comida o de vez en cuando una copa de licor, e incluso puede ser beneficioso. En cambio, si consume más de dos o tres copas al día o bebe en situaciones en las que es peligroso perder los reflejos, ya no es un bebedor moderado y el alcohol es claramente perjudicial.

El tratamiento para las personas con problemas graves de alcoholismo puede ocasionar frustración y resulta a menudo un fracaso. La moderación rara vez funciona para el verdadero alcohólico, pues para las personas con esta enfermedad es necesaria la abstinencia total. Algunas organizaciones que ayudan al individuo a atenderse por sí solo, especialmente Alcohólicos Anónimos, alcanzan un buen índice de éxito, por lo menos igual a cualquier tratamiento «médico». Las agrupaciones asociadas a las anteriores, por ejemplo Al-Anon, que se dedican a las familias de alcohólicos, también son efectivas. Estos programas obtienen su mayores éxitos en individuos motivados que en verdad quieren cambiar, pues continuamente refuerzan el deseo del sujeto de mantenerse libre de la influencia del alcohol. Son programas sumamente valiosos.

¿Cuándo debe usted buscar ayuda? Cada quien tiene una definición distinta del exceso de alcohol, y la cantidad precisa quizá varíe de una persona a otra. Usted debe buscar ayuda si sus hábitos de beber le causan problemas. He aquí algunas claras señales de que se requiere asistencia profesional: una multa por conducir en estado de ebriedad, un accidente automovilístico después de tomar dos o varias copas, faltar al trabajo debido a las molestias de la «mañana siguiente», un patrón establecido de no asistir al trabajo los lunes por la mañana, un período de hospitalización por problemas relacionados con el alcohol como gastritis o hemorragia de la parte superior del intestino, la incapacidad de desempeñarse con su eficacia máxima en las tardes debido a una comida con dos martinis o su equivalente. Estas señales no son sutiles; si usted reconoce que es preciso cambiar su situación, se ha convertido ya en un buen candidato para un tratamiento eficaz.

LA SITUACION DE LAS DROGAS

Todos los fármacos ingeridos en exceso pueden traer consecuencias perjudiciales. Esto es cierto, sobre todo, para las drogas. En realidad, las drogas más importantes en la sociedad estadounidense son el alcohol, la nicotina y la cafeína, cada una de las cuales tiene sus muy conocidos problemas. Sin embargo, también se derivan graves consecuencias del consumo de drogas ilegales o «de la calle» y de varias píldoras de «felicidad» obtenidas con prescripción médica.

Los narcóticos (como heroína, cocaína, morfina, Demerol y metadona) causan hábito, y la adicción invariablemente conduce a la degeneración social y física del consumidor. Una gran proporción de los delitos, tanto violentos como no violentos, se relacionan con estas drogas; son un gran negocio y muy costosas para quien las acostumbra, por lo que su adquisición a menudo impone una actividad criminal.

El uso «elegante» de la cocaína en los círculos sociales distinguidos por sus altos ingresos e idiosincrasias personales difiere poco del empleo «callejero» de drogas más antiguas. La cocaína es una sustancia sumamente peligrosa; no permita que nadie lo convenza de lo contrario. Forma hábito, fomenta una inmensa industria criminal y causa muchas hospitalizaciones y muertes.

La mariguana es una droga relativamente suave con un efecto más bien de relajación. Sin embargo, algunos experimentos indican que consumida durante largo tiempo en grandes cantidades puede causar daños genéticos en animales. Su consumo frecuente se asocia con la pérdida de motivación en muchos individuos. La mariguana se ha difundido extensamente entre los jóvenes y ha afectado las decisiones que se deben tomar en etapas tempranas de la vida, como es el continuar con el estudio y la elección profesional. Todavía no se conocen bien sus consecuencias médicas finales, pero éstas pueden incluir lesiones pulmonares y anormalidades cromosómicas. Estos resultados son más sutiles, con toda probabilidad, que los del alcohol o cigarrillos, y tal vez sean más intensos en el ámbito de las alteraciones mentales a largo plazo.

Las anfetaminas y otros «aceleradores» son estimulantes y crean una ilusión de energía adicional, pero casi con toda seguridad aumentan algunas formas de enfermedades cardiacas, pues ocasionan la constricción de los vasos sanguíneos de pequeño calibre. Se ha concluido, de manera general, que prácticamente carecen de utilidad médica, por lo que su prescripción se ha sometido a una regulación más rigurosa de lo que fue hace algunos años y el público se percata cada vez más de los problemas que acarrean estos agentes.

La cafeína también presenta riesgos relativamente sutiles para la salud. Hay ciertas pruebas de que la ingestión de una cantidad excesiva de cafeína —por ejemplo, tres o más tazas de café al día— aumenta significativamente la frecuencia de problemas cardiacos, sobre todo en los varones. El té contiene menos cafeína que el café, pero debe tenerse en cuenta que también se encuentra una proporción considerable de esta sustancia en muchas bebidas embotelladas, en el chocolate y en diversos medicamentos de venta libre.

Las drogas legales no son menos peligrosas que las ilegales, pero como son «respetables», los consumidores tienden a olvidar o a pasar por alto el riesgo que entrañan. El número de prescripciones de estas drogas va en disminución. Esperamos que la información presentada en *Cuídate* haya tenido algo que ver con el descenso de la venta de dichos productos. Muchas de estas drogas entorpecen la capacidad del sujeto para cuidarse, pues embotan sus sentidos y le crean dependencias psicológicas. Durante el período de consumo máximo de estas sustancias, a principios de la década de 1970, más de una persona de cada seis en los Estados Unidos de América consumía con regularidad una droga, recetada por su médico, capaz de cambiar su estado de ánimo. Incluso ahora, estos productos figuran entre los de mayor prescripción, pues se cuentan 8 de ellos entre los 20 más frecuentemente usados, una acusación verdaderamente escandalosa contra las prácticas de la prescripción.

Entre los tranquilizantes de mayor aceptación están Valium, Librium, Equanil y Miltown. Solían ser recetados cuando el paciente manifestaba nerviosismo o ansiedad o sencillamente como un método rápido de lograr que el paciente angustiado saliera del consultorio más o menos satisfecho. Se prescribían estos fármacos para tratar los síntomas que reflejaban la dificultad del paciente para afrontar su realidad pero, como el alcohol, ¡entorpecían la capacidad del paciente de encarar su ambiente inmediato! Un comprimido común de los tranquilizantes más potentes (por ejemplo, Librium o Valium) equivale aproximadamente, en su acción sedante, a una copa de alguna bebida alcohólica. La mayoría de las personas convendría en que beber una o dos copas, tres veces al día, no es la mejor manera de resolver los problemas de la vida diaria. También se administran sedantes similares para ayudar a los pacientes a conciliar el sueño, pero tampoco resultan muy eficaces. El instinto de dormir es muy poderoso, y el cuerpo lo exige cuando lo necesita. Muchos adultos requieren sólo seis horas de sueño, lapso que parece disminuir con la edad. La sensación de haber dormido mal una noche a menudo conduce a que la persona se acueste temprano el día siguiente; esto, a su vez, produce una noche inquieta con períodos de insomnio, de modo que el paciente piensa que no duerme de manera adecuada y comienza un círculo vicioso. El insomnio verdadero, que necesita atención médica, es una rareza. Muy pocas veces se requieren sedantes, que no simulan con exactitud un sueño natural.

Si acostumbra usar sedantes con regularidad o tiene siempre una dotación en casa, usted o alguno de sus hijos puede morir por una sobredosis. Estos compuestos afectan las enzimas hepáticas y pueden generar complicaciones cuando se toman junto con otros medicamentos. Su efecto puede prolongarse hasta la mañana siguiente, produciendo una sensación de resaca y, por otro lado, aumentan las posibilidades de que sus hijos no lo escuchen cuando les indique los peligros del consumo de drogas.

Las anfetaminas y otros estimulantes solían prescribirse con la idea equivocada de ayudar a los pacientes a bajar de peso; no contribuyen a la reducción de peso sino temporalmente, y muchos estudios han demostrado la ineficacia de los programas de reducción de peso corporal basados en estas sustancias. También, son capaces de causar cambios profundos en el estado de ánimo, contraer las arterias de pequeño calibre e imponer al corazón una carga adicional. Entorpecen el desempeño del sujeto en las actividades o los deportes que exigen un alto grado de coordinación.

Necesitamos recordar que todos los fármacos son compuestos químicos; no son parte natural del organismo. Los medicamentos que usted ingiere reaccionan en el torrente sanguíneo con otros fármacos o con las diversas sustancias elaboradas previamente en su organismo. Si se toman juntos varios fármacos, la complejidad de las interacciones químicas es tan grande que ningún científico puede analizar con exactitud la situación. Casi cualquier síntoma médico puede representar el efecto secundario de un medicamento o de una combinación de medicamentos. Ahora se estima que entre el 10 % y el 20 % de los pacientes hospitalizados tienen complicaciones por los fármacos prescritos. La gran mayoría de los medicamentos que ha causado dichas reacciones no se necesitaban médicamente para mantener la buena salud del paciente. No pretenda encontrar salud en un frasco de píldoras.

EXCESO DE GRASA CORPORAL

Una vez que alguien excede su peso ideal por cinco kilogramos, cada medio kilogramo adicional le restará un mes de vida. El peso excesivo le resta agilidad, lo hace menos efectivo en sus encuentros personales y reduce su propia autoimagen. Las personas obesas son hospitalizadas más a menudo que las de peso normal, tienen más problemas con la vesícula biliar, de complicaciones quirúrgicas, más casos de cáncer mamario, así como de hipertensión arterial, más ataques cardiacos y más embolias.

El control del peso corporal es una tarea difícil, lo reconocemos. Algunas personas padecen enfermedades glandulares que les acarrean problemas de obesidad, pero para la gran mayoría, el problema —y su solución— es personal, no médico. Como ocurre con otros hábitos que alteran la salud, el manejo de este problema comienza cuando se reconoce como tal. El control del peso exige disciplina y vigilancia a lo largo de toda la vida. No es nada fácil.

Cada vez con mayor frecuencia se considera el ejercicio como un factor clave para controlar el peso corporal. La solución de cualquier problema de sobrepeso debe incluir un programa de ejercicios. La obesidad no es sólo el resultado de comer en exceso. Los sujetos obesos, estudiados cuidadosamente, se desplazan menos y, por tanto, queman muy pocas calorías.

El control del peso generalmente tiene dos fases: la de reducción y la de mantenimiento de peso. La primera fase es la más fácil; en ella, el método que usted consulte para perder peso no importa gran cosa, si bien las dietas de «proteína líquida» son peligrosas y deben evitarse. Durante la fase de reducción de peso, el sujeto dispone de muchas calorías proporcionadas por la grasa corporal y el desdoblamiento de proteínas, por lo que en este período se necesita una cantidad pequeña o nula de grasa y muy pocas proteínas. En general, usted puede elegir alguna dieta adecuada que se sustente en los principios expuestos más adelante en este capítulo. Una dieta por lo regular tiene algún tipo de truco que alienta a la persona y la ayuda a recordarla, de modo que la mayoría de la gente logra bajar de peso. Si usted se fija una meta, informe a cuantos le rodean lo que intenta hacer, ejecute su plan por un tiempo y probablemente logrará su propósito.

Mantenerse en su nuevo peso es más difícil. Acostumbre pesarse con regularidad y registre las cifras en una tabla. Trace una línea roja 3.5 kg sobre su peso deseado y manténgase por debajo de ella, sirviéndose del método que le resulte eficaz. No acepte ninguna excusa para aumentar de peso; es más fácil y más sano hacer pequeños ajustes frecuentes en los alimentos que consume, que contrarrestar los excesos con dietas. Evite los altibajos.

Trastornos producidos por la alimentación

Aun cuando la ingestión compulsiva de alimentos se ha reconocido desde hace tiempo como una forma de conducta que puede conducir a la obesidad, un número sorprendente de personas tiene problemas asociados con dietas exageradas.

Dos de estos síndromes son la anorexia nerviosa (obstinación en no comer) y la bulimia; ambos pueden originar complicaciones graves si no se diagnostican ni se tratan.

En la anorexia, los síntomas incluyen una privación excesiva de alimento, un sentido distorsionado de la imagen corporal, ritos estrictos en torno al consumo de alimentos, insistencia fanática por el ejercicio y una dependencia habitual de laxantes. En la bulimia, el cuadro sigue un esquema de hartazgos seguidos por períodos de hambre, en los que se consumen grandes cantidades de comida (a medida sin valor nutritivo) y luego se vomitan.

Además de las presiones sociales para mantener una extrema esbeltez, ambos estados patológicos tienen raíces psicológicas. Las adolescentes y mujeres jóvenes parecen ser particularmente vulnerables a estos peligrosos trastornos, que no sólo son una aberración desde el punto de vista alimentario, sino que además pueden conducir al aislamiento, la vergüenza y la sensación de haber perdido el control. En ocasiones una plática familiar o el restablecimiento de los conductos de comunicación de la familia pueden ayudar a descubrir y tratar estos cuadros. Si la dieta exagerada produce pérdidas de períodos menstruales o de peso muy por debajo del promedio para la talla y complexión del paciente, se debe consultar a un médico. Los consejos y el apoyo individuales o del grupo familiar también pueden resultar útiles para superar estas anomalías.

EL VEHICULO ERRANTE

En los Estados Unidos de América, los traumatismos ocasionan la mayoría de las muertes de sujetos menores de 44 años y el 75 % de todos los fallecimientos ocurre entre las edades de 15 y 25 años. Los accidentes representan la cuarta causa más importante de muerte a cualquier edad y, como la ocasionan antes de alcanzar la esperanza de vida promedio, el número de años de vida perdidos a causa de accidentes excede el debido a cardiopatías.

El uso del cinturón de seguridad en los automóviles no tiene mucho parecido con un tratamiento médico, pero es una potente medicina preventiva. Puede añadir más de un año a su esperanza de vida y reducir sustancialmente sus probabilidades de ser hospitalizado. A menudo se cree que los cinturones de seguridad, los dispositivos de cierre, los límites de velocidad y las campañas para prevenir la conducción de automóviles en estado de ebriedad, son molestas intromisiones en la libertad individual; sin embargo, la observancia de las medidas de seguridad son los hábitos de salud personal más fáciles de efectuar. Los jóvenes tienden a menospreciar la importancia de los buenos hábitos de salud porque no se sienten ante la amenaza de cáncer, enfermedades del corazón y embolias. Sin embargo, los malos hábitos de conducción, como prescindir de los cinturones de seguridad, no cerrar las hebillas de los niños, jactarse de gran pericia al volante y beber antes de conducir pueden ser tan mortales como los cigarrillos, sólo que más rápidamente. El joven estadounidense que muere en carretera por lo general perece en manos de otro joven.

FIBRA

La falta de una cantidad adecuada de fibra en la dieta es un riesgo relativamente nuevo y del todo carente de atractivo para la buena salud. A medida que nuestra civilización ha avanzado hacia la producción de alimentos más refinados, las dietas han perdido buena parte de su fibra natural. Como residuo de los alimentos que no se puede digerir, la fibra tiene la función de atravesar el tubo digestivo, retener agua en las heces, ayudar a eliminar bacterias, suavizar la función del intestino y disminuir su presión interna. La cantidad inadecuada de fibra ocasiona una amplia diversidad de problemas gastrointestinales; el más importante de ellos es el cáncer de colon, cuya frecuencia es mucho mayor en quienes consumen una dieta pobre en fibras. Otras consecuencias de la falta de fibra son la diverticulosis y la diverticulitis; el estreñimiento, las hemorroides y algunos otros síndromes abdominales de menor importancia.

La falta de fibra en la dieta es un mal hábito relativamente fácil de cambiar. Los granos integrales (pan de trigo integral, arroz moreno), los cereales, y las frutas y hortalizas frescas aportan los ingredientes necesarios. Todos estos alimentos son gratos al paladar y, una vez que haya cambiado un tiempo, descubrirá que los prefiere a los alimentos excesivamente procesados que solía consumir. Evite las harinas (pan blanco, macarrones) y azúcar refinadas lo más posible. Es cada vez mayor el número de opciones a su disposición en el mercado.

PREVENCION DE LA CIRUGIA

La vida es mejor sin cirugía. No sólo es inevitable cierto riesgo quirúrgico y anestésico, sino que la experiencia global de someterse a una operación y recuperarse de ella es costosa, molesta, enfadosa y a menudo innecesaria. La atención que se ha concedido para evitar cualquier intervención no estrictamente indicada ha avanzado junto con las recomendaciones de obtener «segundas opiniones». Todo esto puede ayudar hasta cierto punto, pero con mucho son las medidas de menor importancia que usted tiene a su disposición. Usted puede prevenir la necesidad de una operación. El principio básico consiste en eliminar los factores de riesgo que conducen a las intervenciones quirúrgicas frecuentes. Curiosamente, la estrecha relación entre la cirugía electiva y los factores de riesgo no ha sido subrayada en la literatura médica, pero existen factores de riesgo muy fuertes que están vinculados con los más frecuentes procedimientos quirúrgicos electivos.

Reconstrucción por hernia inguinal Las hernias son el resultado de la tos debida a los cigarrillos, de la obesidad, del mal estado físico en general, de debilidad específica de los músculos abdominales, de la tendencia a momentos esporádicos de intensa actividad o de malas técnicas al levantar objetos pesados. Cuando se evitan estos factores de riesgo se reduce enormemente la posibilidad de que usted necesite esta operación.

Hemorroidectomía Las hemorroides o almorranas ocurren con mayor frecuencia en los inactivos, lo que consumen dietas pobres en fibra y quienes no tienen buena condición física. Es posible evitar la mayoría de las hemorroidectomías con sólo modificar el estilo de vida.

Venas varicosas Estas son el resultado de obesidad, inactividad, el uso de ligas apretadas o la falta de uso de medias elásticas cuando se permanece de pie durante períodos prolongados. Cuídese de estos factores de riesgo y logrará evitar la citada operación.

Apendicectomía Se ha registrado una rápida disminución de la frecuencia de las apendicectomías, aun cuando no se comprenden a fondo los motivos de dicho fenómeno. Parecen tener importancia el tratamiento oporturno de cualquier dolor abdominal (a menudo con antibióticos), la menor frecuencia de lombrices y el aumento gradual de fibra en las dietas habituales. Una vez más, los factores de riesgo por la alimentación que favorecen otras enfermedades intestinales afectan la probabilidad de esta intervención.

Histerectomía Cuando se recomienda este recurso quirúrgico se justifica una segunda opinión. Las indicaciones de histerectomía suelen suscitar controversias, por lo que la decisión resulta muy personal. Muchos médicos opinan que esta intervención debe realizarse sólo en raras ocasiones con motivo de menstruaciones irregulares o muy copiosas y no muy a menudo por causa de tumores fibroides.

Cirugía de la vesícula biliar Los problemas de la vesícula biliar se observan con la frecuencia máxima en sujetos cuya obesidad es por lo menos moderada, que consumen dietas ricas en grasas, que desempeñan poca actividad física y que ingieren pocos líquidos. En su mayoría, las operaciones de la vesícula biliar son necesarias siempre que se recomiendan, pero se habría podido evitar gran cantidad de ellas con sólo prestar la debida atención a los referidos factores de riesgo.

Resección gástrica Las operaciones abdominales a causa de una hemorragia intestinal, úlcera u obstrucción del intestino suelen relacionarse con estrés, a menudo con medicamentos y todavía más frecuentemente con la ingestión de bebidas alcohólicas. Los estilos de vida sanos reducen en gran medida la probabilidad de que surja la necesidad de estas intervenciones quirúrgicas.

Reconstrucción de hernia hiatal La hernia hiatal es la herniación de una parte del estómago que asciende a través del diafragma. Ocurre en personas que tienen exceso de peso, mala condición física y tosen mucho. Las medidas médicas, en vez de la cirugía, también pueden aliviar los síntomas. Una segunda opinión suele ser útil para evitar el tratamiento quirúrgico de este cuadro.

Amigdalectomía y adenoidectomía Casi no hay ninguna indicación para estas operaciones; por lo general se practican por ignorancia. El tejido de las amígdalas y adenoides se reduce espontáneamente a medida que el sujeto crece, y se torna casi imperceptible hacia los 30 años de edad, sin ninguna cirugía. De hecho, las amígdalas son útiles y ayudan a combatir infecciones en la niñez. Si un médico sugiere una amigdalectomía y adenoidectomía, procede solicitar una segunda opinión. Quizá incluso una tercera y una cuarta.

Cesárea   En forma reciente, la frecuencia de las cesáreas ha aumentado enormemente en los Estados Unidos, con algunos beneficios cuando se tratan síndromes de sufrimiento fetal. No obstante, casi todas las autoridades concuerdan en que en algunos hospitales y regiones del país, las cesáreas se practican con demasiada frecuencia. Busque usted un hospital y un obstetra con bajo porcentaje de intervenciones en sus partos (cualquier proporción en exceso de un tercio de la totalidad de los partos por medio de cesárea debe considerarse elevada); pregunte directamente a su médico. Antes se creía que al realizarse una cesárea todos los partos subsiguientes tenían que realizarse del mismo modo. Sin embargo, ahora muchos médicos aceptan que a menudo es posible un parto por vía vaginal aun cuando la paciente haya sido sometida previamente a una cesárea.

Injerto de derivación de arteria coronaria   Estas operaciones, o procedimientos equivalentes que dilatan las arterias coronarias, son precipitadas por síntomas provenientes de aterosclerosis coronaria, relacionada en alto grado con los siguientes factores de riesgo cardiaco: ejercicio inadecuado, obesidad, tabaquismo, hipertensión arterial, consumo excesivo de grasas, y estrés. Se puede prevenir el problema; incluso después de aparecer los síntomas, deben hacerse intentos de controlarlos con medicamentos y mejores estilos de vida. Sólo un reducido porcentaje de operaciones de derivación en realidad prolongan la esperanza de vida. Es posible incrementar la supervivencia sólo cuando la obstrucción principal se encuentra en la coronaria izquierda principal y, en menor grado, cuando están afectadas las tres coronarias mayores. Como estas intervenciones son casos de cirugía mayor y como puede haber otros recursos no quirúrgicos que tal vez no se hayan intentado, creemos que se deben solicitar segundas opiniones y que su médico familiar debe estar de acuerdo con la necesidad de estos procedimientos.

Operaciones que por lo general están claramente indicadas   En contraposición, existen algunas intervenciones cuya necesidad es obvia y de las que se pueden esperar buenos resultados con bastante confianza. Estas incluyen las de reposición total de la cadera, reemplazo de la rodilla, extirpación de cataratas y trasplantes de córnea.

Si usted acata con constancia las recomendaciones ofrecidas en este capítulo, no tendrá la garantía de que no necesitará alguna forma de cirugía en algún momento de su vida, pero podrá reducir sustancialmente la posibilidad de que así sea.

SU DIETA PARA LA SALUD

Una amplia diversidad de consideraciones dietéticas son importantes para una vida saludable. En general, usted debe practicar la moderación. La mayoría de la gente no querrá efectuar cambios súbitos y radicales en sus hábitos de alimentación. En vez de ello, avance usted progresiva pero gradualmente en la adopción de una dieta más sana. Los buenos hábitos dietéticos son continuos. No es imperativo cambiar todas sus costumbres de una sola vez. Sin embargo, cuanto más lejos lleve usted sus cambios, mayores resultarán los beneficios obtenidos. Las directrices siguientes pueden ser útiles:

Cantidad total de calorías   Debe ser la suficiente para mantener un peso corporal estable y normal. Redúzcala si su peso es excesivo o va en aumento. Su ingestión de calorías debe igualar su gasto. No se preocupe demasiado por una cuenta precisa de las calorías, pues es difícil llevarla con exactitud en casa; en vez de esto, incremente su gasto de calorías por medio del ejercicio y reduzca su ingestión con una dieta, o adopte ambas medidas.

Proteínas   Las recomendaciones actuales piden reducción de la ingestión de proteínas. Ciertos indicios sugieren que a lo largo de la vida la función renal mejora si la carga de proteínas no es excesiva. Además, se debe obtener la mayor cantidad posible de proteínas de granos de trigo integral, hortalizas, aves y pescado en vez de carne roja.

Grasas   Conviene reducir la ingestión total de grasas y, en general, cuanta menor cantidad consuma, más bajos resultarán sus niveles de colesterol y los factores de riesgo de enfermedades cardiacas. Deberá disminuir notablemente su ingestión de grasas saturadas, como las presentes en carne roja, huevos, leche entera y la mayoría de los quesos. El queso parmesano es bajo en grasa. Por lo regular, cuanto más blanda sea la margarina, mejor resulta. Los aceites vegetales son mucho menos perjudiciales que las grasas obtenidas de animales, como de carne, leche o queso. Recientes pruebas fidedignas sugieren que la ingestión de aceites de pescado, en particular de salmón, caballa y crustáceos, en realidad es útil para reducir el riesgo de afecciones cardiacas.

Carbohidratos   Las recomendaciones actuales son en el sentido de incrementar en grado significativo el consumo total de carbohidratos. En su mayor parte, deben ser poco refinados, como trigo integral, verduras, cereales y frutas.

Alcohol   La ingestión de alcohol debe ser moderada, 400 calorías como máximo —si bien serían preferibles 200 o aun menos— al día. Esto representa unas dos copas diarias, considerando que una puede ser un vaso de vino, una botella de cerveza o un onza de licor fuerte. Es preciso evitar escrupulosamente el alcohol antes de trabajar o conducir vehículos.

Fibra   Se debe aumentar la ingestión de fibras, con atención en las de hortalizas frescas y granos de trigo integral (véase pág. 12).

Sal   Para la mayoría de la gente, la ingestión de sal debe ser de unos 4 gramos al día; en los Estados Unidos se suele consumir una cantidad excesiva: 12 gramos al día. Para reducir su ingestión, evite o elimine la sal en la preparación de los alimentos, utilice sustitutos y evite las comidas muy saladas, como bocadillos, galletas y papas saladas, así como alimentos procesados. Se puede incrementar ligeramente la ingestión de sal si sus actividades incluyen ejercicio intenso y trabajo arduo que lo hagan sudar profusamente.

Cafeína   La ingestión de cafeína se debe mantener a menos de 300 miligramos al día, lo que equivale a menos de tres tazas de café. (Una taza de café contiene aproximadamente 100 miligramos de cafeína.) Recuerde que muchas bebidas embotelladas contienen unos 70 miligramos, lo mismo que una taza de té, y que las tablillas de chocolate pueden aportar de 30 a 40 miligramos.

Calcio   El consumo mínimo debe ser de 1000 miligramos al día para cualquier persona y de 1800 miligramos para las posmenopáusicas. La leche descremada tiene 250 miligramos por vaso. Considere tomar carbonato de calcio (Tums, Os-cal) como suplemento, si excede los 50 años de edad.

Preparación de los alimentos   Ase los alimentos grasosos, como la carne roja, siempre que sea posible, para permitir que les escurra la grasa antes de ingerirlos. Es conveniente limitar las carnes asadas a unas 30 veces al año, pues existe la sospecha, aún no confirmada, de que los alimentos al carbón pueden contener algunos carcinógenos. Siempre que sea posible, debe eliminar la sal, reemplazándola por hierbas y especias para sazonar los platillos. Evite freír en grasa abundante. Si acaso fríe o saltea algunos alimentos, use aceites vegetales poliinsaturados, como de maíz o de cártamo.

Sugerencias adicionales   Tal vez encuentre útiles las siguientes sugerencias para lograr una dieta más sana:

- Evite comer carne roja dos días seguidos.
- Ponga en la mesa condimentos distintos de la sal.
- Coma algo antes de salir a surtirse de víveres para disminuir las compras impulsivas.
- Use leche descremada en vez de leche entera, así como yogurt y queso bajos en grasas.
- Limite la ingestión de huevos a menos de dos a la semana.
- Consuma pan de trigo integral en vez de pan blanco.
- Tome con liberalidad cereales sin azúcar y aconstúmbrelos como refrigerios ligeros.
- Use aceites vegetales para freír.
- Beba abundante agua. (El agua satisface la sed, llena el estómago, le permite ocupar sus manos y su boca, y es mejor para su salud que las bebidas dietéticas.)
- Considere beber cervezas ligeras en vez de pesadas, por la mayor cantidad de agua así como la reducción de alcohol.
- Procure establecer cambios dietéticos gradualmente para toda la vida. Intente algo nuevo al cabo de unos meses y no lo abandone.

SINDROMES DE AUTODESTRUCCION

Todos los temas de este capítulo —tabaquismo, inactividad, abuso de bebidas alcohólicas, obesidad, uso de drogas, evitar las medidas de seguridad, malos hábitos dietéticos— representan una forma de suicidio o autodestrucción. Estos factores se combinan para convertirse en los factores determinantes más importantes de su salud presente y futura. Usted puede vivir más años y sentirse mejor al adueñarse de su estilo de vida. Recuerde que los efectos de cada hábito perjudicial para su salud son acumulativos. La probabilidad de una muerte prematura o de invalidez aumenta mientras prolongue su hábito de fumar, su obesidad, su falta de ejercicio y su costumbre de pasar por alto el uso del cinturón de seguridad. En cualquier momento es beneficioso romper un mal hábito y para la mayoría de estos problemas el elemento esencial es la moderación, en vez de la eliminación total.

¿Cómo se puede superar un mal hábito? Esto sólo se logra con mucho esfuerzo. Para iniciar el programa más importante de su vida, primero necesita comprender a fondo el asunto y, a partir de eso, será posible cambiar. Lleve un registro de sus progresos. Trabaje al lado de otros que compartan los mismos problemas. Hágase a la idea de perseverar en estos esfuerzos el resto de su vida. Comunique a los demás lo que se propone. Descubra los gratos dividendos de mejorar sus hábitos y no los eche al olvido: una mejor vida sexual, una reserva incrementada de vigor físico durante el día, la admiración de quienes le rodean, más energía, más dinero, una mente despejada y menos enfermedades.

Defínase las metas de salud que le son importantes a usted y a su familia. Decídase a efectuar cambios permanentes en su vida. Las dietas pasajeras, la privación temporal de bebidas alcohólicas y los brotes de actividad física no le brindarán resultados satisfactorios e incluso pueden resultar desalentadores. Cuando se entrega a ejercicios que rebasan su condición física, impone demasiado esfuerzo tanto a sus ligamentos musculares como a su corazón. Cuando su peso corporal se balancea de arriba hacia abajo una y otra vez, se perjudica su corazón tanto como si hubiera usted conservado su peso excesivo inicial. El que abusa del alcohol de vez en cuando añade más problemas sociales y médicos a los que afronta el alcohólico constante.

Una vez que haya identificado un programa firme y práctico para alcanzar sus metas, proyecte integrarlo a su estilo de vida. Vivirá más tiempo, se sentirá mejor y dispondrá de más energía para compartirla con su familia y sus amigos.

2 Más vale prevenir

Más vale prevenir que remediar, dice el refrán. En años recientes la medicina se ha orientado a «curar» más que a prevenir, aun cuando los mayores triunfos de la medicina, como la erradicación de la viruela y el control de la poliomielitis, se han logrado por medio de medidas preventivas. Hemos vivido «orientados a las crisis»: nuestra manera de actuar ha sido esperar la aparición de una consecuencia y entonces procurar tratarla. Hoy día, el interés de la profesión médica se centra en los medios preventivos. La parte de mayor importancia de la medicina preventiva, la moderación de los hábitos sanitarios, se revisó en el primer capítulo. La idea de la medicina preventiva también incluye las seis estrategias siguientes y es importante comprender tanto sus puntos fuertes como sus limitaciones:

- Reconocimiento o examen físico periódico.
- Cernimiento multifásico.
- Tratamiento oportuno.
- Inmunizaciones y otras medidas de salud pública.
- Evaluación de los riesgos para la salud.
- Cómo evitar las enfermedades infecciosas previsibles.

EL MITO DEL RECONOCIMIENTO ANUAL

Algunas escuelas, campamentos, empresas y el ejército estadounidense todavía recomiendan el «reconocimiento anual». Curiosamente, los médicos rara vez se consultan entre sí para someterse a exámenes físicos como cosa de rutina, ni tampoco lo acostumbran con sus familias. El «reconocimiento completo para ejecutivos», popularizado hace algunos años por las grandes empresas para garantizar la buena salud de sus funcionarios clave, poco a poco va cayendo en desuso. Hasta esos complicados estudios, que a veces exigen varios días de hospitalización, resultan incapaces de detectar con cierto grado de regularidad enfermedades en etapas precoces que se pueden tratar con eficacia, por lo que pueden inspirar una falsa confianza. Es decir, estos exámenes fomentan la creencia equívoca de que si usted se somete en forma periódica a exámenes médicos no necesitará preocuparse mucho acerca de la vigilancia personal de su salud, el tema de este libro.

Pero el interés primordial del lector radica en descubrir las enfermedades que se pueden combatir, por lo que no resulta muy eficaz el examen físico de rutina. Si usted presta atención a las advertencias presentadas en el capítulo 1 y atiende los nuevos síntomas descritos en la sección II, obtendrá muy pocas ventajas del «reconocimiento anual». Ahora casi todos concuerdan en que no está indicado un examen físico anual; un equipo de trabajo canadiense y la American Cancer Society recientemente han recomendado disminuir los cernimientos preliminares que antes se consideraban útiles.

Existen algunas áreas en las que las evaluaciones periódicas son en verdad necesarias, y es importante recordarlas:

• La hipertensión arterial es una anomalía médica importante que casi no manifiesta su presencia. Durante la edad adulta, es aconsejable la comprobación de la presión arterial por lo menos una vez al año. Una enfermera, el asistente de un médico o un ayudante de enfermería pueden realizar estas determinaciones; no se precisa un examen físico completo. Si se encuentra presión alta, un médico debe confirmarla y el sujeto deberá observar cuidadosamente las medidas necesarias para mantenerla controlada. (Véase Cap. T.)

• Si usted es una mujer mayor de 25 años de edad, deberá someterse a un estudio de Papanicolau aproximadamente una vez al año. Algunas autoridades ahora recomiendan iniciar estos exámenes desde el comienzo de la actividad sexual, disminuyendo su frecuencia a cada tres a cinco años después de obtener resultados negativos en los tres primeros frotis y de nuevo incrementar la frecuencia a cada año o cada segundo año después de los 40 años de edad. Estas pruebas detectan el cáncer uterino (cuello), que en sus etapas iniciales es casi siempre curable. Véase el capítulo P, «Sólo para mujeres» si desea más información sobre los frotis de Papanicolau y la palpación de los senos.

• Las mujeres mayores de 25 años de edad deben realizarse mensualmente el autoexamen de los senos. Cualquier sospecha de un cambio debe aclararse con el médico; la gran mayoría de los casos de cáncer mamario se detecta primero como bultos sospechosos. Las mujeres con senos grandes no pueden realizar el autoexamen con tanta seguridad como las demás y tal vez deseen comentar la posibilidad de otros métodos de detección con su médico. En general, no nos agrada recomendar la mamografía como selección preliminar en las mujeres que no han cumplido los 50 años de edad, pero hay excepciones, como las mujeres que han tenido ya un tumor mamario o las que presentan una historia alarmante de cáncer mamario en su familia.

• La prueba de glaucoma (una enfermedad que puede causar ceguera pero que responde a tratamiento) debe realizarse en intervalos de pocos años después de los 40 años de edad si hay historia familiar de la enfermedad. La mayoría de los casos se descubre durante exámenes de los ojos, por lo que generalmente se aconseja que durante éstos se realice una prueba de glaucoma como parte de la rutina.

• Las pruebas cutáneas de tuberculosis (PPD o prueba de Tine) o las radiografías periódicas de tórax están indicadas si se ha presentado cualquier posibilidad de exposición a esta enfermedad. Si la prueba cutánea fue negativa pero se torna positiva, consulte a su médico.

• Las revisiones periódicas de la dentadura pueden salvar piezas, por lo que se recomiendan exámenes dentales con regularidad. La finalidad primordial de los exámenes anuales de los dientes es localizar y obturar cualquier caries, así como atender cualquier afección incipiente de las encías; los beneficios de los demás aspectos del carácter ritual de estos exámenes no han quedado bien establecidos. Desde luego, sus propios cuidados preventivos son el factor más importante de todos.

• La realización rutinaria de análisis de orina, detección de sangre en las heces fecales después de los 30 años de edad y sigmoidoscopias periódicas pasados los 50 años es de más dudosa utilidad. Algunos médicos opinan que son medidas valiosas, pero otros sostienen lo contrario.

Subraya la importancia de estos contados exámenes el hecho de que se ofrecen gratuitamente como servicio público en muchas clínicas municipales y distritales de los Estados Unidos de América. Estos son los elementos cruciales de las evaluaciones periódicas; las demás son optativas y suscitan cierta controversia.

¿Alguna vez son convenientes los exámenes «completos»? Sí. El primer reconocimiento que le practica un nuevo médico le permite establecer una relación personal con él. Cada vez más, el examen periódico se emplea menos para la detección de enfermedades y más como una oportunidad para aconsejar al paciente acerca de los hábitos higiénicos descritos en el capítulo 1, a fin de que pueda cumplir mejor la tarea de cuidarse. Aplaudimos este cambio y esperamos que los médicos perfeccionen sus habilidades para influir en sus pacientes con el propósito de que logren cuidarse mejor.

CERNIMIENTO MULTIFASICO

El término «multifásico» significa sencillamente que se realizan muchas pruebas de laboratorio con el intento de descubrir anormalidades que no se perciben con facilidad. Algunos programas de cernimiento multifásico comprenden 50 o más pruebas, entre las que figuran biometrías hemáticas, análisis de orina, rayos X, electrocardiogramas y otros procedimientos. Gracias a la automatización, es posible efectuar estas pruebas rápida y económicamente.

La experiencia con estos sistemas de selección preliminar a través de los años ha demostrado que se detectan muchas anormalidades de laboratorio, pero en forma sorprendente se encuentran pocos problemas importantes que necesiten atención. Ninguna prueba de laboratorio es precisa del todo y cada una de ellas tiene cierto número de resultados «falsos positivos». Existe el peligro de que el médico se sienta obligado a proceder con base en dichos resultados y ordene pruebas adicionales, lo que aumenta de manera innecesaria los gastos y preocupaciones del paciente.

En vista de estos problemas, no recomendamos el cernimiento multifásico como cosa de rutina, salvo que sea parte de un programa global de salud, como los planes de salud Kaiser-Permanente. En estos programas, la evaluación multifásica ha permitido el aprovechamiento más eficaz de practicantes de enfermería y alentado sistemas de administración más eficaz de cuidados de salud. Algunos médicos también opinan que el cernimiento multifásico es una forma efectiva de tranquilizar a los «sanos preocupados», es decir, los resultados negativos de esta batería de pruebas pueden ayudar a que las personas demasiado preocupadas por su salud acepten el hecho de que en realidad ningún tratamiento médico resolverá sus problemas. Así, como el examen físico completo, la evaluación multifásica puede resultar valiosa no por su detección de enfermedades sino porque proporciona una buena oportunidad de tranquilizar y aconsejar al paciente.

Las pruebas preliminares para la detección de enfermedades sólo se justifican en aquellas técnicas capaces de identificar afecciones importantes que responden a un tratamiento. Para muchas personas, las determinaciones de la presión arterial son, por amplio margen, las pruebas más importantes.

TRATAMIENTO OPORTUNO

Una estrategia efectiva para conservar la salud incluye solicitar asistencia médica oportunamente, siempre que surja un nuevo problema o hallazgo. Si usted se descubre un bulto en el seno, pierde peso en forma inexplicable, presenta fiebre durante más de una semana o ha comenzado a arrojar sangre al toser, debe buscar atención médica sin demora. Los citados signos quizá no constituyan verdaderas urgencias, pero sí indican que se debe buscar ayuda profesional en espacio de pocos días. En la mayoría de los casos, no habrá nada en verdad grave; en otras ocasiones, no obstante, se descrubrirán las primeras etapas de cáncer, tuberculosis o alguna otra enfermedad que responde a tratamiento.

Las guías ofrecidas en la sección II de este libro pueden ayudarle a seleccionar las situaciones en que debe solicitar atención médica. En muchos casos, usted puede atenderse solo con un tratamiento casero. Sin embargo, debe responder adecuadamente cuando se requiera una intervención profesional.

Para asegurarse un tratamiento oportuno necesita tener un plan. Piense a fondo las cosas con anticipación. ¿Tiene usted médico? Si necesita atención de urgencia, ¿a dónde acudirá? ¿A un hospital de urgencias? ¿A la sala de urgencias de un hospital general? ¿Buscará al médico de guardia de algún grupo local de profesionales? Si después de consultar este libro no está seguro de cómo debe proceder, ¿a quién puede recurrir para obtener consejos adicionales? ¿Tiene anotados los números telefónicos que quizá necesite?

Pocas veces requerirá servicios de urgencia. Sin embargo, el momento de necesitarlos no es el indicado para comenzar a preguntarse lo que debe hacer. Si usted tiene un problema de rutina que exige atención médica, ¿a dónde acudirá? ¿Hay un médico cerca de usted? ¿Quién tiene su expediente médico? El capítulo 3, «Cómo encontrar el médico adecuado» y el capítulo 7, «Elección del servicio médico adecuado» le ayudarán a responder a estas preguntas. Pero haga sus planes con tiempo.

INMUNIZACIONES

Las inmunizaciones han tenido un efecto positivo mucho mayor en la salud de las naciones desarrolladas que todos los demás servicios sanitarios juntos. Hasta hace unos años cobraban muchas vidas la viruela, el cólera, la poliomielitis, la difteria, la tos ferina y el tétanos. En la actualidad, estas enfermedades han sido controladas eficazmente mediante la inmunización tanto en los Estados Unidos como en la mayoría de los países industrializados. La viruela se ha erradicado del mundo entero, por lo que ya no se necesita la vacuna contra esta enfermedad. ¡Este ha sido un triunfo médico increíble!

La inmunización frecuente contra las enfermedades citadas no se requiere porque ocurren menos a menudo y porque ahora sabemos que las inmunizaciones brindan protección durante mucho tiempo. Así, los refuerzos de la inmunización contra el tétanos sólo se necesitan cada diez años en los adultos que han recibido la serie básica de vacunación correspondiente. A medida que estos cuadros patológicos se tornan poco frecuentes, los problemas de las reacciones secundarias de las inoculaciones son, en algunos casos, tan grandes como el riesgo de la enfermedad.

Lleve un registro cuidadoso de sus inmunizaciones en las páginas destinadas para ello al final de este libro. No permita que se le inocule de nuevo tan sólo porque haya perdido su registro de inmunizaciones recibidas. Si en unos diez años no ha recibido la dosis de refuerzo contra el tétanos, pídasela a su médico la próxima vez que lo visite por cualquier otro motivo: puede usted ahorrarse consultas adicionales al estar protegido a lo largo de los siguientes diez años. En general, no busque las inmunizaciones optativas. Las vacunas antigripales, por ejemplo, resultan sólo parcialmente eficaces y a menudo causan ciertas molestias; se recomiendan sólo para ancianos y para quienes presentan enfermedades pulmonares graves.

TABLA 2-1	Edad	Inmunización
Plan recomendado de inmunizaciones	2 meses	DPT (difteria, tos ferina, tétanos) y antipoliomielítica oral
	4 meses	DPT y antipoliomielítica oral
	6 meses	DPT y antipoliomielítica oral
	15 meses	Sarampión
	18 meses	DPT y antipoliomielítica oral
	2 años	*Hemophilus influenzae,* Tipo B
	5 años	DPT y antipoliomielítica oral
	12 años	Rubéola (sólo para las niñas con prueba de hemaglutinación de rubéola negativa o inferior a 1:16)
	Cada 10 años	T(d) (antitetánica para adultos, difteria)

Recomendamos que las inmunizaciones optativas (incluyendo las empleadas contra paperas, hepatitis, neumonía y gripe) se tomen sólo por indicación de su médico y sólo después de un cuidadoso análisis. En general, no pida estas inoculaciones, ya que desempeñan un papel definitivo para algunas personas, pero no para todas.

EVALUACION DE RIESGOS PARA LA SALUD

Su salud futura depende, en gran medida de cómo proceda ahora. Según se expuso en el capítulo 1, su estilo de vida y sus hábitos ejercen una influencia predominante en su estado de salud, lo saludable que será en lo futuro, el tiempo que pase en hospitales y la rapidez con que usted envejezca «fisiológicamente».

En forma reciente se han obtenido técnicas para estimar matemáticamente sus riesgos futuros de mala salud; dichas técnicas se han denominado de varias maneras: «evaluación de riesgos para la salud», «evaluación de peligros para la salud» o «evaluación de la salud». Piden que conteste por escrito un cuestionario o de alguna otra manera proporcione información sobre su estilo de vida y sus hábitos higiénicos; las respuestas se combinan matemáticamente para elaborar estimaciones de la probabilidad de que sufra problemas médicos importantes, por ejemplo, enfermedades cardiacas o cáncer. También pueden calcularse otros aspectos de su salud, como su edad «fisiológica» y su esperanza de vida. Estas técnicas forman una parte cada vez más importante de los programas globales de salud y tienen un papel potencialmente significativo para ayudarlo a establecer su propio plan personal de salud.

Usted debe estar enterado de varias particularidades de estas evaluaciones de salud. Primero, los resultados son sólo cálculos. Aun cuando se basen en los mejores estudios médicos, como el Framingham, los datos obtenidos de ellos son incompletos y no se aplican de igual manera a todas las poblaciones. En general, las estimaciones son exactas dentro de un 10 ó 20 %. Considere las cifras de riesgos para la salud como semejantes a las del CI o de pruebas de competencia; son correctas aproximadamente, pero no exactas. Segundo, las predicciones son sólo promedios, por lo que algunas personas gozarán de mejor salud que la pronosticada y otras peor. Tercero, cualquier evaluación aislada representa su salud en un momento determinado, en tanto el riesgo que usted corra en realidad depende de los cambios que efectúe, así como del promedio de sus hábitos de salud a lo largo de su vida. La repetición de estas evaluaciones con cierta regularidad puede ayudarlo a conocer su estado en distintos momentos de su vida y los beneficios que ha obtenido al modificar el estilo de vida. Cuarto, una buena evaluación de los riesgos para la salud debe basarse sólo en los pocos factores de riesgo que estén bien establecidos científicamente y asociados con problemas importantes de salud. Los factores citados incluyen: tabaquismo, ejercicio, uso del cinturón de seguridad, ingestión de bebidas alcohólicas, obesidad, consumo de sal, hipertensión, niveles de colesterol, estrés y proporción de fibra en la dieta. Quinto, la evaluación en sí no proporciona ningún beneficio a la salud a menos que produzca cambios en la conducta relacionada con ella; además, la evaluación puede incluso intensificar la ansiedad del sujeto aprensivo. Por tanto, estas técnicas resultan más convenientes como parte de un programa que no sólo identifique los riesgos, sino también eduque, fomente el cambio, ofrezca sugerencias y recomendaciones y refuerce los efectos positivos.

Nos entusiasma el papel cada vez más importante de los programas que fomentan la salud y concentran su atención en prevenir las enfermedades y también el empleo de instrumentos eficaces para evaluar la salud. Potencialmente, estos programas quizá ejerzan un gran efecto en los intentos de disminuir la enfermedad humana.

EL SIDA Y OTRAS INFECCIONES EVITABLES

Las principales enfermedades infecciosas de tiempos pasados, como la viruela, poliomielitis y tuberculosis, han disminuido como problemas nacionales de salud, sobre todo como resultado de medidas preventivas. Ahora, la máxima amenaza de muerte por una enfermedad infecciosa en sujetos menores de 65 años de edad es el SIDA.

El SIDA, o síndrome de inmunodeficiencia adquirida, es causado por un virus que por primera vez ocasionó la enfermedad en humanos en 1977. El virus ataca un grupo específico de leucocitos (una subclase de linfocitos T) y persiste largo tiempo en estas células, destruyendo su capacidad para combatir infecciones adicionales, que a menudo son de carácter mortal. Este virus debilita el importante mecanismo de defensa del organismo que se denomina sistema inmunológico. En contraste con los síndromes de inmunodeficiencia presentes desde el nacimiento, éste por lo regular se «adquiere» en la vida adulta, cuando el sujeto se infecta con el virus de SIDA.

El virus de SIDA se transmite de una persona a otra mediante secreciones corporales, como semen, flujo vaginal e incluso leche materna, o bien por transfusiones de sangre infectada. En algunas personas el sistema inmunológico parece permanecer intacto; no enferman pero tal vez contagien a otras. Algunos infectados tienen síntomas relativamente leves, como fatiga e inflamación de ganglios linfáticos. En quizá el 10 % de los afectados el sistema inmunológico sufre una alteración profunda, que es seguida por la muerte, generalmente en el transcurso de uno o dos años. Esta es una enfermedad muy grave.

El SIDA se descubrió inicialmente en varones homosexuales que habían tenido un gran número de contactos sexuales, ya que esta frecuencia de exposición sexual incrementó la probabilidad de contraer el virus. Del 70 al 80 % de todos los casos todavía se registra en homosexuales. Sin embargo, es cada vez mayor la cantidad de casos atribuibles a transfusiones de sangre infectada, sobre todo en personas hemofílicas, quienes reciben múltiples transfusiones (que también aumentan la probabilidad de contacto con el virus), en quienes se aplican drogas por vía intravenosa mediante agujas y jeringas contaminadas, en heterosexuales que tienen contacto con prostitutas o efectúan otras experiencias heterosexuales. La cantidad de diferentes contactos sexuales es de importancia crítica; cuanto mayor sea el número de posibilidades de transmisión de virus a través de distintas parejas, mayor resultará el riesgo. Los varones homosexuales con relaciones monógamas estables corren un riesgo pequeño e incluso nulo. No parece que se pueda transmitir la enfermedad por la tos u otros contactos no íntimos.

En la actualidad se progresa rápidamente para comprender el SIDA, pero todavía no se dispone de una vacuna o una cura. Se ha conseguido ya una prueba capaz de detectar el anticuerpo del virus con un grado razonable de exactitud; esta prueba puede eliminar la transfusión de sangre infectada. Los estudios iniciales con esta prueba indican que en Estados Unidos aproximadamente un millón de personas tiene ya el anticuerpo del virus, lo que sugiere que han sido expuestos y quizá infectados por el virus del SIDA, un incremento alarmante para un virus cuya presencia se descubrió hace apenas unos años.

El control de esta enfermedad depende en gran medida de poner en cuarentena el virus mediante una acción colectiva. Nosotros recomendamos enérgicamente las dos medidas siguientes:

1. Reduzca el riesgo de transmisión sexual. Reconozca que la actividad sexual fortuita, homosexual o heterosexual, pagada o no, puede ser peligrosa y que el riesgo aumenta en relación directa con el número de individuos que intervienen. El empleo regular y cuidadoso de preservativos (pero no de otras técnicas anticonceptivas) pueden reducir enormemente el riesgo de infección. Practique una vida sexual «segura».
2. Minimice el riesgo por transfusiones de sangre. Evite cualquier transfusión innecesaria; comente el asunto con su médico. (Por lo general, si «requiere» medio litro de sangre en realidad no necesita nada.) Considere la posibilidad de una transfusión autóloga (donar su propia sangre por anticipado para que más tarde le sea devuelta como transfusión). Cerciórese de que su banco de sangre verifique la ausencia de anticuerpos del virus del SIDA, así como del virus de la hepatitis.

El SIDA es un problema muy grave, pero es posible detener esta epidemia; lograrlo redundará en otros beneficios. La primera medida citada conseguirá frenar en gran parte los casos de herpes, gonorrea y también de uretritis inespecífica. La segunda puede reducir considerablemente la frecuencia de hepatitis.

RESUMEN

• Si se siente bien, usted no necesitará exámenes físicos frecuentes, sino sólo algunas pruebas específicas; las más importantes de ellas son presión arterial, Papanicolau, examen de los senos, tuberculosis, glaucoma y piezas dentales; la mayoría de las personas no necesita todos estos estudios. Casi todos estos procedimientos se pueden obtener a través de los departamentos de salud de ciudades o condados de los Estados Unidos de América sin cargo alguno. Escuche los consejos de su médico con respecto a la necesidad de análisis de orina, cultivos de orina, detección de sangre en las evacuaciones, exámenes rectales o sigmoidoscopia.

• Los exámenes físicos complicados o los cernimientos preliminares multifásicos pueden detectar anormalidades sin importancia y preocuparlo innecesariamente.

• Los exámenes físicos completos deben incluir consejos sobre los hábitos higiénicos.

• Debe usted trazarse un plan para obtener atención médica antes de que surja la necesidad.

• Usted debe ser inmunizado conforme a los programas recomendados, pero en la vida adulta a veces necesita dosis de refuerzo.

• La evaluación de los riesgos para la salud, como parte de un programa amplio de fomento de la salud, puede ser beneficioso para su buena condición física.

• Para prevenir SIDA, herpes, gonorrea, hepatitis y otras enfermedades infecciosas evitables, debe prestar estrecha atención a las prácticas sexuales seguras y a la exposición de los productos de sangre indispensables y sometidos a las pruebas necesarias.

Si observa usted estos principios de carácter general y modera sus hábitos, como se aconseja en el primer capítulo, lleva andada buena parte del cambio hacia la habilidad de cuidar su salud por sí solo.

3 Cómo encontrar el médico adecuado

¿Cuál es el médico adecuado para usted?
Hay muchas clases de médicos y las diferencias entre ellos pueden ser confusas.
Este capítulo ha sido planeado para ayudarlo a comprender las distintas
especialidades médicas y la forma en que ejercen su profesión.
Asimismo, este capítulo ofrece algunas directrices útiles para elegir al médico
indicado para usted y su familia.

EL MEDICO FAMILIAR

Al médico de atención primaria se le llamaba médico general, pero ahora
comúnmente se le denomina médico familiar. También es un especialista, pues
durante varios años ha recibido preparación avanzada en el ejercicio de la medicina
familiar. Los especialistas en medicina interna o pediatría a menudo hacen también
las veces de médico de atención primaria.

Los médicos de atención primaria representan el contacto inicial entre el
paciente y la profesión médica. Asumen la responsabilidad de la atención continua de
un paciente o una familia y prestan una amplia diversidad de servicios. Por lo
regular, han recibido cierta preparación en medicina interna, pediatría y ginecología.
En épocas pasadas, realizaban intervenciones de cirugía mayor y menor, pero en
años recientes esto ha disminuido y el médico familiar generalmente turna a los
cirujanos correspondientes los problemas de cirugía mayor. Los médicos familiares
no siempre tratan los problemas de obstetricia y ginecología, especialidades de la
mujer.

Estos especialistas actúan como pivotes del sistema médico y pueden dirigir y
coordinar las actividades que no realizan personalmente. Después del paciente, el
médico familiar toma las decisiones médicas más importantes al determinar la
naturaleza y gravedad del problema y la forma de lograr su solución.

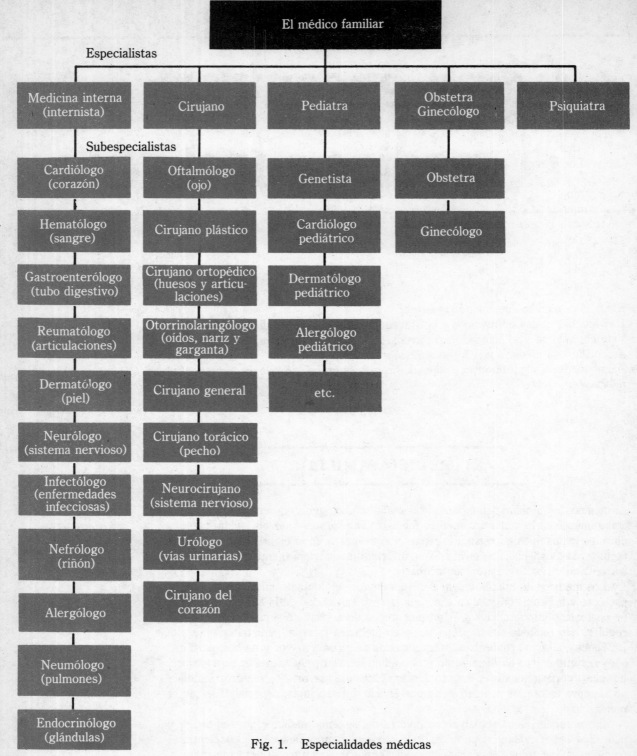

Fig. 1.   Especialidades médicas

LOS ESPECIALISTAS

Las cinco especialidades clínicas más importantes son medicina interna, cirugía, pediatría, gineco-obstetricia y psiquiatría. Hay otras especialidades como radiología, patología clínica y anestesiología, pero no se incluyen en nuestro diagrama porque el paciente rara vez acude a una de ellas. La especialidad más amplia es la medicina interna. Los médicos suelen referirse a esta especialidad como «medicina», y a quienes la ejercen, «internistas». A veces se confunde al internista con el «interno». Este último es un recién egresado de la escuela de medicina que se dedica a un adiestramiento hospitalario en cualquiera de las especialidades; el internista es un especialista en medicina interna que por lo regular ha terminado tres o más años de estudios después de egresar de la escuela de medicina. Todas las demás especialidades, incluso la de médico familiar, exigen cursos de posgraduado de aproximadamente la misma duración. Insistimos, la medicina familiar es ahora también una especialidad, aunque a menudo no se le considere así.

LOS SUBESPECIALISTAS

Las subespecialidades han surgido dentro del ámbito de las principales especialidades (véase Fig. 1). En la medicina interna, hay una subespecialidad para casi cada órgano o sistema. Así, el cardiólogo se especiliza en el corazón; el dermatólogo, en la piel; el neurólogo, en el sistema nervioso; el nefrólogo, en el riñón, etc. Ahora la dermatología y la neurología constituyen departamentos independientes y no se incluyen necesariamente en la especialidad de medicina interna. En la cirugía, los distintos tipos de intervenciones han establecido subespecialidades. El oftalmólogo opera los ojos, el otorrinolaringólogo, los oídos, nariz y garganta; el cirujano torácico opera el pecho y el cirujano del corazón se relaciona específicamente con este órgano. El cirujano general realiza operaciones en la cavidad abdominal así como en otras regiones.

En la medicina infantil o pediatría han surgido subespecialidades similares a las de medicina interna de los adultos. Además, como hay ciertos problemas —particularmente genéticos y de desarrollo— que son más frecuentes en los niños, hay asimismo subespecialidades exclusivas de la pediatría.

La gineco-obstetricia se subdivide cada vez más; el obstreta se limita a atender los partos y el ginecólogo a tratar las enfermedades de los órganos femeninos.

La psiquiatría no tiene subespecialidades formalmente establecidas, si bien existen diferentes escuelas de psicoterapia, como la freudiana y la jungiana. En forma reciente, la obesidad, el alcoholismo y otros problemas específicos se han convertido en temas para disciplinas aparte dentro de la psiquiatría.

Existen otras especialidades y otras denominaciones para los médicos; la clasificación completa es más compleja que la mostrada en la figura 1. Por ejemplo, ¿dónde encaja el pediatra?, ¿el fisiatra?, ¿el quiropráctico? No obstante, para la mayoría de los casos usted encontrará que la figura 1 es una buena guía.

Los diferentes tipos de médicos ejercen su profesión de diferentes maneras: a veces trabajan solos, en ocasiones en grupos y a menudo se unen con base en diferentes convenios financieros. Usted debe conocer los puntos fuertes y débiles de cada sistema. Si usted combina sus necesidades médicas y económicas con el médico adecuado, mejorará sus probabilidades de recibir una atención médica eficaz.

TIPOS DE EJERCICIO DE LA MEDICINA

Medicina individual

El médico que ejerce solo su profesión no tiene socios ni afiliación a ningún organismo; lo mismo puede ser un médico general que un especialista o subespecialista en cualquiera de las disciplinas médicas. Este tipo de médico trabaja generalmente en su consultorio, que puede estar cerca o no de un hospital. Con el médico independiente usted probablemente será atendido por la misma persona cada vez que se enferme. En las poblaciones pequeñas y las zonas rurales, este médico suele ser el único dedicado a prestar atención médica.

En años recientes, si los médicos independientes tienen mucho trabajo, a veces emplean «practicantes de enfermería» o «asistentes de medicina» para ayudarlos a atender a un gran número de pacientes. La experiencia acumulada a la fecha indica que estos profesionales de la salud, que no son propiamente médicos, proporcionan una atención excelente en muchas ramas de la medicina.

Se dice que antes el médico estaba dispuesto a atender a toda hora; uno dudaría que siempre fuera cierto pero, de cualquier forma, ya no ocurre así. El profesional independiente disfruta varias semanas de vacaciones al año o asiste a congresos médicos; concurre a conciertos y fiestas como cualquiera haría, y tal vez vaya un fin de semana a una cabaña en las montañas. Estos entretenimientos forman parte de la salud mental del médico. Por otro lado, esto significa que no siempre verá al mismo médico, incluso si su médico es independiente, porque el receptor telefónico de éste podría remitirlo con algún profesional disponible.

Medicina de grupo

La medicina de grupo o «práctica de grupo» surgió hace algunos años en respuesta a los problemas que plantea la medicina ejercida por un profesional independiente. La posibilidad de compartir las consultas nocturnas y de fines de semana, la reducción de costos de consultorio al repartir los gastos entre varios, la disponibilidad de otras opiniones profesionales y la creación de un ambiente más estimulante para todos, son factores que han contribuido a la generalización de esta modalidad. La medicina de grupo existe en todos los tamaños y clases. El más pequeño es de una pareja, pero pueden reunirse muchos más. Los integrantes del grupo pueden incorporarse en una «corporación médica».

EL PAGO DE SERVICIOS

Honorarios por servicio

La calidad de la atención médica no depende del método de pago; no obstante, hay factores psicológicos de la forma de pago que todos debemos entender.

«Honorarios por servicio» es un término poco feliz que describe la forma tradicional de pagar al médico en los Estados Unidos. Se realiza un servicio y se cubre un importe por ese servicio. Cuanto mayor sea el número de servicios, más alta será la cuenta que reciba el paciente y mayores los ingresos del médico. Casi todos los demás habitantes de este país reciben un salario, por lo que el pago a destajo por servicios médicos es un método que ha sido severamente criticado por algunos.

Cuando el pago depende del número de servicios, existe el incentivo económico de incrementar la cantidad de esos servicios. En cambio, la «satisfacción del cliente» se torna importante para el médico; quizá se esfuerce en mostrarse muy afable y ofrecer servicios adicionales en respuesta a problemas especiales. Como el médico efectúa un esfuerzo considerable por mantener su buena relación con el paciente, el respeto que éste siente por su médico tiende a ser mayor en los ámbitos donde el profesional recibe honorarios por cada servicio.

Por otra parte, se han atribuido problemas a este sistema de pago. Se ha hecho la acusación de que los pacientes reciben demasiadas visitas médicas, se les prescriben demasiadas medicinas y vacunas, se les somete a un número excesivo de procedimientos diagnósticos y se le practican más intervenciones quirúrgicas de las necesarias como consecuencia de este incentivo económico. Varios estudios han sugerido que el médico en el marco de honorarios por servicio proporciona un número mucho mayor de servicios que el que está sujeto a un salario. Persiste la controversia sobre si estos servicios adicionales representan una mejor atención o simplemente un gasto más fuerte.

Servicio pagado con anticipación, (Health Maintenance Organizations, HMO) organizaciones para el mantenimiento de la salud

En el servicio pagado por adelantado, un grupo de médicos ofrece un plan semejante a una póliza de seguros pero que en realidad representa una reorganización de los incentivos tradicionales, ya que el paciente sabe con anticipación sus gastos médicos de un año, por lo que conviene en cubrir una cantidad mensual, sin importar si los servicios médicos se aprovechan a menudo o no. Cuando el paciente necesita un médico, el costo adicional es insignificante o nulo. El médico tiene así el incentivo de minimizar el número de servicios que presta, ya que el monto de su ingreso se ha determinado con anterioridad.

Los defensores del pago anticipado han esgrimido el argumento que constituye un incentivo para ejercer la «medicina preventiva» y que es más probable que el médico trate oportunamente las anomalías antes de dejarlas alcanzar etapas incontrolables. Algunos observadores dudan que esto sea cierto; se ha puesto en relieve que en muchos casos de servicios cubiertos de antemano se presta escasa atención a la medicina preventiva. Sin embargo, los servicios de grupos pagados con anticipación en efecto reducen el costo global de la atención médica, generalmente con un ahorro de más o menos el 20 %; esto se logra mediante el menor uso de costosos servicios de hospital. Los estudios que comparan la calidad de la atención médica con los distintos sistemas de pago no han revelado diferencia alguna. Se encuentran en estudio muchas nuevas clases de «pago adelantado», método que se hace cada vez más frecuente. La mayoría de las personas que cambian al plan de pagos por anticipado persisten en él.

Desde el punto de vista negativo, son muchos los pacientes descontentos con este sistema de cubrir servicios por adelantado. Las quejas más frecuentes son que las filas son muy largas, los médicos demasiado impersonales y que cada paciente suele sentirse sólo como «un número»; además, los sistemas se han agravado por los pocos pacientes que los usan en demasía; en muchos planes, el 25 % de los beneficiarios aprovecha el 75 % de los servicios. La atención excesiva recibida por esta pequeña proporción incrementa los pagos de la restante. Este servicio de medicina de grupo pagada con anticipación, tiene menos interés directo en la satisfacción de los pacientes que quienes reciben honorarios por servicio. El médico pagado de antemano tiene el incentivo de minimizar los servicios ofrecidos, ya que se ha determinado el ingreso correspondiente. Sin embargo, la dedicación de la mayoría de los médicos tiende a contrarrestar estas fuerzas económicas. No obstante, como paciente, usted debe estar enterado de los problemas potenciales que plantee el sistema que elija.

Grupos relacionados por el diagnóstico (DRG, Diagnosis-Related Groups)

Al cabo de varios años de costos médicos en rápido ascenso, un nuevo método de pago por «terceras personas», como Medicare y grandes compañías de seguros, está cambiando radicalmente las prácticas hospitalarias y reduciendo los costos en un grado significativo. Este nuevo método se denomina DRG. Como es usual, el cambio tiene cosas buenas y malas. Todas las buenas se relacionan con la reducción de costos con poco cambio mensurable en la calidad de la atención médica. Las malas se refieren a pérdida de flexibilidad en las decisiones profesionales y la tendencia de los hospitales de presionar para que el paciente sea dado de alta pronto (a veces demasiado pronto).

Según este sistema, el hospital recibe su pago conforme al diagnóstico establecido en cada paciente; por ejemplo, una cantidad fija por cada paciente ingresado para someterse a cirugía de la vesícula biliar. Mientras unos tienen una recuperación sencilla y rápida, otros sufren complicaciones, pero el hospital recibe la misma tarifa por cada cual. A lo largo de un año, el hospital registrará utilidades por las estancias inferiores al promedio, pero tendrá pérdidas por las prolongadas. Esto proporciona una recompensa para los hospitales cuyos pacientes presentan pocas complicaciones, pero presiona para darlos de alta pronto.

Como parece reducir los costos de manera tan eficaz, este tipo de mecanismo de pago rápidamente cobra más aceptación. Sus efectos profundos se encuentran en rigurosa observación y es probable que se realicen muchas modificaciones en el método a medida que se acumule experiencia.

¿CUAL ES EL MEDICO
QUE MAS LE CONVIENE
A USTED?

Ante la posibilidad de elegir entre muchas clases de médicos, formas de servicios profesionales y planes de pago, ¿cuál es el médico que más le conviene a usted? Desde el punto de vista práctico, el cambio de médico en cada consulta parece dar tan buenos resultados como acudir siempre al mismo, si su historia clínica es buena o su problema es nuevo. Sin embargo, muchos pacientes y médicos opinan que la profundidad de su relación mutua sufre menoscabo cuando se cambia de médico con frecuencia.

He aquí algunas consideraciones que usted debe tener presentes al elegir a su médico:

El tipo de médico no es generalmente tan importante como su persona. Para recibir atención primaria, usted puede recurrir a un médico familiar, a un pediatra, a un internista o a un subespecialista. Las mujeres a veces acuden a un ginecólogo como médico primario y se someten a un estudio de Papanicolau, un examen de senos y una verificación de la presión arterial durante sus visitas de rutina.

Si usted tiene un problema especial bien definido, un subespecialista puede ser su mejor médico. Un solo médico puede prestarle la mayor parte de su atención, y lo turnará a otros de ser necesario.

Tal vez desee que el mismo médico atienda a toda su familia, lo que evita los inconvenientes de tener varios, pero lo más importante es que el médico que conoce a toda la familia está mejor capacitado para comprender los problemas de cada individuo.

Confíe en las experiencias que sus amigos hayan tenido con distintos médicos. Entérese en forma detallada de los procedimientos en los consultorios.

Si usted conoce personalmente a un médico o a una enfermera, pídale recomendaciones o comuníquese por teléfono con la jefa de enfermeras de su hospital más cercano. En la mayoría de los centros urbanos hay unos cuantos médicos a quienes acuden todos sus colegas y enfermeras. Siempre hay buenos médicos, pero en ocasiones es difícil averiguar quiénes son. Cuando necesite el nombre de un médico y no logre obtener información fidedigna en ninguna parte, póngase en contacto con la sociedad médica de su comunidad. Allí habrá una lista de profesionales de la región que estén dispuestos de aceptar nuevos pacientes. Observe que la sociedad médica sólo proporciona información, pero no recomienda a nadie; le será señalado cualquier miembro de la sociedad que se halle disponible. Si usted vive cerca de una escuela de medicina, puede conseguir los nombres de su cuerpo docente clínico.

Cuando elija a un médico, no considere demasiado el prestigio social de la ubicación del consultorio, el espesor de las alfombras, la indumentaria del personal ni el peinado del médico. Tampoco debe preocuparle una larga antesala. El ejercicio de buena medicina significa arduas jornadas de trabajo, algunos problemas pueden tomar más tiempo de lo esperado y pueden surgir emergencias en cualquier momento. Hay demoras incluso en los consultorios mejor organizados, sobre todo si el médico es minucioso. Conviene llevar al consultorio algo útil que pueda hacer en

35

la sala de espera; no dependa de las revistas allí disponibles. La interrogante
medular es ésta: ¿Actúa el médico en la forma más adecuada para cada paciente?
Ahora a usted le toca esperar, pero quizá necesite esa misma atención especial más
adelante.

EFECTOS DEL NUMERO
EXCESIVO DE MEDICOS

Según la mayoría de los cálculos, existen ya «demasiados» médicos en Estados
Unidos; su número continúa en ascenso en relación con la densidad demográfica año
tras año y esto persistirá durante algún tiempo. En algunas subespecialidades de la
medicina y la cirugía habrá más del doble de los profesionales necesarios en 1990.
Desde el punto de vista positivo, esto ha mejorado enormemente el acceso a los
médicos; las personas necesitadas acuden al médico incluso más a menudo que los
de clase media. En las ciudades pequeñas hay ahora especialistas bien preparados.
La mayor competencia para conseguir pacientes tiende a brindar un mejor servicio y
a mantener bajos los costos. Así, se espera que los médicos dispongan de más
tiempo para conversar con sus pacientes. Muchos médicos se interesarán en nuevas
actividades de provecho, como asesoramiento sobre medicina preventiva y la
promoción de la salud. Desde el punto de vista negativo, hay cierta presión para que
se introduzcan nuevas técnicas diagnósticas y terapéuticas muy costosas pero de
dudosa utilidad médica, a fin de ocupar a un personal médico más numeroso. A
medida que aumente el excedente de profesionales, los pacientes tendrán mayores
opciones, pero a la vez tendrán que ser más cuidadosos en sus elecciones.

COMO DETECTAR UN SERVICIO
MEDICO DEFICIENTE

Hay algunos consejos para identificar los servicios médicos deficientes. Si usted
ingiere tres o más medicamentos distintos al día, quizá esté recibiendo mal cuidado
del médico, a menos que su problema de salud sea grave. Si casi en cada consulta
recibe usted una inyección o una nueva receta, algo puede estar mal. Proceda con
cautela si el médico le aconseja un procedimiento muy costoso sin que usted perciba
ningún problema. Haga preguntas sobre cualquier prueba que no entienda. Si sus
dudas quedan sin la debida aclaración o si el médico no le hace ningún tipo de
auscultación o examen físico, es hora de preocuparse.

En cada uno de los problemas médicos de la sección II ofrecemos una idea de lo
que usted debe esperar en el consultorio. Si el médico no lleva a cabo estas
acciones, hay un motivo para dudar. Las expectativas anotadas en este libro son
conservadoras y la mayoría de los buenos médicos deben satisfacerlas en gran parte.

En Estados Unidos existe la libertad de elegir a los médicos. Para que el
«mercado libre» funcione eficazmente, usted debe estar dipuesto a actuar fríamente.

En otras palabras, si no logra una comunicación efectiva con su médico, busque otro. Si sus dudas no quedan aclaradas con satisfacción, cambie de médico. Si en la práctica el médico no satisface sus expectativas ni acata las directrices de este libro, escoja a un sustituto.

Sin embargo, recuerde que su médico también es humano; tome en cuenta que encara una andanada continua de quejas sobre molestias que no pueden resolverse, de parte de pacientes que demandan soluciones. No recurra al médico por problemas triviales. No erosione usted la ética médica con solicitudes de reclamaciones amañadas contra compañías de seguros, declaraciones exageradas de incapacidad o repeticiones de recetas para analgésicos. Las elevadas normas de ética de la profesión médica no dejan de impresionarnos; sin embargo, lo humano es humano y en ocasiones los problemas comienzan con manipulaciones inconscientes de parte del paciente.

Apoye el buen ejercicio de la medicina y conviértase en un consumidor comprometido de la atención médica. Si usted tiene la convicción de que las mujeres tienen el derecho de ejercer la medicina, no evite a las profesionales femeninas cuando busque atención personal. Si le agradaría ver un mayor número de médicos familiares en este país, no solicite que un especialista dirija la atención que usted necesita. Si le gustan las visitas a domicilio, respete al médico que las haga. Si desea que haya médicos establecidos en su región geográfica, acuda al médico más próximo a su hogar. Si los gastos tienen importancia para usted, compare las cuentas de varios médicos.

Ir de un médico a otro para descubrir cuál le daría el tratamiento que usted desea, aunque no esté justificado, casi invariablemente redunda en una atención deficiente. Busque el médico que le convenga, aunque necesite hacer varios cambios, pero una vez que lo encuentre, no lo deje. Cambie a tiempo, pero no a menudo.

Sirviéndose de las guías ofrecidas en este capítulo, podrá disponer del médico y del sistema de pago que mejor se ajusten a sus necesidades.

4 Envejecimiento y vitalidad

Durante los últimos años se han comprendido mejor los procesos de envejecimiento, y sus implicaciones son asombrosas. Ahora se sabe que el envejecimiento, como la salud, está bajo el dominio personal a un grado mucho mayor de lo que antes se pensaba. Hasta cierto punto, usted puede decidir no envejecer. Este capítulo revisa la nueva información, que ofrece todavía otro sentido a la palabra «¡cuídate!».

LA MALA NOTICIA: NADIE VIVE PARA SIEMPRE

Los seres humanos somos mortales. Como los perros, hámsters, caballos y otros animales, el hombre tiene una esperanza de vida según su especie. Si no muere usted por enfermedad o accidente, alcanzará una muerte natural cuando cumpla ese plazo inevitable. No hay excepciones a las reglas biológicas que determinan la duración de la vida humana. Esta es la «mala noticia».

La longevidad humana parece alcanzar un promedio de 85 años, con un máximo absoluto de duración de aproximadamente 115 años. Los estudios de hombres de la antigüedad sugieren que este máximo se ha mantenido constante durante unos 100 000 años. Intuitivamente, la mayoría de nosotros reconoce que tarde o temprano la función de los órganos vitales, que se tornan menos eficientes con el transcurso del tiempo, resulta incapaz de sostener la vida y que en esa etapa sufriremos una muerte natural por «ancianidad». La «esperanza de vida» puede prolongarse a medida que se previenen las enfermedades por acción del paciente o son atendidas en forma satisfactoria por el médico. Al observar buenos hábitos de higiene como los descritos en este libro, y evitar su muerte prematura, logrará incrementar su «esperanza de vida» pero no su duración máxima.

A menudo no se han encarado directamente estos hechos sencillos y, en consecuencia, durante mucho tiempo la investigación del envejecimiento humano ha sido una búsqueda de los secretos de gran longevidad e incluso de inmortalidad. Los pronósticos de que el ser humano pronto llegaría a cumplir 200 años gracias a las vitaminas C y E, al «gerovital» o algún otro elíxir mágico han eclipsado una búsqueda más razonable: mayor vitalidad en la ancianidad.

Cuatro mitos muy difundidos han aumentado la confusión. El «mito de los estados supercentenarios» en los que algunas personas viven más de 120 años. Los científicos han buscado a los sujetos que dicen tener una edad muy avanzada, pero no se pudo comprobar lo aseverado en ningún caso. La persona de mayor edad jamás conocida, de origen japonés, alcanzó una edad comprobada de 115 años. En Estados Unidos nadie ha alcanzado aún los 114 años de edad. Las razones de estas falsas aseveraciones son muy diversas —ignorancia, evasión de servicio militar, prestigio y otras— pero no cabe duda de que son un mito ilusorio.

El mito de «Shangri-la» afirma que existen remotas zonas montañosas, quizá en Ecuador, el Tibet o la Georgia soviética, donde la gente ha hallado el secreto de la larga vida. En fechas recientes, estudios minuciosos realizados en esas regiones han desmentido la leyenda. En esos sitios la edad se exagera de forma sistemática, principalmente a causa de la ignorancia, si bien en épocas recientes por la influencia del atractivo turístico que representan estas afirmaciones.

El «mito de Matusalén» sostiene que las personas alcanzaban edades muy avanzadas, pero sólo en el pasado. La edad de 969 años de Matusalén es la máxima de todos los tiempos y se dice que Adán vivió más de 900 años. La aceptación de estas edades depende de la interpretación literal del libro del Génesis, pues no existen otros documentos de apoyo. De cualquier manera, la duración de la vida de los patriarcas bíblicos tiene escasa importancia evidente para la época actual.

El «mito de la Fuente de la Juventud» halló su más clara expresión en la búsqueda de Ponce de León de esa fuente, supuestamente ubicada en algún lugar del actual estado de Florida. El tema de esta fuente aparece en la historia de casi todas las culturas y tiene su equivalente en los elíxires de rejuvenecimiento que aún en la actualidad se promueven. Basta decir que estas afirmaciones son ahora tan falsas y divertidas como lo han sido en épocas pasadas. De hecho, como veremos más adelante, existen maneras de retardar el proceso de envejecimiento, pero no tienen nada que ver con pociones mágicas.

Si se eliminan todos los accidentes y enfermedades, la duración natural de la vida humana tiene un promedio de aproximadamente 85 años, pues el 95 % de la población muere entre los 73 y los 97. La esperanza de vida de nuestra sociedad moderna, por primera vez en la historia, comienza a aproximarse a estas cifras promedio, pues se ha reducido enormemente el número de muertes por enfermedad. Muchas enfermedades importantes de años anteriores, como la viruela, poliomielitis, tuberculosis, difteria, tétanos y fiebre reumática, han quedado casi eliminadas como peligro de muerte. En 1900 una persona común moría de enfermedad o accidente a los 47 años de edad. Ahora, la media es de 74 años y continúa en ascenso. La duración natural de la vida humana no ha variado, pero el promedio de la esperanza de vida es actualmente mucho mayor.

A medida que se curan o previenen las enfermedades, es mucho más común que lleguemos a la «ancianidad» y casi al final de nuestra duración natural de vida. Obviamente, cuanto más nos aproximamos al ideal, más difícil resulta lograr nuevos avances. Si la duración natural de la vida humana no se ha de prolongar en nuestra época (y casi todos los hombres de ciencia opinan lo mismo), debemos centrar nuestros esfuerzos en otra meta, e interesarnos en la calidad de la vida, más que en su duración; debemos dejar atrás los mitos y, en vez de dedicarnos a ellos, buscar lo que sea factible para conseguir mayor vigor y vitalidad en la ancianidad. Y en esto las noticias son mucho más halagadoras.

LA BUENA NOTICIA: PUEDE CONSERVARSE JOVEN

Usted puede retardar su envejecimiento. Está en sus manos la capacidad de modificar casi todos los aspectos importantes del proceso de envejecimiento. La diferencia entre edad biológica y edad cronológica puede ser hasta de 30 años.

Después de todo, ¿qué es el envejecimiento? ¿Cumplir años? ¿Peinar canas? ¿Estar arrugado? El problema de cualquier definición del envejecimiento es que el proceso no incluye una sola cosa, sino muchas. Los científicos han estudiado muchos indicios diferentes de la vejez, que comprenden la presión arterial, elasticidad de la piel, encanecimiento, colesterol, velocidad de reacciones y capacidad pulmonar. Ninguno de estos factores describe con certeza el envejecimiento, y en relación con todos ellos algunas personas parecen envejecer mucho más rápidamente que otras.

Al aproximarnos a la edad avanzada, casi todos tememos la pérdida de desplazamiento, de intelecto y de memoria, así como la aparición de alguna enfermedad persistente y dolorosa. En resumen, la mayoría de la gente piensa que la vejez entraña depender de los demás, la incapacidad de valerse por sí solo y un estado de mayor soledad y aislamiento. Por tanto, la ancianidad tiene poco que ver con los años cumplidos, el color del cabello o las manchas en la piel.

Los científicos han comenzado a estudiar las diferencias entre los individuos. ¿Por qué algunas personas envejecen con mayor rapidez en determinados aspectos que otras? ¿Es posible identificar los factores favorables de los que envejecen con lentitud y aplicarlos a los demás? He aquí la fuente de la buena noticia: es posible identificar los factores y modificarlos.

Considere el sencillo ejemplo del sujeto que comienza a trotar por las mañanas. Los científicos saben que nuestra capacidad para correr una distancia determinada a una velocidad máxima disminuye a razón de 1 a 2 % por cada año de vida después de cumplidos los 30. Este es el proceso de envejecimiento, y en todos los órganos y funciones del organismo se registran descensos similares. A medida que usted envejece, su capacidad máxima decrece, muy lenta pero firmemente.

Sin embargo, los trotadores principiantes mejoran de modo constante a medida que envejecen. Año tras año mejoran sus tiempos y se hacen más fuertes y tienen mejor condición física. La pérdida de movilidad es uno de los tres grandes temores del hecho de envejecer. Pero aún en este caso, la movilidad mejora con la edad y lo mismo ocurre con cualquier otra actividad, independientemente de la edad en que se inicie; esta es una paradoja, que representa de una manera importante lo contrario de lo que conocemos como envejecer.

¿Cómo podemos mejorar con la edad, mientras nuestra capacidad máxima disminuye, quizá, a razón de 2 % al año? He aquí la respuesta: antes no funcionábamos a nuestra capacidad máxima. Muy pocos de nosotros nos esforzamos hasta nuestro límite máximo en cualquier terreno; en vista de ello, muchos podemos mejorar pese al transcurso de los años.

¿Cómo podemos mejorar? Una vez más, la respuesta es obvia: con la práctica. Si deseamos mantener o mejorar una habilidad o función, debemos utilizar esa habilidad o función, de lo contrario, la perdemos. Si no entrenamos y ejercemos una función, ésta envejece más rápidamente.

¿Podemos frenar el avance de todos los indicios de la vejez? Tal vez no. De momento, parece que es imposible alterar algunas características del envejecimiento. Algunas de ellas figuran en la tabla 4.1. En su mayor parte, estas características se relacionan con la fibrosis, la acumulación de tejido cicatrizal fibroso en nuestros tejidos. Esta fibrosis es irreversible y su acumulación puede representar el imperativo biológico que finalmente limite nuestra vida.

La lista reproducida en la tabla 4.2 representa la buena noticia. Son muchos más los aspectos del envejecimiento que pueden modificarse que aquellos imposibles de cambiar y, además, los rasgos modificables son los que la mayoría de nosotros considera como los más importantes.

TABLA 4.1

Aspectos inevitables del envejecimiento

Canas
Pérdida de elasticidad de la piel
Formación de cataratas
Fibrosis de las arterias
Vista cansada

TABLA 4.2

Aspectos modificables del envejecimiento

Rasgo	Factores modificadores
Condición física	Ejercicio, control de peso, no fumar
Reserva cardiaca	Ejercicios aeróbicos
Movilidad	Ejercicios de elasticidad
Presión arterial	Ejercicio
Inteligencia	Práctica
Memoria	Práctica
Velocidad de reacción	Ejercicio
Aislamiento	Socialización

En estudios se ha demostrado que con adiestramiento y práctica se pueden mejorar las puntuaciones obtenidas en pruebas de inteligencia, incluso en sujetos mayores de 70 años; que la pérdida de memoria reciente, a menudo asociada con la vejez, puede combatirse con la práctica en áreas relacionadas, y que la velocidad de reacción en personas activas de 60 y 70 años puede ser tan rápida como la de un sujeto sedentario común de 20 años de edad. Se han demostrado científicamente los cambios logrados en cada uno de los rasgos importantes enumerados. Los aspectos cruciales del envejecimiento, como la salud, dentro de amplios límites quedan dentro del dominio de cada sujeto.

Nuestra sociedad no ha alentado el esfuerzo de evitar la vejez, lo que ha tenido como resultado un índice evidente de envejecimieto innecesariamente rápido. Hemos esperado que la persona mayor sea menos activa, tal vez como recompensa por un largo período de arduo trabajo. Demasiado a menudo hemos intentado cuidar a nuestros ancianos, en vez de ayudarlos a atenderse solos. No hemos respetado en su totalidad lo que vale la sabiduría acumulada y casi hemos obligado a la gente a jubilarse a la relativamente temprana edad de 65 años. No hemos comprendido que con ello incrementamos su dependencia económica, suprimimos el estímulo de devengar algún sueldo, reducimos las interacciones sociales que previenen el aislamiento y disminuimos el sentido de aportación que afecta el sentimiento de autoestima.

El estudio de los aspectos modificables del envejecimiento apenas ha comenzado y representa una nueva frontera científica. En la mayoría de los terrenos todavía ignoramos cuántos cambios son posibles y tampoco sabemos la mejor manera de lograrlos. Los siguientes principios son especulativos en parte y generales en naturaleza. Sin embargo, a medida que abandonamos nuestras preocupaciones relacionadas con la enfermedad y la longevidad, estos principios representan un enfoque del mantenimiento de una vida plena y vigorosa.

PRINCIPIOS ESENCIALES

Evitar el envejecimiento requiere de una estrategia, y a continuación se esboza una estrategia general de seis principios interrelacionados.

1. Mantenga la independencia

La autonomía y la confianza personales parecen ser los requisitos básicos para preservar la vitalidad. Los psicólogos han postulado al menos dos teorías para explicar estas observaciones. Primera, la salud y la prevención de estados depresivos se han vinculado con la posibilidad de evitar la «inutilidad», la sensación de que no quedan opciones, que nada vale la pena y que es imposible escapar de esta situación. Segunda, una teoría relacionada emplea el poco feliz término de «sitio de control» para diferenciar a aquellas personas que se comportan como si poseyeran el control de su medio ambiente (control interno) y las que actúan como si estuvieran controladas por su medio ambiente (sitio externo de control). En uno u otro caso, son de importancia crítica la autonomía personal, los proyectos para el porvenir, las expectativas y la capacidad de cuidarse uno mismo.

2. Modere sus hábitos

Este tema se estudia en el capítulo 1 como un medio para gozar de buena salud, pero es todavía más importante como un recurso capaz de frenar el proceso de envejecimiento. El fumador de cigarrillos, el bebedor o el obeso envejecen más rápidamente que sus compañeros más moderados. También la prevención de enfermedades crónicas como enfisema, cáncer y arteriosclerosis facilita mucho la conservación del vigor en la edad avanzada.

3. Manténgase activo

Dedíquese a un ejercicio placentero con regularidad, cuando menos cuatro días a la semana y por un lapso no menor de 15 minutos. Use sus músculos y refuerce su reserva cardiaca. Sus células aprovecharán el oxígeno con mayor eficiencia y aumentará su resistencia durante el resto del día. Los ejercicios de elasticidad le darán flexibilidad y le ayudarán a evitar la tirantez muscular. Camine, trote, monte en bicicleta o nade con regularidad. Juegue al tenis o practique algún otro deporte como forma de diversión. Si tiene usted un problema médico o si para empezar no se encuentra en buena forma, inicie su programa con calma y sin esfuerzos; no hay ninguna prisa y puede tomarse uno o dos años para recuperarla. Sin embargo, debe adoptar un hábito para toda la vida.

4. Sea entusiasta

El entusiasmo de la juventud siempre se templa por la sabiduría de la edad, lo que en buena parte resulta indudablemente bueno. Sin embargo, al parecer, nuestra sociedad a veces concede un cierto valor a la indiferencia o la aceptación de mala gana. Para conservarse joven hace falta comportarse como joven de alguna manera, y esto significa que el entusiasmo es perfectamente permisible. ¿Qué quiere usted hacer realmente? ¿Trabajar, viajar, dedicarse a un deporte o una afición? Hágalo. Trace sus planes y gócelos de antemano. Realice cosas nuevas, cambie de pasatiempos, desarrolle habilidades jamás intentadas. Y disfrute de todo esto. Usted no es viejo mientras mire el porvenir con verdadero placer, regocijándose anticipadamente de los acontecimientos esperados.

5. Tenga orgullo

Los psicólogos emplean el término «autoimagen» a fin de evitar algunas de las asociaciones negativas de la palabra «orgullo», pero en realidad significa eso. El «orgullo» es un vicio, pero tener una buena «autoimagen» es una virtud. Es preciso que tenga una buena opinión de sí mismo. Los sujetos con mala «autoimagen» se enferman más a menudo, sufren depresiones y parecen envejecer más pronto. El orgullo puede asumir casi cualquier forma, como una buena apariencia personal, el debido mantenimiento de la casa, jactarse de su familia, de sus amistades, su trabajo, sus aficiones y sus juegos. Hay cosas que usted hace bien. Enorgullézcase de lo que haga.

6. Sea un individuo

A medida que tiene mayor edad, se intensifica su carácter singular. No existe nadie más con su conjunto específico de experiencias vitales, percepciones y creencias; éstas son sus fuerzas y lo hacen interesante a los demás. Cultive esta individualidad. Al crecer y cambiar activamente, su personalidad única se acentúa. Su individualidad no se establece en las etapas tempranas de la vida, sino que evoluciona conforme usted crece. Evite la conformidad por sí misma, tanto con su grupo de compañeros como con sus conductas y convicciones del pasado.

Un problema frecuente del evejecimiento es la monotonía de estímulos externos: siempre son los mismos diarios, programas de televisión, revistas, conocidos y casi las mismas opiniones sobre cualquier asunto. Usted necesita variar sus hábitos arraigados, de manera que se exponga a opiniones molestas, retos a su forma establecida de pensar y nuevos temas políticos, a fin de que pueda crecer su singular síntesis de los conflictivos hilos de nuestra compleja sociedad. Esto puede entrañar nuevos cursos, seminarios, pasatiempos, actividades en grupo y muchas otras innovaciones. No permita volverse predecible. Usted es único en el mundo.

UN FINAL FELIZ

Quizá vea una paradoja en el hecho de que no podemos exceder la duración natural de la vida humana pero que somos capaces de modificar la velocidad de nuestro envejecimiento. ¿Cómo puede ser esto?

El poeta Oliver Wendell Holmes escribió, con graciosa fantasía, sobre el maravilloso «calesín de un solo caballo»: Un diácono, tal vez deprimido por las constantes descomposturas de los productos de su época, construyó su propio calesín conforme a especificaciones muy rigurosas. Todo estaba tan bien construido que no se podía descomponer. El calesín de un caballo funcionó de manera estupenda y prestó sus servicios a varias generaciones. Sus piezas eran de calidad tan uniforme que ninguna podía fallar antes que las demás. Sin embargo, exactamente al cabo de 100 años de servicio perfecto, se desmoronó de repente, convirtiéndose en un montón de polvo. El calesín había envejecido y, finalmente, todas sus piezas fallaron al mismo tiempo en un derrumbe definitivo y casi triunfal.

La prevención del envejecimiento tiene sus limitaciones. No se puede evitar la declinación del 1 al 2 % anual del rendimiento máximo después de los 30 años de edad. No obstante, hay muchos ejemplos de lo que se puede lograr y lo que no se puede lograr. Churchill, Mao, Tito, Picasso, Grandma Moses, Bertrand Russell, George Bernard Shaw, Mary Baker Eddy, Albert Schweitzer, Miguel Angel, Pablo Casals y muchos otros han mostrado creatividad y dotes de caudillos después de los 85 años y a menudo hasta la décima década de vida. Ninguno de ellos descubrió la elusiva Fuente de la Juventud; todos ejemplifican los principios de la sección precedente. Ninguno escapó los límites estadísticos que definen nuestra mortalidad. Sin embargo, cada uno exhibió el potencial de vida activa hasta su último momento, como lo expresa la alegoría del «maravilloso calesín de un solo caballo».

La paradoja se esclarece al considerar las consecuencias de una invariable longevidad humana y una velocidad modificable para envejecer. Es posible prolongar nuestro período de vida vigorosa y activa, así como abreviar la etapa final de fragilidad. Se pueden reducir los temores de dependencia y enfermedad persistente. Saber cuidarse uno mismo no conduce a una vejez más prolongada. Por el contrario, lo que generalmente consideramos ancianidad se comprime en un lapso más corto, ya que se prolonga en el período de vida adulta vigorosa.

De muchas maneras, estas implicaciones representan una celebración de vida. Los psicólogos han demostrado que se teme más a la muerte que a la depresión, aislamiento, fragilidad, enfermedad y dolores cada vez más intensos en los últimos días de vida. Sin embargo, éstos son los propios factores que pueden modificarse y evitarse mediante acciones personales.

Ya no está en disputa el curso de vida que sugerimos aquí, con esmerada

Envejecimiento y vitalidad

atención personal a los determinantes de mala salud, como tabaquismo, alcoholismo, inactividad y obesidad. Sin embargo, los psicólogos que han estudiado las razones por las cuales una persona cambia sus hábitos indican que la promesa de una vida más larga es de escaso «valor como incentivo». Los cambios de vida que deben realizarse en la juventud se llevarán a cabo pocas veces si la recompensa consiste en meses o años adicionales de vida dependiente en un lejano futuro.

El hecho de cuidarse uno mismo, en todos los sentidos que abarca el presente libro, ofrece dividendos mucho más significativos. Las recompensas de evitar el envejecimiento son inmediatas, a cualquier edad; incluyen más vigor, más resistencia, menos días de enfermedad y van de un mayor entusiasmo intelectual a una vida sexual más activa. Los meses y años adicionales de vigor reemplazan a los que de otra manera podrían representar dependencia y depresión.

Es preciso encarar los nuevos retos de la sociedad. Pronto, más del 90 % de la población cumplirá más de 70 años de vida. La vitalidad de este creciente grupo de ancianos dependerá de la independencia de estos individuos. En la época actual, nuestra sociedad no alienta la independencia de los ancianos. Es preciso que abandonemos los conceptos que dejan a estas personas «fuera del escenario» y los programas que excluyen la autonomía y favorecen la atención global reglamentada. El porvenir es brillante, si nos ocupamos de él.

5 Problemas especiales del ciudadano mayor

Los pacientes de edad avanzada tienen problemas médicos diferentes debido a diversos motivos: la forma en que el organismo reacciona a la enfermedad y a los medicamentos, las innumerables dificultades que suelen surgir a un mismo tiempo, las afecciones especiales que ocurren sólo en los ancianos y el hecho de que nuestra sociedad aún no ha aprendido las enseñanzas presentadas en el capítulo anterior. Una exposición detallada de un nuevo tema de estudio, denominado medicina geriátrica, exigiría varios tomos; aquí describimos brevemente sólo algunas de las consideraciones más importantes.

ALGUNAS CUESTIONES RELACIONADAS CON LA MEDICACION

Con los años, después de los 30, comenzamos a perder parte de nuestra «reserva orgánica». En la juventud, el corazón puede bombear una cantidad de sangre diez veces mayor de la necesaria para el sostenimiento de la vida, el riñón es capaz de excretar un volumen de productos de desecho seis veces mayor que el organismo produce en un día y todos los demás órganos tienen reservas similares de potencia que, afortunadamente, rara vez se necesitan. Después de los 30 años de edad, comenzamos a perder estas reservas a razón de 1 ó 2 % anual. No percibimos siquiera esta pérdida, a menos que nos hallemos en una situación que en realidad lo amerite. El menoscabo de estas reservas significa que es más difícil restaurar el equilibrio del organismo después de un ataque grave a una función corporal.

A medida que avanza nuestra edad, el organismo se desintoxica más lentamente de los medicamentos. En términos científicos, se dice que el fármaco se metaboliza con menor rapidez. Una dosis pequeña persiste mucho. En esencia, a una edad mayor se consigue el mismo efecto con una dosis más baja, y la considerada usual se puede convertir en una sobredosis. La primera regla que un buen médico observa con un paciente anciano es mantener una posología baja.

Los efectos secundarios de los medicamentos pueden parecer una enfermedad, y los médicos y pacientes imprudentes a menudo confunden una reacción farmacológica con un cuadro patológico subyacente. Una pequeña dosis de codeína puede causar fatiga y somnolencia intensas, un poco de digital puede producir náuseas profundas y vómitos, un diurético recetado para eliminar la acumulación de líquido en los tobillos puede ocasionar mareos y problemas renales. La segunda regla que observa un buen médico consiste en sospechar que el problema pudiera ser una reacción medicamentosa menor, curada con sólo eliminar el fármaco responsable.

En los ancianos pueden aparecer efectos secundarios enteramente nuevos. Una tableta para dormir puede mantener despierto al paciente. Un sedante puede excitarlo o producirle una depresión grave. Estas reacciones paradójicas no se comprenden a fondo, pero son muy comunes. Una vez más, el buen médico y el paciente o familiar reflexivo primero sospechará del fármaco.

SURGIMIENTO DEL PROBLEMA MULTIPLE

Las principales enfermedades de nuestra época en su mayor parte son más comunes en el paciente de edad avanzada. Con los años, son más frecuentes los cuadros de diabetes, aterosclerosis, osteoartritis, cáncer y otras enfermedades graves. Y el paciente anciano, cuya reserva orgánica es menor, puede tener varios problemas a un mismo tiempo, lo que crea dificultades especiales.

En la sección II encontrará diagramas de decisión para afrontar los problemas usuales que suelen surgir. Los diagramas casi siempre resultan útiles para el paciente joven, pero no para quien afronta más de un problema a la vez. Si usted tiene un problema médico importante, un segundo resulta más grave que si ocurriera cuando goza de buena salud. En vista de que las reglas sencillas no se aplican tan bien en esta situación, se precisa un mayor criterio. En general, una combinación de problemas es más grave que la suma de cada uno de ellos considerados en forma aislada.

Un problema suele complicar a otro con facilidad. La hipertensión arterial puede incrementar la insuficiencia renal, que a su vez agrava la hipertensión. Una dificultad respiratoria por causa cardiaca pude complicar la dificultad respiratoria originada por una enfermedad pulmonar. La artritis puede aumentar la inactividad, que a su vez conduce a la formación de coágulos de sangre en las piernas. Su forma de tratar estos problemas debe ser una conciliación de todos los aspectos del caso. En estas decisiones se requiere mucho más a menudo un médico que en una enfermedad aislada y sin complicaciones de la juventud relativa.

EL PROBLEMA DE LAS
MEDICACIONES MULTIPLES

En la jerga médica, el empleo de demasiados medicamentos se denomina
«polifarmacia». El paciente puede estar tomando un diurético, un uricosúrico para
ayudar a eliminar el ácido úrico producido por el diurético, un tranquilizante para
combatir la ansiedad, un sedante para facilitar el sueño, un antiácido para normalizar
el estómago, una hormona para reemplazar las funciones glandulares perdidas, un
analgésico para la artritis, un antiinflamatorio para atenuar los dolores musculares,
un laxante para favorecer las evacuaciones, diversos minerales y vitaminas «por si
faltaran», hierro para la sangre y fármacos adicionales siempre que surge un nuevo
problema. Esto es polifarmacia, y por lo regular es el preludio de un desastre. Ocurre
más a menudo en el paciente de edad avanzada y cuando el consumo de todos los
fármacos se ha acumulado durante un período prolongado. De manera habitual, el
médico que prescribe un nuevo medicamento desconoce la larga lista de los
productos que ya recibe el paciente.

Los efectos secundarios de todos estos medicamentos se suman y pueden causar
enfermedad. Aún más importante, puede haber una interacción entre las sustancias
activas. Los sedantes pueden retardar peligrosamente el metabolismo de la
cumarina, fármaco que adelgaza la sangre. La aspirina puede bloquear la acción del
uricosúrico. Los antiácidos pueden anular la eficacia de los antibióticos. Los
antiinflamatorios en ocasiones causan retención acuosa, que requiere de un diurético
como alivio. Como hemos indicado, la interacción farmacológica es algo tan
complicado que ningún médico ni científico la comprende a fondo.

Use el mínimo posible de medicamentos. No puede haber interacción
farmacológica si sólo se toma una sustancia. Esto no es posible para todos los
pacientes en todas las ocasiones, pero si la ingestión de fármacos es mínima, de
ordinario su médico podrá encontrar combinaciones que se sabe que funcionan bien
al ingerirse juntas.

He aquí nuestros tres principios generales:

1. Evite los tranquilizantes, los sedantes y los analgésicos siempre que sea
   posible. Estos fármacos tienen muchos efectos nocivos y no resuelven el
   problema.
2. En cualquier situación en que sea factible recurra a un cambio de estilo de
   vida y no a un medicamento. Reducir su ingestión de sal en la dieta es
   preferible a tomar un diurético, los programas de ejercicio pueden reducir la
   necesidad de antihipertensivos y bajar de peso suele ser mejor para combatir
   la diabetes que un medicamento. Existen muchos otros ejemplos enumerados
   en este libro.
3. Descarte los medicamentos optativos. Los fármacos indispensables
   representan menos del 10 % de las prescripciones surtidas en los Estados
   Unidos de América. Más de 1500 millones de recetas se extienden en el
   citado país cada año, lo que representa ocho prescripciones por cada hombre,
   mujer y niño. La cifra es mucho mayor para los ancianos.

Además de los tranquilizantes, sedantes y analgésicos menores, los fármacos
optativos incluyen alopurinol (Zyloprim) administrado para reducir los niveles de

ácido úrico sin gota, diuréticos para eliminar la «retención de líquidos» en ausencia de una enfermedad, suplementos hormonales sin relación con un cuadro patológico y los hipoglucémicos administrados en la diabetes del adulto. Existen muchos más. Esto no equivale a afirmar que estos medicamentos no sean beneficiosos en algunas ocasiones, sino que en la mayoría de las veces son innecesarios. La decisión de usarlos debe tomarse con cautela.

DIABESIDAD

No existe una enfermedad denominada diabesidad y, sin embargo, es uno de los cuadros que se observa con mayor frecuencia en los pacientes de edad avanzada en Estados Unidos. El término diabesidad se emplea para designar la combinación de diabetes y obesidad, que son tan inseparables como el Gordo y el Flaco (y quizás el primero padecía diabesidad).

Si usted tiene exceso de peso, es mucho más probable que tenga niveles elevados de azúcar en la orina (diabetes) y si es diabético, tal vez se encuentra pasado de peso. La combinación se denomina diabesidad.

La terminología de la diabetes es confusa. Las personas mayores con diabetes casi sempre padecen la forma benigna, llamada indistintamente diabetes de inicio en la edad adulta, diabetes de tipo II o diabetes sacarina (o *mellitus*) no dependiente de la insulina (DSNDI). Este cuadro es muy diferente de la diabetes juvenil (de tipo I) que comienza precozmente en la vida y a menudo tiene complicaciones graves. El niño que la padece puede caer en coma diabético y casi siempre necesita insulina como tratamiento. El diabético de edad mayor generalmente no requiere ninguna medicación.

Hace apenas unos años se opinaba que todos lo diabéticos deberían tomar un fármaco para controlar sus niveles de azúcar en la sangre y, en consecuencia, con este propósito se elaboraron medicamentos de administración oral (Orinase, Diabinase, DBI). Los estudios, algunos todavía motivo de controversia, comenzaron a revelar efectos secundarios graves atribuidos a dichos medicamentos, su incapacidad de resolver la diabetes o ambos inconvenientes. En ocasiones, los pacientes que recibían estos medicamentos empeoraban en relación con quienes no tomaban nada en absoluto. En forma gradual se administran estos fármacos a un número cada vez menor de pacientes. Tienen su lugar en la terapéutica, pero sólo en situaciones especiales.

Al mismo tiempo, se reconocía cada vez más que los niveles de azúcar en la sangre se normalizaban con ejercicio y reducción de peso. De hecho, la mayoría de los ancianos obesos y «diabéticos» que logran reducir su peso a los niveles convenientes y llevan a cabo un programa de ejercicio asiduo, pierden todos los signos de esta grave enfermedad. Por tanto, surge un problema de terminología. ¿Es una enfermedad que responde a dieta y ejercicio? ¿O acaso es sólo la consecuencia de un mal hábito?

No todos los sujetos con diabesidad mejoran con el ejercicio y la reducción de peso; algunos también necesitan prestar atención especial a su dieta. Su médico podrá aconsejarle acerca de los pormenores específicos sobre la dieta que usted necesite; los principios son evitar la ingestión de demasiados carbohidratos (azúcares y almidones) de una sola vez, y distribuir la toma de calorías durante el día, de modo de no tener muchas calorías nunca. Algunas personas tal vez necesiten medicamentos, si estas medidas resultan insuficientes.

La diabesidad es un signo de envejecimiento acelerado de su organismo y debe interpretarse como una advertencia importante para revitalizarse. Es imprescindible que se cuide mejor.

DEPRESION

Profunda tristeza. Desesperanza e inutilidad. Los mejores días han quedado atrás. A nadie le importo realmente. Y día con día envejezco.

La depresión constituye uno de los mayores temores del envejecimiento. Todos tenemos estos sentimientos en cierto grado. No debemos avergonzarnos de ellos; están justificados porque son normales y son un fenómeno casi universal.

La profundidad y la duración del estado depresivo varía enormemente entre individuos. Una depresión grave puede ocasionar pérdida de peso, insomnio, entorpecimiento del habla y los movimientos e incluso complicarse con el temor de padecer cáncer. En estos casos, el sujeto puede contemplar el suicidio. La depresión grave requiere ayuda profesional; aunque es posible atenuarla, a veces transcurre mucho tiempo para mejorar el cuadro.

En la mayoría de los casos, la depresión de los sujetos de edad avanzada es mucho más fácil de tratar y a menudo los síntomas ni siquiera se reconocen como un estado depresivo. Este paciente puede quejarse de fatiga, insomnio, estreñimiento o dolores musculares y articulares. Una vez reconocido que el problema tiene sus orígenes en la depresión, es probable que el paciente se recupere.

Si usted cree estar deprimido, verifique los medicamentos que toma. La manera más fácil de curar la depresión estriba en la suspensión del fármaco que la ocasiona. Los «calmantes» que a menudo se usan como tranquilizantes pueden causar depresión y tienen pocos usos en el cuidado de la persona de edad avanzada. La codeína y otros analgésicos, así como los antihistamínicos, pueden producir o agravar la depresión. Incluso los somníferos, a causa del sueño artificial que inducen, pueden contribuir a la depresión. Algunos antiartríticos, notablemente la prednisona y la indometacina, pueden provocar reacciones depresivas.

Los principios del capítulo anterior pueden ayudarlo a aliviar la depresión: incremente sus actividades y su ejercicio; cambie su ritmo; visite a sus amistades; tome unas vacaciones; emprenda nuevos pasatiempos; haga aquello que siempre ha querido hacer pero siempre ha aplazado; proyecte y goce de antemano los acontecimientos inminentes; haga planes a largo plazo; fíjese metas intermedias; Esfuércese por vivir, y planee un emocionante acontecimiento futuro, comenzando a hacer ahorros y planes para disfrutarlo.

Reconozca sus limitaciones. Obtenga ayuda profesional si no puede atenuar su depresión, cuando es muy grave o entraña pensamientos suicidas. La mayoría de las depresiones cede y desaparece si uno se esfuerza en vivir, pero algunas exigen cierto cuidado especial.

EJERCITACION DE LA MEMORIA

A medida que envejecemos, todos experimentamos alguna dificultad para recordar las cosas, lo que para algunas personas se convierte en una auténtica incapacidad. Sin duda, uno de los grandes temores de envejecer es el de perder la memoria y con ella la capacidad de pensar con claridad. Estos temores a menudo conducen a la desesperación acerca de un porvenir inevitablemente sombrío. Por fortuna, los problemas graves de memoria que no responden a tratamiento ocurren en un número relativamente reducido de personas. Y mucho se puede hacer para mejorar la memoria.

Lo primero que se necesita para favorecer la memoria es comprender el problema. Existen dos clases de memoria: de corto y de largo plazo. Cuando aprendemos algo, como un nuevo nombre, primero almacenamos el dato en nuestra memoria a corto plazo, donde en poco tiempo se pierde, sustituido por otra cosa. Para recordar algo por mucho tiempo, debe depositarse en la memoria a largo plazo antes de que se pierda. Es aquí donde son más evidentes los problemas de la memoria asociados con el envejecimiento. Se hace difícil almacenar información en la memoria a largo plazo.

Para conservar nuevos datos es necesario que ocurran varias cosas. Primero, uno necesita *concentrarse* intensamente en la nueva información. Para un nuevo nombre, se debe fijar la atención. Si no oye usted bien el nombre, pregúntelo de nuevo. Segundo, usted necesita *repetir* la información. Diríjase inmediatamente a la persona por su nombre y vuelva a hacerlo varias veces en pocos minutos. Tercero, *asocie* la nueva información con algo conocido. ¿Con qué rima el nombre? ¿Qué tiene el nombre que corresponde con la persona? ¿En qué le hace pensar el nombre? ¿Qué actividad desempeña esa persona? Cuarto, *recuerde* la información al día siguiente. Piense en la persona, su nombre, el lugar donde la conoció y repita todo esto a alguien. Este procedimiento, o su equivalente, almacenará el nombre en la memoria a largo plazo.

Existen varias formas en que las personas mayores parecen tener problemas de retención, sin que sea cierto.

• La persona de edad avanzada tiene más recuerdos y un mayor cúmulo de información, por lo que le toma más tiempo hacer memoria de algo.

• Tal vez no haya pensado en un recuerdo en particular desde hace mucho tiempo. Cuando esto ocurre, el sistema de índice del cerebro no funciona muy bien y tal vez tome algún tiempo dar con el asunto. Algo recordado recientemente no es difícil de traer a la memoria.

• El anciano a menudo no se concentra en un nuevo dato con la misma atención que le presta un joven. Otros problemas, particularmente de agudeza auditiva, pueden interponerse con el proceso de grabar algo en la memoria.

• El sujeto mayor a menudo abandona la costumbre de hacer listas para ayudarse; todos necesitamos poner por escrito ciertas cosas para asegurarnos de no olvidarlas.

• Los ancianos tienden a recordar las mismas cosas una y otra vez y en pocas ocasiones exploran sus ricas reservas de otras remembranzas. La exposición a nuevas ideas y conceptos poco familiares estimula la memoria, despertando pensamientos y conceptos relacionados dormidos durante mucho tiempo.

Estimular la memoria es como estimular las piernas y el cuerpo. La memoria necesita ejercicio. Múltiples estudios científicos han documentado la capacidad para mejorar espectacularmente la memoria de los ancianos. Los nuevos estímulos son útiles. Compruebe su agudeza auditiva y, de ser necesario, adquiera un aparato para la sordera. Un fármaco, hidergina, ayuda a mejorar la memoria en muchos individuos, quizá porque facilita la concentración en nuevos datos. Haga listas y llévelas consigo. Hojee antiguos álbumes y revise sus fotografías antiguas. Vuelva a proyectar sus películas familiares de antaño.

Para algunos, estos trastornos de la memoria son parte de un problema mayor, y se deben, en cierta medida, a las consecuencias de múltiples embolias pequeñas o, también en alguna medida, a la enfermedad de Alzheimer. En este cuadro patológico existen zonas de cicatrización reales en el tejido cerebral, que impiden la transmisión eficaz de los impulsos nerviosos, y se interrumpe el sistema de indización del cerebro. En los casos graves, es relativamente poco lo que se puede hacer; este es un importante terreno de problemas médicos de alcance nacional que en la actualidad concentra mucho trabajo de investigación (pero necesita más). Los enfermos requieren el apoyo de sus familiares y amigos. En ocasiones se necesita internarlos en una institución. Sin embargo, aun en estos casos los principios y acciones recién esbozados pueden retrasar los efectos. La falta de atención y el aislamiento aceleran los resultados nefastos de estos procesos patológicos.

Los problemas de la memoria, cuando son graves, pueden abrumar los recursos familiares y sociales, así como plantear retos serios no sólo al individuo, sino a cuantos lo rodean. El reto exige una respuesta activa, no inútil, y conviene iniciarla en forma precoz. Esta ha sido un área olvidada por la ciencia médica, pero ahora se obtienen nuevos conocimientos y técnicas para encarar los problemas.

VITAMINAS

A menos que usted padezca un estado médico poco usual o se sujete a una dieta increíblemente desequilibrada, no necesita complementos vitamínicos. Si usted padece de anemia perniciosa, tal vez necesite inyecciones de vitamina B_{12}; la vitamina D se prescribe en ocasiones para la osteoporosis grave; en algunos casos se puede necesitar hierro y otros minerales, y el ácido fólico se requiere en forma esporádica en otra clase de anemia.

Una vez declarado lo anterior, debemos confesar que no opinamos que los complementos vitamínicos ni incluso los programas «megavitamínicos» sean muy perjudiciales. Por regla general, sólo las vitaminas A y D suelen ser tóxicas en grandes dosis. El tema de las vitamimas está más cargado de emotividad que casi cualquier otro y si alguien nos dice que le beneficia un régimen vitamínico, lo alentamos a que persista en él. En general, el daño potencial de estos tratamientos vitamínicos incluye su costo y la posibilidad de que no se someta al paciente a otra terapéutica debido a la suposición de que las vitaminas le son suficientes.

Nuestra opinión es muy diferente de los engaños sistemáticos que utilizan las vitaminas como señuelo. En estas promociones, el «tónico secreto» puede ser de vitaminas, minerales, gerovital o aceite de víbora, pero el argumento comercial es el mismo: usted necesita el tónico secreto y debe comprárselo al promotor (quien obtiene grandes utilidades en la transacción).

El Laetrile no es realmente una vitamina, pero se lanza al mercado como tal. A menudo, aunque no siempre, se ofrece como parte de una treta de explotación. En tanto las autoridades médicas han dado voces de alarma acerca de la pequeña cantidad de cianuro contenida en Laetrile, su verdadero perjuicio procede de su robo de dignidad. Es difícil tratar el cáncer sin pasar los últimos días de su vida cayendo en la cuenta de que ha sido engañado por un monumental fraude. Se está acumulando, y ya es concluyente, el cúmulo de pruebas científicas de que este producto no es un tratamiento eficaz en ninguna forma de cáncer.

La situación de las megavitaminas es más fantasiosa y, haciendo a un lado algunos prominentes autores de libros, nadie saca mucho dinero de estas propuestas soluciones a las dificultades de la vida. La vitamina C ha sido objeto de la más imaginativa promoción; a medida que crecían las pruebas de que no era útil en el catarro común, se propuso como tratamiento contra el cáncer. Al acumularse las pruebas de que no producía ningún efecto en ese mal, se aclamó como una cura de la artritis. Sospechamos que después se va a sugerir como de utilidad para prevenir el endurecimiento de las arterias.

El sentido común es la mejor guía para el uso de las vitaminas.

PREVENCION DE LA ARTRITIS

Hasta cierto punto, todos experimentamos un grado de osteoartritis a medida que envejecemos y se desgasta el cartílago de las articulaciones. Sin embargo, algunas personas presentan un grado alto de osteoartritis a una edad relativamente temprana y otros tienen muy poca a una edad avanzada. La meta en el caso de la artritis, como con otros aspectos del envejecimiento descritos en el capítulo anterior, consiste en retardar su avance. Lo más conveniente es comenzar en la juventud, pero los estilos de vida que aplazan la artritis pueden ser útiles a cualquier edad; también favorecen al corazón y los vasos sanguíneos. Los tres principios siguientes pueden parecer conocidos, pues se repiten en muchas otras partes de este libro.

Primero, MANTENGA UNA BUENA CONDICION FISICA. El ejercicio aumenta la fuerza de los huesos y la estabilidad de los ligamentos y tendones que los sostienen. El ejercicio nutre el cartílago de las articulaciones al proporcionarles elementos indispensables y eliminar los productos de desecho. Es necesario estructurar programas de ejercicio permanente y con incrementos graduales de esfuerzo.

Segundo, CONTROLE SU PESO CORPORAL. La obesidad impone tensiones innecesarias en las articulaciones, pues cambia los ángulos con que los ligamentos se insertan en el hueso, así como el impacto adicional en los pies, tobillos, rodillas, caderas y región lumbar.

Tercero, PROTEJASE LAS ARTICULACIONES. Escuche los mensajes de dolor que su cuerpo emite y realice sus actividades de la manera que le exija menores esfuerzos. Si se usa una parte ya lesionada se pueden dañar las articulaciones, ligamentos y tendones. Si una actividad le produce molestia, no tome un analgésico para continuarla. Escuche el mensaje de dolor y cambie adecuadamente de actividad.

El aplazamiento o el manejo de la artritis es un tema amplio y complejo. Hemos escrito extensamente acerca de estos problemas en *Arthritis: A Comprehensive Guide*, y lo que puede hacer para ayudarse por sí solo en *The Arthritis Helpbook*. (Véase la sección de referencias al final de este libro.)

OSTEOPOROSIS

A veces parece que casi todo el mundo «padece osteoporosis», pero ni siquiera es una enfermedad. En esta afección, los huesos pierden gradualmente mucho calcio y se tornan más débiles y quebradizos. ¡Pero no duelen! La osteoporosis no ocasiona ningún sufrimiento; de hecho, nadie puede decir que la tiene.

Existe la tendencia en todos nosotros de perder el calcio de los huesos a medida que envejecemos, especialmente si somos inactivos. El ejercicio, en particular aquel en que se sostiene el peso corporal, como caminar, mantiene fuertes los huesos. Las hormonas, por ejemplo, la cortisona y la prednisona, detienen considerablemente la pérdida de calcio. Las mujeres tienden a padecer esta anomalía sobre todo después de la menopausia, cuando se acelera la pérdida de calcio. Algunas enfermedades también la ocasionan.

Aun cuando la osteoporosis no es una enfermedad, puede conducir a problemas graves relacionados con fracturas de huesos. El colapso de las vértebras puede causar muchas molestias en la espalda. Una caída puede producir una fractura que no hubiera ocurrido de tener los huesos su fuerza normal. Las fracturas de la cadera son particularmente graves, pero se puede romper casi cualquier hueso.

El tratamiento médico a menudo es de cierta utilidad. Usted necesita una dieta con calcio suficiente, cuando menos 1000 miligramos al día para los varones y 1500 para las mujeres. La vitamina D y otros compuestos similares pueden ser de utilidad para algunas personas. Un tratamiento hormonal (de estrógenos) se instituye ocasionalmente y puede frenar el proceso, pero entraña algunos riesgos. Es importante la prevención y es preciso iniciarla sin demora. Es conveniente mantener calcio en su dieta, quizá con un vaso de leche al día como mínimo. La osteoporosis es un proceso muy lento, que avanza a lo largo de muchos años, por lo que su prevención debe continuar de modo semejante. El ejercicio y la actividad son las características más importantes del programa de prevención. Evite los fármacos como la prednisona siempre que sea posible. Si ha sufrido una fractura, indague lo que opina su médico acerca de un tratamiento con vitamina D, suplementos de calcio u hormonas.

ENFERMEDAD DE ALZHEIMER

Como se ha mencionado antes, un síntoma principal de la enfermedad de Alzheimer es la pérdida de memoria. Como la enfermedad de Alzheimer es progresiva y degenerativa —en forma reciente ha sido objeto de la atención que le hacía falta, tanto en artículos y libros como por televisión— muchos ancianos llegan a la conclusión de que cualquier pérdida de memoria, de largo o corto plazo, es un signo de que tiene esta enfermedad. Lo anterior puede ocasionar, innecesariamente, preocupación, ansiedad o intentos de ocultar o negar incidentes de pérdida de memoria. Como hemos subrayado en párrafos anteriores, la pérdida de memoria no es automáticamente un signo de enfermedad.

La enfermedad de Alzheimer es difícil de describir o pronosticar con exactitud o incluso de diagnosticar en su etapa inicial, porque los síntomas, su gravedad y el curso del cuadro en sí varía mucho de un paciente a otro. Sin embargo, por lo regular no se establece el diagnóstico hasta que la pérdida de las facultades mentales, incluso la memoria, es lo bastante grave para entorpecer las actividades cotidianas. A medida que avanza la enfermedad, puede haber trastornos del lenguaje, confusión, incapacidad de reconocer o identificar personas u objetos y cambios de personalidad (a menudo conducta irracional o extravagante). La enfermedad a menudo se acompaña de inquietud, irritabilidad y depresión. En las etapas finales el entorpecimiento funcional es evidente.

Como aún no se sabe qué causa o cura la enfermedad de Alzheimer, el tratamiento se orienta principalmente a ofrecer información práctica y apoyo a quienes se encargan de atender al enfermo, casi siempre un pariente cercano. Como la enfermedad de Alzheimer puede causar estrés en el seno de la familia, tanto de orden emocional como económico, instamos a quienes atienden al paciente a procurarse apoyo psicológico e información reciente de amigos, parientes, agrupaciones de ayuda mutua y profesionales, a fin de poder afrontar la situación.

Si desea mayores informes acerca de la enfermedad de Alzheimer, escriba a la Alzheimer's Disease Society, 2 West 45th Street, Room 1703, Nueva York, Nueva York 10036, o comuníquese al teléfono (212) 719-4744 para obtener informes de la sucursal más cercana a su domicilio. Quizá también desee usted leer *Alzheimer's Disease: A Guide for Families* de Lenore S. Powell y Katie Courtice (Reading, Mass.: Addison-Wesley, 1982) y *The 36-Hour Day* de Nancy Mace y Peter Rabins (Baltimore, Md.: The Johns Hopkins University Press, 1981).

EL ANCIANO ACTIVADO

He aquí el *quid* de la cuestión. Los problemas especiales del ciudadano de edad avanzada no son tan diferentes, aunque sí más difíciles. Incluso más que los jóvenes, los mayores necesitan saber cuidarse. No queremos decir que estos problemas sean fáciles o que puedan resolverse por completo. Son muy complejos y sus soluciones, a medida que usted envejezca, tenderán más a ser parciales que totales. Sin embargo, las soluciones están con mucho en sus propias manos y a medida que usted asuma una responsabilidad cada vez mayor del manejo de su estado de salud, cobrará más confianza en sí mismo y más independencia. «No vayas mansamente hacia esa dulce noche», dijo Dylan Thomas.

6 La visita al consultorio

La visita al consultorio médico puede ser una experiencia misteriosa. Este capítulo lo ayudará a entender los procedimientos que el médico sigue cuando usted acude al consultorio por un problema médico. Subrayará la importancia de su participación activa como paciente en estos procedimientos, y las ventajas de observar estrictamente las indicaciones de su médico.

LA HISTORIA CLINICA: EXPONGALA CON FRANQUEZA

La historia clínica es la comunicación más importante entre el paciente y el médico. Es esencial su capacidad de ofrecer una descripción concisa y organizada de su enfermedad. El paciente que divaga en detalles insignificantes y no menciona sus verdaderos temores y problemas se convierte en su propio peor enemigo. La incapacidad de presentar una historia clínica útil es costosa en términos de salud y dinero.

La mayoría de la gente no se percata de que todos los médicos emplean un proceso similar para enterarse de la historia clínica del paciente. Como es obvio, el médico necesita organizar la información para poder recordarla con exactitud y razonar correctamente. El conocimiento de esta organización puede ayudarlo a dar al médico informes precisos. El profesional organiza los datos en cinco grupos: el síntoma principal, la enfermedad actual, los antecedentes clínicos, el reconocimiento de órganos y sistemas, y la historia social del paciente. No todos los médicos siguen el mismo orden para solicitar estos informes, pero las definiciones siguientes ayudarán al paciente a reconocer el objeto de la entrevista médica en la cual participa.

Síntoma principal

Después del saludo inicial, la primera información que el médico solicita casi siempre es el «síntoma principal». Esta pregunta puede asumir distintas formas: «¿Qué es lo que más le molesta?», «¿A qué se debe su visita de hoy?», «¿Qué le sucede?» o «¿Cuál es su problema?» El propósito de estas preguntas es establecer las prioridades para recabar el resto de la historia clínica. Cerciórese de expresar su problema con claridad. Piense con anticipación cómo va a exponer su molestia: «Tengo dolor de garganta.» «Me duele el lado derecho del bajo vientre.» Cualquiera de los problemas incluidos en la segunda sección de este libro puede ser su molestia principal, pero existen cientos de problemas menos frecuentes.

Considere el «síntoma principal» como el título de la historia que usted va a contarle al médico. En ese momento no dé ningún detalle de su enfermedad. En vez de ello póngale el título adecuado a su caso y proporcione al médico el encabezamiento bajo el cual pueda entender el problema que le plantea.

Algunas veces usted acudirá al consultorio con más de un problema, y tal vez ignore que los distintos problemas están relacionados entre sí. Indique esta situación a su médico. «Creo tener tres problemas: dolor de garganta, una erupción cutánea y orina turbia.» El médico puede entonces investigar cada una de estas anomalías.

Hable con franqueza. Si tiene un problema sexual, no le diga al médico que sus molestias principales son «cansancio y agotamiento». Si le aterra la posibilidad de tener cáncer, no diga que desea un reconocimiento general. Si por un falso pudor usted engaña al médico, quizá quede en el aire el motivo verdadero de su visita al consultorio. Comprometerá la capacidad del médico para ayudarlo. Una descripción sincera es la mejor garantía de que sus problemas sean correctamente atendidos.

La enfermedad actual

A continuación, el médico deseará enterarse de los antecedentes de su síntoma principal. Esta parte de la entrevista comenzará con preguntas como «¿Cuándo se inició el problema?», «¿Cuándo se sintió perfectamente bien por última vez?» o «¿Cuánto tiempo ha tenido esta molestia?» El primer dato que el médico quiere establecer es la duración de su malestar. Cerciórese de antemano de que sabrá responder a esta pregunta. «Desde ayer.» «Desde el 4 de junio.» «Aproximadamente desde mediados de mayo.» Si no tiene la seguridad de la fecha exacta en que comenzó el problema, confiese su incertidumbre y diga cuanto pueda. «No estoy seguro cuándo empezaron estos problemas. Comencé a sentirme cansado hacia mediados del mes de febrero, pero el dolor articular no se inició hasta fines de abril.» Entonces el médico puede determinar el punto de partida de la enfermedad.

Una vez que usted haya definido el comienzo del problema, el médico deseará establecer la sucesión de hechos desde aquel momento hasta el presente. Relate la historia por orden cronológico y no intercale hechos de un pasado más remoto, pues pueden ser motivo de confusión, no sólo para usted, sino también para su médico. No intente relatar todos los recuerdos relacionados con su enfermedad, sino destaque sólo los acontecimientos que le parecieron de mayor importancia. Exprésese con frases cortas y concisas. No entre en detalles de familia ni de su posición social, pues no vienen al caso. Nada gana usted con referirse a los parientes que le visitaban en aquellos momentos, ni las compras que hizo en un centro comercial, ni la situación internacional. Al complicar su relato disminuirá la probabilidad de conseguir una solución satisfactoria a su problema.

A medida que relate los sucesos, indique los puntos sobresalientes tal y como usted los percibe.

Estaba muy bien hasta que, hace cuatro semanas, comenzó mi dolor de garganta. Tuve fiebre y ganglios inflamados en el cuello. Esto duró aproximadamente una semana, pero después me sentí mejor, si bien todavía cansado. Hace una semana volví a tener fiebre. Comencé a sentir dolores articulares, primero en la rodilla derecha. El dolor pasaba de una articulación a otra, por lo que me ha molestado en los hombros, codos, rodillas y tobillos. Desde hace tres días he tenido una erupción cutánea, pero no he tomado ningún medicamento, excepto aspirina, que me ha servido muy poco.

El médico tal vez lo interrumpa para hacer algunas preguntas específicas. Al final de su relato quizá le interrogue sobre algunos problemas que usted no haya mencionado. Al exponer una historia bien organizada y permitir que el médico le pida información adicional, usted proporciona los datos pertinentes de la manera más efectiva.

Si tiene varios problemas que desea exponer, puede describir cada uno por separado o entrelazarlos en un solo relato. El médico podrá orientarlo para que usted elija el procedimiento más adecuado en cada caso.

La información de apoyo puede ser de suma importancia. Esté preparado para mencionar los medicamentos que ha tomado antes y durante su enfermedad actual. De ser necesario, lleve consigo los envases de los medicamentos, a fin de que pueda observarlos el médico. La paciente que esté o sospecha estar embarazada, debe aclarárselo al médico. Si en el curso de su enfermedad se ha sometido a estudios radiológicos o de laboratorio, procure poner a disposición de su médico las placas o los resultados. Si es usted alérgico a alguna sustancia, no deje de mencionar este hecho. De haber consultado a otro médico, lleve consigo los expedientes respectivos. Hágase el propósito de vigilar estrechamente su enfermedad. Sus observaciones personales, cuidadosamente efectuadas y relatadas, son más valiosas que cualquier otra fuente de información.

Antecedentes clínicos

Después de enterarse de su síntoma principal y de la historia clínica de su problema, el médico necesitará conocer sus antecedentes generales de salud. En este momento, la información que antes parecía carente de importancia puede ser significativa. El médico le hará preguntas concretas y le resultarán de suma utilidad las respuestas directas y razonablemente breves. Lo interrogará sobre su estado de salud en general, hospitalizaciones, intervenciones quirúrgicas, alergias y tratamientos medicamentosos. Tal vez se interese en las enfermedades que usted haya sufrido en la infancia y en su edad adulta. (Registre esta información en la Sec. III, para que le sea fácilmente disponible.)

Los temas que el paciente comunica con inexactitud más a menudo son los datos relacionados con las alergias a diferentes fármacos. Si usted declara tener una «alergia» medicamentosa, describa la reacción específica que haya experimentado. Muchos efectos secundarios ocasionados por algún fármaco (náuseas, vómitos, zumbido en los oídos) *no* son de origen alérgico. Cualquier médico, con justa razón, se resiste a prescribir un medicamento que, según aseveraciones del paciente, produce alergia. Si usted se dice alérgico a un fármaco sin serlo en realidad, puede privarse de un útil recurso terapéutico. Cuando se refiera a los medicamentos, proporcione datos completos. No deje de mencionar píldoras anticonceptivas, vitaminas, aspirina y laxantes. En ocasiones, cualquiera de estos fármacos puede ser importante para establecer el diagnóstico o el tratamiento de su problema médico.

Reconocimiento de órganos y sistemas

Como siguiente paso, su médico repasará los síntomas que se relacionan con los distintos sistemas del organismo; existen preguntas establecidas para cada uno. El médico quizá comience con preguntas acerca de la piel y luego lo interrogará sobre la cabeza, ojos, oídos, nariz y garganta, para después continuar hacia abajo. Las preguntas relativas a los ganglios linfáticos, los pulmones y el corazón, serán seguidas por otras acerca del estómago, el intestino y las vías urinarias. Por último, le hará preguntas sobre músculos, huesos y el sistema nervioso. En este interrogatorio, el médico busca información que pudo haberse omitido anteriormente, así como de factores adicionales que pueden influir en su elección del tratamiento adecuado. Sólo se llevará a cabo una «revisión de los sistemas» muy detallada cuando el médico lo someta a usted a un examen físico completo.

Historia social

Finalmente, el médico le planteará preguntas sobre su «historia social». Esto obedece a que desea enterarse de la ocupación del paciente, su familia y sus problemas interpersonales. Las preguntas pueden referirse al hábito de fumar, el consumo de bebidas alcohólicas o de drogas y a la actividad sexual. Investigará si el paciente se ha expuesto a sustancias químicas o tóxicas. En ocasiones las preguntas pueden ser de índole sumamente personal. Sin embargo, las respuestas son en potencia de la mayor importancia para la determinación de la naturaleza de la enfermedad y de la mejor manera de tratarla. Aquí el paciente tampoco debe esperar que el médico recabe una historia social exhaustiva, a menos que vaya a someterlo a un examen clínico completo.

LA HISTORIA CLINICA COMO FUENTE DE INFORMACION

El médico dispone de tres fuentes importantes de información: la historia clínica, el examen físico y las pruebas de laboratorio. Según la enfermedad, cualquiera de las tres puede resultar la más importante. La historia clínica es la única fuente de información controlada en su totalidad por el paciente. Los médicos la califican de «subjetiva», pues es imposible verificar directamente los datos proporcionados. Al ofrecer usted a su médico informes claros y exactos, aumenta la probabilidad de que su problema reciba un diagnóstico preciso y un tratamiento acertado.

APRENDA A OBSERVARSE

Un examen físico minucioso exige pericia y experiencia. Usted puede hacer algunas observaciones importantes en casa, que si sabe comunicar con claridad, proporcionará una ayuda adicional a su médico.

Temperatura No diga «fiebre», «tenía temperatura» ni «estaba ardiendo en calentura». Adquiera un termómetro, lea las instrucciones, ensaye bajar la columna del mercurio con sacudidas y aprenda a leer la temperatura exacta. Si tiene un hijo de corta edad, consiga un termómetro rectal y aprenda a utilizarlo.

Pulso Si el problema entraña latidos rápidos o fuertes, entérese con exactitud de la frecuencia de las pulsaciones. Perciba el pulso en el brazo, en el cuello o al apoyar el oído en el pecho de otra persona. Cuente el número exacto de latidos en un minuto o pida a alguien que le haga esto a usted. Si cree que existe un problema de pulso, compruebe la regularidad o irregularidad de sus latidos. ¿El corazón «se salta» un latido, «brinca», «omite cada tercer latido» o es absolutamente irregular? A menudo, la irregularidad del pulso ha cesado antes de que el paciente llegue al consultorio. Sin embargo, si usted es capaz de describir con exactitud la anomalía, es probable que el médico comprenda lo que ha ocurrido. De necesitar información adicional, consulte el problema 79, Palpitaciones.

Mamas El tejido mamario es normalmente nodular. La mujer adulta debe palparse en forma cuidadosa los senos en intervalos de pocos meses, a fin de detectar de manera oportuna cualquier cambio. No comprima entre sus dedos el tejido mamario; aplique presión contra la pared torácica. Ensaye diversas posturas: acostada, sentada y con un brazo levantado sobre la cabeza. Busque en especial cualquier diferencia entre un seno y el otro. Si palpa un nódulo sospechoso, acuda de inmediato al médico. Muchas mujeres dejan pasar algún tiempo por miedo; no lo haga, por favor. Muy pocos nódulos son cancerosos, pero si uno resulta maligno, es de suma importancia extirparlo cuanto antes. A menudo las pacientes son capaces de palpar un nódulo que el médico no percibe; en esos casos, se debe ayudar al médico a localizar el punto exacto del problema. En el capítulo P, «Sólo para mujeres», de la sección II, se dan instrucciones pormenarizadas sobre la autopalpación.

Peso Las fluctuaciones del peso corporal suelen ser importantes. Usted debe conocer cuál es su peso normal. Si varía, debe saber cuánto y en qué lapso ha cambiado.

Otros hallazgos Conozca su cuerpo. Cuando observe cualquier cambio, comuníquelo con exactitud. Es muy fácil observar cualquier modificación del color de la piel, un ganglio linfático abultado en la nuca, una hinchazón mayor de las piernas y muchas otras alteraciones. De igual importancia es el conocimiento de su cuerpo, lo ayudará a evitar que informe al médico observaciones ridículas. Por ejemplo, la «manzana de Adán» no es un tumor, las «bolitas» en las costillas inferiores y en la pelvis suelen ser normales, la vértebra inferior del cuello normalmente forma un saliente y la parte posterior de la cabeza tiene un abultamiento normal, la «protuberancia del conocimiento». Hemos tenido pacientes que mencionan estas peculiaridades como casos de urgencia.

PREGUNTE Y ESCUCHE:
BUSQUE UN BUEN MEDICO Y
SIGA SUS INSTRUCCIONES

Si usted es un paciente característico, cumple menos de la mitad de las instrucciones que recibe de su médico. Recuerde su última visita al consultorio médico. Una vez que empezó a sentirse mejor, ¿no suspendió prematuramente su medicamento? ¿Le sobraron píldoras de su última receta? ¿Observó en forma rigurosa las recomendaciones dietéticas? ¿Limitó o aumentó sus actividades de acuerdo con las indicaciones? ¿Tomó su medicamento exactamente en la forma prescrita o de modo irregular? Cuando cayó enfermo algún otro miembro de su familia, ¿aprovechó algún medicamento «sobrante» de un caso anterior? Si usted no hizo ninguna de estas cosas, es un paciente notable. Nosotros sospechamos que, para empezar, muchos pacientes no entienden las instrucciones de su médico, por lo que no es sorprendente que a menudo no las observen.

Consideremos las consecuencias de no obedecer las instrucciones del médico:

Primero, hay una pérdida evidente de su tiempo y dinero, ya que ha solicitado consejos caros. Como se indica en este libro, son muchas las ocasiones en las que no necesita dichos consejos. Las recomendaciones no siempre serán útiles y a veces incluso pueden estar equivocadas. Sin embargo, una vez que haya solicitado consejos, es una tontería no entenderlos con claridad y no acatarlos. Después de haber tomado las medidas para transportarse al consultorio de su médico, esperado hasta el momento en que lo recibió, invertido valioso tiempo con un profesional competente, ido a una farmacia, comprado medicamentos y, finalmente, retornado a casa, usted ha dedicado a su persona una cantidad considerable de tiempo y esfuerzo. No pierda todo esto al no conseguir una respuesta a sus preguntas, aceptar recomendaciones que no entiende o que no sabe cómo seguir y abandonar el tratamiento antes de tiempo.

Segundo, el hecho de no observar las instrucciones recibidas acarrea graves consecuencias médicas. La enfermedad puede persistir o puede recidivar; usted puede tener complicaciones, efectos secundarios o interacción medicamentosa. La consecuencia más frecuente es que su problema no ceda. Por ejemplo, si usted padece una úlcera, el dolor generalmente responde a los pocos días de iniciado el tratamiento correcto. Sin embargo, el cráter de la úlcera, a menudo tan amplio que admite la introducción del pulgar, apenas comienza a cicatrizar. De no continuarse el tratamiento durante un lapso de seis semanas, la cicatrización del cráter de la úlcera puede quedar incompleta y los síntomas de la afección que aún persiste tienden a recurrir tan pronto como se suspenda el tratamiento.

En las infecciones de las vías urinarias, los síntomas de ardor durante la micción, dolor del bajo vientre y micciones frecuentes por lo regular desaparecen en las primeras 48 horas de tratamiento. Sin embargo, las bacterias causantes de la enfermedad quizá no sean exterminadas en su totalidad hasta transcurridos unos días más. Si no se continúa la antibioterapia hasta quedar controlada la enfermedad, puede recurrir la infección, por lo que quizá necesite atención médica en repetidas ocasiones. Como un ejemplo adicional, cuando usted acude al médico por dolor de garganta, su médico lo trata principalmente para prevenir complicaciones. En las infecciones de la garganta por estreptococos, las complicaciones graves incluyen lesiones cardiacas (fiebre reumática aguda) y renales. Estas complicaciones no son frecuentes cuando la antibioterapia se continúa durante diez días; sin embargo, como quizá se sienta mejor al cabo de 48 horas, tal vez se olvide de seguir el tratamiento. Este es el motivo primordial para prescribir inyecciones de penicilina de acción prolongada en los casos de infección estreptocócica de la garganta, pues así el médico tiene la certeza de que con una sola inyección el paciente recibirá la dosis necesaria del medicamento. En todos los estudios científicos al respecto se ha comprobado la superioridad de las inyecciones sobre la administración oral de medicamentos cuando se pretende prevenir complicaciones. No son menos eficaces los fármacos que se administran por vía oral, pero no se puede tener confianza en que los pacientes tomen las dosis completas.

Algunas veces los pacientes se exceden en la dosis de sus medicamentos. Ciertas personas tienen la convicción de que si un poco es bueno, mucho es mejor. Todos los medicamentos son extraños al organismo y deben considerarse «venenos». Cuando se toman cantidades mayores a las recomendadas, se expone uno a un incremento de las reacciones secundarias, dependencia, adicción e incluso la muerte. Usted se juega la vida si aumenta su dosis, sin tener la certeza de que no es peligroso hacerlo.

Por último, puede haber interacción medicamentosa. Si el paciente no aclara cuáles medicamentos está tomando, el médico podría prescribirle un fármaco adicional que interactuara en forma desfavorable con la medicación que ya está recibiendo. El hecho de omitir estos datos constituye una falta grave de comunicación entre usted y su médico.

Aún más importante, la persona que acepta y después pasa por alto las instrucciones profesionales contribuye al deterioro de la confianza que debe existir entre paciente y médico. A menudo, aquellos que más insisten en que el «médico nunca le explica nada» son los que desobedecen las indicaciones. Dejar de observar «las órdenes del doctor» introduce una deshonestidad fundamental en la relación médico-paciente. Si no dispone de una historia clínica exacta, el médico no podrá interpretar correctamente los acontecimientos futuros. En consecuencia, usted recibirá más inyecciones y menos fármacos de administración oral, a la vez que necesitará consultas más frecuentes para que su médico pueda mantenerlo vigilado; asimismo, necesitará más análisis de sangre para determinar los niveles sanguíneos de los medicamentos que supuestamente usted está tomando. Es esencial que la comunicación entre el paciente y el médico sea directa y sincera. En este libro a menudo censuramos ciertas prácticas médicas, pero sugerimos que cuando la comunicación es deficiente, la culpa debe compartirse.

COMPRENDA SU PROGRAMA Y CUMPLALO

Primero, insista en comprender la importancia del medicamento y las instrucciones. Segundo, considere si la observancia de las indicaciones plantea algún problema en especial. Tercero, adhiérase al programa convenido. Cuarto, si una vez terminado el tratamiento hay un sobrante de los medicamentos, destrúyalo.

Es preciso que usted entienda las instrucciones recibidas. En caso de cualquier duda, haga preguntas: «¿Podría repetir eso?» «¿Me explicaría para qué sirve este medicamento?» «¿Realmente necesito someterme al tratamiento en el hospital?» «¿Cuánto me costará esto?» «¿Acarrea algún riesgo esta medicina?» Pídale a su médico que le escriba las instrucciones. Entienda la importancia de cada fármaco o tratamiento. En algunas circunstancias no es importante tomar su medicación con regularidad; en esos casos, el fármaco sólo proporciona un alivio sintomático, por lo que debe suspenderse lo antes posible. Cerciórese de haber entendido si debe continuar el medicamento aun después de sentirse bien.

Considere el programa prescrito en su conjunto. Usted tal vez tenga dificultades que desconozca el médico. Quizá le sea difícil tomar su medicina en el trabajo o prevé problemas con la dieta prescrita. Acaso por motivos desconocidos para su médico usted no puede realizar la actividad recomendada. Si la prescripción estipula tomar más de un medicamento en el inicio, puede serle más conveniente tomarlos todos de una sola vez. Cuando surjan dudas como ésta, aclárelas de antemano. De manera habitual, si usted hace estas preguntas a su médico, es posible modificar el tratamiento para que resulte más cómodo. La clave es la sinceridad. No prometa algo que sabe que no cumplirá. Exprese sus inquietudes.

Una vez prescrito un programa establecido, cúmplalo paso a paso. Si usted se percata de reacciones secundarias, comuníquese con el médico y aclare la situación; si dichos efectos secundarios son graves, regrese al consultorio para que se le examine. Haga una tabla con los días de la semana y las ocasiones en que deberá tomar el medicamento, y anote en ella cada ingestión de medicamentos. Esto no constituye un insulto a su inteligencia; es una práctica utilizada universalmente en los hospitales por personal capacitado para asegurar que se cumplan con exactitud los regímenes terapéuticos. En el hogar, usted y sus familiares son los guardias de la salud. No tome esta labor más a la ligera que los profesionales.

Cuando sobren medicamentos al terminar un tratamiento, arrójelos por el caño. Un botiquín con medicamentos antiguos entraña múltiples peligros. Cada año se producen muertes de niños y adultos porque ingieren fármacos que han sobrado. Se ha dado el caso de niños que toman píldoras anticonceptivas, adultos que se cepillan los dientes con cremas de esteroides y confusiones nefastas por semejanzas de envases. Si la próxima vez que su hijo tenga catarro usted le administra una tetraciclina sobrante de otro tratamiento, quizá le ocasione manchas en los dientes. Si esa misma tetraciclina ha caducado y se sigue utilizando, puede provocar una lesión hepática grave. Cuando surge una nueva enfermedad, su cuadro será confuso si ha tomado medicamentos sobrantes de regímenes anteriores. En ocasiones esto impide indentificar con exactitud una bacteria en los cultivos, o bien distorsiona el cuadro clínico.

La relación médico-paciente es la protección más segura contra los efectos de una enfermedad grave. Aprecie todo lo que vale la oportunidad de obtener la mejor atención, aprovéchela selectivamente y obedezca con la mayor fidelidad el programa que usted y su médico elaboren.

7 Elección del servicio médico adecuado

Existe una amplia diversidad de instalaciones médicas a disposición de los pacientes potenciales: hospitales, salas de urgencias, casas de convalecencia y clínicas. Hay opciones para la mayoría de las preferencias, así como para satisfacer casi a cualquier persona. Es importante que usted conozca los servicios médicos disponibles de su localidad y que seleccione los de su agrado antes de necesitarlos.

Con el fin de seleccionar los mejores servicios, debe entender primero lo que significan los términos «atención primaria», «secundaria» y «terciaria». La atención primaria es la proporcionada por un médico en su consultorio, en una sala de urgencias o en una clínica. Es el servicio que el paciente puede obtener sin necesidad de que un médico lo haya turnado a esa sala o consultorio; a menudo se le llama «tratamiento ambulatorio» o «de consulta externa». La atención secundaria es la que brinda el hospital común de una comunidad, y los médicos que intervienen pueden ser especialistas o subespecialistas. Por lo regular, un médico turna a los pacientes a este tipo de servicio. La atención secundaria se proporciona principalmente a pacientes hospitalizados. La atención terciaria incluye procedimientos especializados y fuera de lo común, como diálisis renal, cirugía de corazón abierto y regímenes terapéuticos muy complicados para enfermedades poco comunes. Los tratamientos de este tipo se ofrecen en hospitales afiliados a una universidad o a un gran centro médico.

Al seleccionar un servicio, conviene considerar que una institución de atención primaria con fácil acceso a otra de atención secundaria se encuentre a corta distancia de su domicilio. No importa mucho que las instituciones que ofrecen atención terciaria se localicen a grandes distancias de su hogar, pues tal vez no necesite ninguna en toda la vida.

HOSPITALES

Los hospitales particulares o comunitarios son los más frecuentes en Estados Unidos. Pueden ser lucrativos o no lucrativos y con 50 a 400 camas. En ocasiones reciben su financiamiento de los médicos que ejercen en la localidad. Más a menudo, la institución ha recibido financiamiento de organismos no lucrativos que cuentan con la ayuda de fondos del gobierno para la construcción de hospitales. La calidad de la atención impartida en estas instituciones depende en gran medida del médico encargado de cada caso. Relativamente pocas acciones de los médicos son sometidas a una supervisión rigurosa. No hay un médico presente en el hospital todas las horas del día. No obstante, los hospitales particulares de manera habitual ofrecen una atención personalizada de alta calidad. El lugar suele mantenerse silencioso y ordenado. En la mayoría de los casos, los recursos son adecuados para la atención necesaria.

Los hospitales públicos incluyen organismos municipales, estatales, militares y de la Administración de Veteranos. Suelen ser grandes, con 400 a 1000 camas. Disponen de personal permanente y de tiempo completo, además de contar a toda hora con la presencia de médicos. Casi siempre tienen «personal de planta» y disponen de internos y residentes. Como corresponde a su magnitud, ofrecen un número mayor de servicios y a menudo están vinculados con unidades de rehabilitación o de convalecencia. En el hospital público la actividad es más visible y las evaluaciones de cada médico son sometidas a las de sus colegas. La calidad de la atención que recibe el paciente depende de la calidad de la institución en conjunto. La constante presencia de internos y residentes puede resultar hasta cierto punto incómoda para los pacientes; sin embargo, el hecho de que estén allí es una inmejorable garantía de que se ofrece buena atención médica. El médico que asiste al hospital para profundizar sus conocimientos tiene como responsabilidad primordial el cuidado de los pacientes y no interviene mucho en la práctica en consultorios ni en actividades administrativas.

Muchos hospitales públicos gozan de la buena reputación de brindar servicios a las clases de escasos recursos económicos. En el seno de la comunidad, a menudo se las considera instituciones que ofrecen atención de calidad inferior, acusación que suele ser bastante injusta. Si bien no siempre son tranquilos y ordenados y a menudo resultan poco gratos a la vista, estos hospitales proporcionan una atención excelente y siempre digna de confianza. Donde existan, las personas de toda condición social deben considerarlos muy seriamente.

Los hospitales docentes están asociados con una escuela de medicina. Son grandes, con capacidad de 300 a 2000 camas. Además de internos y residentes, disponen de estudiantes de medicina en sus diferentes salas. Cuentan con recursos técnicos insuperables y en estas instituciones es donde tienen lugar los acontecimientos más extraordinarios de la medicina, puesto que se dispone de cirugía de corazón abierto, trasplantes renales, las más avanzadas instalaciones para recién nacidos, recursos para atender raras enfermedades hemáticas, y otras maravillas. Docenas de personas preparadas pueden estar pendientes del bienestar de un paciente en particular. Las decisiones médicas más cruciales se analizan a fondo, se presentan en congresos y son revisadas por muchos miembros del personal.

En cambio, la calidad de las relaciones personales en estos hospitales docentes es variable; muchos pacientes sienten que reciben un trato impersonal y que se presta mayor atención a las pruebas de laboratorio que a los problemas humanos y sociales. Como son instituciones a la vanguardia de la medicina, tienden a conceder mayor atención a los procedimientos más nuevos y complicados, aun cuando otros más modestos, pero antiguos, quizá lograrían los mismos resultados. A causa de la inexperiencia de algunos miembros del personal, se observa también la tendencia a ordenar más pruebas de laboratorio que en el mismo caso se solicitarían en un hospital particular. El paciente se encuentra a veces confundido por la necesidad de relacionarse con un crecido número de médicos y estudiantes. Los educadores médicos se muestran preocupados ante estas críticas y han tomado medidas para corregir algunos de los problemas. No obstante, en estas instituciones aún se cae en excesos de medicina tecnológica.

APRENDA A UTILIZAR EL HOSPITAL

El hospital es costoso. No es un hogar ni un hotel. En él se salvan y se pierden vidas. Es preciso usarlo y es preciso evitarlo. Para afrontar estas contradicciones, es indispensable considerar cuidadosamente en cada caso la necesidad de hospitalizarlo a usted o a un miembro de su familia.

No utilice el hospital si puede recibir los mismos servicios en otro sitio. El hospital general agudo (de corto plazo) ofrece medicina general aguda; no desempeña bien otras funciones.

No use el hospital para descansar; no es un buen lugar para ello: hay bullicio, ruido, ofrece un ambiente extraño y está poblado de compañeros de habitación desconocidos. Las noches son una sucesión de interrupciones y los horarios desconciertan. Tiene muchos empleados, algunos menos amables que otros.

Tampoco utilice el hospital por la «conveniencia» de someterse a varias pruebas en pocos días, ya que no las ofrece de la manera más eficiente; de hecho, en su mayor parte los recursos de rayos X y de laboratorio no están en servicio durante los fines de semana y ciertos procedimientos puden requerir varios días tan sólo para programarlos.

Muchas personas han insistido en que se establezca una red de «hosteles», que ofrecerían alojamiento a un costo mínimo, permitirían la realización eficiente de pruebas y a la vez serían apropiados para períodos de descanso y de actividad mínima; están en marcha varios experimentos de instituciones semejantes. Sin embargo, mientras no se disponga de medios más adecuados, use el hospital agudo siempre con gran renuencia.

Hace más de un siglo, el médico húngaro Ignaz Philipp Semmelweiss (1818-1865) observó que tanto los recién nacidos como las madres atendidas de parto en casa se encontraban en mejores condiciones que las madres y niños hospitalizados, y que la existencia de fiebre puerperal, a menudo de consecuencias mortales, era uno de los riesgos del hospital. Este problema, originado por la falta de higiene en las salas de expulsión, se ha resuelto desde hace mucho tiempo. Sin embargo, en la época actual nuevas pruebas sugieren que el tratamiento en el hogar de muchas afecciones puede ofrecer mejores resultados que el impartido en el hospital. Por ejemplo, se ha comunicado que el tratamiento en casa de ataques cardiacos relativamente benignos es quizá mejor que el proporcionado en el hospital. A la mayoría de los visitantes a los hospitales les resulta evidente que el ambiente de crisis del hospital agudo de corto plazo no contribuye precisamente al más tranquilo estado de ánimo del paciente. Muchas ventajas terapéuticas del hogar no pueden reproducirse en el hospital.

La promoción de los hospicios pretende proporcionar tratamientos humanitarios, amables y médicamente eficaces con un mínimo de las complicaciones tecnológicas de un hospital. Los programas de atención en hospicios y en el hogar se van extendiendo con rapidez y son en verdad muy valiosos.

SALAS DE URGENCIAS

La sala de urgencias se ha convertido en el «médico» de muchos pacientes. Quienes no pueden encontrar un médico por la noche o no saben a quién recurrir, acuden a la sala de urgencias cada vez más a menudo. En la actualidad, cualquier sala de urgencias está atestada de casos que no son emergencias. Los más diversos problemas están todos juntos: afecciones triviales que podrían atenderse con la ayuda de este libro, problemas rutinarios que se tratarían más fácil y económicamente en el consultorio, alteraciones especializadas que se atenderían mejor en horas hábiles y verdaderas urgencias. Aun cuando la sala de urgencias no fue diseñada para las funciones que ahora cumple, resulta bastante eficaz al suministrar una atención adecuada.

Sin embargo, el uso de la sala de urgencias como el único contacto médico entraña grandes desventajas, porque cuentan con pocos o nulos medios para ofrecer una atención continua. En estas salas, lo más probable es que sea atendido por un médico distinto en cada ocasión, que se ocupa del problema principal manifestado por el paciente, pero rara vez dispone del tiempo suficiente para realizar un examen físico completo o para ocuparse de problemas subyacentes. Si bien en la sala de urgencias se dispone de un servicio de rayos X, es difícil conseguir estudios de la vesícula biliar y series de placas de la porción superior del tubo digestivo. Por tanto, con los medios disponibles en una sala de urgencias no se puede realizar en forma adecuada la evaluación de un problema complicado. Cuando ocurre una auténtica emergencia, se hacen a un lado los pacientes con casos menos urgentes. No es posible calcular con certeza alguna lo que un paciente tenga que esperar en una sala de urgencias. Las tarifas en este servicio, debido a que cubren el costo de aparatos para atender verdaderas urgencias, son más altas que los honorarios cobrados de ordinario en un consultorio. Los servicios de las multicitadas salas no siempre están cubiertos por los seguros médicos, aun cuando la póliza estipule que quedan incluidos los gastos de cuidados de urgencia. Quizá acabe con el compromiso de pagar una cuenta considerable por acudir a la sala de urgencias para que le atiendan un dolor de garganta.

La sala de urgencias bien organizada que cumple su cometido sin tropiezos, es un sitio dramático que proporciona un espléndido ejemplo de servicio profesional en acción. Sirviéndose de los procedimientos esbozados en este libro, podrá usted hacer el uso adecuado de este valioso recurso médico.

CENTROS DE CIRUGIA
A CORTO PLAZO

En forma reciente han surgido varias instalaciones planeadas con el propósito expreso de atender casos quirúrgicos que sólo precisan una breve hospitalización (una sola noche). Es obvio que son casos de cirugía menor y de pacientes básicamente en buenas condiciones de salud. Como estos centros pueden evitar algunos de los gastos fijos de un hospital, a menudo cobran menos por el uso de sus instalaciones. Sin embargo, como carecen de los recursos para atender casos o complicaciones graves, sólo deben usarse para cirugía menor. La creciente experiencia de estas instituciones ha sido muy positiva.

CLINICAS DE CONSULTA
EXTERNA

De manera similar, es posible atender problemas médicos en una de las clínicas de consulta externa que se ubican en diversos sitios. Si usted tiene un problema nuevo y sin complicaciones (por ejemplo, dolor de garganta o una lesión de cabeza) estas clínicas pueden resultar excelentes. Los diagramas de decisión de la sección II lo ayudarán a determinar si está indicado acudir al médico. En estas clínicas por lo regular no es necesario concertar un cita con anterioridad y el servicio es rápido y eficiente. Estos centros suelen estar abiertos en horas no hábiles, incluso en la noche y fines de semana. Si se tienen disponibles, estas clínicas deben aprovecharse para casos que no sean emergencias, prefiriéndolas a las salas de urgencias. El problema de estos servicios consiste en el seguimiento y a veces el costo, pues va en aumento y ahora se aproxima al de las salas de urgencias. Si usted ha padecido el problema durante más de seis semanas o si espera que le exigirá varias consultas y más de seis semanas para quedar solucionado, opinamos que sería más conveniente acudir a su médico habitual.

INSTITUCIONES PARA
CONVALECIENTES

Existen centros de convalecencia y rehabilitación para los pacientes que no necesitan de una atención más costosa, pero que no se pueden atender adecuadamente en casa. La calidad de estas instituciones varía de pésima a excelente. En las mejores circunstancias, con enfermeras dedicadas y atención médica periódica, el ambiente cómodo y hogareño suele acelerar el proceso de recuperación. En otros casos imperan la falta de interés, recursos deficientes y un mínimo de atención. Antes de sugerir o aceptar el traslado a uno de estos centros, visítelo o pida a alguien de su confianza que lo haga. En los casos de convalecencia, es esencial que usted se encuentre cómodo con cuanto lo rodee. Es adecuada la misma clase de comprobación previa antes de ingresar en un hospicio; en su mayoría son buenos, pero hay excepciones.

COMERCIALIZACION DE LOS SERVICIOS MEDICOS

La competencia a ultranza ha llegado a la medicina y con nostalgia observamos cierta pérdida de dignidad. Los hospitales compiten entre sí para atraer pacientes. Los planes de seguros de salud compiten con planes rivales. Los médicos compiten con otros médicos. Se publican anuncios y se dirigen campañas comerciales directamente al consumidor.

Usted debe percatarse de estos cambios, pues instituciones en un tiempo conservadoras ahora intentan influir en lo que el paciente decida. Ha surgido un nuevo fenómeno: la «cadena» de hospitales, con instalaciones en diversas ciudades y prácticas de mercadotecnia en nivel nacional. El pago de nuevas y espectaculares tecnologías, por ejemplo el corazón artificial, está justificado, al menos en parte, porque pone de relieve los méritos de algunas empresas en partircular. En muchos hospitales, incluso algunos pequeños, se ha contratado a directores de mercadotecnia, o su equivalente. El director de relaciones públicas del hospital mantiene acciones recíprocas con los medios de difusión y se preparan boletines de prensa y folletos.

Hasta cierto punto, esta comercialización instruye y alerta al público sobre las características de las diferentes opciones a su alcance. Cuídese de las exageraciones y la jerga publicitaria. Las orientaciones ofrecidas en el presente libro son medios más eficaces para encontrar atención médica de alta calidad que los llamativos folletos y boletines de prensa.

8 Cómo reducir sus gastos médicos

Los fármacos legales constituyen una industria multimillonaria. Cuanto usted contribuye a esta bonanza, es en gran parte un acto voluntario: el monto de su aportación depende de su médico, su farmacia y de usted mismo.

Los fármacos salvan vidas, curan, mitigan el dolor pero también son peligrosos y fáciles de usar en forma indebida. En su mayoría son básicamente venenos, pues su acción consiste en bloquear uno o varios de los mecanismos naturales de defensa del organismo, como dolor, tos, inflamación o diarrea. Interaccionan con otros medicamentos, provocando reacciones químicas peligrosas. Ejercen reacciones tóxicas directas en la mucosa gástrica y otras partes del cuerpo. Causan erupciones alérgicas y choques. Como sustancias químicas extrañas, provocan efectos tóxicos graves cuando se toman en exceso. En ciertas circunstancias, quizá sean causa de cáncer, y algunos medicamentos reducen la capacidad del organismo para combatir infecciones.

Si su médico *no* le entrega una prescripción o una muestra de algún medicamento, considere esto una buena noticia más que una manifestación de rechazo o falta de interés. Ingiera el menor número posible de fármacos durante el lapso más corto posible. Cuando se le prescriba un medicamento, tómelo con regularidad y en la forma indicada, pero espere que el médico revise a fondo el régimen indicado cada vez que acuda a consultarlo.

Casi todos los fármacos se administran como «medicamentos sintomáticos», es decir, no con la finalidad de curar sino sólo como un intento de brindar un cierto alivio de los síntomas de la anomalía. Si cada vez que acude al médico se queja usted de un nuevo síntoma e insiste en que se lo quite, lo más probable es que reciba una receta adicional. Es poco probable que usted se sienta mejor al utilizar más medicamentos y es casi seguro que tenga un rendimiento inferior como ser humano. A menos que padezca una enfermedad grave, rara vez necesitará tomar más de uno o dos fármacos a la vez. Muchos observadores perspicaces argumentan que la práctica actual de emplear medicamentos para combatir los síntomas es sólo una fase transitoria en la historia de la medicina.

SU MEDICO PUEDE
AHORRARLE DINERO
EN LOS MEDICAMENTOS

Su médico desempeña un papel muy importante en lo que usted gasta en medicamentos cuando elige aquellos que le prescribe. Por ejemplo, si usted padece una infección bacteriana, tal vez se le administre tetraciclina o eritromicina. Una cápsula de tetraciclina cuesta aproximadamente $ 0.5 dólares en tanto que la eritromicina tiene un precio de unos $ 0.40 dólares cada cápsula. A opción del médico, la prescripción de un esteroide como tratamiento del asma puede ser prednisona, a $ 0.03 dólares por comprimido, o metilprednisolona, a $ 0.20 dólares por tableta. Médicamente, esta elección de fármacos se hace entre sustancias de eficacia similar. Si su médico le prescribe el medicamento por su nombre comercial, en la mayoría de los estados de Estados Unidos el empleado de la farmacia tiene la obligación de surtir precisamente ese producto. El fármaco con nombre comercial de ordinario cuesta muchas veces más que su equivalente «genérico». ¿Está enterado su médico del costo relativo de los distintos fármacos? Muchos no se molestan en hacerlo.

Los hábitos de prescripción de los médicos pueden dividirse en dos grupos: el «aditivo» y el «sustitutivo». Cada vez que usted acuda a un médico aditivo recibirá otro medicamento, además de los ya prescritos. Con el médico sustitutivo, se suspenderá el fármaco recetado y en su lugar se le prescribirá uno distinto. Por lo regular, la práctica sustitutiva resulta ventajosa tanto para su salud como para su cartera.

La mayoría de las veces, los medicamentos pueden tomarse por la vía oral. El motivo más común para que el médico prescriba inyecciones es su desconfianza de que el paciente cumpla lo indicado; al inyectarlo, tiene la seguridad de que se recibe la dosis completa. Por tanto, como persona consciente y digna de confianza, usted puede asegurar al médico que cumplirá fielmente un régimen de administración oral. Esta vía es menos molesta, suele provocar un menor número de reacciones alérgicas y es mucho menos costosa. Hay excepciones, pero siempre que sea posible elija su medicación por vía oral.

Cuando observe que será necesario tomar un medicamento durante períodos prolongados, solicite a su médico que le extienda una receta que se pueda surtir repetidas veces en la farmacia. Con muchos medicamentos no hace falta pagar el precio de una consulta cada vez que necesite otra dotación. Sin embargo, en ciertas circunstancias el médico quizá desee examinarlo de nuevo antes de determinar si continuará con el fármaco y si puede seguir tomándolo sin riesgo. Aclare con su médico si le está permitido surtir varias veces una misma receta.

El médico minucioso se cerciorará de que usted conozca a fondo cada medicamento que tome, por qué lo necesita, las posibles reacciones secundarias y el tiempo que deberá tomarlo. Le fijará un horario para las dosis del día, de manera que el régimen le resulte conveniente, así como médicamente eficaz. Si las indicaciones le parecen confusas, pídalas por escrito. Es indispensable que usted entienda el motivo de su tratamiento y la forma de llevarlo a cabo. No debe abandonar el consultorio sin comprender su medicación.

REDUCCION DE GASTOS
EN LA FARMACIA

Según estudios al respecto, el único factor más importante en el costo de sus medicamentos es la farmacia. En la mayoría de los casos, el empleado de la farmacia ya no pesa ni determina fórmulas químicas, y gran parte de su actividad consiste en reetiquetar y distribuir medicamentos manufacturados. Por tanto, la medicación es de ordinario la misma en diferentes farmacias; usted debe elegir la que ofrezca mejores precios y se ubique en el sitio más conveniente. Haga comparaciones entre varias farmacias, porque las de descuento a menudo manejan los mismos productos a precios significativamente inferiores. Si la compra entraña una cantidad considerable de dinero, compare precios por teléfono antes de adquirir un medicamento. No patrocine ninguna farmacia que no le proporcione informes sobre sus precios por vía telefónica.

Desafortunadamente, aun cuando el médico le prescriba un medicamento por su nombre genérico y no por su nombre comercial, el farmacéutico no está obligado a surtirle el de precio más bajo. En ocasiones, las farmacias sólo trabajan los productos de un solo fabricante. Así, aunque su médico se haya tomado la molestia de recetarle el producto menos costoso, el farmacéutico no lo surtirá, porque únicamente tendrá en existencia uno de mayor precio. Esto sólo se puede evitar solicitando cotizaciones telefónicas de distintas farmacias.

La mayoría de las farmacias carga un porcentaje en la venta. Su método de fijar precios se determina por el precio de mayoreo multiplicado por una cifra que representa el margen de utilidad. Se puede usar una escala móvil, pero la ganancia es mayor en las ventas mayores. Otras farmacias trabajan con un cargo específico por receta; añaden una cuota fija al precio de mayoreo. Si posee una receta con pocos medicamentos, le irá mejor con las fórmulas que tienen un porcentaje añadido. Si tiene que comprar una cantidad significativa de medicamentos costosos, saldrá más barato que le apliquen la tarifa fija por compra. Al conocer estas diferencias y al comparar precios minuciosamente logrará controlar sus gastos.

A FIN DE CUENTAS, USTED
CONTROLA SUS GASTOS
EN MEDICAMENTOS

En última instancia, usted determina cuánto gasta en medicamentos; en la actualidad, casi todas las visitas al consultorio son sólo para solicitar la prescripción de un fármaco. Si su satisfacción con el médico depende de que le prescriba medicamentos o no, usted mismo ejerce presión en contra de sus propios intereses. Cuando acude a su médico porque tiene un resfriado y le pide «una inyección de penicilina», le está usted exigiendo atención médica de mala calidad. Las inyecciones de penicilina sólo proceden de vez en cuando y están contraindicadas en un resfriado común sin complicaciones. Su médico lo sabe, pero tal vez ceda ante lo que usted exige.

Cómo reducir sus gastos médicos

Los medicamentos de prescripción más frecuente en Estados Unidos, que conforman el mayor volumen de gastos por este concepto, son los tranquilizantes, los analgésicos suaves y los sedantes; no son fármacos de importancia científica. Este esquema de prescripciones surgió, por lo menos en parte, a causa de la demanda mal aconsejada de los consumidores. Usted puede reducir sus gastos de medicamentos si utiliza algunas de las técnicas recién descritas; puede eliminarlos casi por completo si disminuye sus presiones para recibir y utilizar medicamentos que no necesita.

9 El botiquín del hogar

Para tratar con eficacia las enfermedades menores que su familia padecerá de vez en cuando, necesita disponer de algunos medicamentos y saber dónde adquirir otros cuando se necesiten. Su botiquín casero debe incluir sólo los medicamentos menos costosos y de uso más frecuente, pues todos se deterioran con el tiempo y deben reemplazarse cuando menos cada tres años.

La tabla 9.1 enumera los productos esenciales para el botiquín casero; la tabla 9.2 presenta una lista más amplia de los agentes que a veces pueden requerirse. Las directrices para los problemas médicos más comunes, citadas en la sección II, indican cuándo y por qué se usa cada medicamento. En este capítulo ofrecemos un comentario sobre el uso de fármacos y sus efectos secundarios; dado que esto puede cambiar, siempre debe usted leer cuidadosamente los instructivos en cada envase. Nuestras observaciones agregarán cierta perspectiva a las afirmaciones de los fabricantes.

TABLA 9.1 **Su botiquín casero**	Aspirina y/o acetaminofén	Para fiebre, dolor de cabeza, dolores leves
	Antiácidos	Para trastornos estomacales
	Tela adhesiva y vendas	Para heridas menores
	Agua oxigenada	Para lavar heridas
	Bicarbonato de sodio	Para remojar y calmar
	Acetaminofén líquido*	Para dolor y fiebre en niños de corta edad
	Jarabe de ipecacuana*	Para inducir vómito
	* Para familias con niños menores de 12 años de edad.	

Observe que en la tabla 9.1 sólo figuran cinco productos para el paciente adulto, y nada más uno (aspirina) es un fármaco que se absorbe. Sin duda usted no necesita la mayoría de los medicamentos que ahora conserva en su botiquín. Lo mejor es descartarlos.

Pueden resultar alarmantes las observaciones que aparecen en la etiqueta de los medicamentos que se venden en el supermercado. Si bien al fabricante le interesa ensalzar los beneficios de sus productos, agrega en letra muy pequeña sus posibles efectos desfavorables. Sorprendentemente, también le conviene al fabricante recomendar la dosis más pequeña capaz de surtir efecto. En pocas palabras, el

75

El botiquín del hogar

fabricante lo exhorta a adquirir su producto, pero sin ocasionarle problemas, en especial de tipo legal a causa de las reacciones secundarias. Sea como fuere, debe usted aceptar ciertas verdades acerca de los fármacos:

- Empleados en las dosis efectivas, todos los medicamentos tienen efectos secundarios potenciales. Muchos fármacos comunes producen las mismas reacciones secundarias, por ejemplo somnolencia, que son imposibles de evitar a las posologías eficaces.
- El abuso de medicamentos cuya venta no exige receta médica puede ocasionar consecuencias graves. No suponga que un producto es automáticamente inofensivo porque se puede adquirir sin receta médica.

TABLA 9.2

Medicamentos para uso ocasional

Esta lista aumentada contiene medicamentos que no todos necesitarán. Casi todos los tratamientos caseros recomendados en este libro pueden realizarse con el uso de estos agentes.

Afección o necesidad	Medicación
Alergia	Antihistamínicos
	Gotas y aerosoles nasales
Antiséptico	Agua oxigenada, yodo
Resfriado y tos	Tabletas antigripales, jarabes para la tos
Estreñimiento	Laxantes, leche de magnesia
Problemas dentales (preventivo)	Fluoruro sódico
Diarrea	Kaopectate, Parepectolin
Irritaciones oculares	Gotas oftálmicas y lágrimas artificiales
Hongos	Antimicóticos
Hemorroides	Antihemorroidales
Dolor y fiebre en adultos:	Aspirina, acetaminofén, ibuprofén
en niños:*	Acetaminofén líquido, supositorios rectales de aspirina
Intoxicación (para inducir vómito)	Jarabe de ipecacuana
Erupciones de la piel (remojar y calmar)	Crema de hidrocortisona Bicarbonato de sodio
Esguinces	Vendas
Trastorno estomacal	Antiácido (no absorbible)
Quemadura de sol (prevención)	Filtros solares
Heridas (menores)	Tela adhesiva, vendas

* En la página 248 se analiza el síndrome de Reye, asociado con el uso de aspirina cuando se trata a niños con varicela o gripe.

El enfoque racional de este dilema consiste en que usted conozca algo de los medicamentos que puedan serle útiles. Esta es la razón del presente capítulo.

Existen cientos de medicamentos que se pueden adquirir sin receta médica en las farmacias e incluso en los almacenes de autoservicio. Para la mayoría de los fines hay varios medicamentos que casi son idénticos. Esto nos ha planteado un problema al organizar este capítulo; si nos referimos a los fármacos por su nombre químico, tendríamos que emplear términos largos y confusos, en tanto si usamos un nombre comercial, podría parecer que favorecemos el producto de un fabricante en particular, cuando en realidad hay opciones igualmente satisfactorias. En vez de una u otra nomenclatura, decidimos ofrecer ciertas orientaciones para la lectura de los ingredientes enumerados en los envases, de modo que usted pueda deducir la probable acción del medicamento. No incluimos los productos disponibles, pero sí mencionamos algunas alternativas representativas. Las marcas comerciales enumeradas en este capítulo son objeto de una gran difusión en el mercado y debe ser posible conseguirlas casi en cualquier sitio. *No* son necesariamente superiores a otros productos con fórmulas semejantes pero que no se mencionan aquí.

ALERGIA

Compuestos antihistamínicos descongestivos: Allerest, Sinarest, Sinutab, Dristan

Los muchos medicamentos cuya venta no necesita receta médica y que han sido elaborados para el tratamiento de síntomas alérgicos menores son semejantes a los productos para el catarro o resfriado común descritos a continuación, pero es menos usual que contengan agentes contra el dolor y la fiebre como aspirina o acetaminofén. Por lo regular, los antialérgicos contienen un antihistamínico y un descongestivo, que se indican en la etiqueta. Si usted tolera satisfactoriamente cualquiera de estas sustancias y obtiene un alivio de sus síntomas, puede continuarla durante varias semanas (por ejemplo, durante la época de fiebre del heno) sin consultar a su médico. En cambio, el mismo fármaco en forma de gotas o aerosol nasales debe utilizarse con mayor moderación y sólo durante breves períodos, como se recomienda a continuación bajo el título «Gotas y aerosoles nasales». Se pueden adquirir por separado los ingredientes de estos preparados y aconsejamos que se proceda así.

Lectura en la etiqueta   El descongestivo suele ser fenilefrina, efedrina o fenilpropanolamina. Si no le es familiar el nombre del compuesto, el sufijo «efrina» o «edrina» generalmente indica este ingrediente del producto. El antihistamínico es casi siempre clorfeniramina o clorfenamina (Clorotrimetón) o pirilamina. De lo contrario, el antihistamínico a veces (pero no siempre) se identifica con el sufijo «amina» en la etiqueta.

Posología   Emplee la indicada en las instrucciones. De observarse cualquier efecto secundario, reduzca la dosis o ensaye otro compuesto.

Efectos secundarios   A menudo son leves y desaparecen después de suspender el fármaco o reducir la dosis. La presencia de agitación e insomnio por lo regular

77

denota una sobredosis del componente descongestivo; la somnolencia, casi siempre un exceso de antihistamínico. Si usted puede evitar la sustancia que le produce alergia, es mucho mejor suspenderla que tomar medicamentos que, casi sin excepción, inevitablemente entorpecen su rendimiento.

Gotas y aerosoles nasales: Afrín, Neo-Synephrine, Dristan, Sinarest, Contac

El escurrimiento nasal con frecuencia es el peor síntoma de un resfriado o una alergia. Como es una molestia muy frecuente, los remedios propuestos para combatirla son un gran negocio y hay muchos que se anuncian para disminuir las secreciones nasales. Suelen ser de aplicación tópica, por ejemplo las gotas y los aerosoles, y ejercen su acción en el tejido inflamado. El empleo de estos preparados entraña algunos problemas.

El ingrediente activo de los citados compuestos es un descongestivo, por lo general efedrina o fenilefrina. Con la aplicación, usted puede sentir cómo se reducen y retraen las mucosas y se percibe una disminución en la cantidad del flujo. En otras palabras, esta medicación es efectiva y puede aliviar los síntomas.

El principal inconveniente es que el alivio es transitorio. Por lo regular, los síntomas reaparecen en unas dos horas y es preciso repetir la dosis. Esto no importa, de momento, pero la acción de estas sustancias provoca la contracción de los músculos de la pared vascular, lo que reduce la circulación sanguínea. Al cabo de muchas aplicaciones, se fatigan estos pequeños músculos y dejan de responder. Por último, quedan tan fatigados que se relajan por completo y el escurrimiento nasal se torna más abundate que al principio. Este fenómeno se denomina médicamente «vasodilatación de rebote» y puede ocurrir si emplea estos productos por espacio de tres días o más. Muchos pacientes interpretan el aumento de los síntomas como una necesidad de aplicaciones adicionales, lo que agrava progresivamente el problema. Por tanto, las gotas o aerosoles nasales deben usarse sólo unos días. Se pueden repetir las aplicaciones al cabo de varios días de descanso.

Posología   De manera usual, estos preparados se administran incorrectamente. Si percibe el sabor del compuesto, se ha aplicado el medicamento en una zona equivocada. Si no baña las mucosas irritadas que tapizan la parte más profunda de la nariz, no conseguirá el efecto deseado. Aplíquese una pequeña dosis en una fosa nasal y a continuación acuéstese de ese mismo lado por espacio de varios minutos, para que el medicamento irrigue las mucosas. Luego repita la operación del lado opuesto, sin dejar de acostarse de aquel lado. Repita el tratamiento cuatro veces al día de ser necesario, pero no lo prolongue más de tres días sin un intervalo de descanso.

Efectos secundarios   La vasodilatación de rebote por uso prolongado de los medicamentos es el problema más frecuente. Si se aplican en forma incorrecta y se traga una cantidad considerable del principio activo, puede experimentarse aceleración de la frecuencia cardiaca y sensaciones de inquietud y agitación. El efecto secante en las mucosas puede dar lugar a hemorragia nasal. Procure evitar las sustancias que le producen alergia en vez de someterse a tratamiento por las consecuencias causadas por exposición a ellas. A menudo se reducen los síntomas con medidas sencillas como cambiar el filtro de una caldera para la calefacción o para el aparato de clima artificial.

Tabletas o cápsulas anticatarrales:
Coricidin, Dristan, Contac

Son tema de amplia publicidad docenas de productos de supuesta eficacia para combatir el catarro común, por lo que es difícil elegir entre ellos. Curiosamente, muchos proporcionan un alivio sintomático satisfactorio. Si bien en nuestra opinión estos preparados no aportan gran cosa al tratamiento habitual de aspirina y abundates líquidos, muchos pacientes discrepan con nosotros, por lo que no desalentamos el empleo de estos productos durante períodos breves.

Estos productos por lo regular contienen tres ingredientes básicos. El más importante es aspirina (o acetaminofén), que reduce la fiebre y el dolor. Además, incluyen un descongestivo, cuya acción disminuye la inflamación de las mucosas y contrae los capilares sanguíneos, y un antihistamínico, que bloquea cualquier alergia y seca el moco.

Lectura en la etiqueta El descongestivo suele ser fenilefrina, efedrina o fenilpropanolamina. Si no le es familiar el nombre del preparado, recuerde que el sufijo «efrina» o «edrina» usuaimente identifica este componente del producto. El antihistamínico quizá sea clorfeniramina o clorfenamina (Clorotrimetón) o pirilamina. Si no es así, el antihistamínico por lo general (aunque no siempre) es identificable por el sufijo «amina».

En algunos casos, estos compuestos contienen «alcaloides de la belladona» para intensificar otras acciones y reducir los espasmos gástricos. En las pequeñas dosis empleadas, ejercen poco efecto estas sustancias, enumeradas como escopolamina, belladona o algo semejante. Aportan poco otros ingredientes quizá mencionados en la etiqueta. Evite los productos con cafeína si padece cualquier afección cardiaca o se le dificulta conciliar el sueño. No tome productos con fenacetina durante períodos prolongados pues se han dado a conocer casos de lesión renal.

Así, estos productos representan el muy proclamado enfoque de «combinación de ingredientes». Por regla general, los fármacos administrados en forma aislada son preferibles a las combinaciones farmacológicas, lo que permite una mayor selectividad en el tratamiento de los síntomas y, en consecuencia, se ingieren menos fármacos. Los ingredientes de los productos combinados pueden conseguirse solos y deben considerarse como opciones. El ingrediente principal, la aspirina, se describe más adelante. La seudoefedrina es un descongestivo excelente y se vende sin prescripción médica en tabletas de 30 y 60 mg. La clorfeniramina, un enérgico antihistamínico, se ofrece ahora a la venta sin receta médica en tabletas de 4 mg. Siempre que sea posible, considere aplicar directamente el medicamento en la zona afectada, como en el caso de las gotas y aerosoles nasales usados para combatir secreciones de la nariz.

Por último, observe que los medicamentos anticatarrales prescritos más a menudo (Sudafed, Actifed, Dimetapp) no son, en realidad, sino fórmulas más concentradas y costosas del mismo tipo de productos que se venden sin receta médica. ¿Vale la pena acudir al médico sólo para eso?

Posología Ensaye la dosificación recomendada. Si no percibe ningún resultado, aumente la dosis en un 50 %. No rebase nunca el doble de la posología aconsejada.

79

Recuerde que intenta hallar el término medio entre los efectos deseados y los desfavorables. Al aumentar la dosis tiene usted cierta probabilidad de intensificar los efectos benéficos, pero a la vez se asegura de afrontar un riesgo mayor de efectos secundarios.

Efectos secundarios Los fármacos que adormecen a una persona mantienen despierta a otra. Las reacciones secundarias más frecuentes de los anticatarrales son la somnolencia y la agitación. La primera se debe casi siempre al antihistamínico, y el insomnio y la agitación son el resultado del descongestivo. Puede ensayar otro compuesto que carezca o tenga menor cantidad de la sustancia que le provoca el efecto desfavorable o bien le queda el recurso de disminuir la dosis. Estos medicamentos no tienen efectos desfavorables graves con frecuencia; el más peligroso es la somnolencia, si usted conduce un automóvil o maneja maquinaria pesada. En raras ocasiones, el componente de belladona causa sequedad de boca, visión borrosa o impide la micción. También pueden experimentarse los efectos secundarios usuales de la aspirina, malestar gástrico o zumbido de oídos.

JARABES PARA LA TOS

Este es un terreno muy confuso, con muchos productos. Para simplificarlo, consideraremos sólo dos categorías principales de medicamentos para la tos: expectorantes y supresores de la tos. Los expectorantes suelen ser preferibles, ya que licuan las secreciones y permiten que las defensas del organismo las expulsen. Los supresores de la tos deben evitarse cuando la tos es productiva o el paciente tiene mucha mucosidad. En las etapas finales de una tos, cuando se torna seca y dolorosa, pueden ser útiles los fármacos contenidos en los supresores. Nosotros preferimos los preparados que carecen de antihistamínicos, pues su efecto secante en las mucosas puede resultar tan conveniente como perjudicial.

Lectura en la etiqueta El guayacolato de glicerilo, el yoduro de potasio y algunas otras sustancias químicas de uso frecuente provocan una acción expectorante. La supresión tusígena se obtiene principalmente con narcóticos, como la codeína. Los supresores de la tos cuya venta no requiere receta médica no pueden contener codeína. Por lo regular su principio activo es el bromhidrato de dextrometorfán, que no es un narcótico, pero es un cercano pariente químico. Muchas mezclas comerciales contienen un poco de todo, hasta algunos de los ingredientes anticatarrales. Aquí sólo nos ocuparemos del guayacolato de glicerilo (Robitussin, 2/G) y del dextrometorfán (Romilar); cuando utilice otros productos observe las instrucciones del envase.

Guayacolato de glicerilo: Robitussin, 2/G

La acción de este medicamento atrae más líquido al moco que desencadena la tos; así, licua las secreciones y facilita su expectoración. La tos resultante es menos forzada e irritante. Con la tos seca y dolorosa que persiste después de un resfriado, la sola lubricación a menudo calma la zona irritada. El componente básico de estos preparados, guayacolato de glicerilo, no suprime el reflejo tusígeno, sino favorece los mecanismos naturales de defensa del organismo. Existe una controversia acerca de su eficacia, pero parece ser inofensivo. Aunque es menos potente que los productos que contienen codeína, para uso habitual preferimos el guayacolato de glicerilo como primera elección. Los dos productos comerciales más conocidos (Robitussin y 2/G) ejercen una acción médica equivalente, pero son de sabor un poco distinto. La pimienta y el ajo, por lo regular no considerados medicamentos, tienen un efecto similar.

Lectura en la etiqueta   Estos compuestos también se ofrecen en el mercado combinados con descongestivos y supresores del reflejo tusígeno; los descongestivos pueden tener el sufijo FE, por fenilefrina, y los supresores de la tos el de DM, por dextrometorfán.

Posología   Una o dos cucharadas tres o cuatro veces al día para adultos; media cucharadita para los niños de seis a doce años de edad; un cuarto de cucharadita para niños de uno a seis años. Si el niño con tos tiene menos de un año de edad, consulte a su médico.

Efectos secundarios   No se han dado a conocer problemas de importancia. Si se emplean preparados que contienen otros fármacos, puede haber efectos secundarios de las sustancias adicionales.

Dextrometorfán: Romilar, St. Joseph para niños

Este fármaco calma el centro tusígeno, es decir, hace que las zonas del cerebro que controlan la tos sean menos sensibles a los estímulos que la desencadenan. Independientemente de la dosis empleada, el dextrometorfán rara vez puede disminuir la tos en más de un 50 %. Por consiguiente, no permite suprimir totalmente la tos, lo que es una ventaja, porque la tos es un reflejo de protección. Se puede usar este medicamento en la tos seca que impide al paciente dormir y trabajar.

Posología   Los adultos requieren hasta el doble de la dosis recomendada para obtener algún efecto, aunque no se recomienda excederla; una dosis mayor puede originar problemas y no beneficios.

Efectos secundarios   La somnolencia es el único efecto fidedigno dado a conocer.

ESTREÑIMIENTO

Como tratamiento, nosotros preferimos una dieta natural con residuos de fibras vegetales, a la administración de cualquier laxante. Sin embargo, si le es preciso tomar alguno, las mejores opciones son el *psyllium,* como laxante de acción mecánica, o la leche de magnesia, para retener agua en el intestino y ablandar las heces fecales.

Laxantes de acción mecánica (que contienen *psyllium*): Metamucil, Effersylium

Estas sustancias —refinadas de la semilla del *psyllium*— pueden ser útiles tanto en la diarrea como en el estreñimiento. Atraen agua a las heces fecales, y forman un gel o solución espesa que proporciona un volumen adicional de materia inerte. El tubo digestivo no las absorbe, sino que sólo pasan a través de él; por tanto, constituyen un producto natural carente de contraindicaciones y efectos secundarios. Sin embargo, no siempre es eficaz; probablemente se puede obtener un resultado similar mediante el consumo de una cantidad suficiente de apio. También se ha recomendado comer apio antes de cada alimento como auxiliar en la reducción de peso, pues induce la sensación de plenitud que disminuye el apetito; sin embargo, no parece muy eficaz para este fin.

Posología   La dosis usual es de una cucharadita añadida con agitación en medio vaso de agua dos veces al día. Además, conviene tomar un segundo vaso de agua o de jugo. El *psyllium* se consigue asimismo en pequeños sobres de una sola dosis; esta presentación es de mayor precio, pero es útil cuando no se dispone de una cuchara para medir la dosis. También hay productos efervescentes que se mezclan un poco más de prisa y tienen, para algunas personas, un sabor más agradable.

Efectos secundarios   Si el laxante de acción mecánica se ingiere sin la cantidad suficiente de agua, el gel que se forma podría quedar alojado en el esófago (el tubo que une la boca con el estómago). Una cantidad abundante de líquido previene este problema.

Leche de magnesia

Este remedio casero ha estado en el botiquín de la mayoría de los hogares desde los tiempos de nuestros abuelos. Posee dos acciones: como laxante, hace que el líquido se conserve en el intestino y las heces fecales; como antiácido, neutraliza la acidez en el estómago. Es un eficaz antiácido, pero por desgracia, ingerida en una cantidad suficiente para ejercer su acción en un paciente con úlcera (véase el apartado sobre antiácidos), produce diarrea grave. Una sola dosis de leche de magnesia es bien tolerada, por lo que se puede utilizar como tratamiento de un caso de malestar estomacal leve.

El ingrediente activo de la leche de magnesia es el magnesio; si bien este medicamento no se puede clasificar como laxante «natural», es benigna y se presta a menos abusos que muchos otros laxantes.

Posología   Los adultos pueden tomar 30 ml (dos cucharadas) a la hora de acostarse, como laxante, o hasta una vez al día, según se necesite, para calmar un malestar estomacal. Produce su acción laxante en aproximadamente ocho horas. Si no cede el malestar estomacal, recurra a otro antiácido con mayor frecuencia. Administre media dosis a los niños de seis a doce años de edad; un cuarto de dosis a los niños de tres a seis años. Como en el caso de otros antiácidos, dos tabletas equivalen en contenido químico a dos cucharadas del medicamento líquido. Sin embargo, la forma líquida es más eficaz como antiácido.

Efectos secundarios   Resulta difícil hacer uso excesivo de la leche de magnesia porque produce diarrea antes de que surjan otros efectos secundarios más graves.

Una cantidad excesiva de magnesio es nociva para el organismo, pero no la tomará a menos que consuma un frasco al día. Contiene algo de sal, por lo que debe proceder con cautela si está sometido a una dieta hiposódica. Como es un antiácido que no se absorbe, la leche de magnesia no afecta mayormente la acidez del cuerpo. Sin embargo, no deben tomarla nunca los pacientes con enfermedad renal.

ATENCION DENTAL

Cuídese la dentadura; le sirve para masticar. Existen pruebas fidedignas de que las medidas preventivas salvan piezas dentales. Desde luego, debe cepillarse los dientes de la manera recomendada y utilizar hilo dental para la limpieza de los espacios difíciles entre los dientes. Muchos médicos opinan que este hilo es el recurso más eficaz para prevenir caries en el adulto. Por lo regular, la pérdida de piezas dentales en la edad adulta se debe a la acumulación de placas bacterianas, afecciones de las encías y pérdidas óseas. El empleo de chorros de agua (como Waterpic) para eliminar residuos de comida entre los dientes y prevenir la acumulación de sarro es todavía motivo de controversia. En nuestra opinión, el empleo de estos dispositivos con regularidad es útil, pero las pruebas de su eficacia aún son incompletas.

Fluoruro de sodio

Si el agua potable de su comunidad contiene flúor, la ingestión de este compuesto es adecuada y no tiene que incluirlo en forma adicional en su dieta. En muchas regiones, el agua subterránea contiene fluoruro. Averigüe si el agua de su localidad lo contiene, ya sea de origen natural o mediante tratamiento químico; el departamento de salud de su comunidad puede informarle. En caso negativo, es importante que incluya un complemento de fluoruro en la dieta de sus hijos. Aún se cuestiona si el flurururo es necesario o no una vez que la dentadura se ha formado; no obstante, todas las autoridades médicas convienen en que se debe proporcionar hasta la edad de diez años. Para mayor seguridad, tal vez decida usted continuar los complementos de fluoruro durante varios años más, hasta que hayan brotado los molares. Los adultos quizá no necesiten fluoruro en la dieta, aun cuando todavía se considera útil que el dentista aplique pasta de fluoruro a la dentadura, así como utilizar un dentífrico de fluoruro estannoso.

Posología Por fortuna, es relativamente fácil suministrar fluoruro cuando el agua potable no ha sido tratada. Conviene adquirir un frasco grande de fluoruro en forma de tabletas solubles; en su mayoría, son de 2.2 mg y contienen 1 mg de fluoruro; el resto es azúcar soluble. Los niños menores de tres años necesitan aproximadamente 0.5 mg al día y de los tres a los diez años de edad, 1 mg; es decir, la mitad de una tableta. Se pueden masticar o deglutir así como tomarlas disueltas en leche porque no altera su sabor. En los estados de Estados Unidos, donde se exige receta médica para adquirir fluoruro, deberá pedirla a su médico o dentista la próxima vez que acuda a consultarlos.

Efectos secundarios El exceso de fluoruro mancha los dientes sin proporcionarles una fuerza adicional, por lo que no debe rebasar la dosis recomendada. No se tiene noticia de efectos secundarios desfavorables cuando se emplea la posología correcta; el fluoruro es un mineral que se encuentra espontáneamente en el agua natural potable de muchas regiones.

DIARREA

En los casos de evacuaciones sueltas ocasionales, no se requiere medicamento alguno. La primera medida terapéutica en cualquier diarrea es suministrar una dieta de líquidos transparentes, por ejemplo, agua o bebidas gaseosas de jenjibre *(ginger ale)*. Esto permite descansar el intestino y reemplaza los líquidos perdidos. Cuando la diarrea es grave, el tratamiento casero inicial debe ser de Kaopectate. Si este medicamento no controla la diarrea, tal vez se necesiten agentes más enérgicos con sustancias como el paregórico. Una diarrea persistente puede necesitar la intervención de un médico.

Kaopectate

El Kaopectate es la combinación de un producto semejante a la arcilla (caolín) y de pectina, que se puede encontrar en la manzana. Los ingredientes tienen un efecto gelificante que ayuda a formar heces sólidas.

Posología   Para adultos, cuatro a ocho cucharadas soperas después de cada evacuación; para niños de tres a doce años, de una a cuatro cucharadas; para niños menores de tres años, consulte a su médico. Con base en esta posología, la diarrea de mayor gravedad se trata en forma más enérgica y los problemas menores requieren poca medicación.

Efectos secundarios   No se ha dado a conocer ninguno.

Preparados que contienen paregórico: Parepectolin, Parelixir

Además de una sustancia gelificante, estos preparados contienen un narcótico (paregórico) cuya acción reduce la actividad del tubo digestivo y, en consecuencia, detiene la diarrea. Sólo deben emplearse estos medicamentos cuando una dieta de líquidos transparentes y el Kaopectate no han logrado contener una diarrea frecuente (de una o más evacuaciones acuosas por hora).

Posología   Después de cada evacuación líquida se administra la cantidad indicada en el cuadro presentado a continuación. No se deben dar más de cuatro dosis en un lapso de ocho horas sin antes obtener la aprobación de su médico.

Edad	Dosis
1 a 3 años	1/2 a 1-1/2 cucharaditas
3 a 6 años	1-1/2 a 2 cucharaditas
6 a 12 años	2 a 3 cucharaditas
más de 12 años	1 a 2 cucharadas soperas

Efectos secundarios   Es sumamente rara una sobredosis narcótica con paregórico. En ocasiones puede haber somnolencia o náuseas, trastornos que indican la necesidad de suspender el medicamento. Puede haber un efecto excesivo, con el cual la diarrea se suprime tanto que no vuelve a haber evacuaciones en el transcurso de una semana, por lo que conviene proceder con cautela.

Psyllium hidrofílico muciloide: Metamucil, Effersylium

Esta sustancia —refinada de la semilla de *psyllium*— resulta útil tanto en la diarrea como en el estreñimiento. Atrae agua a las heces fecales, forma un gel o una solución espesa y así proporciona una masa de material inerte. Se describe en la página 82.

IRRITACIONES OCULARES

El mecanismo del lagrimeo normalmente calma, limpia y lubrica el ojo. En ocasiones, el medio ambiente puede abrumar este mecanismo o bien el flujo de lágrimas puede resultar insuficiente. En estos casos el ojo se «cansa», puede sentirse seco o grumoso y arder. En el mercado se ofrecen varios preparados que pueden ser útiles en este problema.

Murine, Visine

Existen dos tipos generales de productos para los ojos. Una clase está destinada a calmar el ojo (Murine). A estos preparados se les pueden añadir sustancias que contraen los vasos sanguíneos y, por tanto, eliminan el enrojecimiento (Visine); estos agentes son los descongestivos. Es discutible su eficacia para calmar. El empleo de descongestivos para suprimir el enrojecimiento de los ojos es enteramente cosmético. Incluso es posible que estos compuestos entorpezcan la normalización natural del ojo, si bien esto sea poco usual.

Gotas oftálmicas de metilcelulosa

El segundo grupo de compuestos no pretende ejercer ningún efecto calmante ni contiene descongestivos. Consiste en soluciones cuya concentración es semejante a la fisiológica, por lo que no producen ningún efecto irritante. Su finalidad es lubricar el ojo, ser «lágrimas artificiales», y son los preparados preferidos por los oftalmólogos para tratar las irritaciones oculares leves. Las gotas de metilcelulosa son un buen ejemplo de este tipo de productos.

Prefrin

Prefrin es una solución ubicada en un punto intermedio entre los dos tipos de compuestos oftálmicos recién descritos; contiene las sustancias que calman y lubrican eficazmente el ojo y también un descongestivo.

Posología Se puede emplear con la frecuencia necesaria en la cantidad requerida. No se puede usar una cantidad excesiva, si bien unas cuantas gotas proporcionan tanto alivio como un frasco completo. Si el problema de sequedad de ojos es constante, debe consultar a su médico, pues podría haber un problema subyacente. Por lo regular, el síntoma de sequedad de ojos tiene una duración de pocas horas y se resuelve con facilidad. De ordinario, una irritación leve en los ojos se debe a demasiado sol, viento o polvo.

Efectos secundarios No se han comunicado efectos secundarios graves. Visine y otros fármacos que contienen descongestivos tienden a producir algún ardor.

Ninguno de estos fármacos se debe emplear en el tratamiento de infecciones o lesiones oculares ni para extraer cuerpos extraños del ojo. En la sección II se ofrecen instrucciones para manejar problemas mayores de los ojos. Consulte: «Cuerpos extraños en el ojo», problema 80; «Dolor de ojos», problema 81; «Disminución de la agudeza visual», problema 82; «Ardor, comezón y secreciones oculares», problema 83.

HEMORROIDES

Polvos y cremas de óxido de cinc

Estos medicamentos no son mágicos, pero resultan eficaces para problemas comunes. Las cremas calman las zonas irritadas, mientras el organismo normaliza la vena inflamada. También ayudan a fortalecer la piel que recubre las hemorroides, de manera que éstas no se irriten con tanta facilidad. No atrape bacterias bajo las cremas; aplíquelas después del baño, una vez que la zona se haya aseado y secado cuidadosamente.

Lectura en la etiqueta No recomendamos las cremas que contienen ingredientes identificados con el sufijo «caína», porque el empleo repetido de estos anestésicos locales puede causar irritación adicional. Los otros productos profusamente anunciados no ofrecen a nuestro parecer ninguna ventaja sobre el óxido de cinc.

Posología Aplique estos agentes según los necesite, pero observe las instrucciones del envase.

Efectos secundarios Esencialmente ninguno.

DOLOR Y FIEBRE

Aspirina

La aspirina es el superfármaco. Disminuye la fiebre, alivia el dolor y reduce la inflamación. Es el único ingrediente de importancia en muchos anticatarrales y analgésicos cuya venta no requiere receta médica, así como el componente que «los médicos más recomiendan». Aunque se consume en grandes cantidades, tiene un envidiable historial de seguridad. Uno puede matarse con una sobredosis de aspirina, pero es sumamente difícil que alguien lo logre.

La aspirina es, hasta cierto punto, un anacronismo en el mostrador de la farmacia. Si hoy día se lanzara al mercado como un nuevo medicamento, sólo podría adquirirse por prescripción médica. De hecho, es posible comprarla con libertad porque ya se empleaba extensamente antes de que entraran en vigor los actuales reglamentos relacionados con la venta de fármacos. En forma paradójica, esta familiaridad del público consumidor es un problema para el médico, ya que si éste la receta, el paciente no la acepta porque lo interpreta como falta de interés o incluso negligencia del profesional. El paciente también puede rechazar la aspirina a causa de algún artículo amarillista que subraye los tremendos efectos secundarios de la aspirina y concluya que es la causa de muchos males.

En medicina, la verdad rara vez resulta sensacional, más bien, congruente con el sentido común. Todos los fármacos son peligrosos; en ocasiones, la aspirina puede acarrear graves problemas, pero esto es raro si se emplea correctamente. Con frecuencia, cualquier sustituto de la aspirina es aún más peligroso, no ha sido estudiado tan a fondo y es mucho más costoso; además, a menudo es menos efectivo. Los analgésicos prescritos por los médicos, por ejemplo Darvon o codeína (32.5 mg) son aproximadamente tan enérgicos como la aspirina, pero con frecuencia no consiguen una mejora verdadera.

La proclamada pureza excesiva de los costosos productos que contienen aspirina es de poca importancia médica. Para nuestro consumo personal, compramos un frasco grande de la más barata aspirina U.S.P. en una farmacia de descuento. Si al abrir el frasco despide un olor a vinagre, la aspirina ha comenzado a descomponerse y debe desecharse. La aspirina generalmente se conserva en buen estado aproximadamente tres años, aun cuando en ocasiones se citan períodos más cortos. (Nota: el fármaco con las siglas U.S.P., que significan «United States Pharmacopeia», farmacopea de los Estados Unidos, no ofrece garantía absoluta de que es el mejor producto, sino que satisface ciertas normas de composición y características físicas. Lo mismo es cierto de los que llevan las siglas N.F., que significan «National Formulary», formulario nacional.)

Posología   En adultos, la dosis habitual para alivio del dolor es de dos tabletas cada tres a cuatro horas, según sea necesario. El efecto máximo se alcanza en unas dos horas. Cada tableta por lo común contiene 300 mg. Si usted emplea algún preparado fuera de lo común, tendrá que hacer algo de aritmética para calcular las dosis equivalentes. Los términos «extra fuerte», «fórmula para el dolor artrítico» y otros semejantes sólo indican una mayor cantidad de aspirina por comprimido, lo que médicamente resulta trivial. Puede usted tomar más tabletas de la aspirina más barata y aún ahorrar dinero. Cuando un producto se anuncia como el que «contiene mayor cantidad del ingrediente que los médicos recomiendan», puede usted tener la seguridad de que el compuesto es de una dosis algo mayor de aspirina, quizá de 325 a 400 mg, en vez de 300 mg.

He aquí algunas sugerencias para sacar mayor provecho de la aspirina. Como es sabido, este fármaco combate los síntomas, pero no cura la enfermedad. En consecuencia, para síntomas como dolor de cabeza, punzadas musculares o molestias menstruales, no la ingiera a menos que sean fuertes. En cambio, en el tratamiento de la fiebre se sentirá mejor si repite la dosis cada tres a cuatro horas durante el día, pues esto evita fluctuaciones febriles. En la tarde y al anochecer la fiebre tiende a subir, por lo que no debe omitir sus dosis en estas horas del día. Si para aliviar algún síntoma necesita tomar aspirina durante un lapso prolongado, verifique la sintomatología con su médico. El alivio del dolor varía poco aun cuando aumente la dosis, lo que puede ocasionarle irritación gástrica; por tanto, observe la dosis recomendada, incluso si persiste alguna ligera molestia.

Para disminuir la inflamación, por ejemplo en la artritis grave, la dosis de aspirina es necesariamente alta, hasta de 16 a 20 tabletas diarias, y es preciso continuarla durante un período prolongado. Un médico siempre debe vigilar un tratamiento de esta índole, pues aunque sea relativamente inofensivo a veces surgen problemas.

En los niños, la dosis adecuada es de aproximadamente 60 mg por cada año de edad y para los niños mayores de diez años, la dosis adulta. La aspirina infantil se presenta en comprimidos de 75 mg de sabor agradable; por favor no permita que los niños de corta edad los tomen como golosinas. En vista de informes recientes que señalan una asociación entre este fármaco y un cuadro raro pero grave denominado síndrome de Reye, no se debe administrar aspirina a los niños que puedan padecer varicela o gripe.

La aspirina se puede administrar como supositorio rectal, cuando el vómito impide utilizar la vía oral; la dosificación es la misma, aunque los supositorios de 300 y 600 mg se pueden partir para disminuir las dosis. Esta forma farmacéutica es irritante para el recto si se emplea de continuo, por lo que debe procurar limitar su uso a dos o tres dosis. Sólo se venden con receta médica.

Efectos secundarios   La aspirina a menudo produce malestar estomacal o zumbido en los oídos. En caso de la primera molestia, pruebe tomar la aspirina media hora después de las comidas, cuando el alimento ha llegado ya al estómago y hace las veces de amortiguador. La aspirina provista de capa entérica (como Ecotrin o A.S.A Enseal) proporciona una protección casi absoluta al estómago. Sin embargo, algunas personas no digieren la aspirina con este recubrimiento y, por tanto, no logran ningún beneficio. En ciertos preparados, se añade un amortiguador a la aspirina con el fin de proteger el estómago, lo que puede resultar útil hasta cierto punto. Si usted necesita consumir una gran cantidad de aspirina y desea una presentación con amortiguador, recomendamos más el uso de una combinación con antiácido no absorbible (como Ascriptin o Bufferin) que con un antiácido absorbible. Los antiácidos no absorbibles son mucho menos nocivos para el organismo. Esto no importa mucho a corto plazo y todavía es motivo de controversia la utilidad de los amortiguadores. Por otro lado, si le zumban los oídos, disminuya la dosis: toma usted demasiada aspirina.

El consumo de aspirina se ha asociado con asma, pólipos nasales, sordera, hemorragias gástricas, úlceras y otras complicaciones graves. Sin embargo, estos cuadros son poco frecuentes y casi siempre desaparecen una vez que se ha suspendido su ingestión. Por el contrario, algunos estudios sugieren que la aspirina podría ser un tratamiento eficaz para la prevención de los coágulos asociados con el endurecimiento de las arterias, pero esto no se ha demostrado. De resultar cierto, una tableta al día parece ser una cantidad suficiente de aspirina para lograr el efecto de adelgazamiento de la sangre.

La aspirina se ofrece en el mercado combinada con muchos otros fármacos que no se describen en este libro, casi siempre con cafeína y fenacetina («APC Tabs»). Algunos investigadores aseveran que estas sustancias aumentan los efectos analgésicos, pero otros refutan esta opinión. No cabe duda que intensifican las reacciones secundarias, por lo que no los consideramos convenientes. Evite cualquier producto con cafeína si tiene una enfermedad cardiaca o dificultad para conciliar el sueño; no emplee productos con fenacetina durante períodos prolongados, pues se ha tenido noticias de que producen daño renal.

Acetaminofén: Tylenol, Datril, Liquiprin, Tempra

La aspirina es el medicamento de primera elección para el tratamiento de dolores leves y fiebre. El segundo lugar lo ocupa el acetaminofén, disponible con varios preparados de nombre comercial. La acción del acetaminofén es algo menos predecible que la de aspirina, es un poco menos enérgica y carece del efecto antiinflamatorio que hace a la aspirina tan valiosa en el tratamiento de la artritis y otras enfermedades similares. En cambio, el acetaminofén no ocasiona zumbido en los oídos ni malestar gástrico, frecuentes reacciones secundarias de la aspirina; por estos motivos, la mayoría de los pediatras opina que el acetaminofén es preferible para los niños. En los países de la Comunidad Británica de Naciones se le conoce como paracetamol.

Posología   El acetaminofén se emplea en dosis casi idénticas a las de la aspirina. Para adultos, dos comprimidos de 300 mg cada tres a cuatro horas. Para niños, resulta satisfactoria la de 60 mg por cada año de edad en intervalos de cuatro horas. No hay motivo para aumentar esta posología, pues las dosis mayores no producen ningún beneficio adicional. El acetaminofén también se presenta en forma líquida de grato sabor, propia para niños de corta edad. En esta presentación, por lo general se administra con gotero, empleando las dosis indicadas en el instructivo para cada grupo de edad.

Efectos secundarios   Rara vez se observan. Si llegara a sospechar alguno, comuníquese con su médico. Se sabe de una diversidad de efectos tóxicos muy poco frecuentes, pero ninguno de ellos se ha vinculado de manera definitiva con el empleo del acetaminofén. Lo mismo que la aspirina, este fármaco se presenta en el mercado en muchos productos combinados que ofrecen pocas ventajas efectivas.

Ibuprofén (Advil, Nuprin)

En este terreno le corresponde el tercer lugar al ibuprofén. Durante largo tiempo utilizado como medicamento prescrito para artritis y osteoartritis, en forma reciente se ha aprobado su venta sin receta médica. Comparado con la aspirina o el acetaminofén, sus ventajas y desventajas casi se cancelan unas a otras. El ibuprofén es menos tóxico para el estómago que la aspirina, pero más que el acetaminofén. No causa zumbido en los oídos, como la aspirina, ni grave (aunque infrecuente) daño hepático, como el acetaminofén; es casi imposible suicidarse con una sobredosis de este medicamento. Sin embargo, ha suscitado inquietud con respecto a problemas renales (leves, reversibles) y es un poco más costoso. Terapéuticamente es eficaz contra el dolor y la fiebre, pero en especial calma el cólico menstrual y tal vez sea el mejor preparado de venta libre para este problema.

Posología   El ibuprofén se presenta en tabletas de 200 mg y su dosis máxima recomendada es de 1200 mg (seis comprimidos) al día. Esta es aproximadamente la mitad de la dosis indicada para su equivalente que sólo se adquiere con prescripción médica, pero es suficiente para problemas menores y no se debe exceder sin el consentimiento del médico.

Efectos secundarios   El problema más frecuente es el malestar gástrico, motivo para suspender su administración o llamar al médico. En el raro caso de un paciente con alergia a la aspirina puede surgir reactividad cruzada. Lea cuidadosamente la etiqueta del envase. Se ha recetado este medicamento a millones de pacientes, pero su presentación de venta libre es relativamente nueva.

DOLOR Y FIEBRE EN LA INFANCIA

Los principios y medicamentos empleados para combatir el dolor y la fiebre en el niño son los mismos que rigen en el adulto, pero hay diferencias en la importancia del tratamiento y en el método de administración. En el niño, la fiebre sobreviene de súbito y alcanza niveles mucho más altos, incluso por un virus sin importancia. Es imperativo reducir la fiebre, pues las temperaturas altas pueden conducir a una alarmante epilepsia transitoria, con convulsiones o ataques. Por tanto, mientras en el adulto se procura combatir la fiebre principalmente para comodidad del enfermo, en los niños esto es indispensable para prevenir complicaciones graves. En ocasiones es difícil conseguir que un niño de corta edad acepte su medicación, por lo que suelen necesitarse métodos diferentes.

Si el niño presenta erupción cutánea, rigidez de cuello, dificultad respiratoria, letargo o tiene muy mal aspecto, llame o acuda al médico. Debe tener especial cuidado con los niños menores de un año de edad. Casi todos los médicos están en la mejor disposición de ofrecer consulta por teléfono; en caso de cualquier duda, no titubee en comunicarse con el suyo. Muchas veces, el niño parecerá estar bien pese a una fiebre alta y ni siquiera se mostrará irritable, en cuyo caso resulta adecuado el tratamiento y la observación en casa. Los médicos suelen preferir la consulta telefónica a la visita al consultorio, pues así les es posible evitar que otros niños se expongan al virus en la sala de espera del consultorio.

Acetaminofén o aspirina en forma líquida

Muchos pediatras prefieren el acetaminofén o el salicilato sódico a la aspirina, sobre todo para niños de corta edad, principalmente porque los primeros dos medicamentos tienen menos oportunidad de ocasionar malestar estomacal. Las presentaciones líquidas son más fáciles de administrar y mejor toleradas por el estómago. (Si el vómito impide que el niño retenga estos medicamentos líquidos, puede ser muy útil el empleo de supositorios de aspirina.) Debido a que informes recientes indican una asociación entre la aspirina y un problema poco común pero grave denominado síndrome de Reye, dicho fármaco no debe emplearse en niños que puedan tener varicela o gripe.

Posología   Para administrar preparados líquidos de acetaminofén o aspirina, observe las indicaciones de la etiqueta. Adminístrense cada cuatro horas. Durante el lapso entre el mediodía y la media noche, despierte al niño si es necesario. La fiebre suele ceder después de la media noche y plantea un problema menor, lo que hace menos importante omitir la toma durante esas horas; sin embargo, es preciso comprobar la temperatura del niño cuando menos una vez durante la noche para tener la certeza absoluta. Recuerde, estos fármacos persisten en el organismo sólo aproximadamente cuatro horas y es indispensable repetir las tomas para mantener el efecto terapéutico. Algunos pediatras recomiendan alternar aspirina y acetaminofén en intervalos de dos horas para el tratamiento de fiebres altas.

Supositorios de aspirina

En la mayoría de las localidades la venta de supositorios de aspirina requiere prescripción médica. La dosis es la misma que para la presentación oral: 60 mg por cada año de edad en intervalos de cuatro horas; pasados los diez años de edad, se emplea la dosis para adultos. Se fabrican supositorios de 60 mg, pero a veces es difícil encontrarlos. De ser necesario, divida los supositorios de 300 mg para obtener un equivalente aproximado a la dosis necesaria. Para lo anterior, utilice un cuchillo tibio y haga el corte longitudinalmente. Si no puede comprar estos supositorios sin receta, solicítela a su médico la siguiente vez que tenga proyectado visitarlo. Mantenga una pequeña existencia en casa. Reserve los supositorios para las ocasiones en que el vómito impide que el niño retenga lo que ingiere, y no pase de tres dosis en un mismo período de enfermedad sin ponerse en contacto con su médico.

El empleo de supositorios confunde a muchos padres de familia. Se basa en dejar que el medicamento se absorba a través de las mucosas rectales. ¡Deseche la antes de aplicarlos! Al insertar el supositorio, una presión firme pero a la vez delicada relajará los músculos situados alrededor del recto. Tenga paciencia. En los niños de muy corta edad puede ser necesario sostener juntos los glúteos, o incluso usar tela adhesiva, para evitar la expulsión del supositorio.

Efectos secundarios   Estos supositorios pueden irritar el recto y producir sangrado local; por tanto, sólo deben aplicarse cuando las vías usuales de administración resulten inaccesibles; incluso entonces, si parece necesario usar más de dos o tres dosis, comuníquese con su médico para que lo aconseje. En vista de que informes recientes indican una asociación entre la aspirina y una enfermedad poco frecuente pero grave, el síndrome de Reye, no se debe emplear esta sustancia en niños que puedan tener varicela o gripe.

Otras medidas

Los baños de agua fresca o tibia también son útiles para disminuir la fiebre. Durante el baño, también moje el cabello. Mantenga al paciente en una habitación fresca, con ropa ligera o incluso desnudo.

ENVENENAMIENTOS

Para inducir el vómito: jarabe de ipecacuana

Si tiene usted hijos de corta edad, procure tener siempre a la mano este tradicional remedio casero. En la mayoría de los envenenamientos, la inducción oportuna del vómito eliminará del estómago cualquier veneno todavía no absorbido. *No* use ninguna sustancia para provocar vómito si el veneno ingerido es un compuesto de petróleo o de un ácido o álcali fuertes (Envenenamientos por ingestión, problema 1, Sec. II). Cuando el envenenamiento sea por una planta o un fármaco debe provocarse de inmediato el vómito.

Es mucho más conveniente conservar cualquier sustancia química tóxica fuera del alcance de los niños que hallarse en la necesidad de emplear ipecacuana. Cuando se provea de este jarabe, aproveche la ocasión como recordatorio para comprobar que en su casa no hay ningún compuesto químico de efecto tóxico al alcance de cualquiera de sus niños y, de ser necesario, trasládelos a un sitio más seguro. Sin embargo, cuando un niño ha ingerido algo venenoso, cuanto más pronto se vacíe el estómago, menor será el problema, salvo en los casos excepcionales recién citados. Al presentarse la emergencia, no hay tiempo para ir a comprar el jarabe de ipecacuana, de modo que conviene tenerlo siempre disponible por si llegara a necesitarse.

Posología   Una cucharada sopera puede ser suficiente para un niño pequeño y dos en niños mayores y en adultos. Inmediatamente después de la dosis, el paciente debe ingerir la mayor cantidad posible de agua tibia, hasta que sobrevenga el vómito. En caso de no obtener ningún resultado, se repite la dosis a los 15 minutos.

Efectos secundarios   Este es un tratamiento molesto, pero no resulta peligroso a menos que el vómito pase a la tráquea y llegue a los pulmones. Esto puede producir neumonía, por lo que no procede inducir vómitos en un paciente inconsciente o casi inconsciente, ni tampoco cuando haya ingerido sustancias inflamables que puedan ser inhaladas y hacer daño a los pulmones. En cualquier caso de envenenamiento potencialmente grave, comuníquese con el centro local de control de envenenamientos. En estos casos, la administración de jarabe de ipecacuana durante el traslado al hospital puede ser útil e incluso salvarle la vida al paciente, pero los expertos en el referido centro podrán darle instrucciones precisas. El envenenamiento por medicamentos o plantas venenosas debe tratarse con ipecacuana.

SEQUEDAD DE LA PIEL

Cremas y lociones humectantes:
Lubriderm, Vaseline, Corn Huskers, Nivea

Poco se puede aseverar con respecto a las diversas clases de productos artificiales que el ser humano se aplica en la piel con el propósito de mejorar temporalmente su apariencia o retardar su envejecimiento. Muchas afirmaciones carecen de base científica y no se han demostrado sus efectos a largo plazo. Se ha insistido que son más nocivas que beneficiosas en ciertas circunstancias.

En algunas ocasiones, la piel seca puede realmente causar síntomas, convirtiéndose en un problema médico. Entonces requiere algo inofensivo, no tóxico ni alergénico y que proporcione alivio. Entre los productos de venta libre, Lubriderm, Vaseline o la loción Corn Huskers son tan buenos como cualquiera. La crema Nivea es efectiva, pero algunas personas son sensibles a la lanolina que contiene. Recuerde que el baño o la exposición a detergentes contribuye a la sequedad de su piel. Son más importantes una menor frecuencia de los baños de tina o las duchas, el uso de guantes cuando se usan limpiadores fuertes y otras medidas de este tipo, que el uso de cualquier loción o crema.

Posología   Observe las indicaciones en el envase.

Efectos secundarios   Esencialmente no existe ninguno, salvo por la poco frecuente sensibilidad a la lanolina mencionada.

ERUPCIONES DE LA PIEL

Solución de acetato de aluminio (solución de Burrow): Bluboro, Domeboro, AluWets

Para aliviar el prurito ocasionado por las erupciones de la piel y las infecciones bacterianas como el impétigo, las compresas húmedas preparadas con solución de Burrow ayudan a refrescar, calmar, limpiar y combatir el proceso inflamatorio.

Posología   Diluya una parte de solución de Burrow en 10 a 40 partes de agua. Aplíquese en la piel. No cubra las lesiones con plástico ni hule. Cambie las compresas cada cinco a quince minutos hasta un máximo de ocho cambios por hora.

Efectos secundarios   Puede irritar la piel si no se diluye.

Cremas de hidrocortisona: Cortaid, Dermolate, Lanacort, Caldecort

Para el alivio transitorio de comezón o erupciones de la piel, como en el caso del contacto con hiedra venenosa, hace poco se autorizó la venta sin receta médica de crema de hidrocortisona (al 0.5 %). Es un enérgico preparado antiinflamatorio de acción local; en general, es lo más efectivo que puede prescribirle el médico. Utilizadas durante un breve período, estas cremas son inofensivas y prácticamente no tóxicas. Eliminan las erupciones menores, pero suprimen, no curan las lesiones.

Posología   Se aplica con frotación una pequeña cantidad sobre la zona afectada. Si es visible cualquier sobrante de la crema en la piel, ha utilizado una cantidad excesiva. Repita las aplicaciones cuantas veces se necesiten, que suele ser cada dos a cuatro horas.

Efectos secundarios   A largo plazo, estas cremas pueden causar atrofia o desgaste de la piel, por lo que se debe limitar su uso a un período de dos semanas. Cualquier prolongación de este lapso debe consultarlo con su médico. En teoría, estas cremas pueden empeorar la infección, por lo que se deben emplear con cautela si la erupción pudiera estar infectada. No aplique estas cremas alrededor de los ojos ni las ingiera.

HONGOS DE LA PIEL

Preparados antimicóticos: Tinactin, Selsun, Desenex

Las infecciones micóticas de la piel no son graves, por lo que su tratamiento no es urgente. Por lo regular, los hongos necesitan zonas húmedas y tranquilas para proliferar y a menudo desaparecen con un régimen constante de aseo, secado y con la aplicación de polvo para mantener seca la piel. El aseo debe realizarse dos veces al día.

Si necesita un medicamento, puede disponer de varios agentes no tóxicos eficaces. Para el pie de atleta, utilice crema o polvo de undecilenato de cinc, por ejemplo, Desenex. En los casos rebeldes, el tolnaftato (Tinactin) es eficaz. Este producto es útil casi para todos los problemas micóticos de la piel, pero es más costoso. Para las infecciones micóticas superficiales, especialmente las que ocasionan placas de piel descolorida, el sulfuro de selenio (Selsun Azul) suele ser eficaz. Se vende en forma de champú, pero también se puede usar como crema medicinal.

Posología   Para el pie de atleta, proceda conforme a las indicaciones de la etiqueta. Para otros problemas de la piel, se dispone de sulfuro de selenio por prescripción en una solución al 2.5 %. Sin receta médica se encuentra al 1 % y su nombre comercial es Selsun Azul champú. Use este último producto como crema y déjelo secar en las lesiones; repita la aplicación varias veces al día para compensar su relativa debilidad.

Efectos secundarios   Son muy pocos. El sulfuro de selenio puede quemar la piel si se usa en exceso, de modo que disminuya la frecuencia de las aplicaciones al percibirse cualquier irritación. El selenio puede decolorar el pelo y manchar la ropa. Proceda con suma cautela cuando aplique estos productos cerca de los ojos. Nunca deben administrarse por vía oral.

PREVENCION DE QUEMADURAS DE SOL

Filtros solares:
Pre-Sun, Block-Out, Paba-Film, Pabonal

Los dermatólogos nos recuerdan continuamente que el sol es nocivo para la piel, ya que la exposición a los rayos solares acelera su envejecimiento y aumenta la probabilidad de contraer cáncer cutáneo. En cambio, la publicidad insiste en exaltar las virtudes de la piel bronceada y ha conseguido que en casi todo el mundo la juventud dedique mucho tiempo a adquirir un tono de piel atractivo, sin tomar en cuenta las consecuencias ulteriores de la radiación solar. Para prevenir las quemaduras de la piel y al mismo tiempo lograr un tono bronceado, se pueden utilizar los filtros solares. Si la piel es en extremo sensible a los rayos solares, es mejor bloquearlos por completo. Los productos Block-Out y Paba-Film proporcionan un bloqueo parcial, en tanto Pabonal y Pre-Sun filtran virtualmente la totalidad de los rayos solares. Las lociones para el bronceado que no son filtros solares disminuyen una proporción pequeña de radiación solar. Las clasificaciones en las etiquetas son una buena guía de la fuerza bloqueadora de los distintos agentes.

Posología   Aplíquese una capa uniforme sobre las zonas expuestas de la piel, como se indica en la etiqueta.

Efectos secundarios   Muy rara vez hay irritación cutánea o alergia.

ESGUINCES

Vendas elásticas

Las vendas elásticas (Ace) se necesitan en forma periódica en todas las familias. Usted quizá necesite una venda angosta y otra ancha. Si las lesiones son recurrentes, la vendas tubulares diseñadas expresamente para la rodilla o el tobillo a veces resultan más cómodas. Todos estos vendajes proporcionan en primer lugar un soporte suave, pero al mismo tiempo disminuyen la inflamación. Las vendas elásticas deben usarse siempre que reconforten la parte lesionada. Como es mínimo el grado de soporte que proporcionan, persiste la posibilidad de que el paciente sufra una lesión adicional al llevar puesta una de estas vendas. Por tanto, no sustituyen a una férula o entablillado, un cabestrillo o la tela adhesiva debidamente aplicados cuando procede su empleo. Quizá la función más importante de las vendas elásticas es que sirven de recordatorio de que existe una lesión, de modo que resulta menos probable ocasionarse otra más en el mismo sitio.

Posología   Procede continuar el soporte algún tiempo después de haber cedido la molestia, a fin de permitir la recuperación completa y prevenir que se lesione de nuevo el mismo punto; esto por lo regular toma seis semanas. Hacia fines de este lapso se puede descontinuar el uso de las vendas, salvo durante actividades que ocasionen tensión en la parte lesionada. Recuerde que puede haber una segunda lesión en el mismo sitio aun cuando se usen estas vendas.

Efectos secundarios   Una simple venda elástica puede ocasionar problemas si no se aplica debidamente. Las complicaciones pueden deberse a que el vendaje quede demasiado apretado y entorpezca la circulación sanguínea de la extremidad donde se coloque. Debe estar firme, pero no apretada. La porción de la extremidad que se extiende más allá de la venda no debe estar inflamada, sensible, ni fría; tampoco debe tornarse azul o violeta. Al aplicar la venda, parta del punto más distante de la zona lesionada y avance hacia el centro del cuerpo, con cada vuelta menos firme que la anterior. Por ejemplo, un vendaje debe estar más apretado abajo de la rodilla que arriba de ella, y el colocado en el tobillo, más apretado en el pie que en la pantorrilla. Muchas personas creen que, como es elástica, la venda debe estirarse. Esto no es cierto. La elasticidad es para permitir el movimiento. Concrétese a envolver la extremidad como si usara un rollo de gasa.

TRASTORNOS ESTOMACALES

Antiácidos absorbibles:
bicarbonato de sodio, Alka-Seltzer Gold, Rolaids, Tums

El ingrediente principal de estos productos es el bicarbonato de sodio (Alka-Seltzer Gold) carbonato sódico de dihidroxialuminio (Rolaids) o carbonato de calcio (Tums), que neutralizan el ácido. Son neutralizadores más enérgicos que los antiácidos no absorbibles y se presentan en cómoda forma de tabletas. Sin embargo, se absorben a través de la pared gástrica, lo que puede ocasionar problemas. El uso excesivo de carbonato de calcio, con o sin leche, puede conducir al «síndrome de leche-álcali», un grave trastorno de la química del organismo. El sodio contenido en el bicarbonato de sodio y en el carbonato sódico de dihidroxialuminio puede constituir una amenaza para los pacientes con hipertensión arterial o trastornos cardiacos. Además, puede haber una reacción de «rebote» después de tomar carbonato de calcio; es decir, el estómago puede resultar estimulado para secretar *más* ácido. Por estas razones, tendemos a recomendar los antiácidos no absorbibles o una combinación de absorbibles y no absorbibles.

Antiácidos no absorbibles:
Maalox, Gelusil, Mylanta, Alugel, Wingel, Riopan

Los antiácidos no absorbibles son una parte importante del botiquín casero. Ayudan a neutralizar el ácido estomacal, disminuyen las agruras o acedías, el dolor por úlceras, las punzadas por gas y el malestar estomacal. Como no se absorben en el organismo, no alteran el equilibrio ácido-base y resultan inofensivos.

Casi todos estos antiácidos se presentan en forma líquida y en tabletas. En la mayoría de los casos, la forma líquida es superior, pues recubre una superficie más amplia del esófago y el estómago que las tabletas. De hecho, si no se mastican bien, éstas son casi inútiles. Sin embargo, el frasco puede ser un estorbo en el trabajo o las diversiones, por lo que para la dosis del mediodía suelen ser muy útiles unas cuantas tabletas en el bolsillo de la camisa o en el bolso de mano.

Lectura en la etiqueta Los antiácidos no absorbibles contienen magnesio, aluminio o ambos. Por regla general, el magnesio causa diarrea y, el aluminio, estreñimiento. Los preparados con distintas marcas comerciales son mezclas un poco diferentes de las sales de ambos metales, ideadas para evitar tanto la diarrea como el estreñimiento. Algunos compuestos también contienen calcio, que ocasiona ligero estreñimiento; en general, conviene evitar los preparados con calcio.

Los distintos productos son de sabores diferentes. Aun cuando hay ciertas variaciones de potencia, la mayoría de los pacientes optará por el antiácido cuyo sabor tolere y que no trastorne su intestino. Pruebe una y otra marca hasta que encuentre una de su agrado.

Posología La dosis usual para adultos es de dos cucharadas soperas (30 ml) o dos tabletas, bien masticadas. Para niños de seis a doce años de edad, se recomienda la mitad de esta dosis, y la cuarta parte para los de tres a seis años de edad. La frecuencia de las tomas depende de la gravedad del problema. Para malestar estomacal o agruras, puede bastar una o dos tomas. Para gastritis, quizá se requieran varias tomas diarias durante algunos días. En el caso de úlceras, quizá se necesite un tratamiento de seis o más semanas, con tomas hasta cada hora; este tipo de régimen debe ser supervisado por un médico.

Efectos secundarios Por lo regular, el único problema es el efecto en las evacuaciones. Maalox tiende a soltar ligeramente las heces fecales, Mylanta y Gelusil son más o menos de acción promedio y Alugel y Aludrox (con más aluminio) tienden a estreñir. Ajuste la dosis y cambie las marcas conforme sea necesario. Consulte a su médico antes de utilizar estos compuestos si padece enfermedad renal o cardiaca o hipertensión arterial. Algunas marcas de estos productos contienen cantidades considerables de sal y deben evitarlas los pacientes sometidos a dieta hiposódica. De las marcas más populares, Riopan es la de menor contenido en sal.

VERRUGAS

Medicamentos para eliminar las verrugas:
Compund W, Vergo

Las verrugas son un problema curioso. La forma caprichosa en que se forman y desaparecen ha dado lugar a incontables mitos y remedios caseros. Pueden eliminarse mediante extirpación quirúrgica, cauterización o congelación, pero también desaparecen espontáneamente o al cabo de un tratamiento por hipnosis. Las verrugas son una reacción a infecciones leves locales de origen viral. Si a usted le brota una, muy probablemente no será la única; cuando una desaparece, las demás harán lo mismo. La única excepción son las verrugas de la planta del pie, que no ceden espontáneamente y a veces tampoco responden al tratamiento casero; tal vez impongan la necesidad de recurrir al médico.

Los compuestos químicos de venta libre para el tratamiento de las verrugas resultan moderadamente eficaces. Contienen un irritante leve. Mediante aplicaciones repetidas, logran la lenta eliminación de las capas superficiales de la verruga por quemadura y, con el tiempo, el exterminio del virus.

Posología Apliquése el producto repetidamente, según las instrucciones del envase. Es indispensable la persistencia.

Efectos secundarios Estos productos deben su eficacia a la acción cáustica que ejercen en la piel; por tanto, cuídese de aplicarlos sólo en la verruga y proceda con suma cautela al aproximarse a los ojos o la boca.

HERIDAS (menores)

Tela adhesiva, vendas

Las vendas en realidad no «curan». A veces resulta preferible dejar una herida leve expuesta al aire que cubrirla. No obstante, ningún botiquín casero puede estar completo sin una lata llena de pequeñas vendas adhesivas. A fin de elaborar vendajes mayores, también necesitará usted disponer de tela adhesiva y gasa. Los apósitos son útiles para cubrir ampollas sensibles, mantener limpias las heridas y evitar que se separen los bordes de una cortadura. Son de cierta utilidad para mantener ocultas las heridas, lo que les da importancia cosmética.

Posología   Para cortaduras y lesiones pequeñas, use una venda adhesiva de la lata. Por lo regular, basta dejarla puesta más o menos un día; cámbiela si desea proteger la lesión más tiempo. Para las cortaduras, aplique la venda adhesiva perpendicularmente a la herida y acerque los bordes de la cortadura para eliminar la tensión de la piel antes de aplicar el apósito, que debe mantener unidos los bordes mientras cicatrizan. Para heridas mayores, elabore el vendaje de un rollo de gasa estéril o de trozos de grasa de 5 por 5 cm o de 10 por 10 cm y fíjelo a la cortadura con tela adhesiva. Cambie el apósito diariamente. Si se observa un borde blanco de grasa que se proyecta de la herida, consulte a su médico.

Efectos secundarios   Si la herida no está libre de impurezas cuando usted la cubra, quizá promueva una infección incipiente e impida su diagnóstico oportuno. Asee bien la herida y manténgala limpia. Deberá cambiar el apósito si se humedece. Algunas personas son alérgicas a la tela adhesiva, por lo que en ellas se debe utilizar una cinta de papel carente de este efecto. Cuando la tela adhesiva permanece sobre la herida durante más o menos una semana, irritará la piel de cualquier paciente, aunque no sea alérgico; es necesario dejar que la piel descanse. Algunos pacientes se dejan puestas las curaciones demasiado tiempo porque temen sufrir algún dolor al quitárselas, sobre todo si están colocadas en una zona pilosa. Para evitar esta molestia, humedezca la tela adhesiva con removedor de barniz de uñas (aplicado sobre el reverso del apósito) durante cinco minutos. El referido barniz disuelve el adhesivo, por lo que la curación se desprende de piel y pelo o vello.

Antisépticos y limpiadores: agua oxigenada y yodo

Una herida con impurezas suele infectarse; si debajo de la piel quedan atrapados suciedad o cuerpos extraños, pueden ocasionar ulceraciones y entorpecer la cicatrización. Al momento de producirse una herida, penetran en ella sólo algunos gérmenes, pero en unos días proliferan y pueden formar una colonia numerosa. El propósito de los antisépticos es eliminar las impurezas y destruir los gérmenes. La mayoría de las veces, el aseo de la herida es más importante que la aplicación de un antiséptico, porque muchas de las soluciones empleadas con este fin, por ejemplo, agua oxigenada, Merthiolate, Zephiran o Mercurochrome, en realidad no son muy eficaces como germicidas. Las cremas de antibióticos (como Bacitracin y Neosporin) son costosas, generalmente innecesarias y de dudosa utilidad. El agua oxigenada, que forma espuma y limpia mientras se le hace penetrar en la herida, es un eficaz limpiador y el yodo es un agente bastante eficaz para exterminar los gérmenes. La escrupulosa atención al aseo inicial de una herida y a la eliminación completa de toda partícula de impureza introducida en ella son de importancia decisiva para la buena cicatrización. Haga un aseo minucioso, aunque lastime y haga sangrar. Use agua y jabón en cortaduras pequeñas y sin complicaciones, después aplique yodo y nuevamente lave la herida con agua y jabón. En heridas mayores use agua oxigenada y lavado vigoroso. Betadine es un preparado de yodo que no produce ardor. Los aerosoles para primeros auxilios son un despilfarro.

Posología   No utilice agua oxigenada en concentraciones de más de 3 %, como la que se emplea para decolorar el cabello. Este producto por lo general se vende en dicha concentración y puede emplearse sin diluir. Vierta el agua oxigenada en la herida y frote la zona con un lienzo áspero. Enjuague la lesión y repita la maniobra. Continúe cuantas veces sea necesario hasta que no haya impurezas visibles debajo de la piel. Si usted no consigue limpiar la herida, acuda a un médico.

El yodo se aplica con pinceladas o se extiende de alguna otra manera sobre la herida y la zona circundante. A los pocos minutos, elimínelo con agua, dejando en la piel sólo una sombra del color del yodo.

Efectos secundarios   Como el yodo puede quemar la piel si permanece sin diluir, es preciso proceder con cautela. Es peligroso si se ingiere; manténgalo fuera del alcance de los niños. El agua oxigenada es inofensiva para la piel, pero puede decolorar el pelo y la ropa, así que evite derramarla. Algunas personas son alérgicas al yodo; si le produce una erupción cutánea, deje de usarlo.

Humectante: bicarbonato de sodio

El bicarbonato de sodio ($NaHCO_3$) es un compuesto químico de gran utilidad en el hogar. Médicamente, tiene tres usos importantes: como solución concentrada, extrae líquido de la herida y, por consiguiente, reduce la inflamación; al mismo tiempo, la remoja y limpia. Como solución más diluida, refresca la piel y atenúa la comezón; por tanto, es útil en cuadros que varían de quemadura de sol o de hiedra venenosa a varicela. Administrado por vía oral, el bicarbonato de sodio hace las veces de antiácido y puede disminuir las agruras y el malestar estomacal.

Posología   1) Para desecar heridas: una cucharada sopera de bicarbonato de sodio en una taza de agua caliente. Cuando se ha lesionado un dedo de la mano o del pie, sumérjalo en un recipiente con la solución indicada; para otras heridas, se cubre la herida con una compresa saturada de ella. Se debe proceder de esta manera durante cinco o diez minutos, tres veces al día. Si la piel se torna rugosa y retiene agua, ha sido demasiado prolongada la aplicación de la compresa húmeda. Si se protege la compresa con papel celofán o una hoja de plástico puede conservar más tiempo el calor y la humedad. 2) Para refrescar la piel: añada de dos cucharadas a media taza de bicarbonato de sodio en una bañera con agua tibia; después del baño, se absorbe suavemente el exceso de humedad con una toalla y se permite que la piel se seque al aire; repita esto las veces que sea necesario. 3) Como antiácido: una cucharadita de bicarbonato de sodio en un vaso de agua cada cuatro horas, según sea necesario, pero sólo ocasionalmente (véase Antiácidos).

Efectos secundarios   No hay ninguno mientras el bicarbonato de sodio sólo se aplique en la piel. Cuando se administra por vía oral, es preciso estar pendiente de dos cosas. Primero, como la solución contiene mucho sodio puede ocasionar trastornos al paciente que tenga una afección cardiaca, hipertensión arterial o se encuentre sometido a una dieta hiposódica. Segundo, si toma bicarbonato de sodio durante varios meses, hay indicios de que puede conducir a la formación de depósitos de calcio en el riñón, y así a una lesión renal. En calidad de antiácido es «absorbible», por lo que resulta más peligroso que los antiácidos que no se absorben en el intestino.

DEFICIENCIA VITAMINICA

Preparados vitamínicos

Se dice que los estadounidenses tienen la orina más cara del mundo. Gran parte de su valor agregado se debe a las vitaminas innecesarias que, excretadas intactas en la orina, no pueden ser de ninguna utilidad al organismo. En su mayoría, las vitaminas se conocen químicamente como coenzimas; son esenciales para la función normal, pero se necesitan cantidades muy pequeñas. Una dieta normal aporta una cantidad de vitaminas muchas veces mayor que la estrictamente necesaria. Los alcohólicos graves o las personas sometidas a una dieta en extremo limitada son quienes deben recibir suplementos vitamínicos.

Algunas personas proponen dosis megavitamínicas que aportan cantidades de vitamina C, vitamina E y otras vitaminas muchas veces mayores de las necesarias. Si consideramos el papel biológico de las vitaminas en los sistemas enzimáticos, la dotación disponible de vitaminas en las sociedades primitivas y las fuerzas de la evolución, es difícil concebir el propósito de esta medida terapéutica. No se ha demostrado nunca que el exceso de vitaminas haya disminuido la frecuencia de resfriados, mejorado la vida sexual, restaurado la energía perdida, ni curado ni prevenido el cáncer ni la artritis. Los médicos, que pueden conseguir gratuitamente las vitaminas, casi nunca las toman. Tampoco nosotros, los autores, tomamos vitaminas ni las administramos a nuestras familias.

A menos que el médico pueda documentar una deficiencia vitamínica y recomiende un complemento, el consumo de vitaminas es enteramente opcional. Usted sabrá si gasta su dinero en ellas. En caso de decidir adquirirlas, elija las de marca menos costosa, que no sean profusamente anunciadas.

Posología   Según las dosis que el médico especifique para cada individuo.

Efectos secundarios   La vitamina A, la vitamina D y la vitamina B_6 (piridoxina) pueden causar problemas graves cuando se toman en dosis excesivamente altas. En teoría la vitamina C es tóxica consumida en grandes dosis, pero esto todavía no ha resultado un gran problema práctico. Las demás vitaminas no se han estudiado a fondo, pero no se tiene conocimiento de algún efecto desfavorable grave.

10 Cómo evitar fraudes médicos

En Estados Unidos se gastan al menos $ 5000 millones de dólares anualmente en fraudes, engaños y falsas curas; tal vez, usted contribuye a este despilfarro. Cuando compra medicamentos inútiles porque los ve anunciados por televisión, consume cantidades masivas de vitaminas o solicita las «curas» proclamadas en las últimas páginas de una revista, paga una parte de esta cuenta. Se deja manipular.

Usted puede reconocer un negocio turbio. Existen cuatro preguntas, una o varias de las cuales en general identificarán a un comerciante sin escrúpulos. Las preguntas son: ¿Cuál es el motivo de la promoción? ¿Qué se asevera como cierto? ¿Utilizan el servicio los expertos en ese campo? ¿Tiene sentido el servicio? Examinemos cada una de estas interrogantes.

¿Cuál es el motivo?

Haga un cálculo de lo que puede representar como negocio el servicio propuesto. ¿Es una operación semejante a una puerta giratoria, donde la gente entra con su dinero y poco después sale sin él? ¿Cuál es la tarifa promedio pagada por el cliente? ¿Cuántos pacientes se atienden por hora? El producto de la multiplicación de las dos cifras aludidas representa el ingreso de la operación por hora; si esta cantidad bruta rebasa la suma de $ 100 dólares por cada empleado profesional, tenga cuidado. Muchos pacientes han pagado cientos de dólares para que se «trate» su artritis con «inyecciones anticatarrales», que en realidad valen una bicoca. Es posible cambiar el envase de un medicamento, aumentarle el precio y comerciar con él en forma fraudulenta. El comerciante sólo quiere ganar dinero. No se deje engañar por baratijas que parezcan gangas. Fíjese en el costo total a la larga.

¿Cuáles son las promesas y las aseveraciones?

¿Son vagas? ¿Engañosas? Un anuncio fraudulento típico insta a adquirir un producto que «contiene un ingrediente recomendado por los doctores». Esto a todas luces intenta engañar; el anunciante sabe que si revelara el nombre del ingrediente, usted lo reconocería como relativamente ineficaz para el problema o como fácil de obtener a un costo menor.

101

Desconfíe de testimonios, cupones y garantías. Si un producto o servicio se promueve con testimonios, quizá sea de utilidad mínima o nula. El testimonio puede consistir en fotografías tomadas «antes y después». Puede ser el relato del éxito obtenido con el tratamiento por un supuesto paciente. En ocasiones, estos testimonios son ficticios por completo, y aunque sean exactos, no proporcionan información fidedigna. A usted no le interesa saber si el servicio le *ha sido* útil a alguien, sino si le servirá a usted. Hay una importante diferencia entre ambas afirmaciones.

Los cupones son otro indicio de mal servicio. Los tratamientos valiosos no se venden por medio de cupones publicados en diarios y revistas. En la medicina, las «garantías» son casi una seguridad de que el producto o el servicio es enteramente inútil; en este campo es imposible garantizar nada. Siempre hay excepciones, así como la posibilidad de obtener resultados lamentables. Ningún servicio médico que valga la pena se acompaña de una garantía de reembolso. Por tanto, no es que no se cumpla la garantía (que quizá también sea el caso), sino que la oferta en sí sugiere en gran medida un producto sospechoso.

¿Los expertos en ese campo usan el servicio?

¿Su médico toma la vitamina que usted está considerando? ¿La familia de su médico la toma? ¿Los reumatólogos artríticos emplean brazaletes de cobre? ¿Los cancerólogos utilizan Laetrile cuando ellos o sus cónyuges tienen cáncer? Los médicos (y sus familiares) padecen cáncer y otras enfermedades con la misma frecuencia que cualquier otra persona. Si el tratamiento ofrecido tuviera la más remota probabilidad de beneficiar a cualquiera de estas graves enfermedades, el médico emplearía el producto. De hecho, los médicos no usan estos servicios marginales; en vez de ello, muchos han disminuido su tabaquismo. Han adoptado la costumbre de trotar y otras formas establecidas de ejercicio. No han aprobado tratamientos megavitamínicos, dietas de última moda ni otras fantasías populares, salvo en casos excepcionales.

¿Quién —si acaso alguien— respalda el servicio? ¿Lo apoya un organismo nacional de profesionales? ¿Una agrupación nacional de consumidores? La aprobación directa por organismos de este tipo es poco frecuente, pero de mucha valía si se otorga. Un ejemplo de ello es la aprobación del dentífrico que contiene fluoruro estannoso, concedida por la American Dental Association. Se puede confiar en la Consumers Union (unión de consumidores) y en su revista *Consumer Reports* para conocer análisis bien sustentados sobre los asuntos médicos del día. Otra fuente inmejorable es la carta circular del Center for Corporate Health Promotion, 11490 Commerce Park Drive, Reston, Virginia 22091.

¿Tiene sentido el servicio propuesto?

Esta es la prueba final. A menudo, los fraudes y las falsas curas prosperan porque en realidad nadie se detiene a pensar si concuerdan con el sentido común. ¿En verdad cree usted que una crema puede mejorar el contorno de los senos? ¿O que se puede bajar de peso sólo en las caderas? ¿O que una vitamina favorecerá su vida sexual? ¿O que un embrión de cordero puede conservarlo joven? Por definición, una cura falsa se basa en un razonamiento falso, que suele ser débil y fácilmente identificado como tal.

Tres ejemplos: obesidad, artritis, cáncer

Los tres fraudes médicos más antiguos y difundidos cobran sus víctimas entre quienes tienen problemas de obesidad, artritis y cáncer.

Obesidad Los sujetos con esta anomalía parecen constituir víctimas especialmente dispuestas a caer en las garras del comerciante fraudulento. Como observamos en el capítulo 1, el control eficaz del peso corporal se consigue en forma gradual, por medio de programas moderados que deben continuarse toda la vida; sólo es meritorio el programa de reducción de peso que se proyecte por un período prolongado. Es insignificante (y quizá nocivo) el beneficio médico obtenido al reducir de peso bruscamente y sólo por espacio de pocas semanas o meses. Los sujetos con graves problemas de sobrepeso encaran una tarea muy difícil que exige absoluta entrega, disciplina prolongada y bastante sufrimiento. Aplaudimos el valor de quienes emprenden un programa de esta índole, así como la fuerza de voluntad de cuantos son capaces de perseverar en un esfuerzo tan importante como difícil.

El fraude surge en el momento que se promete un atajo. Se promueve algún tipo de dispositivo, masaje, dieta milagrosa, supresor del apetito, complemento alimenticio o cualquier otro recurso, como una forma «fácil y rápida» de bajar de peso. Ningún programa eficaz para eliminar el sobrepeso se puede describir como «fácil y rápido».

Los hechos son relativamente claros. En su mayoría, los obesos no logran bajar de peso y mantenerse delgados con ningún régimen. Los mejores resultados se han obtenido mediante programas supervisados por médicos y regímenes prolongados de prestigio, como el denominado Weight Watchers (cuida kilos). Las reducciones por partes no funcionan (disminución de la grasa de ciertas regiones del cuerpo, como las caderas o las piernas). El masaje no es eficaz para bajar de peso. Los supresores del apetito no tienen ningún éxito a la larga. Con cualquier técnica anunciada comercialmente puede conseguirse una reducción transitoria de peso. Casi cualquier régimen tiene un éxito ocasional, pero en estos casos el buen resultado se debe al sujeto y no a la técnica.

Artritis He aquí otro terreno ideal para la explotación de incautos. Las afecciones artríticas son crónicas y a menudo desesperantes. Existe el difundido mito de que la artritis no responde a la medicina tradicional, pero este mito agrava la tragedia provocada por las falsas curas de artritis, porque hay un tratamiento eficaz para casi todos los artríticos. Con lamentable frecuencia se observan pacientes incapacitados innecesariamente, porque evitaron tratamientos médicos bien fundamentados. En la artritis, la cuarta pregunta para identificar un fraude es la que uno debe plantearse más a menudo: ¿Tiene sentido? ¿Una dieta para tratar la artritis? Se comprende que las medidas dietéticas sean eficaces para combatir la obesidad pero, ¿qué relación pueden tener con el dolor articular? ¿Vinagre y miel para la artritis? ¿Brazaletes de cobre?

Persiste la leyenda de que otros países tienen mejores fármacos para tratar la artritis que los Estados Unidos de América. Es verdad que la Food and Drug Administration (FDA) ha limitado cautelosamente la aprobación de nuevas medidas terapéuticas antiartríticas. En años recientes se han introducido en México, Canadá y Europa varios fármacos que aún no se han autorizado en Estados Unidos. Sin embargo, ninguno de estos medicamentos constituye una aportación importante a la terapéutica ya existente. La posición de la FDA ha sido garantizar, con la mayor

103

certidumbre posible, la seguridad de nuevos medicamentos, antes de permitir que se lancen comercialmente. No existen nuevos fármacos milagrosos.

La leyenda de espectaculares tratamientos nuevos ha dado lugar a operaciones médicas fraudulentas en la región fronteriza de México con Estados Unidos. (No hay que confundir estas operaciones con la excelente medicina disponible en muchas partes de México.) Los «talleres de artritis» atraen a pacientes estadounidenses que recorren largas distancias para asistir a una breve consulta y regresar a su país con bolsas y cajas repletas de medicamentos. Se les dice muchas cosas en relación con estos fármacos, pero en general se les da a entender que reciben fármacos que no se consiguen en los Estados Unidos. Nosotros hemos tenido ocasión de analizar el contenido de estos productos y podemos aseverar que su principio activo ha sido invariablemente una sustancia afin a la cortisona; un fármaco denominado fenilbutazona suele combinarse con ella. Ambas sustancias se venden y prescriben frecuentemente en los Estados Unidos, pero son peligrosas y han sido causa de muerte. Terapias nefastamente concebidas con estos fármacos a menudo hacen que el paciente observe una mejora de varios días e incluso semanas, lo que mantiene atestadas las salas de espera. A la larga, estos tratamientos pueden producir mayor incapacidad e incluso fallecimientos. El sentido común sugiere que no es probable que se encuentre la mejor atención médica del mundo en pequeños pueblos de la frontera mexicana. Cuando usted hace caso omiso del sentido común, puede perder algo más que dinero.

La acupuntura, actualmente sometida a intensa evaluación como tratamiento antiartrítico, ha sido objeto de amplia publicidad. Los estudios iniciales sugieren cierto efecto analgésico, si bien menos intenso que el de la aspirina. Sin embargo, aún no se dispone de la información definitiva. Han quedado totalmente desacreditados otros remedios que gozaron de una aceptación momentánea, por ejemplo, cocaína, inyecciones anticatarrales o veneno de abejas.

Cáncer   En esta enfermedad se registran los engaños más crueles. En algunos casos, cuando el mal ha invadido casi todo el organismo, la medicina ortodoxa no puede hacer gran cosa para ayudar al paciente. En estas circunstancias, los buitres se abren paso. «¿Qué puede perder?» es su argumento. La respuesta es que pierde valor, dignidad y dinero. La tragedia de los tratamientos anticancerosos de los charlatanes es que usted no tiene nada que ganar.

El cáncer no es una sino varias enfermedades, que requieren muchas formas diferentes de tratamiento. Existen ya recursos terapéuticos muy eficaces para algunos tipos de cáncer, y las nuevas técnicas se aplican tan pronto como demuestran sus buenos resultados. Los actuales tratamientos médicos pueden ayudar a la gran mayoría de los pacientes con cáncer. Un crecido número de instituciones y pacientes en la actualidad luchan arduamente con el fin de incrementar el conocimiento sobre el cáncer. Es un terreno muy complejo, pero son muchos los cerebros dedicados a buscar soluciones. Es muy poco probable que surja un descubrimiento trascendental en forma de semillas de albaricoque o chabacano, o en suero de caballo. En nuestra práctica cotidiana hemos atendido a centenares de pacientes cancerosos que ensayaron docenas de distintos «remedios» fraudulentos y ninguno de estos enfermos ha obtenido el menor beneficio.

Usted se deja engañar porque tiene deseos de creer. Su vehemente anhelo de que las promesas podrían ser verdaderas no les quita lo falso.

Sección II EL PACIENTE Y LOS SINTOMAS MAS FRECUENTES

A Cómo usar esta sección

En esta sección usted encontrará información general y diagramas de decisión de casi 100 problemas médicos frecuentes. La *información general* que aparece en las páginas pares ofrece los antecedentes de un problema médico específico y le ayudará a interpretar el diagrama de decisiones; también le proporcionará instrucciones para un tratamiento casero y le indicará lo que puede esperar que ocurra en el consultorio, si opta por acudir a este sitio. Los *diagramas de decisiones* de las páginas nones le ayudarán a decidir si aplica el tratamiento casero o si consulta a su médico. A fin de obtener el máximo beneficio de esta parte del libro, sírvase observar estas sencillas orientaciones:

Urgencias   Antes de hacer cualquier intento de resolver un problema médico en casa, lo primero que debe preguntarse es si se requiere una intervención de urgencia o no. Muy a menudo la respuesta es obvia. La mayoría de los casos se reconoce de inmediato como de importancia secundaria; en cambio, es difícil pasar por alto una verdadera emergencia. La información presentada en el capítulo B, Urgencias, describe un enfoque, basado en el sentido común, de varios problemas que exigen una acción inmediata. Todos los diagramas de decisión dan por hecho que de antemano se han considerado los síntomas de urgencia.

Cómo encontrar el diagrama adecuado para su problema médico
Determine cuál es su «molestia» o síntoma principal —por ejemplo, tos, dolor de oído, punzadas en el pecho—, localícelo en el contenido o en el índice y luego pase a las páginas indicadas.

Problemas mixtos   Si tiene más de un problema a la vez, quizá necesite emplear más de un diagrama de decisión. Por ejemplo, si tiene dolor abdominal, náuseas y diarrea, busque primero la molestia mayor, luego la segunda en orden de importancia y así sucesivamente. Puede ser que observe cierta duplicación de preguntas en los diagramas, sobre todo si los síntomas están muy relacionados. Cuando consulte más de un diagrama, observe el consejo más conservador; si uno le recomienda aplicar el tratamiento casero y otro le indica que se comunique con su médico, llame al consultorio.

107

Cómo usar los diagramas   Primero lea toda la información de su problema específico y luego consulte el diagrama de decisiones. Comience la lectura desde arriba y luego siga las flechas. Si salta de una indicación a otra puede incurrir en errores. Cada pregunta supone que se han contestado todas las anteriores. La información general correspondiente a cada problema médico le ayudará a entender las preguntas incluidas en el diagrama. Si se pasa por alto la citada información, correrá el riesgo de interpretar mal una pregunta y seleccionar un curso de acción equivocado.

Si el diagrama recomienda el tratamiento casero,   no suponga que la indicación de aplicar el tratamiento casero garantiza que el problema es trivial y puede pasarse por alto, ya que las medidas que realice en el hogar deben abordarse en forma meticulosa, si espera que tengan éxito. Si el diagrama sugiere medicamentos de venta libre, búsquelos en el índice y entérese de su posología y efectos secundarios, descritos en el capítulo 9, antes de administrarlos.

Hay ocasiones en que el tratamiento casero resulta ineficaz, pese a su aplicación cuidadosa; en estos casos se debe consultar al médico. La información general correspondiente a cada problema indica el tiempo que debe esperar antes de consultar a su médico. Los tratamientos caseros incluidos en estas páginas son los recomendados por la mayoría de los médicos como primeras acciones terapéuticas. Si no obtiene usted los resultados deseados, estudie de nuevo el problema, y si está muy preocupado acerca de su situación, llame al médico.

Si el diagrama indica que consulte a su médico,   esto no significa necesariamente que la enfermedad es grave o peligrosa. A menudo se le indica que consulte a su médico porque se requiere ya sea un examen físico o el empleo de determinados recursos disponibles en el consultorio. El diagrama señala diferentes niveles de urgencia para acudir al médico. «Vea al médico con urgencia» significa acudir al consultorio de inmediato. «Vea al médico hoy» indica que no debe dejar la consulta para el día siguiente. «Haga cita con el médico» quiere decir que la situación es menos urgente; debe concertarse la cita, pero puede fijarse en varios días. A veces procuramos darle la terminología médica relacionada con cada problema en especial. Gracias a esta información usted podrá «traducir» los términos que el médico tal vez emplee durante la consulta o el telefonema.

En esta edición revisada lo alentamos a utilizar el teléfono mediante la indicación «Llame al médico con urgencia» o «Llame al médico hoy». A menudo un telefonema les permitirá a usted y a su médico o enfermera tomar decisiones que les ahorren visitas innecesarias y aprovechar de modo más prudente la atención médica. Recuerde que la mayoría de los médicos no cobra por consultas telefónicas, pero considérelas una parte del servicio a su clientela; no abuse de ello con el propósito de evitar el pago de la atención que le presta. Al mismo tiempo, si el resultado de cada telefonema es una recomendación rutinaria de que acuda al consultorio, tal vez no obtenga información útil por vía telefónica.

Con estas orientaciones usted estará capacitado para utilizar los diagramas y localizar con rapidez la información que necesite, sin abrumarse con datos ajenos a su caso. Revise los diagramas de varios problemas ahora mismo; así aprenderá a localizar rápidamente las respuestas que busque.

B Urgencias

Las urgencias exigen acción inmediata, no pánico. Las medidas que debe adoptar dependen de los recursos disponibles y de la naturaleza del problema. Si se presentan lesiones masivas o el sujeto se encuentra inconsciente, usted necesita conseguir ayuda de inmediato. Acuda a la sala de urgencias si está cerca. De lo contrario, a menudo conseguirá ayuda por vía telefónica si se comunica con una sala de urgencias o una patrulla de rescate. Esto es de especial importancia cuando se sospecha que alguien ha ingerido veneno.

El factor más importante es que el lector se halle *preparado*. Anote los números telefónicos de la sala de urgencias y de la patrulla de rescate más próximas a su hogar en la página proporcionada con este fin en las primeras páginas de este libro. Conozca la mejor ruta para llegar a la sala de urgencias en automóvil. Familiarícese con estas maniobras *antes* de que en verdad surja un problema.

Cuándo llamar una ambulancia   Por lo común, la forma más lenta para llegar a un centro médico es en ambulancia, porque necesita recorrer dos veces la misma distancia y por lo regular no duplica la velocidad de un automóvil que hace un solo viaje. Si el paciente puede moverse o ser trasladado sin dificultad y se dispone de un automóvil, úselo y pida a alguien que avise por teléfono al servicio que usted llegará pronto. La ambulancia es costosa y quizá en otro lugar la necesiten con mayor urgencia, por lo que es preciso utilizarla prudentemente.

La ambulancia ofrece la ventaja de acudir con personal experto, capacitado para levantar al paciente con el mínimo riesgo de ocasionarle una lesión adicional. De ordinario está dotada de oxígeno, lo mismo que de férulas o entablillados y vendas; en algunos casos se puede emplear la resucitación durante el trayecto al hospital, lo que puede salvarle la vida al paciente. Por tanto, una persona gravemente enferma, con una lesión de columna o de la cabeza o aguda dificultad respiratoria, obtendrá grandes beneficios de los cuidados que puede ofrecerle el personal de la ambulancia.

Según nuestra experiencia, las ambulancias a menudo se utilizan como taxis demasiado costosos. El tipo del accidente o enfermedad, los recursos disponibles y la distancia que es preciso recorrer son factores de igual importancia para decidir si conviene o no emplear este medio de transporte.

En los diagramas de decisiones presentados en el resto del libro se supone que el paciente no presenta signos de urgencia. Estos anulan los diagramas e indican que se pida ayuda de inmediato. Debe usted familiarizarse con los siguientes signos de urgencia:

Traumatismo grave   Por sentido común sabemos que el sujeto con una fractura evidente de pierna o una herida grave en el pecho necesita atención inmediata. Las salas de urgencias existen precisamente para atender estas lesiones. Deben aprovecharse sin demora.

Pérdida del conocimiento   El sujeto que ha perdido el conocimiento necesita medidas de urgencia cuanto antes.

Hemorragias activas   En su mayoría, las cortaduras dejan de sangrar al aplicarles presión directa. A menos que el sangrado sea de evidente escasa importancia, cualquier lesión que sangre pese a la presión aplicada requiere atención médica para prevenir una hemorragia peligrosa. El adulto común puede tolerar la pérdida de varios decilitros de sangre sin sufrir mayor daño, pero los niños sólo soportan pequeñas pérdidas de sangre, en proporción a su tamaño. Recuerde que una hemorragia activa y vigorosa se puede contener casi siempre por medio de una presión directa en la herida, lo que es la parte más importante de los primeros auxilios en estos casos.

Estupor o somnolencia   El nivel disminuido de actividad mental, casi al límite de la inconsciencia, se denomina *estupor*. La manera práctica de precisar si la gravedad del estupor o la somnolencia justifica un tratamiento urgente consiste en observar la capacidad del paciente para contestar preguntas. Si el sujeto carece de la lucidez suficiente para responder preguntas sobre lo recién sucedido, es preciso adoptar medidas de urgencia. Esto es más difícil de evaluar en menores, pero cualquier niño que no pueda mantenerse despierto necesita atención inmediata.

Desorientación   En medicina, la desorientación se describe en términos de tiempo, lugar y persona. Esto tan sólo significa que el paciente ignora la fecha, dónde está o quién es. El sujeto que desconoce su propia identidad se halla en un estado más grave que quien no sabe qué día es. La desorientación puede formar parte de diversas enfermedades y en especial es frecuente cuando hay fiebre muy alta. El paciente previamente lúcido pero después confuso y desorientado requiere atención médica inmediata.

Dificultad respiratoria   Esta anomalía se describe con mayor amplitud en el problema 78. Por regla general, el paciente necesita atención inmediata si la dificultad respiratoria persiste aun en reposo. No obstante, en los adultos jóvenes la causa más frecuente de dificultad respiratoria en reposo es el síndrome de hiperventilación, problema 72, que no debe ser motivo de preocupación. Empero, si resulta imposible determinar con certeza si la dificultad respiratoria se debe o no a dicho síndrome, la única medida razonable es solicitar de inmediato ayuda médica.

Sudor frío   El sudor es una respuesta normal a la temperatura elevada. Es asimismo una respuesta natural al estrés psicológico o físico. La mayoría de las personas experimentan manos sudorosas cuando están en aprietos o sometidas a estrés psicológico. Como indicio de estrés físico, el sudor frío es útil para determinar la urgencia de un problema. En presencia de un dolor agudo o una enfermedad grave, el sudor frío es una manifestación común. En ausencia de otra complicación, el sudor es una rareza; es poco probable que sea importante como síntoma aislado. En cambio, el sudor frío en un paciente que se queja de dolor en el pecho, dolor abdominal o mareos, indica la necesidad de atención inmediata. Sin embargo, recuerde que el sudor producido por la aspirina al bajar la fiebre no es el sudor frío al que aquí nos referimos.

Dolor intenso   Curiosamente, el dolor intenso rara vez es el síntoma que determina la gravedad o la urgencia de un problema. Más a menudo se asocia con otros síntomas que indican la naturaleza del cuadro clínico; el ejemplo más obvio es el dolor asociado con un traumatismo grave —como una pierna fracturada— que por sí solo revela la necesidad de adoptar medidas de urgencia. La intensidad del dolor es subjetiva y varía según el paciente; a menudo ciertos factores emocionales y psicológicos alteran la gravedad del dolor. No obstante, todo dolor intenso exige medidas médicas urgentes, si no por otro motivo, al menos para atenuarlo.

Buena parte del arte y la ciencia de la medicina se centra en el alivio del dolor, y el empleo de maniobras de urgencia para lograr este propósito está justificado, incluso si más tarde se comprueba que el origen del dolor no implicaba consecuencias. Sin embargo, el paciente que a menudo se queja de dolor intenso por motivos triviales se encuentra en la misma situación que el niño que gritaba «¡Viene el lobo!»; el médico tomará cada vez con menos seriedad sus lamentos para pedir auxilio. Esta situación es peligrosa, porque puede dificultar que el paciente reciba atención cuando más la necesite.

Trace un plan para atender las urgencias médicas; perfecciónelo y sométalo a prueba antes de que surja una. Si de antemano usted establece un plan de acción, disminuirá la probabilidad de que cunda el pánico cuando se presente una urgencia y aumentará la de obtener con rapidez la atención médica necesaria.

No hemos intentado enseñar la manera de llevar a cabo procedimientos complejos de primeros auxilios, como la resucitación cardiopulmonar (RCP) o la maniobra de empuje o abrazo abdominal (de Heimlich). Para emplear correctamente estos procedimientos es menester una instrucción intensiva y la oportunidad de practicarlos. No es posible lograr esto con la letra impresa. Algunos organismos comunitarios ofrecen adiestramiento en estos recursos, por ejemplo la Cruz Roja y la American Heart Association.

C Venenos

1 Envenenamientos por ingestión

Aunque los venenos se pueden inhalar o absorber a través de la piel, en su mayor parte son ingeridos. El término *ingestión* se refiere al envenenamiento por vía oral.

Los envenenamientos casi siempre se pueden evitar. Los niños muchas veces tragan un veneno accidentalmente. Todas las sustancias peligrosas, como medicamentos, insecticidas, limpiadores cáusticos y disolventes orgánicos —queroseno, gasolina, cera para pulir muebles— deben guardarse fuera del alcance de los niños. Las más nocivas son las soluciones alcalinas fuertes usadas para limpiar cañerías (Drano y otros productos), que son capaces de destruir cualquier tejido con el que establecen contacto.

El tratamiento debe ser inmediato para que resulte efectivo, pero la identificación precisa de la sustancia es tan importante como la velocidad. *No permita que cunda el pánico.* Llame por teléfono a su médico o al centro de control de envenenamientos sin demora y pida consejo sobre cómo debe proceder. Procure identificar la sustancia sin ocasionar una tardanza. Siempre lleve consigo el envase del veneno a la sala de urgencias. Las medidas de reanimación tiene prioridad en el caso de una víctima inconsciente, pero es preciso identificar la sustancia ingerida antes de poder instituir el tratamiento adecuado.

Los intentos de suicidio causan importantes sobredosis de medicamentos. Cualquiera de estos intentos es una indicación de que el sujeto necesita ayuda. Dicha ayuda no es optativa, incluso si el paciente se ha recuperado y no está en peligro inminente. En su mayoría, los casos de suicidio consumados son precedidos por intentos fallidos.

Tratamiento casero

Todos los casos de envenenamiento requieren atención profesional. Alguien debe pedir ayuda inmediatamente. Si el paciente está consciente y alerta y se conocen los ingredientes ingeridos, hay dos tipos de tratamiento: uno en que se debe inducir el vómito y otro en que no se debe inducir. El vómito puede ser muy peligroso si el veneno contiene altas concentraciones de ácidos, álcalis o derivados del petróleo. Estos compuestos pueden destruir el esófago o dañar los pulmones al ser expulsados. Neutralícelos con leche mientras logra establecer contacto con el médico. Si no tiene leche, use agua o leche de magnesia.

El vómito es la forma inofensiva de eliminar medicamentos y plantas sospechosas. Es más eficaz y menos peligroso que usar una bomba de estómago y no requiere la ayuda del médico. En ocasiones se puede conseguir inmediatamente el vómito con sólo estimular la garganta con un dedo (¡que no le dé asco!) o con la administración de dos a cuatro cucharadas de *jarabe* (*no* extracto) de ipecacuana, seguida por la mayor cantidad posible de líquido que el paciente pueda beber. El vómito se produce usualmente en espacio de 20 minutos, pero como el tiempo es importante, a veces se obtiene un resultado más rápido con la inserción de un dedo en la garganta. O bien, puede probar ambos métodos. También es eficaz la mostaza mezclada con agua tibia. Si no se producen vómitos en 25 minutos, repita la dosis de jarabe de ipecacuana. Conserve el líquido que vomite el paciente, para que pueda examinarlo el médico.

Antes, después o durante los primeros auxilios póngase en contacto con un médico. En muchos lugares han establecido centros de control de envenenamientos para identificar los venenos y ofrecer ayuda. A menudo están ubicados en salas de urgencias. Averigüe si en su comunidad existe uno de estos centros y, en caso afirmativo, anote su número telefónico tanto en el diagrama de decisiones adjunto como en la primera página de este libro. La rapidez en administrar los primeros auxilios y obtener asesoramiento profesional constituye la mejor manera de prevenir una tragedia.

Si se ha producido un envenenamiento

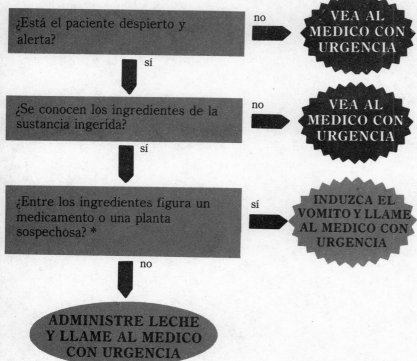

¿Está el paciente despierto y alerta? — **no** → VEA AL MEDICO CON URGENCIA

sí ↓

¿Se conocen los ingredientes de la sustancia ingerida? — **no** → VEA AL MEDICO CON URGENCIA

sí ↓

¿Entre los ingredientes figura un medicamento o una planta sospechosa? * — **sí** → INDUZCA EL VOMITO Y LLAME AL MEDICO CON URGENCIA

no ↓

ADMINISTRE LECHE Y LLAME AL MEDICO CON URGENCIA

Número telefónico del centro de control de envenenamientos _____

Número telefónico de la sala de urgencias _____

* No induzca el vómito si el paciente ha ingerido alguna de las siguientes sustancias:

Acidos: ácido de acumulador, ácido sulfúrico, ácido clorhídrico, decolorante químico, alisador de cabello, etc.

Alcalis: Drano, limpiadores de cañerías, limpiadores de hornos, etc.

Derivados del petróleo: gasolina, cera para muebles, queroseno, aceite, líquido para encendedores, etc.

accidental, cerciórese de que no se repita. Conserve los venenos fuera del alcance de los niños. Arroje los medicamentos viejos por el caño.

Qué esperar en el consultorio

Un envenenamiento importante se trata mejor en una sala de urgencias. El tratamiento del paciente consciente depende del veneno en cuestión y si se ha conseguido o no un vómito eficaz. De estar indicado, se evacuará el estómago mediante vómitos o el empleo de una bomba gástrica. Los pacientes que están inconscientes y han ingerido un fuerte ácido o álcali necesitarán hospitalización. Para aquellos que no ingresan en el hospital, la observación en casa es importante.

D Lesiones frecuentes

2 Cortaduras (laceraciones)

La mayoría de las cortaduras afecta sólo la piel y el tejido adiposo subyacente. Por lo general, cicatrizan sin causar ningún daño definitivo. Sin embargo, cualquier lesión que comprometa las estructuras internas, por ejemplo músculos, tendones, vasos sanguíneos, ligamentos o nervios, plantea la posibilidad de un daño permanente. Su médico puede reducir esta posibilidad.

Puede resultarle difícil determinar si se han dañado vasos sanguíneos, nervios o tendones importantes. La hemorragia que no se puede contener con presión, el entumecimiento o debilidad en la parte más externa de la extremidad donde se produjo la herida o la incapacidad para mover normalmente los dedos de las manos o de los pies requieren un examen por el médico.

Los signos de infección —como pus que emana de la herida, fiebre, enrojecimiento e inflamación extensos— no aparecerán por lo menos en 24 horas. Las bacterias necesitan tiempo para crecer y proliferar. Si aparecen los signos aquí mencionados, es preciso que consulte a su médico.

La colocación de puntos de sutura en las laceraciones ha llegado a convertirse en un rito en nuestra sociedad. El único objeto de suturar una herida es mantener unidos sus bordes para acelerar la regeneración y minimizar el tejido cicatricial. Si es posible mantener juntos los bordes de una herida por sí solos, no se recomienda aplicar puntos de sutura, pues, hasta cierto punto, lesionan los tejidos.

Acuda a su médico si fue imposible mantener unidos los bordes de la herida, si aparecen signos de infección o si la cortadura no muestra una cicatrización adecuada en espacio de dos semanas. Las suturas deben aplicarse en las primeras ocho horas siguientes a la lesión, porque los gérmenes comienzan a crecer en la herida y pueden quedar atrapados bajo la piel, causando ulceraciones.

Una cortadura en la cara, el pecho, el abdomen o la espalda es potencialmente más grave que en las piernas o los brazos (extremidades). Las cortaduras en el tronco o en la cara deben someterse al reconocimiento de un médico, a menos que la lesión sea muy pequeña o superficial. Un telefonema al consultorio del médico lo ayudará a decidir si es preciso trasladarse hacia allá.

Las lesiones faciales en un niño de corta edad que babea suelen estar demasiado húmedas para tratarlas con vendajes, por lo que de manera habitual se necesita la asistencia del médico. Debido a que puede quedar una deformidad, todas las lesiones faciales, salvo las muy pequeñas, deben tratarse profesionalmente. Los puntos de sutura suelen ser necesarios en niños de corta edad que pueden arrancarse las curaciones, o en zonas sometidas a mucho movimiento, como los dedos de las manos y las articulaciones. Las cortaduras en las palmas de las manos que se infectan pueden ser difíciles de tratar, por lo que usted no debe intentar atenderlas en casa a menos que sean superficiales.

Tratamiento casero

Asee la herida; basta usar agua y jabón, pero con vigor. También se puede emplear agua oxigenada (3 %). Cerciórese de que en la herida no permanezcan impurezas, partículas de vidrio ni algún otro cuerpo extraño. Los antisépticos como Mercurochrome y Merthiolate suelen ser de poca utilidad y algunos producen ardor. El yodo destruye los gérmenes, pero no es realmente necesario y lastima mucho. (Betadine es un compuesto de yodo modificado que no causa dolor pero es costoso.)

Los bordes de una cortadura simétrica y pequeña con frecuencia se pueden mantener unidos con vendajes en forma de mariposa o, de preferencia, con cinta de papel estéril. Aplique uno u otro de estos vendajes de

¿Existe la posibilidad de daño en vasos sanguíneos o nervios?

¿Tiene fiebre, pus, irritación generalizada o inflamación en la herida?

→ **sí** → **LLAME AL MEDICO CON URGENCIA**

↓ no

¿Es posible unir con facilidad los bordes de la herida?

→ **no** → **VEA AL MEDICO CON URGENCIA**

↓ sí

¿La cortadura es superficial (sólo piel) y está localizada en las extremidades, en la cabeza o debajo del mentón?

→ **no** → **VEA AL MEDICO CON URGENCIA**

↓ sí

APLIQUE EL TRATAMIENTO CASERO

Consulte **Vacuna antitetánica** (problema 6).

manera que los bordes de la herida se unan sin «doblarse hacia abajo».

Acuda a su médico si no es posible mantener unidos los bordes de la herida, si surgen signos de infección (pus, fiebre, amplias zonas de enrojecimiento e inflamación) o si la lesión no ha comenzado a cicatrizar en espacio de dos semanas.

Extracción de los puntos

El médico le indicará cuándo deben retirarse los puntos de sutura. A menos que haya otro motivo para volver al consultorio, usted mismo puede realizar esta sencilla maniobra. Primero, levante con delicadeza el punto tirando de un extremo libre del nudo; pueden servirle unas pinzas finas como las utilizadas para depilar las cejas. En ocasiones, para lograr esto es necesario remojar la costra para desprenderla. A continuación, corte el punto en el sitio más cercano a la piel y extráigalo Unas tijeras pequeñas y bien afiladas o un cortauñas pueden serle útiles. Es importante cortar la sutura muy cerca de la piel a fin de que sólo pase a través del tejido la cantidad

mínima de la sutura que estuvo expuesta al aire. Así se reduce la probabiiidad de contaminación e infección.

Qué esperar en el consultorio

El médico aseará y explorará la herida minuciosamente, para comprobar que en ella no quedan partículas de algún cuerpo extraño y que estén intactos los vasos sanguíneos, nervios y tendones. Quizá emplee un anestésico para insensibilizar la zona. Usted debe saber si es alérgico a la lidocaína (Xylocaine) u otro anestésico local; informe al médico sobre la posibilidad de cualquier alergia. Su médico determinará la necesidad, si la hubiere, de aplicar la vacuna antitetánica y si procede administrar un antibiótico (generalmente no ocurre así). Entre las laceraciones que pueden requerir un cirujano especialista están las que afectan los tendones o los vasos sanguíneos mayores, sobre todo cuando la lesión ha ocurrido en una mano. Las cortaduras faciales también exigen la intervención de un especialista, si parece difícil lograr un resultado cosmético satisfactorio

119

3 Heridas por punción

Las heridas por punción son las causadas por clavos, alfileres, tachuelas u otros objetos puntiagudos. La consideración más importante es determinar si procede o no la vacunación antitetánica. Para ello, consulte **Vacuna antitetánica** (problema 6). Ocasionalmente, hay heridas por punción que precisan de asistencia médica adicional.

En su mayoría, las heridas por punción ocurren en las extremidades, en especial en los pies. Si se localizan en la cabeza, abdomen o pecho, puede haber también una lesión interna. A menos que una herida en cualquiera de estas zonas sea de poca importancia, es preciso que consulte a su médico.

Estas lesiones rara vez afectan un tendón, nervio o vaso sanguíneo importante, pero cuando esto ocurre pueden ser graves. La lesión de una arteria suele manifestarse por sangre que mana a borbotones de la herida; la lesión producida en un nervio origina entumecimiento o cosquilleo en la extremidad, en tanto que la herida en tendón dificulta el movimiento de la extremidad (casi siempre, dedos de manos o pies). Las lesiones graves de este tipo rara vez se deben a un objeto muy fino, como una aguja, y es factible que las origine un clavo, un picahielo u otro instrumento mayor.

Para prevenir la infección, es preciso tener la absoluta certeza de que en la herida no permanece alojado ningún cuerpo extraño. A veces, por ejemplo, cuando uno se clava una aguja, ésta se rompe y queda un fragmento en los tejidos. En caso de que surja la menor sospecha de tener un cuerpo extraño alojado en la herida, es preciso que la examine el médico.

Los signos de infección no aparecen inmediatamente después de producirse la herida; demoran cuando menos unas 24 horas. La aparición de pus, fiebre, inflamación y enrojecimiento graves son indicaciones de que su médico debe examinar la herida.

Muchos médicos opinan que, de no ser muy leves, las heridas por punción en la mano, siempre deben tratarse con antibióticos. Una vez establecidas, las infecciones profundas de la mano son difíciles de tratar y pueden conducir a pérdida de la función. Comuníquese con su médico si ha ocurrido una herida por punción en una mano.

Tratamiento casero

Asee la herida para prevenir cualquier infección. Déjela sangrar lo más posible para que se desalojen las impurezas, pues resulta imposible asear el interior de la herida. No aplique presión para contener la hemorragia, salvo en caso de que sea muy abundante y la sangre mane a borbotones, en forma de bombeo. La herida debe lavarse perfectamente con agua tibia y jabón, y examinarse lo más minuciosamente posible para descartar la posibilidad de que quede algún cuerpo extraño. También se puede lavar la herida con agua oxigenada (3 %).

Remoje la lesión en agua tibia varias veces al día, por espacio de cuatro o cinco días; esto tiene la finalidad de mantener abierta la herida el mayor tiempo posible y permitir la salida de cualquier germen o residuo. Si se deja cerrar la herida, puede producirse una infección bajo la piel sin manifestarse en varios días. Consulte **Vacuna antitetánica** (problema 6).

Acuda a su médico si hay signos de infección o si la herida no ha cicatrizado en espacio de dos semanas.

Qué esperar en el consultorio

El médico contestará las preguntas que aparecen en el diagrama de la página siguiente por medio de la historia clínica y el reconocimiento físico; de ser necesario, explorará quirúrgicamente la herida. En la mayoría de los casos, durante varios días observará si la herida presenta alguna reacción a un cuerpo extraño. De sospecharse la presencia de una partícula de metal, quizá recomiende una radiografía. Esté preparado

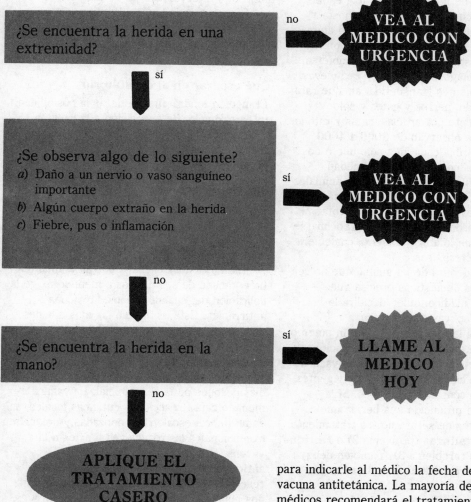

¿Se encuentra la herida en una extremidad?

no → **VEA AL MEDICO CON URGENCIA**

sí

¿Se observa algo de lo siguiente?
a) Daño a un nervio o vaso sanguíneo importante
b) Algún cuerpo extraño en la herida
c) Fiebre, pus o inflamación

sí → **VEA AL MEDICO CON URGENCIA**

no

¿Se encuentra la herida en la mano?

sí → **LLAME AL MEDICO HOY**

no

APLIQUE EL TRATAMIENTO CASERO

Consulte **Vacuna antitetánica** (problema 6).

para indicarle al médico la fecha de su última vacuna antitetánica. La mayoría de los médicos recomendará el tratamiento casero, y pocas veces sugerirá el empleo de antibióticos. En las heridas por punción debidas a municiones menudas, quizá se deje el proyectil en la piel. Ocasionalmente, una astilla de vidrio o de madera puede dejarse en la herida durante un breve lapso con el fin de darle al organismo el tiempo suficiente para que las desplace a la superficie.

121

4 Mordeduras de animales

La posibilidad de infectarse de rabia es la principal preocupación que se manifiesta después de sufrir la mordedura de un animal. Los principales portadores de rabia son los animales silvestres, en especial las mofetas, zorros, murciélagos, mapaches y zarigüeyas. La rabia también es transmitida, aunque rara vez, por ganado, perros y gatos y sólo excepcionalmente por ardillas, ratas y ratones. Aun cuando se observan de 3000 a 4000 animales con rabia cada año, sólo uno o dos seres humanos contraen la enfermedad anualmente en Estados Unidos. Los animales con rabia se comportan en forma extraña, atacan sin provocación y les suele brotar espuma por la boca. Usted debe preocuparse si el animal que lo atacó presenta cualquiera de estas características.

Toda mordedura de un animal que no sea perros o gatos domésticos precisa que consulte a su médico, quien decidirá la necesidad de aplicar o no la vacuna antirrábica. Si la mordedura es de un perro o un gato, si se encuentra bajo observación formal de parte de su dueño y si las vacunas del animal en cuestión permanecen vigentes, no es preciso consultar al médico. Si la mordedura ha producido una herida que requiera puntos de sutura u otro tratamiento, consulte **Cortaduras** (problema 2) o **Heridas por punción** (problema 3). También debe repasar la sección **Vacuna antitetánica** (problema 6).

Tratamiento casero

Desde luego, es improbable que tenga rabia el animal cuyas vacunas aún estén vigentes; no obstante, conviene procurar que el animal sea observado durante los 15 días siguientes para cerciorarse de que no tenga rabia. Casi siempre uno puede confiar en que los dueños del animal lo observarán debidamente, pero si no es así, deberá someterse a la observación de las autoridades competentes de la localidad. En muchas comunidades se exige informar al departamento de salud pública sobre cualquier mordedura por animales. En caso de que durante el período de observación el animal presente rabia, la situación es grave y exige la inmediata intervención de un médico.

En cuanto a la herida, lávela con agua y jabón. Trate las mordeduras como si fueran cortaduras o heridas por punción, según su apariencia.

Qué esperar en el consultorio

El médico tendrá que ponderar la posibilidad, tal vez remota, de exposición a la rabia y compararla con el riesgo que plantea la vacuna o el suero antirrábico. Un ataque no provocado de un animal silvestre o la mordedura de otro animal que parece tener rabia tal vez requiera tanto la vacuna como el suero antirrábicos. La magnitud y la localización de las heridas también pueden influir en esta decisión; las heridas graves de la cabeza son las más peligrosas.

La mordedura causada por un animal que ha escapado de sus dueños a menudo exige la aplicación de, cuando menos, la vacuna antirrábica. Esta es una de las más difíciles decisiones en la práctica médica. La vacuna antirrábica se administra en inyecciones diarias durante 14 a 21 días consecutivos, seguidas por inyecciones de refuerzo 10 a 20 días después de la serie inicial. La vacuna a menudo causa reacciones cutáneas locales, así como fiebre, escalofríos, punzadas y dolor. Son excepcionales las reacciones fuertes a la vacuna. Desgraciadamente, el suero antirrábico entraña un alto riesgo de reacciones graves. El suero se administra de dos maneras: directamente en la herida y en inyecciones intramusculares.

Muchos médicos administran la vacuna antitetánica si el paciente no está al día en ello, porque la mordedura de un animal puede (en raras ocasiones) introducir bacterias de tétanos en el organismo. No deje de comprobar cuándo recibió la última vacuna antitetánica.

Mordeduras de animales   4

¿La mordedura es de perro o gato vacunados contra la rabia y que están en observación?

no →

LLAME AL MEDICO CON URGENCIA

sí ↓

¿La mordedura ha dejado una herida que puede requerir consulta médica?

sí → Consulte **Cortaduras** (problema 2) o **Heridas por punción** (problema 3).

no ↓

APLIQUE EL TRATAMIENTO CASERO

Consulte **Vacuna antitetánica** (problema 6).

5 Raspaduras y abrasiones

Las raspaduras y las abrasiones son heridas superficiales. Varias capas de piel pueden resultar desgarradas e incluso totalmente desprendidas, pero la lesión no penetra bajo la piel. Las abrasiones de ordinario se producen al caer de bruces sobre las manos, los codos o las rodillas, pero los aficionados a las patinetas y al ciclismo pueden ocasionarse abrasiones en prácticamente cualquier parte del cuerpo. Como las abrasiones exponen millones de terminaciones nerviosas, que sin excepción trasmiten impulsos de dolor al cerebro, son por lo regular más dolorosas que las cortaduras.

Tratamiento casero

Elimine todas las impurezas y cuerpos extraños. Lavar la herida con agua tibia y jabón es el paso más importante del tratamiento, aunque también puede utilizar agua oxigenada (3 %). La mayoría de las raspaduras forma costra con bastante rapidez; así es como la naturaleza protege la herida. El empleo de Mercurochrome, yodo y otros antisépticos es de escasa utilidad y suele resultar doloroso. En las heridas con sangrado persistente puede surgir la necesidad de emplear vendas adhesivas, pero deben retirarse lo más pronto posible a fin de permitir la exposición de la herida al aire y al sol.

Los colgajos de piel desprendida, si están limpios, pueden dejarse en su sitio para que ayuden a formar una protección natural, mas si presentan impurezas, es mejor extirparlos con cuidado, sirviéndose de tijeras pequeñas. (Si esta operación causa dolor, ¡deténgase!, ha comenzado a cortar un tejido vivo.) Observe si la herida muestra signos de infección —fiebre, pus o enrojecimiento e inflamación intensos— si bien no debe alarmarle el enrojecimiento de los bordes de la herida, que indica una cicatrización normal. La infección no será evidente en las primeras 24 horas; la fiebre puede indicar una infección grave. Durante los primeros minutos se puede tratar el dolor con una compresa helada envuelta en una bolsa de plástico o en una toalla, para aplicarla sobre la herida según sea necesario. El dolor más intenso cede bastante pronto y entonces puede administrarse aspirina o acetaminofén si es preciso.

Acuda a su médico si aparecen signos de infección o si la raspadura o abrasión no ha cicatrizado en el transcurso de dos semanas.

Qué esperar en el consultorio

El médico se cerciorará de que la herida esté libre de impurezas y de cuerpos extraños. A menudo se usarán agua y jabón así como agua oxigenada (3 %). Algunas veces se indica un anestésico local para atenuar el dolor que causa el aseo. En ocasiones se aplica un ungüento antibacteriano, como Neosporin o Bacitracin, después de lavar la herida. Betadine es un preparado de yodo que no causa dolor y que también se utiliza en forma ocasional. En las raspaduras simples no se necesita la vacuna antitetánica, pero si el paciente no tiene vigente esta inmunización, ésta es una buena oportunidad de ponerlo al día.

124

¿Puede limpiarse toda la suciedad y cuerpos extraños?

no → **VEA AL MEDICO CON URGENCIA**

sí ↓

¿Existen signos de infección, como fiebre, una bola en alguna parte de la herida o segregaciones de pus espesas y fétidas?

sí → **VEA AL MEDICO HOY**

no ↓

APLIQUE EL TRATAMIENTO CASERO

6 Vacuna antitetánica

Los pacientes a menudo acuden al consultorio o a la sala de urgencias sólo para recibir la vacuna antitetánica. A menudo la lesión producida es de poca importancia y sólo necesita un poco de agua y jabón. Si no requiere la vacuna, no es preciso consultar a su médico. El diagrama de la página siguiente ilustra los puntos esenciales de las recomendaciones actuales del servicio de salud pública de Estados Unidos (U.S. Public Health Service). Esta información puede evitarle a usted y a su familia varias visitas al consultorio.

A veces es difícil determinar si una herida está «limpia» y es «leve». Las ocasionadas por objetos filosos y aparentemente limpios, como cuchillos o navajas de rasurar, tienden a infectarse menos que aquellas donde han penetrado impurezas y cuerpos extraños. Las abrasiones y quemaduras leves no causan tétanos, cuyas bacterias no proliferan en presencia de aire; es preciso que la piel sufra una cortadura profunda o una herida por punción para que los gérmenes penetren en un nivel donde no llegue el aire.

Si a usted no se le ha aplicado nunca la serie básica de tres vacunas antitetánicas, debe acudir a un médico. A veces se recomienda otro tipo de protección contra el tétanos si no ha sido debidamente inmunizado. Esta inyección es de antitoxina tetánica, que se utiliza cuando la inmunización es incompleta y existe un alto riesgo de contraer la enfermedad. La antitoxina es más costosa, más molesta y puede producir una reacción alérgica con mayor facilidad que la vacuna antitetánica de refuerzo. Por tanto, es importante que mantenga un registro minucioso de sus inmunizaciones en las páginas finales de este libro y que tenga presente las fechas.

Durante las tres primeras vacunas antitetánicas (generalmente una serie de tres inyecciones administradas en la infancia), se consigue la inmunidad al tétanos en un lapso de tres semanas. A partir de entonces, la inmunidad declina lentamente durante un largo período. Después de cada vacunación de refuerzo, la inmunidad se restablece con mayor rapidez y persiste más tiempo. Si usted ha recibido la serie inicial de tres vacunas antitetánicas, su inmunidad por lo regular persiste no menos de 10 años después de cada dosis de refuerzo. Sin embargo, si ha sufrido una herida en la que hay impurezas bajo la piel y no está expuesta al aire, además de que en los últimos cinco años no ha recibido una vacuna antitetánica de refuerzo, se aconseja que se le aplique una, a fin de mantener su inmunidad en el nivel más alto posible.

La inmunización contra el tétanos es muy importante porque el germen es muy común y la enfermedad es muy grave. Cerciórese absolutamente de que cada uno de sus hijos haya recibido las tres vacunas básicas así como las dosis de refuerzo apropiadas. Como la inmunidad es muy prolongada, los adultos por lo regular no tienen problemas pese a los largos intervalos entre las vacunas de refuerzo, pero la inmunización de los niños debe mantenerse siempre al día.

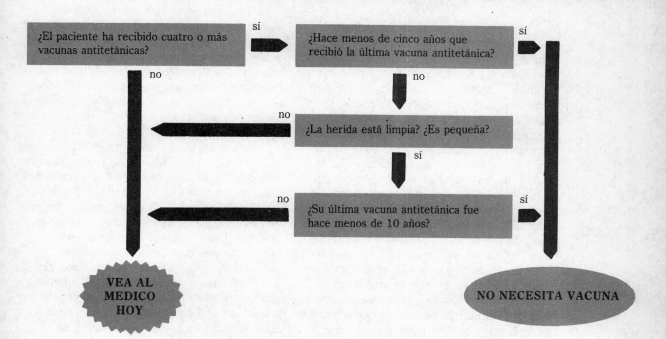

¿El paciente ha recibido cuatro o más vacunas antitetánicas?

sí

¿Hace menos de cinco años que recibió la última vacuna antitetánica?

sí

no

no

¿La herida está limpia? ¿Es pequeña?

no

sí

no

¿Su última vacuna antitetánica fue hace menos de 10 años?

sí

VEA AL MEDICO HOY

NO NECESITA VACUNA

127

7 ¿Hay un hueso roto?

Ni el paciente ni el médico pueden siempre saber a simple vista si hay o no un hueso roto. Hemos encontrado una fractura cuando no la esperábamos y no la hemos encontrado cuando teníamos la certeza de que se había roto un hueso. Por tanto, es indispensable una radiografía siempre que surja una sospecha razonable de que existe una fractura. El diagrama de la página siguiente es una guía para los casos de sospecha razonable. En la mayoría de las fracturas, los fragmentos óseos están alineados para su debida consolidación, de modo que no se requiere una rápida manipulación de los fragmentos. Si la parte lesionada se encuentra protegida y en reposo, no es perjudicial una demora de varios días antes de aplicar la férula o entablillado. Recuerde que ésta carece de propiedades curativas, y sólo impide que los fragmentos se desplacen durante el período de consolidación. Las fracturas posibles también se analizan en **Lesiones del tobillo** (problema 8), **Lesiones de la rodilla** (problema 9) y **Lesiones de la muñeca, codo y hombro** (problema 10).

Una fractura puede lesionar los nervios y arterias adyacentes. Si la extremidad se encuentra fría, azulada o dormida, ¡acuda al médico con urgencia! Las fracturas de la pelvis o el muslo son especialmente graves; haga que su médico revise cualquier lesión en estas zonas. Por fortuna, estas fracturas son relativamente raras salvo cuando interviene un fuerte impacto, como un accidente automovilístico. En estas situaciones es obvia la necesidad de auxilio inmediato. Para casos de lesiones de la cabeza, vea el problema 11.

Aun cuando las fracturas de costilla de manera habitual se diagnostican con rayos X, no está indicado algún tratamiento en particular, aparte de vendar y mantener en reposo las costillas afectadas. Si usted experimenta dificultad respiratoria asociada con una fractura de costilla, quizá haya habido una lesión pulmonar, por lo que se recomienda acudir al médico (véase problema 78).

Palidez, sudoración, mareo y sed intensa quizá indiquen la presencia de choque; es precisa una inmediata atención médica.

Una extremidad desviada es motivo evidente para detectar una fractura. El brazo doblado entre el codo y la muñeca o la pierna doblada en la pantorrilla claramente indican una fractura. Un dolor que impide usar una extremidad lesionada sugiere la necesidad de una radiografía. Las lesiones de tejidos blandos suelen permitir cierta función de la extremidad, aunque hay excepciones.

Aunque las contusiones grandes bajo la piel suelen deberse a una lesión de tejidos blandos, las contusiones ostensibles en una extremidad fracturada recomiendan visitar al médico.

El sentido común dice que en caso de un golpe fuerte hay mayor probabilidad de fractura. Los ejemplos más usuales son los accidentes automovilísticos, que suelen proporcionar la oportunidad, nada deseable, de presenciar los resultados de la aplicación de grandes fuerzas al cuerpo humano. El niño que cae de la rama de un árbol situada a siete metros de altura corre mayor riesgo de sufrir una fractura que el niño que tropieza y cae al suelo. La gravedad del accidente es un dato útil, pero algunos huesos se fracturan con una leve provocación.

Los huesos infantiles son tiernos y más flexibles que los de un adulto. En vez de sufrir fracturas completas, los huesos jóvenes se doblan o astillan como las ramas de un árbol joven, por lo que se les llama fracturas en tallo verde. Además, los huesos tiernos todavía están creciendo. Las placas de crecimiento de los huesos están en los extremos. Así pues, una lesión próxima a un extremo debe tratarse con mayor cautela; un daño en la placa de crecimiento puede perjudicar el desarrollo de la extremidad.

Tratamiento casero

Aplique compresas heladas. La inmediata aplicación de frío ayuda a reducir la inflamación. Si se sospecha una fractura, es

¿Existe cualquiera de las siguientes anomalías?
a) La extremidad está fría, azulada o dormida.
b) La fractura se localiza en la pelvis o en el muslo.
c) El sujeto está sudoroso, pálido, mareado o sediento.

sí → **VEA AL MEDICO CON URGENCIA**

no ↓

¿Está desviada la extremidad?

sí → **VEA AL MEDICO CON URGENCIA**

no ↓

¿La extremidad no se puede usar ni apoyar?

sí → **VEA AL MEDICO HOY**

no ↓

¿Hay una fuerte hemorragia o contusión en la zona? ¿La lesión es resultado de un golpe fuerte? ¿La posible fractura está cerca de la articulación?

sí → **VEA AL MEDICO HOY**

no ↓

APLIQUE EL TRATAMIENTO CASERO

preciso proteger la extremidad y mantenerla en reposo por lo menos 48 horas. Para que el hueso tenga un reposo efectivo, deben inmovilizarse las articulaciones arriba y abajo del hueso. Por ejemplo, si se sospecha la fractura del antebrazo, la férula debe impedir el movimiento de la muñeca y del codo. Para ello se pueden usar revistas, trozos de cartón grueso o rollos de periódico. El hueso no se debe envolver con demasiada firmeza, pues podría interrumpirse la circulación sanguínea. Durante este tiempo, la extremidad debe someterse a cuidadosas pruebas para determinar si persiste o no el dolor al movimiento y si se ha recuperado su función normal. La extremidad que no se puede usar en absoluto, probablemente está fracturada.

Un médico debe examinar cualquier lesión que produzca dolor después de 48 horas. Los minutos y las horas *no* son decisivos, a menos que la extremidad esté desviada o se hayan lesionado arterias o nervios. La extremidad debidamente protegida y descansada quizá disfrutará de un desenlace favorable, aunque tenga una fractura y se haya demorado la colocación de una férula. Para el dolor, puede administrarse aspirina o acetominofén.

Qué esperar en el consultorio

Generalmente se necesitará una radiografía. En muchos consultorios y salas de urgencias, una enfermera o un asistente ordenará una placa, incluso antes de que el médico vea al paciente. En otras ocasiones, el médico examina la lesión antes de ordenar una radiografía. En raros casos, es posible tener la certeza relativa de que no se necesita una radiografía, según los datos obtenidos en la historia clínica y el examen físico. Una extremidad desviada necesita enderezarse, lo que a veces requiere anestesia general. En ciertas fracturas, como las del codo, hace falta la reconstrucción quirúrgica de los fragmentos para que se consoliden correctamente.

129

8 Lesiones del tobillo

Los ligamentos son tejidos que unen los huesos de una articulación para darle estabilidad durante su acción. Cuando el tobillo se tuerce en forma brusca, debe ceder el ligamento o el hueso. Cuando es el primero, puede extenderse (torcedura), desgarrarse en forma parcial (esguince) o totalmente (desgarre). Si los ligamentos no ceden se rompe uno de los huesos del tobillo (fractura).

Las torceduras, los esguinces e incluso algunas fracturas leves del tobillo se recuperan de modo satisfactorio con un tratamiento casero. Incluso algunos ligamentos desgarrados responden de modo favorable con poca atención médica; las intervenciones quirúrgicas para reconstruir estas lesiones son raras. En la práctica, sólo se indica la atención inmediata del médico cuando la lesión ha sido de la gravedad suficiente para ocasionar una clara fractura de los huesos del tobillo o el desgarre total de un ligamento. Un ligamento deforme con movimiento anormal indica lo anterior. Es más probable que se produzca una fractura por caídas desde una altura considerable o por un accidente de automóvil o de bicicleta, que cuando el tobillo se tuerce al caminar o al correr.

El esguince común de tobillo produce inflamación en torno a la protuberancia ósea de la cara externa del tobillo o a unos cinco centímetros por debajo y adelante de dicha protuberancia. El esguince común no requiere reposo prolongado, férula o entablillado ni rayos X. Salvo por deformaciones obvias del tobillo, que sugieren una fractura grave, debe instituirse cuanto antes el tratamiento casero. La detección de daño en los ligamentos puede ser difícil de lograr inmediatamente después de la lesión si se presenta una gran inflamación. Como es más fácil verificar un examen adecuado del pie una vez que haya disminuido ésta, y como no se produce daño al permitir el reposo de una fractura leve o un ligamento desgarrado, no urge consultar al médico.

El dolor «dice» lo que usted debe hacer (o no debe hacer) con una lesión de tobillo. Si le causa dolor, no lo haga. Si el dolor le impide por completo ponerse de pie al cabo de 24 horas del accidente, acuda a su médico. Si logra ciertos progresos pero el dolor todavía le dificulta sostener su peso corporal después de 72 horas, vea a su médico. La inflamación no es una guía fidedigna sobre lo que procede hacer con una lesión del tobillo. Los esguinces y desgarres suelen inflamarse pronto porque ocurre una hemorragia interna alrededor del tobillo. La piel se pondrá negra azulada en la región, a medida que el organismo descompone la sangre. El volumen de la inflamación no difiere entre esguinces, desgarres y fracturas. Las frecuentes fracturas conminutas del tobillo son variables y a menudo la inflamación es mucho menor que con un esguince. Recuerde estos datos básicos: el tratamiento casero es satisfactorio para todas las lesiones del tobillo excepto para algunas fracturas y roturas completas de ligamentos. Incluso en presencia de una fractura, si se protege y deja descansar el tobillo no se perjudica con dejar transcurrir algún tiempo para observarlo.

Tratamiento casero

Las siglas clave son RHP: reposo, hielo y protección. Ponga el tobillo en reposo y manténgalo elevado. Aplique hielo envuelto en una toalla sobre la zona lesionada y déjelo colocado allí durante no menos de 30 minutos. Si hay algún indicio de inflamación al cabo de la primera media hora, en las siguientes horas se deben programar períodos de descanso y de aplicación de hielo, de 15 y 30 minutos, respectivamente. Si el dolor cede por completo con el tobillo elevado, se puede hacer el intento, con cautela, de apoyar el cuerpo en el tobillo lesionado. Si esto produce dolor, no debe intentarse por espacio de 24 horas. Se puede aplicar calor, pero sólo después de este mismo lapso.

¿El tobillo está deformado o doblado de manera anormal?

sí → **VEA AL MEDICO CON URGENCIA**

no ↓

¿El dolor ha impedido apoyar el tobillo en un lapso mayor de 24 horas?

sí → **VEA AL MEDICO HOY**

no ↓

¿El dolor ha dificultado el apoyo del tobillo después de 72 horas?

sí → **VEA AL MEDICO HOY**

no ↓

APLIQUE EL TRATAMIENTO CASERO

Se puede usar una venda elástica, pero no impedirá una nueva lesión si se reanudan las actividades normales. Al colocar la venda no la estire, para que no quede demasiado apretada y entorpezca la circulación de la sangre. En los niños no se recomienda el vendaje, pues si se hace de manera incorrecta puede interrumpir la circulación del pie. El tobillo debe sentirse relativamente normal en unos 10 días. Esté sobre aviso, sin embargo, que la recuperación completa no se producirá antes de cuatro a seis semanas. Si durante este lapso el sujeto se dedicará a una actividad intensa, por ejemplo un deporte organizado, alguien con experencia deberá vendarle el tobillo.

Qué esperar en el consultorio

El médico observará los movimientos del tobillo para comprobar si son anormales y tal vez tome una radiografía. Si no hay fractura, es probable que recomiende continuar el tratamiento casero, así como si observa una ligera para fractura conminuta. En otras fracturas, se necesitará una férula o entablillado y, en raras ocasiones, una intervención quirúrgica para acomodar debidamente los huesos. Según la naturaleza de la lesión del ligamento, tal vez se requiera una operación para reparar por completo la rotura del ligamento.

131

9 Lesiones de la rodilla

Los ligamentos de la rodilla pueden extenderse (torcedura), desgarrarse parcialmente (esguince) o romperse por completo (desgarre). A diferencia del tobillo, los ligamentos rotos de la rodilla necesitan reconstrucción quirúrgica lo más pronto posible. Si se aplaza la cirugía, la operación resulta más difícil y con menor probabilidad de éxito. Por esta razón, la forma de ver las lesiones de la rodilla es más cautelosa que la de las lesiones de tobillo. Si existe la menor posibilidad de la rotura de un ligamento, acuda al médico. Las fracturas en esta zona de la rodilla son menos frecuentes que las de tobillo y requieren atención médica.

Las lesiones más graves de la rodilla de ordinario ocurren durante actividades deportivas, cuando es más probable que la rodilla experimente torsiones y contactos laterales, principales causas de las lesiones de ligamentos. (Las flexiones profundas de la rodilla extienden los ligamentos y pueden contribuir a las lesiones de la rodilla; estos movimientos deben practicarse con cautela, si acaso no pueden evitarse.) Se producen lesiones graves de la rodilla cuando la pierna está apoyada firmemente en el suelo y la rodilla recibe un golpe lateral. Si el pie no puede ceder, lo hará la rodilla. En los deportes no hay manera de evitar por completo esta posibilidad. El uso de tacos y clavos más pequeños en las suelas de los zapatos puede ser conveniente, pero los soportes y las vendas elásticas en las rodillas prácticamente no ofrecen ninguna protección.

Cuando la rotura de los ligamentos es completa, se puede mover de lado a lado la pantorrilla cuando se mantiene derecha la pierna. Compare la rodilla lesionada con la otra para darse una idea del grado normal de este tipo de movimiento. El examen que haga no será tan hábil como el de un médico, pero si a usted le parece que el desplazamiento puede ser anormalmente relajado, acuda al consultorio. Si se ha roto el cartílago del interior de la rodilla, su desplazamiento normal puede quedar bloqueado, haciendo imposible enderezar la pierna. Aun cuando la rotura del cartílago no requiere cirugía inmediata, sí merece atención médica oportuna. La intensidad del dolor y el volumen de la inflamación no indican la gravedad de la lesión. Son más importantes la posibilidad de apoyar la pierna, de mover la rodilla en toda la amplitud normal de su desplazamiento y la estabilidad de la rodilla al sacudir la pierna. Por lo común, las torceduras y los esguinces producen dolor al momento, que persiste horas e incluso días después del percance. Suele sobrevenir inflamación gradualmente durante varias horas, pero puede alcanzar proporciones considerables. Cuando el ligamento se encuentra totalmente roto, se presenta dolor intenso de inmediato, el cual cede hasta que la rodilla pueda molestar poco o incluso nada por momentos. Por lo regular, hay una hemorragia considerable en los tejidos situados alrededor de la articulación al romperse un ligamento, de modo que la inflamación se presenta pronto y alcanza un volumen imponente. La mejor política cuando se piensa en una posible lesión de ligamento consiste en evitar cualquier actividad vigorosa hasta haberse aclarado si se trata de una torcedura o un esguince de menor magnitud. El tratamiento casero sólo procede en casos de torceduras y esguinces menores.

Tratamiento casero

Una vez más las siglas clave con RHP: reposo, hielo y protección. Deje descansar la rodilla y colóquela en posición elevada. Aplique una compresa de hielo durante no menos de 30 minutos para reducir la inflamación. Si ésta y el dolor son algo más que leves, pese al hecho de que la rodilla se haya tratado de inmediato con reposo y hielo, acuda al médico. De lo contrario, aplique el hielo durante 30 minutos y retírelo por espacio de 15, una y otra vez durante varias horas. Se puede intentar que el

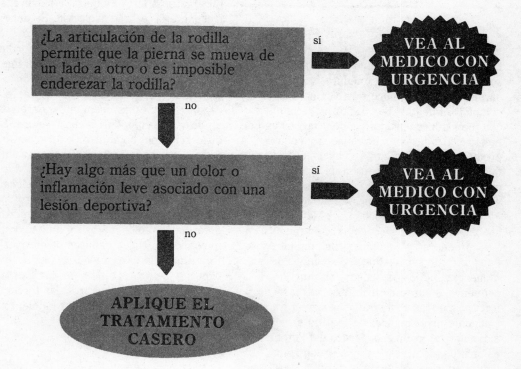

¿La articulación de la rodilla permite que la pierna se mueva de un lado a otro o es imposible enderezar la rodilla?   **sí** → **VEA AL MEDICO CON URGENCIA**

no

¿Hay algo más que un dolor o inflamación leve asociado con una lesión deportiva?   **sí** → **VEA AL MEDICO CON URGENCIA**

no

APLIQUE EL TRATAMIENTO CASERO

paciente apoye la pierna un poco durante este lapso, pero observe con detenimiento si esto produce un aumento de la inflamación y el dolor. Después de 24 horas se puede aplicar calor. Entonces la rodilla debe verse y sentirse relativamente normal, lo que sin duda debería ser el caso al cabo de 72 horas. Sin embargo, recuerde que una torcedura o esguince no sana por completo en menos de cuatro a seis semanas y que requiere protección durante este período. Las vendas elásticas no porporcionan el soporte adecuado, aunque atenuarán algo los síntomas y recordarán al paciente que debe tener cuidado con su rodilla.

Qué esperar en el consultorio

Se examinarán la amplitud de movimientos de la rodilla y su estabilidad lateral, con intentos de desplazarla de un lado a otro. Si la rodilla presenta una inflamación masiva, quizá se le practique una punción para extraerle sangre. Los ligamentos rotos requieren reconstrucción quirúrgica. Se pueden tomar radiografías, pero no siempre son útiles. Se aconsejará el tratamiento casero si las lesiones parecen leves. A veces, aunque no siempre, se puede recurrir a un analgésico.

10 Lesiones de la muñeca, codo y hombro

Los ligamentos de estas articulaciones pueden sufrir una distensión (torcedura) y un desgarre parcial (esguince), pero rara vez un desgarre completo. Puede haber fracturas de muñeca, con menos frecuencia de codo y menos aún de hombro. Las lesiones de muñeca y codo se producen generalmente en caídas, cuando el peso del cuerpo se apoya en un brazo extendido. Las lesiones del hombro casi siempre se deben a golpes directos.

De estas tres articulaciones, la que se lesiona con mayor frecuencia es la muñeca. Las torceduras y esguinces son comunes y se pueden fracturar los huesos pequeños de la muñeca; como estos huesos son muy pequeños, suele ser difícil observar las fracturas en las radiografías. La fractura más frecuente de la muñeca se localiza en los extremos de los huesos largos del antebrazo y es fácil de identificar porque produce un doblez anormal cerca de la muñeca. Los médicos la llaman «deformidad en forma de tenedor».

El «codo de tenista» es la lesión más frecuente de dicha articulación; si cree que ése es su problema consulte **Dolor de codo** (problema 65). Otras lesiones son mucho menos frecuentes y por lo regular consecuencia de caídas, accidentes automovilísticos o deportes de contacto. Un problema común en los niños menores de cinco años es una dislocación menor a causa de que se les tira del brazo (véase Robert Pantell, James Fries y Donald Vickery, *Taking Care of Your Child,* edición revisada, Reading, Mass. Addison-Wesley Publishing Co., 1985).

La clavícula es un hueso que a menudo se fractura; por fortuna, tiene una notable capacidad de restauración. Es común la incapacidad de levantar el brazo del lado lesionado; también pueden parecer desnivelados los hombros. El único tratamiento necesario es la aplicación de vendaje.

La separación del hombro que seguido se observa en atletas es quizá la lesión más frecuente de esta articulación. Se debe a la distensión o desgarre del ligamento que une la clavícula a uno de los huesos que forman la articulación del hombro. Causa una ligera deformidad y una sensibilidad extrema donde termina la clavícula. Suele haber torceduras y esguinces de otros ligamentos, pero son raros un desgarre completo o una fractura. La dislocación del hombro no es frecuente fuera de las actividades deportivas, pero cuando ocurre lo mejor es tratarla pronto.

En resumen, las fracturas y dislocaciones graves deben recibir un tratamiento oportuno. Estas lesiones de manera habitual producen deformidad, dolor intenso y limitación de movimiento. No se dañarán otros tipos de fracturas si la extremidad lesionada se deja en reposo y se protege. Los desgarres completos de los ligamentos son raros; las torceduras y los esguinces sanan con el tratamiento casero.

Tratamiento casero

Las siglas clave son RHP: reposo, hielo y protección. Deje descansar el brazo y aplíquele hielo envuelto en una toalla durante no menos de 30 minutos. Si al cabo de este lapso han desaparecido el dolor y la inflamación, se puede suspender el tratamiento con hielo. Un cabestrillo para las lesiones del hombro y el codo, y una férula o entablillado parcial para las de la muñeca proporcionarán reposo y protección a las lesiones, a la vez que permitirán que el paciente se desplace. Si hay inflamación a lo largo de las primeras ocho horas, continúe una y otra vez el tratamiento con hielo durante 30 minutos, con intervalos de 15 minutos de descanso. Después de 24 horas se puede aplicar calor. La articulación lesionada debe poderse utilizar con cierta molestia en espacio de 24 horas, pero debe

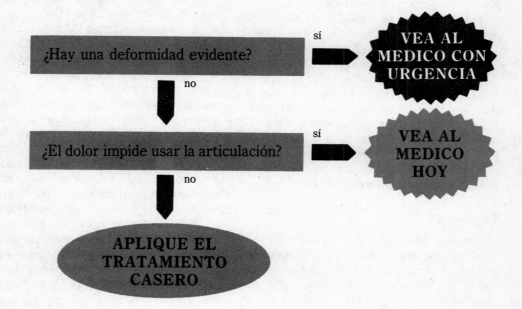

¿Hay una deformidad evidente? — **sí** → **VEA AL MEDICO CON URGENCIA**

no

¿El dolor impide usar la articulación? — **sí** → **VEA AL MEDICO HOY**

no

APLIQUE EL TRATAMIENTO CASERO

estar casi normal al cabo de 72 horas; de lo contrario, acuda a su médico. La curación completa toma de cuatro a seis semanas y durante este período deben evitarse las actividades que entrañen riesgo de otra lesión.

Qué esperar en el consultorio

Se llevará a cabo un examen físico, a veces seguido por radiografías. La fractura de un hueso quizá precise una férula, y tal vez el médico le haga un cabestrillo. En ocasiones se administra un analgésico enérgico, pero la aspirina o el acetaminofén son más o menos de igual eficacia pero menos peligrosos. Ciertas fracturas, especialmente las próximas al codo, pueden requerir cirugía.

135

11 Lesiones de la cabeza

Las lesiones de la cabeza pueden ser peligrosas, pero pocas constituyen problemas graves. La preocupación principal en una lesión de la cabeza en la cual el cráneo no está clara y evidentemente dañado, es que haya ocurrido una hemorragia intracraneal. La acumulación de sangre dentro del cráneo a la larga puede ejercer presión contra el cerebro y dañarlo. Por fortuna, el valioso contenido de la cabeza se encuentra muy bien amortiguado. El recurso más útil en el diagnóstico de lesiones graves de la cabeza es la observación. Lo mismo se puede hacer en el hogar que en el hospital; ambas opciones entrañan cierto riesgo, de modo que se deja al criterio propio.

Tratamiento casero

Un poco de hielo aplicado en la zona contusa puede reducir la inflamación, pero a menudo, de todas maneras, se forman «chichones»; su tamaño no indica la gravedad de la lesión.

El período inicial de observación es definitivo. La hemorragia intracraneal puede ser rápida en las primeras 24 horas y continuar hasta 72 horas e incluso más tiempo. La hemorragia lenta, o *hematoma subdural*, puede producir dolor de cabeza crónico, vómitos persistentes o cambios de personalidad varios meses después de la lesión.

Revise al paciente cada dos horas durante el primer período de 24 horas, cada cuatro horas durante el segundo período de la misma duración y cada ocho durante el tercero. Esté pendiente de lo indicado a continuación:

Conciencia El letargo progresivo, la apatía y el sueño *anormalmente* profundo pueden ser precursores del coma. El paciente con lesión grave *no* despierta con facilidad.

Pupilas asimétricas Esta anomalía *puede* deberse a un aumento de la presión interna.

Alrededor del 25 % de la población tiene pupilas asimétricas todo el tiempo. Si las pupilas se tornan de diferente tamaño *después* de la lesión, entonces sí es un signo grave.

Vómito intenso Los vómitos pueden ser tan violentos que se proyectan a más de un metro de distancia. Si son abundantes y repetidos, acuda al médico.

Una típica lesión leve de la cabeza a menudo ocurre cuando un niño se cae de un árbol o de una mesa y se golpea la cabeza; en forma instantánea se le forma un chichón. El niño permanece consciente, aunque de pronto aturdido; durante unos minutos puede estar inconsolable y vomitar una o dos veces en las primeras dos horas. Tal vez se observe cierta somnolencia debida a la excitación; quizá duerma una siesta, pero se le puede despertar fácilmente. No hay aumento de tamaño de ninguna de las dos pupilas y deja de vomitar en poco tiempo. En espacio de ocho horas, el niño se ha normalizado, salvo por la presencia del sensible y a menudo prominente chichón.

En una lesión más grave de la cabeza, los síntomas aparecen menos pronto; con frecuencia se presentan al mismo tiempo dos o varios de los signos alarmantes. El paciente permanece en letargo y es difícil despertarlo. Puede agrandarse una pupila. El vómito suele ocurrir en forma violenta, repetida y cada vez más intensa.

Un signo crítico de las complicaciones graves aparece un minuto y desaparece el siguiente. Sin embargo, en caso de cualquier duda, comuníquese con su médico.

Como la mayoría de los accidentes ocurren al anochecer, casi siempre los pacientes estarán dormidos varias horas después del percance; si está usted preocupado, puede vigilarlos de manera periódica para tomarles el pulso, examinar sus pupilas y comprobar si es fácil despertarlos. En caso de golpes de menor importancia, puede omitirse la vigilancia nocturna.

Qué esperar en el consultorio

No es posible realizar con gran exactitud el diagnóstico de una hemorragia intracraneal.

¿Ha ocurrido cualquiera de estas anomalías?

a) Inconsciencia
b) El paciente no recuerda la lesión
c) Ataques

sí

no

¿Se observa cualquiera de estas anomalías?

a) Problemas visuales
b) Hemorragias de los ojos, oídos o boca
c) Ojos morados o hematomas detrás de las orejas
d) Cambio de conducta (sueño, irritabilidad, letargo)
e) Secreción nasal
f) Vómitos persistentes
g) Respiración o frecuencia cardiaca irregulares

sí

no

¿Hay alguna cortadura?   sí

Consulte **Cortaduras** (problema 2).

no

APLIQUE EL TRATAMIENTO CASERO

Las radiografías de la cabeza rara vez son útiles, salvo para la detección de un fragmento de hueso que se haya insertado en la masa encefálica, pero esta situación no es frecuente. Puede ser útil una tomografía por computador, pero es costosa y tal vez pase por alto pequeñas acumulaciones de sangre. En las lesiones graves, a veces pueden ser necesarias algunas radiografías del cuello. El médico pedirá una descripción pormenorizada del accidente, evaluará el aspecto general del paciente y en repetidas ocasiones le tomará el pulso y la presión arterial. Además, examinará la cabeza, ojos, oídos, garganta, cuello y sistema nervioso. El médico también revisará otros puntos con lesiones posibles, por ejemplo el pecho, el abdomen, los brazos y las piernas. Cuando una hemorragia intracraneal es probable pero no segura, quizá se hospitalice al paciente para someterlo a observación, en cuyo caso se revisarán periódicamente el pulso, las pupilas y la presión arterial durante el tiempo de observación. En pocas palabras, el médico observará y esperará, más o menos como nosotros lo haríamos en casa. Se evitará la administración de medicamentos, pues pueden enturbiar la situación.

137

12 Quemaduras

¿Cuán grave es una quemadura? Según su profundidad, las quemaduras se clasifican como de primero, segundo o tercer grado. Las de **primer grado** son superficiales y hacen que la piel se torne roja; el eritema solar casi siempre es una quemadura de primer grado. Las de **segundo grado** son más profundas y causan la separación de la piel en capas, así como ampulaciones; son de este tipo las escaldaduras por agua caliente o el eritema solar muy intenso con ampollas. Las quemaduras de **tercer grado** destruyen todas las capas de la piel y descienden a tejidos aún más profundos. Son *no* dolorosas porque destruyen las terminaciones nerviosas. Por lo regular, hay carbonización de los tejidos.

Las quemaduras de primer grado pueden causar dolor intenso, pero no constituyen un problema médico importante. Incluso cuando son extensas, rara vez ocasionan problemas a largo plazo y sólo excepcionalmente necesitan atención médica.

Las quemaduras de segundo grado también son dolorosas y, si además son extensas, pueden dar lugar a una grave pérdida de líquidos. Sin embargo, la formación de tejido cicatrizal es mínima y, por lo general, la infección no es un problema. De no ser extensas, las quemaduras de segundo grado pueden tratarse en casa. Cualquier quemadura de segundo grado que abarque un área mayor que la mano del paciente debe ser atendida por un médico. Además, cualquier quemadura de segundo grado que afecte la cara o las manos debe recibir asistencia profesional, pues puede provocar problemas cosméticos o pérdida de una función.

Las quemaduras de tercer grado dejan cicatrices ostensibles y suelen plantear problemas de infección y pérdida de líquidos. Cuanto más extensa sea la lesión, más difíciles resultan estos problemas. Todas las quemaduras de tercer grado necesitan ser atendidas por un médico, pues pueden producir cicatrices objetables e infecciones y a menudo precisan de injertos cutáneos.

Tratamiento casero

Aplique inmediatamente agua fría o hielo. Esto reduce la extensión del daño cutáneo debido a la quemadura y además mitiga el dolor. El frío debe aplicarse durante cinco minutos como mínimo y mantenerse hasta haber atenuado el dolor o transcurrido una hora, lo que ocurra primero. Tenga cuidado de no aplicar frío tanto tiempo que la zona quemada se entuma, porque ¡puede producir congelación! Si volviera el dolor, está indicada de nuevo la aplicación de frío, así como el empleo de aspirina o acetaminofén. No rompa las ampollas. Si se rompen solas, como suele suceder, deje que la piel permanezca en su sitio como un apósito húmedo. No se recomienda utilizar un anestésico local en forma de crema o aerosol porque pueden retardar la cicatrización, además de que algunos pacientes quizá desarrollen reacciones irritativas o alérgicas a estos productos. Cualquier quemadura que aún sea dolorosa después de 48 horas, debe ser atendida por un médico.

No use mantequilla, crema de leche ni ungüentos (como Vaseline). Pueden retrasar la cicatrización y promover una infección. Los antibióticos en forma de crema (como Neosporin y Bacitracin) no son ni útiles ni nocivos en el tratamiento de quemaduras leves, pero son productos caros.

Qué esperar en el consultorio

El médico establecerá la extensión y el grado de la quemadura y determinará la necesidad de antibióticos, hospitalización o injertos cutáneos. A menudo recomendará un ungüento antibacteriano y un apósito; éste deberá cambiarse con frecuencia, mientras se verifica si hay signos de infección en la quemadura. Las quemaduras extensas pueden requerir hospitalización y las de tercer grado tal vez a la larga incluso necesiten injertos cutáneos.

La quemadura de segundo grado,

a) ¿Está muy extendida?
b) ¿Está en la cara o manos?
¿Es una quemadura de tercer grado?

sí

VEA AL MEDICO CON URGENCIA

no

APLIQUE EL TRATAMIENTO CASERO

13 Heridas infectadas y envenenamiento de la sangre

«Envenenamiento de la sangre» no es un término médico actual. Hay la creencia popular de que las rayas rojas que ascienden por un brazo o una pierna a partir de una herida son envenenamiento de la sangre y que el paciente muere cuando las rayas llegan al corazón. De hecho, las rayas son sólo una inflamación de los conductos linfáticos que alejan impurezas de la herida; terminan al llegar a ganglios linfáticos localizados en una axila o una ingle y por sí mismas no denotan ninguna toxicidad de la sangre. Compruebe esto por teléfono con su médico si no está seguro.

Para un médico, el envenenamiento de la sangre significa una infección bacteriana en el torrente sanguíneo y se denomina *septicemia*. La fiebre es el mejor indicio de esta poco frecuente anomalía. Una herida local sólo debe producir un leve aumento de temperatura, a menos que se infecte. Si hay fiebre, consulte a su médico.

Una herida infectada de ordinario se ulcera bajo la piel y produce dolor e inflamación. La infección bacteriana requiere por lo menos un día para establecerse y casi siempre lo hace en dos o tres días. Por tanto, un incremento tardío del dolor o de la inflamación es un motivo legítimo de inquietud. Si la herida ulcerada estalla, emanará pus de ella. Esto es bueno y la herida por lo regular cicatrizará bien. De cualquier modo, lo anterior demuestra que hubo una infección y el médico deberá evaluar el cuadro, a menos que a todas luces sea de poca importancia.

No estaría de más una explicación de cómo cicatriza normalmente una herida. Primero, el organismo libera suero hacia la zona lesionada; éste es un líquido amarillento transparente que más tarde se convierte en costra. *A menudo el suero se confunde con pus, que es una sustancia espesa, caseosa, fétida y que no se observa nunca el primer día.* Segundo, la inflamación en torno a una herida es del todo normal. Con el fin de que sane una región, el organismo necesita eliminar desechos y aportar nuevos materiales. Por tanto, los bordes de la herida se tornan sonrosados o rojos y la superficie dañada puede estar caliente. Tercero, el sistema linfático participa de manera activa en la expulsión de los desechos, por lo que puede surgir dolor a lo largo de los conductos linfáticos o en los propios ganglios linfáticos, sin que la molestia denote la presencia de infección.

Tratamiento casero

Mantenga limpia la herida. Déjela expuesta al aire a menos que sea ofensiva a la vista o esté localizada en un punto donde pueda contaminarse con facilidad; de ocurrir esto, aplíquele un vendaje, pero cámbielo a diario. Remoje y asee la herida suavemente con agua tibia durante breves períodos, tres o cuatro veces al día, con el fin de eliminar impurezas y mantener blanda la costra. A los niños les gusta arrancarse las costras y muchas veces se producen otras, caso en el que resulta útil un vendaje. La más sencilla herida facial necesita de tres a cinco días para sanar; del pecho y los brazos, de cinco a nueve días, y de las piernas, de siete a doce. Las heridas mayores o aquellas que presentan un amplio espacio abierto deben cicatrizar sobre una zona, por lo que requieren períodos proporcionalmente mayores para sanar. Los niños tienen una cicatrización más rápida que los adultos. Si una herida no sana en el lapso previsto, llame a su médico.

Qué esperar en el consultorio

El médico examinará la herida y los ganglios linfáticos y tomará la temperatura del paciente. En ocasiones, ordenará cultivos de la sangre o de la herida y tal vez recete antibióticos. Si sospecha una infección bacteriana, procede a realizar los cultivos

¿La fiebre es de más de 37.5°C (99.6°F)?

sí → **VEA AL MEDICO HOY**

no ↓

¿A partir del segundo día, ha aumentado el dolor, el enrojecimiento o la inflamación de la herida?

sí → **VEA AL MEDICO HOY**

no ↓

¿La herida exuda pus espeso y fétido?

sí → **VEA AL MEDICO HOY**

no ↓

APLIQUE EL TRATAMIENTO CASERO

antes de prescribir antibióticos. Si la herida está ulcerada, tal vez se drene con una aguja o un escalpelo. Esta maniobra no es muy dolorosa y de hecho mitiga la molestia. En infecciones graves de la herida, puede necesitarse la hospitalización del paciente.

14 Picaduras de insectos

En su mayor parte las picaduras de insectos son triviales, pero algunas pueden causar reacciones locales o en los sistemas básicos del organismo. Las *reacciones locales* suelen ser molestas, pero no entrañan riesgo grave, en comparación con las *reacciones sistémicas*, que ocasionalmente pueden ser graves y precisan tratamiento de urgencia.

Hay tres tipos de reacciones sistémicas, siempre poco frecuentes. La más común es el ataque de asma, que causa dificultad respiratoria y tal vez jadeo audible. La urticaria o las erupciones cutáneas extensas que siguen a las picaduras de insectos son menos graves, pero indican que ha ocurrido una reacción y que podría sobrevenir otra más intensa si el paciente sufre una mordedura o picadura adicional. Muy rara vez hay desmayo o pérdida del conocimiento. Si el paciente ha quedado inconsciente, usted debe suponer que su estado se debe a una reacción alérgica, y esto es una emergencia. Si el paciente ha sufrido cualquiera de estas reacciones en el pasado, debe ser trasladado de inmediato a un servicio médico apenas sufra una mordedura o picadura.

Las picaduras de arañas ponzoñosas son muy poco frecuentes. La viuda negra hembra es la responsable de muchas de ellas; es de color negro lustroso, su cuerpo mide aproximadamente 1 cm de diámetro, sus patas tienen un alcance de unos 5 cm y ostenta en el abdomen una característica mancha roja en forma de reloj de arena. La araña viuda negra habita en leña apilada, cobertizos, sótanos y retretes apartados de las casas. Por lo general, la picadura no causa dolor y el primer signo es un dolor abdominal espasmódico. El vientre se torna duro como una tabla, a medida que se intensifican las oleadas de dolor. La respiración se dificulta y se acompaña de gruñidos. Pueden surgir náuseas, vómitos, dolor de cabeza, sudoración, contracciones, temblores y sensación de hormigueo en las manos. Quizá la picadura no sea prominente y quede eclipsada por la reacción sistémica. La araña reclusa parda, algo más pequeña que la viuda negra, tiene en el lomo una mancha en forma de violín; causa mordeduras dolorosas y reacciones locales graves, pero es menos peligrosa que la viuda negra.

Si la reacción local es intensa o está en formación una úlcera profunda, se debe consultar al médico por teléfono. Los niños suelen tener reacciones locales más graves que los adultos.

Las picaduras de garrapata son frecuentes. Este insecto habita en hierba alta o arbustos bajos y salta a los mamíferos que se le acercan, por ejemplo, venados o perros. En algunas localidades, las garrapatas pueden ser portadoras de la fiebre manchada de las Rocallosas, pero en su mayoría estas picaduras no se complican con enfermedades ulteriores; estos insectos se encuentran con regularidad en el cuero cabelludo. Consulte **Garrapatas y niguas** (problema 49).

Tratamiento casero

Aplique algo frío cuanto antes, como compresas frías o de hielo. Cualquier demora en aplicar estas compresas tiene como resultado una reacción local más enérgica. Pueden emplearse aspirina u otros analgésicos. Los antihistamínicos, como Clorotrimetón y Benadryl, por lo general son útiles para atenuar la comezón. Si la reacción es intensa o si el dolor no disminuye en 48 horas, consulte a su médico por teléfono.

Qué esperar en el consultorio

El médico lo preguntará qué clase de insecto o araña ocasionó la lesión y buscará signos de una reacción sistémica que, si se ha producido, requerirá una inyección de adrenalina. Con escasa frecuencia se indicarán medidas de apoyo para la respiración o la presión arterial; éstas requieren las instalaciones disponibles en una sala de urgencias o un hospital.

¿Con esta picadura o con picaduras anteriores ha habido alguno de los problemas siguientes?

a)   Jadeo
b)   Dificultad respiratoria
c)   Desmayos
d)   Urticaria o erupción cutánea
e)   Dolor abdominal

sí → **VEA AL MEDICO CON URGENCIA**

no ↓

¿La picadura es de araña viuda negra o de araña reclusa parda?

sí → **VEA AL MEDICO CON URGENCIA**

no ↓

¿Ha surgido una reacción local muy grave?

sí → **CONSULTE AL MEDICO POR TELEFONO**

no ↓

APLIQUE EL TRATAMIENTO CASERO

Si el problema es una reacción local, el médico examinará la herida en busca de necrosis o infección de los tejidos. Ocasionalmente se necesitará el drenaje quirúrgico de la herida. En otros casos, los analgésicos y los antihistamínicos quizá logren que el paciente se sienta más cómodo. Se aplican inyecciones de adrenalina cuando las reacciones locales son muy intensas.

Si se ha producido una reacción sistémica, quizá proceda aplicar inyecciones desensibilizadoras. Además, se ofrecen en el mercado estuches de emergencia para auxiliar a la persona con una alergia grave.

143

15 Anzuelos

El problema con los anzuelos es, por supuesto, el gancho. Si usted y su paciente son capaces de guardar la calma, podrá usted extraer el anzuelo, a menos que se encuentre en un ojo. (No se debe hacer ningún intento de extraer un anzuelo que se ha clavado en el globo ocular; esta es una tarea para el médico.) Necesitará contar con la paciencia y colaboración del sujeto a fin de evitar una visita al consultorio, lo cual, por otra parte, ofrece la ventaja de disponer de un anestésico local.

Tratamiento casero

Algunas veces el anzuelo habrá dado toda la vuelta, de modo que se encuentra justo por debajo de la piel. En este caso, la mejor técnica consiste tan solo en empujar el anzuelo para que atraviese la piel, cortarlo con pinzas para alambre exactamente detrás del gancho y extraerlo tirando de él en la dirección opuesta con la que entró.

En otras ocasiones, el anzuelo estará incrustado muy poco y se puede extraer sosteniendo con pinzas el tallo del anzuelo, empujándolo un poco hacia adelante para desalojar el gancho y luego sacarlo. Si el gancho no se encuentra cerca de la superficie o usted no dispone de pinzas ni alicates, use el método ilustrado en la página siguiente; el gancho por lo regular se extrae con rapidez y casi sin dolor. Primero se pasa un pequeño lazo a través de la curvatura del anzuelo de modo que, en el momento apropiado, se puede aplicar un rápido tirón y se saca el gancho en línea directa con el tallo del anzuelo.

a) Sosteniendo el tallo, empuje el anzuelo hacia adentro con cuidado y alejándolo del gancho, a fin de zafar éste. *b*) y *c*) Manteniendo constante esta presión para conservar el gancho libre, dé un rápido tirón al cedazo y el anzuelo saltará hacia afuera. Si no logra el resultado esperado, empuje el anzuelo en toda su extensión y haga salir la punta, de modo que el gancho se pueda cortar con alicates de la manera antes descrita. Sin embargo, esto puede ser un poco más doloroso; quizá no pueda tolerarlo un niño. Cerciórese de que el paciente esté al corriente en su inmunización antitetánica (véase **Vacuna antitetánica**, problema 6). Trate la herida en la forma descrita en **Heridas por punción** (problema 3) bajo el subtítulo **Tratamiento casero**. Si fracasan todos los intentos, una visita al médico debe resolver el problema. Un par de pinzas de electricista provistas de un borde para cortar alambre debe formar parte de sus avíos de pesca.

Qué esperar en el consultorio

El médico se servirá de uno de los tres métodos recién descritos para extraer el anzuelo. De ser necesario, la zona alrededor del anzuelo se infiltra con anestésico local antes de proceder a la extracción. A menudo la inyección del anestésico es más dolorosa que la maniobra en sí aun cuando se emplee anestesia.

Si el anzuelo está en un ojo, es probable que se necesite la asistencia de un oftalmólogo (especialista en ojos) y quizá se precise extirparlo en la sala de operaciones.

¿El anzuelo se encuentra en un ojo? sí → **VEA AL MEDICO CON URGENCIA**

no

APLIQUE EL TRATAMIENTO CASERO

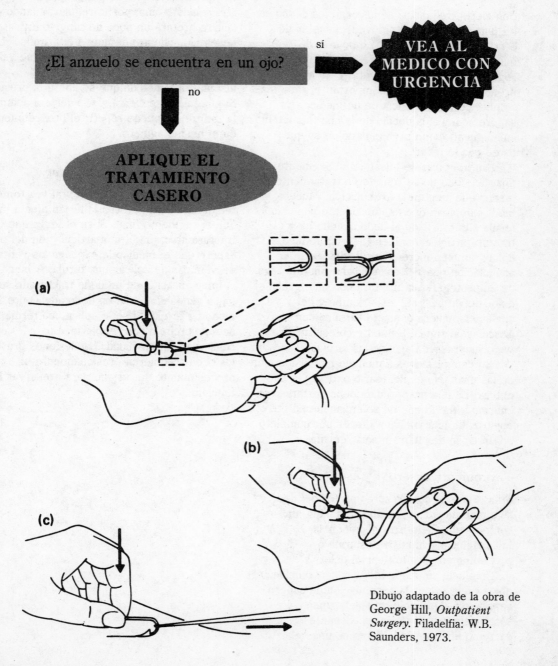

(a)

(b)

(c)

Dibujo adaptado de la obra de George Hill, *Outpatient Surgery*. Filadelfia: W.B. Saunders, 1973.

16 Dedos lesionados

Con cierta frecuencia se lesionan los dedos en las portezuelas de automóviles, gavetas de escritorios o con martillos o pelotas de béisbol. Si la lesión sólo afecta el último segmento del dedo (falangeta) y no ha producido una cortadura importante, rara vez se necesita la asistencia de un médico. La sangre acumulada debajo de la uña (hematoma subungueal) es un problema doloroso que usted puede tratar.

Las fracturas de hueso en el segmento final del dedo no se someten a tratamientos a menos que afecten la articulación. Muchos médicos opinan que es imprudente poner una férula o entablillado al dedo aunque haya fractura articular; si bien la férula reduce el dolor, también incremente la rigidez de la articulación una vez consolidada. Sin embargo, de no protegerse la fractura con una férula, el dolor puede persistir más tiempo y de cualquier manera el sujeto termina con una articulación rígida. Comente con su médico las ventajas y desventajas de las férulas.

En estas lesiones a menudo hay dislocación de las uñas. No es necesario extirpar la uña entera. La uña desprendida debe cortarse con cuidado a fin de que no se enganche en otros objetos. La uña vuelve a crecer por completo en un lapso de cuatro a seis semanas.

Tratamiento casero

Si la lesión no abarca otras partes del dedo y se puede mover con facilidad, aplique una compresa de hielo para disminuir la inflamación y administre aspirina o acetaminofén para mitigar el dolor.

A menudo se puede atenuar con sencillez el dolor causado por la acumulación de sangre bajo la uña. Desdoble un sujetapapeles y sosténgalo con unas pinzas. Caliente el extremo libre sobre la llama de una vela, empleando ambas manos para sostener firmemente las pinzas. Cuando la punta del alambre esté muy caliente, apóyelo en la uña y al fundir ésta la penetrará, dejando un pequeño agujero muy bien definido. No es necesario aplicar fuerte presión. Tome su tiempo; aleje el broche para observar si ya ha atravesado la uña; por lo regular, cuando esto ocurre brotará un poco de sangre. En caso necesario, caliente de nuevo el alambre. La sangre atrapada debajo de la uña tiene ya una salida a través del agujero y el dolor disminuirá a medida que se libere la presión. Si el agujero se cierra y se vuelve a acumular la sangre, se puede repetir el procedimiento en el mismo agujero.

Qué esperar en el consultorio

El médico examinará el dedo; tal vez tome una radiografía si al parecer la lesión afecta más que el segmento final. Si se observa que una fractura afecta la última articulación del dedo, espere que el médico le exponga las ventajas y desventajas de aplicar una férula. A menudo, la inmovilización de un dedo fracturado se logra vendándolo con un dedo adyacente, a modo de férula. Si se le aplica una férula al dedo, ejercítelo con regularidad para conservar su movilidad. Las lesiones graves de los dedos requieren ocasionalmente un procedimiento quirúrgico para preservar la función.

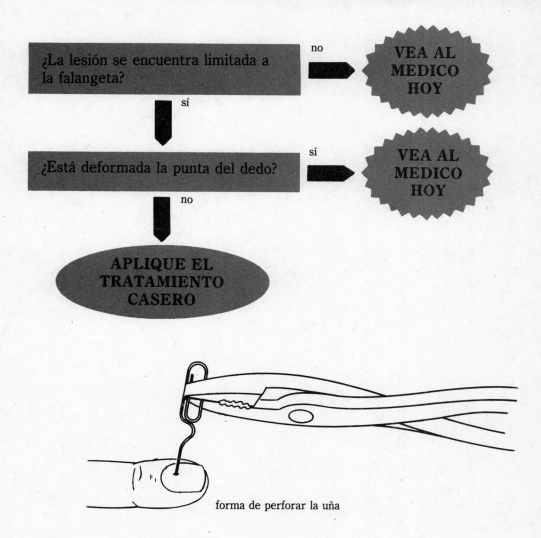

¿La lesión se encuentra limitada a la falangeta?

no → **VEA AL MEDICO HOY**

sí ↓

¿Está deformada la punta del dedo?

sí → **VEA AL MEDICO HOY**

no ↓

APLIQUE EL TRATAMIENTO CASERO

forma de perforar la uña

E Fiebre

17. Fiebre / 150
Todo lo que sube tiene que bajar.

17 Fiebre

Muchas personas, incluso los médicos, hablan de fiebre y enfermedad como si fueran la misma cosa. Curiosamente, una temperatura elevada no siempre es un signo de enfermedad. La temperatura normal del cuerpo varía de un sujeto a otro. Si midiéramos la temperatura corporal de un gran número de sujetos sanos en reposo, descubriríamos una diferencia de aproximadamente 0.8°C entre la menor y la mayor. Cada uno de nosotros es un individuo y no es absoluta la temperatura normal de 37°C (98.6°F).

La temperatura corporal varía mucho a lo largo del día. De ordinario está en su nivel más bajo en la mañana, al despertar. El alimento, el exceso de ropa, las emociones y la ansiedad pueden elevar la temperatura. El ejercicio intenso puede hacer que la temperatura ascienda aun a más de 39°C (103°F). El ejercicio agotador, sin agua ni sal, puede producir un estado que se conoce como golpe de calor (insolación), con temperaturas de aproximadamente 41°C (106°F). Otros mecanismos también influyen en la temperatura corporal. Las hormonas, por ejemplo, producen variaciones mensuales de la temperatura corporal de las mujeres que ovulan. La temperatura normal es de 0.5° a 0.8°C mayor en la segunda mitad del ciclo menstrual. En general, los niños tienen temperaturas corporales más altas que los adultos y parecen sufrir variaciones diarias mayores debido a su grado más intenso de excitación y actividad.

Dicho lo anterior, comprendemos que usted quisiera disponer de una norma para orientarse. Si la temperatura es de 37° a 38°C (99° a 100°F) comience a considerar la posibilidad de fiebre; si es de 38°C (100°F) o más, no cabe duda que es fiebre.

Las causas más comunes de fiebres persistentes son las infecciones virales y bacterianas, como los resfriados, dolor de garganta, dolor de oído, infecciones de las vías urinarias, rubéola, paperas y sarampión, así como neumonía, apendicitis y meningitis.

Una infección viral puede mantener temperaturas normales o elevarla a 41°C (105°F). El aumento de la temperatura durante la fiebre *no* es un indicador fidedigno de la gravedad de la infección subyacente.

Cómo medir la temperatura

Son igualmente aceptables los termómetros que indican grados Fahrenheit o centígrados. Las temperaturas rectales suelen ser más exactas y por lo regular exceden medio grado a las orales. En las segundas influyen la ingestión de alimentos fríos o calientes, la respiración habitual y fumar. Por lo regular, se identifica el termómetro oral por la mayor longitud de la cápsula de mercurio, que proporciona una superficie mayor de contacto y lecturas más rápidas y precisas. En los termómetros rectales, la porción que contiene el mercurio es más bien esférica, para facilitar su inserción en el recto.

También se pueden usar en la boca los termómetros rectales, pero deben permanecer un período mayor en la cavidad bucal para alcanzar el mismo grado de exactitud que los termómetros orales; aun cuando éstos últimos pueden utilizarse para medir la temperatura rectal, no lo recomendamos en los niños, pues la forma de los termómetros orales no es ideal para insertarlos en el recto de criaturas de corta edad.

Lo mejor para niños pequeños es el termómetro rectal; los lubricantes facilitan su inserción. Coloque al niño acostado boca abajo y con una mano sujete la región glútea para evitar movimientos; acto seguido, inserte el termómetro sólo unos tres centímetros en el recto. En estos termómetros el mercurio asciende en segundos, porque el recto establece contacto muy estrecho con el dispositivo. Al cabo de uno o dos minutos, cuando el mercurio deje de ascender, extraiga el termómetro.

A menudo se nos pregunta cuál temperatura debe considerarse peligrosa o con cuánta fiebre debe llevarse al niño al médico, si no hay otros signos presentes. Consulte a su médico en las circunstancias siguientes:

- Fiebre en un niño menor de cuatro meses de edad.
- Fiebre asociada con intensa rigidez del cuello.
- Fiebre de más de 41°C (105°F) si el tratamiento casero descrito a continuación no consigue bajar, al menos en parte, la temperatura. Esto no es porque dicha fiebre signifique un estado subyacente grave, sino porque puede ser nociva si persiste. Cualquier temperatura de más de 41.1°C (106°F) debe ser evaluada sin demora por un médico.
- Fiebre que persiste durante más de cinco días.
- Si hay otros síntomas con la fiebre, consulte la sección apropiada de este libro.

Ataques febriles (convulsiones febriles)

El peligro de una temperatura excesivamente alta radica en la posibilidad de que la fiebre provoque un ataque (convulsión). Cualquiera puede sufrir un ataque si aumenta mucho su temperatura. Los ataques febriles son algo común en los niños sanos y normales; del 3 al 5 % de niños experimentarán un ataque febril. Sin embargo, aunque frecuentes, deben ser tratados con respeto.

Los ataques febriles son más comunes en niños de seis meses a cuatro años de edad. Las enfermedades que causan rápidas elevaciones de temperatura, como la roséola, a menudo se asocian con ataques febriles. Rara vez ocurre que un ataque sea el primer signo de un problema subyacente grave, por ejemplo meningitis.

El cerebro, que en condiciones normales transmite impulsos eléctricos a un ritmo bastante regular, en un ataque comienza a disparar erráticamente a causa de un calentamiento excesivo, y produce respuestas musculares involuntarias, también denominadas convulsiones. El primer signo puede ser la rigidez de todo el cuerpo. Los niños a veces presentan un golpeteo rítmico de una mano o un pie, o de cualquier combinación de manos y pies. Los ojos pueden ponerse en blanco y la cabeza se sacude. Pueden ocurrir micciones y evacuaciones involuntarias.

En su mayoría los ataques tienen una duración de sólo uno o hasta cinco minutos. No hay mayores pruebas de que un ataque tan breve pueda tener consecuencias a largo plazo. En cambio, los ataques prolongados, de más de 30 minutos, suelen ser un signo de algún problema subyacente grave. Menos de la mitad de los niños que sufren un ataque febril corto jamás experimentarán un segundo y menos de la mitad de quienes tienen un segundo sentirán un tercero.

Aun cuando un niño con un ataque es un espectáculo aterrador para sus padres, los peligros que entraña el fenómeno son de poca importancia. Las siguientes reglas de sentido común deben observarse durante un ataque:

- Evite que la cabeza del niño se golpee contra un objeto duro. Acueste al niño en una cama.
- Se le puede inferir un daño considerable al niño si se le introduce a fuerza algún objeto en la boca para evitar que se muerda la lengua. Curiosamente, las cortaduras de lengua son poco frecuentes y sanan pronto.
- Cerciórese de la permeabilidad de las vías respiratorias del niño. La inserción violenta de un palo en la boca del niño no le asegura una tráquea permeable. A fin de facilitar la respiración del niño, 1) límpiele la boca y la nariz de vómito y de cualquier secreción y 2) tire suavemente de la cabeza del niño hacia atrás para producir una hiperextensión del cuello. Casi nunca es preciso aplicar respiración artificial. La mejor manera de aprender estas técnicas es por medio de demostraciones prácticas. En una verdadera emergencia, produzca la hiperextensión del cuello y respire diez veces a través de la nariz del niño mientras le mantiene cubierta la boca (o

bien, a través de la boca mientras se mantiene la nariz apretada con los dedos). Solo sople; el niño exhalará en forma espontánea.

• Comience la reducción de la fiebre (según se indica a continuación) y solicite asistencia médica de inmediato. Por fortuna, una vez que el ataque ha terminado el niño suele tener resistencia temporal a un segundo ataque. Sin embargo, como hay excepciones a esta regla, la atención médica es de importancia crítica.

Una vez que ha cedido el ataque, el niño puede estar embotado y no recordar nada de lo ocurrido. Algunos pueden presentar signos de debilidad extrema e incluso parálisis de un brazo o una pierna. Esta parálisis es casi siempre transitoria, pero es preciso evaluarla de manera cuidadosa.

Un médico competente llevará a cabo un estudio minucioso para determinar la causa del ataque febril. Cuando es el primero, el examen incluirá una punción cefalorraquídea y el análisis del líquido extraído para precisar si el ataque obedece o no a meningitis. Después de haber cedido la fiebre, el médico subrayará la importancia de prevenirla en los días siguientes y a menudo someterá al niño a medicamentos anticonvulsivos.

Significado de los escalofríos

Los escalofríos son otro sistema de fiebre. La sensación de frío o calor depende de un complejo sistema de receptores nerviosos en la piel y en una parte del cerebro denominada hipotálamo. Este sistema es sensible a la diferencia entre la temperatura corporal y la temperatura ambiente. Se puede sentir frío de dos maneras distintas: mediante un descenso de la temperatura ambiente o por el aumento de la temperatura corporal. El organismo responde a la fiebre de manera semejante a un descenso de la temperatura ambiente. Se activan todos los sistemas normales que incrementan la producción de calor, como el temblor o estremecimiento.

Como la ingestión de alimento es un medio para aumentar la producción de calor, puede sentirse hambre. El cuerpo intenta conservar el calor mediante la contracción de los vasos sanguíneos próximos a la piel. Los niños a veces se hacen un ovillo para mantenerse calientes. La carne de gallina (erección de las papilas de la piel) tiene el propósito de levantar el vello del cuerpo a fin de formar una capa aislante. No envuelva al paciente en varias mantas si tiembla o presenta escalofríos; esto sólo hará que la fiebre ascienda. Aplique el tratamiento casero según se describe en la sección siguiente.

Tratamiento casero

Existen dos formas de bajar la fiebre: baños de esponja o medicamentos.

Baños de esponja   La evaporación tiene un efecto refrescante en la piel y, por tanto, en la temperatura corporal. Se puede intensificar la evaporación por medio de baños de esponja y agua. Aun cuando el alcohol se evapora con mayor rapidez, es un tanto molesto y los vapores pueden ser peligrosos. Por lo regular, los baños de esponja con agua tibia (agradable al tacto) serán suficientes. También se pierde calor por conducción cuando el paciente recibe este tratamiento en una bañera. Conducción es el proceso por el cual el cálido ambiente del cuerpo cede calor a un medio más fresco (el agua del baño o el aire). Un baño de tina agradable (21°C o 70°F) es lo suficientemente inferior a la temperatura corporal para favorecer la conducción. Si bien el agua fría produce un efecto más rápido, la incomodidad que produce la hace menos aconsejable. Un niño soporta por un período mucho más corto un baño de esponja o de tina con agua fría.

Medicación   No se debe administrar por vía oral ningún medicamento a un niño inconsciente o que está sufriendo un ataque. El niño que acaba de tener un ataque puede recibir un supositorio de aspirina. En su mayoría, los supositorios de aspirina se presentan en dosis de 300 mg y se puede proporcionar de 75 mg a 90 mg por año de edad, algo más de lo recomendado para la administración oral. Para suministrar la dosis correcta, se puede dividir en forma longitudinal el supositorio con un cuchillo tibio.

En el paciente consciente se puede bajar la temperatura con aspirina o acetaminofén (Tylenol, Tempra, Liquiprin, Valadol, Datril, Tenlap y otros). Recuerde que la fiebre es una respuesta natural del organismo a diversas circunstancias, incluso una infección. Una fiebre puede significar la respuesta de un sistema inmunológico del organismo a una infección y, por tanto, constituir una manifestación visible de un efecto favorable. No obstante, las fiebres son molestas. La reducción de una fiebre lo bastante elevada para alterar el apetito, la sed o el sueño del paciente, así como cualquier otra actividad importante, hará que se sienta mejor. En pocas palabras, si el paciente tiene fiebre, proceda a combatirla. Si la fiebre es ligera y el paciente no manifiesta ningún efecto, tal vez no sea necesario aplicar ningún tratamiento.

La *aspirina* se conoce universalmente, es eficaz y digna de confianza. *No* tiene una presentación líquida. Algunas personas son alérgicas a la aspirina y pueden sufrir cuadros agudos de erupción cutánea o hemorragia gastrointestinal. Todas las personas sufrirán efectos desfavorables si toman demasiada aspirina. Entre los primeros signos de exceso de aspirina están el aceleramiento de la respiración y zumbido en los oídos. Toda la aspirina conservada en el hogar debe estar en envases a prueba de niños. Como ningún envase puede considerarse absolutamente seguro, la aspirina debe mantenerse fuera del alcance de los niños. Una dosis excesiva puede ser fatal y de hecho ha causado un mayor número de muertes infantiles que cualquier otro medicamento. Como informes recientes indican una asociación entre la aspirina y un raro pero grave problema denominado síndrome de Reye, este fármaco no debe emplearse en los niños que puedan tener varicela, influenza o gripe.

La aspirina infantil contiene 75 mg por tableta. Los niños pueden recibir aproximadamente 60 mg por año de vida,

hasta los 10 años de edad. Arriba de esta edad, pueden tomar 600 mg cada cuatro a seis horas. Cuando un niño cuenta ya cinco años, puede tomar una tableta de aspirina para adultos (300 mg) o cuatro tabletas infantiles. Los efectos tóxicos comienzan a aparecer con menos del doble de la dosis recomendada, por lo que es preciso manejar con respeto este medicamento.

En los adultos, la dosis normal para mitigar el dolor es de dos tabletas cada tres a cuatro horas, según sea necesario. El efecto máximo se produce en unas dos horas. Cada tableta usual es de 300 mg (o 0.3 g). Si usted utiliza un preparado fuera de lo común, tendrá que hacer números para calcular las dosis equivalentes. Los términos «extra fuerte», «fórmula para dolor artrítico» y otros semejantes indican que cada tableta contiene una cantidad mayor de aspirina. Esto es trivial desde el punto de vista médico; es lo mismo que tome varias tabletas de un producto de aspirina más barato, con lo que ahorrará dinero. Cuando el envase afirma que un preparado «contiene una mayor cantidad del ingrediente que más recomiendan los doctores», puede estar seguro de que contiene una dosis ligeramente mayor de aspirina; tal vez de 325 a 350 mg en vez de los acostumbrados 300 mg.

El *acetaminofén,* por desgracia, tiene el sobrenombre de «aspirina líquida», pero es un fármaco completamente distinto. La ventaja del acetaminofén es que se puede administrar en forma líquida o en tabletas; es tan eficaz como las aspirinas en la reducción de fiebre, pero resulta algo menos efectivo que la aspirina para otros fines, como reducir la inflamación, por lo que no se recomienda en afecciones como la artritis. Menos personas son alérgicas al acetaminofén que a la aspirina y el primero ocasiona menos trastornos gastrointestinales que la segunda. Sin embargo, si el paciente no ha tenido nunca náuseas, dolor abdominal u otros problemas gastrointestinales con la aspirina, la opción de emplear acetaminofén no es una consideración importante. Aun cuando el acetaminofén goza de la reputación de ser más seguro que la aspirina, las sobredosis pueden ser mortales. En realidad, no hay fármacos seguros. El acetaminofén causa daño hepático cuando se administra en dosis elevadas y, por tanto, puede producir la muerte.

El acetaminofén se presenta en gotas, suspensión, tabletas o cápsulas. La concentración de las gotas es mucho mayor que la de la suspensión y, en consecuencia, deben administrarse con cautela. Una persona desprevenida y acostumbrada a emplear otra presentación de acetaminofén puede provocar un problema al suministrar la dosis equivocada a un niño. La dosis recomendada es de 60 mg por año de edad cada cuatro a seis horas, la misma que la de aspirina. Una vez más, esto significa que la dosis adulta de dos tabletas o cápsulas cada cuatro horas puede tomarse desde la edad de 10 años. Aquí también, «fuerza adicional» sólo significa una mayor cantidad del fármaco en cada comprimido o tableta.

Como la aspirina y el acetaminofén son compuestos distintos que ejercen su efecto de manera ligeramente diferente, pueden emplearse juntos cuando uno solo es ineficaz para normalizar la temperatura. Las dosis son las mismas, pero la aspirina y el acetaminofén se administran al mismo tiempo cada seis horas o en forma alternada, de modo que se tome un fármaco cada tres horas.

¿Alimenta un resfriado y mata de hambre una fiebre?

Este remedio popular quizá tuvo su origen en las personas con suficientes dotes de observación para percatarse de la relación entre el alimento y el ascenso de la temperatura corporal. No obstante, existen muchos motivos del porqué los pacientes deben comer cuando tienen fiebre. La temperatura elevada incrementa los requerimientos calóricos, pues se consumen con rapidez las calorías cuando es más alta la temperatura corporal. Todavía de mayor importancia, aumenta la demanda de líquidos, que no se deben restringir nunca al paciente febril. Si a causa de la molestia ocasionada por la fiebre el paciente se niega a comer, es esencial alentarlo a beber líquidos.

Qué esperar en el consultorio

El tratamiento dependerá de la duración de la fiebre y del aspecto del enfermo. Con el fin de determinar la presencia o ausencia de una infección, el médico examinará piel, ojos, oídos, nariz, garganta, cuello, pecho y vientre. Si no hay otros síntomas y el reconocimiento físico no revela indicios de infección, tal vez el médico aconseje un período de atenta observación. Si la fiebre ha sido prolongada o el paciente está muy decaído, es posible que indique análisis de sangre y de orina. Tal vez se requiera una radiografía o una punción lumbar. Las infecciones específicas se tratarán como corresponde a cada caso; la fiebre se manejará en la forma descrita en la sección «tratamiento casero».

¿Es una temperatura de 38°C (101°F) o más en un niño menor de tres meses de edad?

sí → VEA AL MEDICO CON URGENCIA

no ↓

¿Presenta rigidez de cuello, confusión, notable irritabilidad, letargo? ¿Ha ocurrido una convulsión o está acelerada la respiración?

sí → VEA AL MEDICO CON URGENCIA

no ↓

¿El niño tiene entre tres meses y un año de edad y ha persistido la fiebre más de 24 horas?

sí → LLAME AL MEDICO HOY

no ↓

¿El paciente no ha mostrado mejora alguna respecto a la fiebre en 72 horas o ha persistido más de cinco días?

sí → VEA AL MEDICO HOY

no ↓

¿Hay dolor de garganta, de oído, dolores abdominales, erupción cutánea, diarrea, urgencia urinaria u otros síntomas?

sí → Consulte las exposiciones de estos problemas

no ↓

APLIQUE EL TRATAMIENTO CASERO

F Oídos, nariz y garganta

157

¿Es un virus, una bacteria o una alergia?

En las secciones siguientes se analizan los problemas de las vías respiratorias superiores, que incluyen catarros y gripe, dolor de garganta, dolor u obstrucción del oído, secreciones nasales, tos, ronquera, ganglios inflamados y hemorragias nasales. En cada uno de estos cuadros es importante una pregunta básica: ¿lo causa un virus, una bacteria o una alergia? En general, sólo en los casos de una infección bacteriana el médico dispondrá de un tratamiento más efectivo que el que pueda ofrecerse en el hogar. Recuerde que las infecciones virales y las alergias *no* responden a la penicilina ni a otros antibióticos. Exigir una inyección de penicilina por un catarro o una alergia equivale a solicitar una reacción medicamentosa, exponerse a una sobreinfección aún más grave que la inicial y perder tiempo y dinero. Entre los problemas frecuentes que pueden tratarse en casa figuran:

- El catarro común, a veces llamado por los médicos infección viral de las vías respiratorias altas (IVRA)
- La gripe, sin complicaciones
- La fiebre del heno
- La mononucleosis infecciosa

Por lo regular, se indica atención médica para:

- Infección de garganta por estreptococos
- Infección de oído

¿Cómo se pueden distinguir estos cuadros entre sí? Generalmente, serán suficientes la tabla F.1 y los diagramas de decisión. He aquí algunas descripciones.

Síndromes virales   Los virus a menudo afectan varias porciones del organismo y causan muchos síntomas diferentes. Tres esquemas (o síndromes) básicos son comunes a las enfermedades virales; sin embargo, no es raro que se traslapen entre sí. Su enfermedad tal vez a veces tenga características de cada uno.

IVRA viral   Este es el catarro común.

Incluye varias combinaciones de los siguientes signos y síntomas: dolor de garganta, secreciones nasales, obstrucción o congestión del oído, ronquera, ganglios inflamados y fiebre. Por regla general, un síntoma precede a todos los demás (casi siempre ronquera o tos) y persiste después de que éstos han desaparecido.

Gripe   La fiebre puede ser muy alta. El dolor de cabeza llega a ser intolerable y son igualmente molestos los dolores musculares (sobre todo en los ojos y la región lumbar).

Gastroenteritis viral   Este malestar estomacal se presenta con náuseas, vómitos, diarrea y cólicos. Puede causar incapacidad y confundirse con cuadros más graves, incluso apendicitis.

Fiebre del heno   Son muy conocidas las molestias de estación, como secreción nasal y ardor en los ojos. Los pacientes mismos suelen diagnosticar con exactitud este cuadro. Como con los virus, esta afección se trata nada más para aliviar los síntomas; si se deja pasar el tiempo, el cuadro sigue su curso sin causar ningún daño permanente. Las alergias tienden a recurrir cuantas veces haya polen u otras sustancias alergénicas.

Sinusitis   La inflamación de los senos paranasales se asocia a menudo con fiebre del heno y asma. Los síntomas incluyen una sensación de pesadez detrás de la nariz y los ojos, que muchas veces produce dolor de cabeza. Si surge una infección en los senos, puede producir fiebre y secreción nasal. Suelen ser útiles los antihistamínicos y descongestivos en los casos de sinusitis aguda que acompañan a los catarros. No utilice un aerosol nasal más de tres días. En el caso de sinusitis recurrente, el médico debe determinar su causa exacta y prescribir un tratamiento que a menudo consiste en antibióticos.

Infección estreptocócica de la garganta
Las infecciones bacterianas tienden a localizarse en un solo punto; las de las vías respiratorias por estreptococos suelen

158

TABLA F.1		Virus	Bacteria	Alergia
¿Es un virus, una bacteria o una alergia?	¿Secreción nasal?	A menudo	Rara vez	A menudo
	¿Dolor muscular?	Generalmente	Rara vez	No
	¿Dolor de cabeza?	A menudo	Rara vez	No
	¿Mareos?	A menudo	Rara vez	Rara vez
	¿Fiebre?	A menudo	A menudo	No
	¿Tos?	A menudo	A veces	Rara vez
	¿Tos seca?	A menudo	Rara vez	A veces
	¿Tos productiva?	Rara vez	A menudo	Rara vez
	¿Ronquera?	A menudo	Rara vez	A veces
	¿Recurre en una determinada estación?	No	No	A menudo
	¿Un solo síntoma (dolor de garganta, dolor de oído, dolor de senos paranasales o tos)?	Poco frecuente	Generalmente	Poco frecuente
	¿Son útiles los antibióticos?	No	Sí	No
	¿Puede ser útil el médico?	Pocas veces	Sí	A veces

Recuerde, las infecciones virales y las alergias *no* responden a tratamientos con penicilina u otros antibióticos.

limitarse a la garganta. No obstante, pueden ocurrir síntomas fuera de las vías respiratorias, con mayor frecuencia fiebre e inflamación de los ganglios linfáticos del cuello (al drenar los exudados infecciosos). La erupción cutánea de la escarlatina a veces ayuda a distinguir una infección estreptocócica de una viral. En los niños, la infección de garganta por estreptococos puede acompañarse de dolor abdominal. Es preciso diagnosticar y tratar esta enfermedad, pues de no administrarse la antibioterapia correcta pueden sobrevenir complicaciones cardiacas o renales graves.

Otras afecciones   Además de las enfermedades, también otros factores pueden causar o contribuir a la aparición de síntomas de las vías respiratorias altas. El hábito de fumar produce un elevado número de casos de tos y dolor de garganta, al igual que la contaminación ambiental (*smog*). Los tumores y otras enfermedades aterradoras ocasionan sólo un pequeño número de casos. Las molestias que persistan más de dos semanas sin tener como causa evidente ninguna de estas enfermedades comunes no deben provocar alarma, aunque un médico las debe investigar como parte de su rutina.

18 Catarros y gripe

La mayoría de los médicos opina que los catarros y la gripe representan más consultas innecesarias que ningún otro grupo de problemas. Como ambos son de origen viral, no los curan ni los antibióticos ni ningún otro medicamento. Sin embargo, existen productos de venta libre —aspirina, descongestivos, antihistamínicos— que ayudan a atenuar los síntomas mientras estas afecciones se curan espontáneamente.

Parece haber tres razones principales que propician estas visitas innecesarias. Primero, algunos pacientes no tienen la certeza de que su enfermedad sea un catarro o una gripe, si bien ésta parece ser una parte relativamente pequeña del problema. Casi todos los pacientes afirman que tienen un resfriado o una gripe. Segundo, acuden al médico en busca de una cura. Todavía son muchas las personas convencidas de que necesitan penicilina u otro antibiótico para reponerse de estos cuadros. Por último, muchos pacientes se sienten tan mal que consideran que el médico *debe* ser capaz de hacer algo. Ante estas expectativas, los médicos a veces se esfuerzan demasiado en su deseo de satisfacer al paciente. Incluso ocurre que prescriban un antibiótico si el paciente lo pide o no le proporcionen la información completa sobre las limitaciones de los medicamentos prescritos. Esto es comprensible: ¿quién quiere decirle a un sujeto enfermo que ha malgastado su tiempo y su dinero al acudir al consultorio?

Desde luego, los catarros y gripes también conducen a consultas necesarias originadas por las complicaciones de estos casos, que de manera habitual comprenden infecciones bacterianas del oído y neumonía bacteriana. En los niños de muy corta edad, las infecciones virales del pulmón pueden ocasionar complicaciones. Las preguntas incluidas en el diagrama le ayudarán a buscar las complicaciones de catarros y gripe.

Tratamiento casero

«Tome dos aspirinas y llámeme mañana temprano.» Esta conocida frase *no* significa que el médico menosprecie el problema que usted sufre ni que le falte compasión. La aspirina es el mejor medicamento disponible para la fiebre y los dolores musculares del catarro común. Para los adultos, dos tabletas de 300 mg cada cuatro horas es el tratamiento usual. La fiebre, los dolores y el agotamiento son más intensos durante la tarde y el anochecer, por lo que deberá prestar especial atención a tomar la aspirina con regularidad durante esas horas. Si no tolera la aspirina, tome la misma dosis de acetaminofén. Si le gusta gastar su dinero, busque algún producto de marca muy conocida o un medicamento de patente para el resfriado. Sin embargo, recuerde que el importante ingrediente «que más recomiendan los doctores» es la aspirina; compruebe las dosis equivalentes en la etiqueta. A raíz de que algunos informes recientes indican una asociación entre la aspirina y un problema raro pero grave denominado síndrome de Reye, no se debe emplear este fármaco en aquellos niños que pudieran tener varicela o gripe.

«Beba líquidos con abundancia.» Esto es recomendado para su seguridad, ya que cuando usted tiene fiebre, su organismo necesita más líquido. Cerciórese de beber la cantidad suficiente; los líquidos ayudan a mantener más fluido el moco y contribuyen a prevenir complicaciones como bronquitis e infecciones del oído. Los vaporizadores (sobre todo en invierno si tiene calefacción) ayudan a licuar las secreciones.

«Repose.» El estado físico en que se encuentre determinará su necesidad de descanso. Si no presenta fiebre y tiene ánimos para ir y venir, no se detenga. La actividad no prolonga su enfermedad y tanto sus amistades como su familia estuvieron ya expuestos durante el período de incubación, antes de la aparición de sus síntomas.

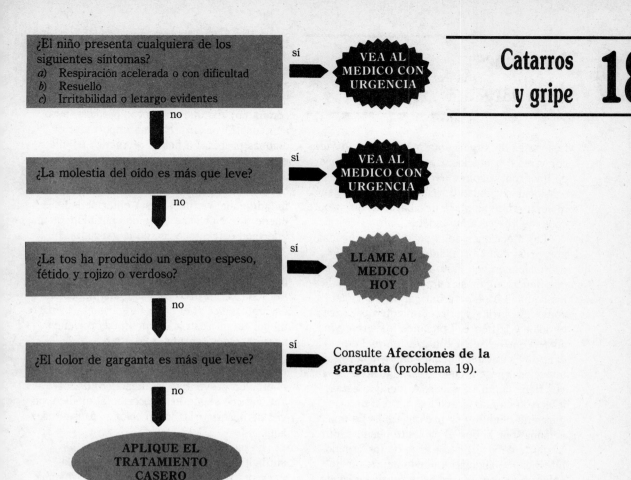

¿El niño presenta cualquiera de los siguientes síntomas?
  a) Respiración acelerada o con dificultad
  b) Resuello
  c) Irritabilidad o letargo evidentes

sí → **VEA AL MEDICO CON URGENCIA**

no ↓

¿La molestia del oído es más que leve?

sí → **VEA AL MEDICO CON URGENCIA**

no ↓

¿La tos ha producido un esputo espeso, fétido y rojizo o verdoso?

sí → **LLAME AL MEDICO HOY**

no ↓

¿El dolor de garganta es más que leve?

sí → Consulte **Afecciones de la garganta** (problema 19).

no ↓

APLIQUE EL TRATAMIENTO CASERO

Una palabra acerca de la sopa de pollo: el vértigo al ponerse de pie es frecuente con los resfriados y se contrarresta con la ingestión de líquidos salados. El consomé y la sopa de pollo resultan excelentes.

Para el alivio de distintos síntomas en particular, consulte la sección apropiada de este libro: **Secreciones nasales** (problema 23), **Dolor y obstrucción del oído** (problema 20), **Afecciones de la garganta** (problema 19), **Tos** (problema 24), **Nauseas y vómitos** (problema 85), **Diarrea** (problema 86), etc.

Si los síntomas persisten más de dos semanas, comuníquese con su médico.

Qué esperar en el consultorio

El médico examinará oídos, nariz, garganta y pecho, así como el abdomen. Si hay sospecha de neumonía bacteriana, tomará una radiografía de tórax, aun cuando en estudios se ha indicado que los rayos X rara vez son útiles. Si un cuadro se ha complicado con una infección bacteriana, se prescribirán antibióticos.

En caso de cursar el catarro o la gripe sin complicación, el médico debe explicarlo y recomendar el tratamiento casero. El empleo innecesario de antibióticos expone al paciente a complicaciones innecesarias, por ejemplo una reacción al antibiótico y «sobreinfecciones» por bacterias resistentes a los antibióticos.

161

19 Afecciones de la garganta

Los males de la garganta pueden ser causados por virus o bacterias. Con frecuencia, y más en invierno, respirar por la boca puede ocasionar sequedad o irritación de la garganta, molestias que siempre desaparecen tan pronto como se vuelve a humedecer.

Las afecciones de la garganta producidas por virus, como otras infecciones virales, no responden con éxito a los antibióticos, sino que deben seguir su curso natural. Son útiles los líquidos fríos para mitigar el dolor, así como la aspirina y el acetaminofén para tratar el dolor y la fiebre. Los niños mayores y los adolescentes suelen contraer un mal de garganta viral denominado mononucleosis infecciosa, pese a cuyo aterrador nombre, rara vez tiene complicaciones. A menudo esta infección es más grave que un mal de garganta común y se prolonga más de una semana, por lo que el paciente puede sentirse bastante débil. El bazo, unos de los órganos internos del abdomen, puede aumentar de volumen durante la mononucleosis de modo que es importante reposar. Un mal de garganta de origen viral que no cede en el lapso de una semana podría deberse al virus que causa esta afección que, como en otros casos, los antibióticos no curan.

Virtualmente todos los casos de males de garganta de origen bacteriano se deben a estreptococos. Esta infección bacteriana debe tratarse con un antibiótico a causa de dos tipos de complicaciones. Primero, puede formarse un absceso en la garganta. Esto es sumamante raro, pero debe sospecharse si resulta muy difícil la deglución, abrir la boca o si babea mucho un niño. La segunda y más importante complicación es una serie de anomalías que surgen de una a cuatro semanas después de haber desaparecido el dolor de garganta. Una de ellas es la glomerulonefritis aguda, que causa inflamación renal; no es

seguro que los antibióticos logren prevenirla, pero sí impiden que los estreptococos se extiendan a otros miembros de la familia o a amigos. La enfermedad que suscita mayor inquietud es la fiebre reumática, mucho menos común hoy día que en épocas pasadas, pero aún constituye un problema importante en algunas partes. La fiebre reumática es una enfermedad compleja que torna inflamadas y dolorosas las articulaciones, causa erupciones cutáneas poco comunes y lesión cardiaca en la mitad de sus víctimas. Esta enfermedad se puede prevenir si se trata con antibióticos una infección estreptocócica de la garganta.

Las afecciones de la garganta son mucho menos frecuentes en los adultos que en los niños, y la fiebre reumática es una rareza en los adultos. Es poco probable una infección estreptocócica si el dolor de garganta es parte menor de un resfriado común (secreciones nasales, oídos tapados, tos, etc.).

Si usted o algún familiar ha tenido fiebre reumática o glomerulonefritis, debe aplicarse el empleo preventivo (profiláctico) de los antibióticos según los prescriba el médico, en vez de observar las instrucciones presentadas aquí.

La opción sobre cuándo emplear antibióticos en casos de afecciones de la garganta es motivo de controversia. Muchos creen que los cultivos de exudados faríngeos son la mejor manera de determinar la necesidad de un antibiótico; este es un punto de vista razonable, sobre todo si los cultivos de dichos exudados pueden obtenerse sin una visita al consultorio. Más recientemente, los médicos han comenzado a confiar en algunos estudios que indican que muchos pacientes no necesitan un cultivo, ya sea porque es casi nulo el riesgo de fiebre reumática o porque es tan alto que justifica el empleo de antibióticos sin esperar dos días para obtener los resultados. El diagrama de decisiones utiliza el segundo caso (los síntomas que conducen a «Llame al médico hoy» son los que hacen más probable la necesidad de usar antibióticos).

Realmente creemos que deberían estar disponibles para el paciente los cultivos de exudados de la garganta sin una revisión exhaustiva en el consultorio. Nos han impresionado en especial los programas caseros de estos cultivos que demuestran que ustedes, el público, pueden realizar este cultivo en casa con mayor exactitud que el personal del consultorio médico. Si su médico estima que se debe cultivar el exudado de cada caso de dolor de garganta, manifieste usted su convicción de que los cultivos deben ser muy accèsibles y baratos.

Los dolores de garganta frecuentes y recurrentes son comunes, sobre todo en los niños de cinco a diez años de edad. No hay pruebas de que la extirpación de las amígdalas disminuya esta frecuencia. De hecho, la amigdalectomía es una operación muy rara vez indicada.

Tratamiento casero

Los líquidos fríos, la aspirina y el acetaminofén son eficaces para el dolor y la fiebre. Debido a que informes recientes indican que la aspirina se asocia con un problema raro pero grave denominado síndrome de Reye, esta fármaco no debe emplearse en los niños que pudieran tener varicela o gripe. Los remedios caseros que pueden resultar útiles incluyen gárgaras con agua salada o té con jugo de limón o miel de abeja. El tiempo es lo más eficaz para curar el dolor; un vaporizador hace la espera más cómoda para algunos pacientes.

Qué esperar en el consultorio

Por lo regular, se realizará un cultivo de exudado faríngeo. Muchos médicos acostumbran aplazar el tratamiento del dolor de garganta hasta disponer de los resultados del cultivo; demorar el tratamiento uno o dos días no parece incrementar el riesgo de contraer fiebre reumática. Además, se ha demostrado que el tratamiento con antibióticos sólo es eficaz para reducir las complicaciones del dolor de garganta y no la molestia que causa. Como la mayor parte de los males de garganta se deben a algún virus, tratarlos con antibióticos expondría innecesariamente a muchos pacientes a los riesgos de reacciones alérgicas derivadas de dichos medicamentos.

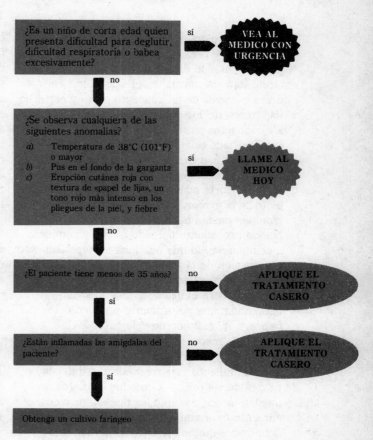

¿Es un niño de corta edad quien presenta dificultad para deglutir, dificultad respiratoria o babea excesivamente? — **sí** → **VEA AL MEDICO CON URGENCIA**

no

¿Se observa cualquiera de las siguientes anomalías?
a) Temperatura de 38°C (101°F) o mayor
b) Pus en el fondo de la garganta
c) Erupción cutánea roja con textura de «papel de lija», un tono rojo más intenso en los pliegues de la piel, y fiebre
— **sí** → **LLAME AL MEDICO HOY**

no

¿El paciente tiene menos de 35 años? — **no** → **APLIQUE EL TRATAMIENTO CASERO**

sí

¿Están inflamadas las amígdalas del paciente? — **no** → **APLIQUE EL TRATAMIENTO CASERO**

sí

Obtenga un cultivo faríngeo

Los médicos a menudo comenzarán de inmediato el tratamiento con antibióticos si hay una historia familiar de fiebre reumática, si el paciente tiene escarlatina (la erupción cutánea descrita en el diagrama de decisiones) o si en esos momentos es frecuente la fiebre reumática en la localidad. Si un niño presenta una infección estreptocócica en la garganta, es muy probable que otros miembros de la familia padezcan lo mismo, por lo que es usual que el médico practique exudados faríngeos de los hermanos del paciente.

20 Dolor y obstrucción del oído

El dolor de oído es causado por la acumulación de líquidos y presión en el oído medio (la porción del oído detrás del tímpano). En circunstancias normales, el oído medio se drena a través de un conducto corto y estrecho (la trompa de Eustaquio) que desemboca en los conductos nasales. Con frecuencia, durante una resfriado o un episodio de alergia, se obstruye por inflamación la trompa de Eustaquio; esto ocurre con mayor facilidad en niños de corta edad, cuya trompa de Eustaquio es todavía menor. Cuando se obstruye la trompa, queda impedido el flujo normal del líquido procedente del oído medio y comienza a acumularse, lo que ocasiona un taponamiento y reducción de la agudeza auditiva.

El líquido estancado constituye un medio favorable para el inicio de una infección bacteriana, que de ordinario produce dolor y fiebre, a menudo en un solo oído.

En los niños, los síntomas de una infección del oído pueden incluir fiebre, dolor de oído, inquietud, llanto más frecuente, irritabilidad o tirarse de las orejas. Como los lactantes no pueden manifestar que les duelen los oídos, el aumento de irritabilidad o de tirones de orejas debe hacer que los padres sospechen una infección del oído.

El dolor y la obstrucción del oído también pueden ser consecuencia de grandes altitudes, como cuando se desciende en un avión. En este caso, el mecanismo de la obstrucción o el dolor también es el taponamiento de la trompa de Eustaquio. Al deglutir casi siempre se alivia esta presión. Cerrar la boca y obstruir la nariz mientras se simula sonarse es otro método eficaz para despejar la trompa de Eustaquio.

Los padres a menudo se preocupan de que su hijo llegue a tener un trastorno auditivo después de una infección del oído. Aun cuando la mayoría de los niños tendrá una pérdida transitoria y ligera de la agudeza auditiva durante una infección del oído e inmediatamente después de ella, con el correcto manejo médico rara vez se produce una pérdida permanente.

Tratamiento casero

La humedad es importante para mantener fluido el moco. Use un vaporizador si lo tiene disponible. Ciertas maniobras curiosas (como dar de saltos en un baño de vapor a la vez que se sacude la cabeza y se traga) son a veces espectacularmente eficaces para desalojar el moco.

Las aspirinas y el acetaminofén (Tylenol) proporcionarán un alivio parcial del dolor. Los antihistamínicos, descongestivos y las gotas nasales se emplean para reducir la secreción nasal y contraer las mucosas con el fin de mantener permeable la trompa de Eustaquio. El líquido retenido en el oído a menudo responde al tratamiento casero solo. Véase el capítulo 9, «El botiquín del hogar», para enterarse acerca de estos fármacos.

Si los síntomas persisten más de dos semanas, consulte a su médico.

Qué esperar en el consultorio

El médico llevará a cabo un examen del oído, nariz y garganta, así como de la porción ósea del cráneo detrás de las orejas, denominada mastoides, ya que si se presenta dolor, sensibilidad o enrojecimiento de este fragmento, se espera una infección grave.

El tratamiento generalmente consistirá en un antibiótico, así como el intento de despejar la trompa de Eustaquio con gotas nasales, descongestivos y antihistamínicos. El tratamiento con antibióticos por lo general se prescribirá durante no menos de una semana, mientras que otros recursos se administrarán durante lapsos más breves. Cerciórese de proporcionar la dosis completa del antibiótico prescrito y según el plan previsto.

Ocasionalmente, el líquido retenido en el oído medio persistirá a lo largo de un período prolongado sin que haya infección. En estas

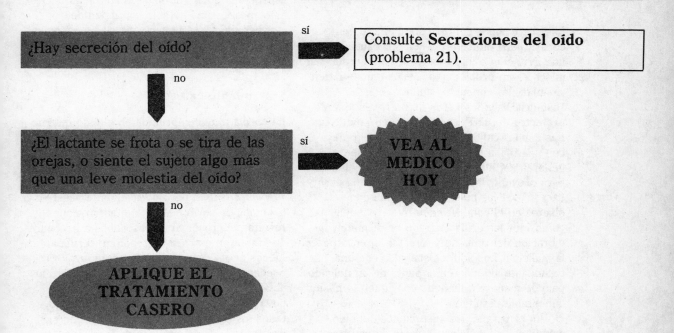

¿Hay secreción del oído? — **sí** → Consulte **Secreciones del oído** (problema 21).

no

¿El lactante se frota o se tira de las orejas, o siente el sujeto algo más que una leve molestia del oído? — **sí** → **VEA AL MEDICO HOY**

no

APLIQUE EL TRATAMIENTO CASERO

circunstancias, puede registrarse una ligera reducción de la agudeza auditiva. Este cuadro, conocido como *otitis media serosa,* por lo regular se resuelve con intentos de despejar la trompa de Eustaquio y dejar que drene, y no con antibióticos. Si la afección persiste, el médico puede recurrir a la colocación de sondas en el oído, con el fin de restablecer el debido funcionamiento del oído medio. La colocación de sondas en el oído parece aterrador, pero es en realidad un procedimiento sencillo y muy eficaz.

165

21 Secreciones del oído

Las secreciones del oído son generalmente cerilla, pero también pueden ser causadas por una irritación o infección leves. La cerilla casi nunca es un problema, a menos que se intente «limpiar» los conductos auditivos; esta sustancia hace las veces de un revestimiento protector del interior del conducto auditivo. Las duchas calientes o el lavado de la oreja con una toalla empapada en agua caliente generalmente proporcionan el vapor suficiente para prevenir la acumulación de cerilla dura y excesiva. A los niños les gusta introducirse objetos en el conducto auditivo y pueden comprimir la cerilla al grado de disminuir la vibración del tímpano y, por tanto, entorpecer la audición. Los adultos armados con una torunda de algodón en la punta de un delgado palo de madera a menudo consiguen el mismo lamentable resultado.

En el verano, las secreciones del oído comúnmente se deben al «oído de nadador», irritación del conducto auditivo y no un problema del oído medio ni del tímpano. Los niños muchas veces se quejan de comenzón en el oído. Además, los tirones de orejas a menudo les producen dolor; esta acción puede ser un indicio de que la oreja y el conducto auditivo están inflamados, como en el oído de nadador. La tentación de rascarse el oído interno es muy fuerte, pero es necesario resistirla. Debemos tener especial cuidado con el uso de horquillas u otros instrumentos semejantes para rascarse los oídos, pues pueden ocasionar lesiones del tímpano.

En el niño en la primera o segunda infancia que se ha quejado de dolor de oído, el alivio de esta molestia acompañado de una secreción blanca o amarilla puede ser signo de que se ha perforado el tímpano. A veces, los padres hallarán partículas de costras secas en la almohada del niño; en este caso también, procede sospechar una perforación del tímpano. Se debe llevar al niño a un médico, a fin de que le prescriba un tratamiento con antibióticos. No se alarme demasiado; la perforación del tímpano es de hecho la primera etapa de un proceso de recuperación espontánea que el antibiótico continuará. Los niños poseen una notable capacidad de regeneración y la mayoría de los tímpanos perforados sanan por completo en espacio de semanas.

Tratamiento casero

La cerilla muy comprimida en el oído interno puede desalojarse con agua tibia introducida suavemente con una jeringa, que se puede adquirir en una farmacia. Un aparato que dispare un chorro de agua puede ser útil *a su presión mínima,* pero posiblemente asuste a los niños de corta edad y a altas presiones resulta peligroso. No aconsejamos a los padres que intenten extraer un tapón de cerilla a menos que se ocupen de un niño mayor y puedan ver la cerilla renegrida. Son útiles los ablandadores de cerilla, como el aceite de oliva común o el Cerumenex; sin embargo, todos los productos comerciales pueden ser irritantes si no se emplean de la manera correcta. Por ejemplo, el Cerumenex debe enjuagarse el oído en un lapso de 30 minutos. No se debe intentar el lavado del oído si existe la posibilidad de perforación del tímpano.

Aun cuando el oído de nadador (u otras causas similares de otitis externa) a menudo se debe a una infección bacteriana, ésta es muy superficial y rara vez precisa de tratamiento con antibióticos. Para tratar eficazmente la infección, algunas veces basta colocar un trozo de algodón empapado en solución de Burrow en el conducto auditivo durante una noche; después se efectúa una breve irrigación con agua oxigenada al 3 %, y a continuación se enjuaga con agua tibia. También se ha informado sobre la eficacia de Merthiolate mezclado con aceite mineral (en cantidad suficiente para que la mezcla resulte rosada), seguido por un enjuague con agua oxigenada y agua tibia. En los casos

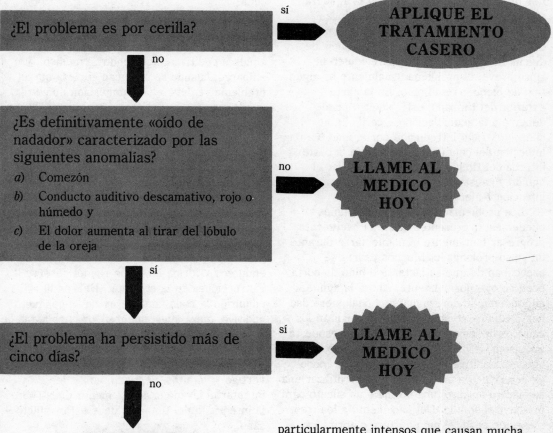

¿El problema es por cerilla?

sí → APLIQUE EL TRATAMIENTO CASERO

no ↓

¿Es definitivamente «oído de nadador» caracterizado por las siguientes anomalías?

a) Comezón

b) Conducto auditivo descamativo, rojo o húmedo y

c) El dolor aumenta al tirar del lóbulo de la oreja

no → LLAME AL MEDICO HOY

sí ↓

¿El problema ha persistido más de cinco días?

sí → LLAME AL MEDICO HOY

no ↓

APLIQUE EL TRATAMIENTO CASERO

particularmente intensos que causan mucha comezón o que persisten más de cinco días, se recomienda acudir al médico.

Qué esperar en el consultorio

El médico llevará a cabo un examen minucioso del oído. En los casos graves, quizá realice un cultivo bacteriano. Tal vez el médico prescriba corticosteroides o antibióticos óticos, o bien aconsejará uno de los regímenes descritos bajo el título «Tratamiento casero». Por lo regular se administrarán antibióticos por vía oral si la causa de la secreción es un tímpano perforado.

167

22 Pérdida de agudeza auditiva

Los problemas relacionados con la agudeza auditiva pueden dividirse en dos amplias categorías: rápidos y lentos. Cuando un niño de cinco años de edad o mayor se queja de dificultad auditiva que ha aparecido en un lapso breve, el problema usualmente es algún tipo de bloqueo en el oído. En la parte exterior del tímpano, este bloqueo puede deberse a la acumulación de cerilla, a un cuerpo extraño introducido por el niño o a una infección del conducto auditivo. En la parte interna del tímpano se puede acumular el líquido y causar bloqueo a causa de una infección o alergia del oído.

Los problemas auditivos en los niños pueden estar presentes desde el nacimiento, progresar lentamente o manifestarse durante un lapso prolongado. Muchos padres se preocupan de que su lactante o niño de corta edad no oye normalmente. Ahora la agudeza auditiva puede determinarse a cualquier edad por medio de computadores que analizan los cambios de las ondas cerebrales en respuesta a los sonidos. Algo más simple, el niño con agudeza auditiva normal reacciona de modo característico a un ruido. Se puede utilizar una palmada o aplauso, una bocina o un silbato para producir el sonido. Del nacimiento a los tres meses de edad, el niño cerrará o abrirá los ojos, moverá los brazos o las piernas, volverá la cabeza o comenzará a chupar en respuesta al sonido. Si el niño está en movimiento o dando voces antes de emitirlo, quizá interrumpa su actividad. A los tres meses, los niños comienzan a hacer el intento de buscar el sonido; mueven la cabeza y procuran localizarlo. La capacidad de hallar la fuente del sonido, sin importar dónde se encuentre (abajo, detrás o arriba del niño) quizá no llegue a su pleno desarrollo hasta la edad de dos años.

El avance normal del habla del niño depende de su oído. El niño que aprende a hablar en un plazo muy largo o parece no lograr progresos, en realidad puede tener una dificultad auditiva. Los niños que balbucean de continuo sin formar palabras comprensibles, después de cumplir un año de edad también pueden despertar sospecha de dificultades auditivas.

Tratamiento casero

La necesidad de una prueba exacta de la agudeza auditiva exige acudir al médico. Sin embargo, cuando se sabe con certeza que el problema se debe a la acumulación de cerilla, puede tratarse con eficacia en el hogar: basta lavar el oído con agua tibia para extraer la cerilla. En las farmacias se consiguen jeringas u otros dispositivos para lanzar pequeños chorros de agua en el oído. Los aparatos que disparan chorros de agua ajustados a la *presión mínima* pueden utilizarse con bastante éxito, pero no los recomendamos en niños de corta edad por el aterrador ruido que emiten. Los ablandadores de cerilla, como Cerumenex, pueden requerirse cuando esta secreción se endurece y forma un tapón rígido; observe las instrucciones en la etiqueta. (Debrox ha adquirido la mala fama de irritar el conducto auditivo, quizá injustamente.) Unas palabras de advertencia: primero, el agua debe aproximarse lo más posible a la temperatura corporal; el uso de agua fría puede conducir a vértigo y vómitos. Segundo, no se debe intentar el lavado si hay la menor duda sobre la integridad del tímpano; debe estar intacto y sano.

Proceda con cautela al extraer cuerpos extraños. No intente hacerlo a menos que el objeto sea muy accesible y su extracción claramente no plantee ninguna amenaza de daño a las estructuras del oído. No deben utilizarse nunca instrumentos filosos para retirar cuerpos extraños. Muchas veces, los intentos de sacar un objeto lo empujan más al fondo del oído o lesionan el tímpano.

Qué esperar en el consultorio

Un examen minucioso de ambos oídos a menudo revela la causa de la reducción de la

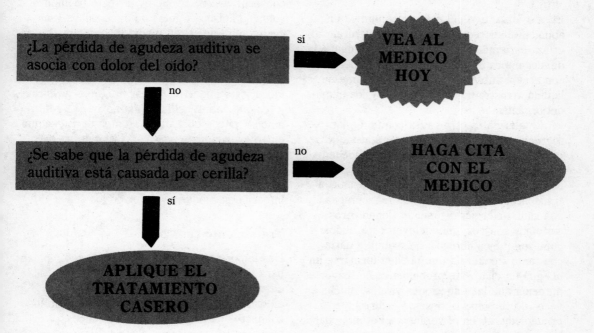

¿La pérdida de agudeza auditiva se asocia con dolor del oído?

sí → **VEA AL MEDICO HOY**

no

¿Se sabe que la pérdida de agudeza auditiva está causada por cerilla?

no → **HAGA CITA CON EL MEDICO**

sí

APLIQUE EL TRATAMIENTO CASERO

agudeza auditiva. De lo contrario, el médico quizá recomiende una audiometría (prueba electrónica de la audición) u otras pruebas. Cierta disminución de la agudeza auditiva es normal después de los 20 años de edad. Si esto se torna en un problema más adelante, es hora de acudir al médico. A menudo se puede mejorar la agudeza auditiva por medio de diversos métodos.

23 Secreciones nasales

El sello distintivo del catarro común es una abundante secreción nasal, que la naturaleza utiliza para ayudar al organismo a combatir la infección viral, porque contiene anticuerpos con acción antiviral. El profuso derrame de líquido arrastra consigo los virus y los elimina del organismo.

La alergia es otra causa común de las secreciones nasales, y de las personas que presentan este cuadro se dice que padecen *rinitis alérgica,* mejor conocida como *fiebre del heno;* las secreciones en estos casos son transparentes y muy acuosas. Las personas con rinitis alérgica a menudo tienen otros síntomas a la vez, que incluyen estornudos, comezón y ojos llorosos. Se frotan la nariz con tanta frecuencia que pueden formarse un pliegue en ella. Este problema es de mayor duración que las infecciones virales, muchas veces de semanas o meses, y ocurre principalmente en el verano y el otoño, cuando hay partículas de polen o de otros alergenos en el aire. Muchas otras sustancias pueden exacerbar la rinitis alérgica, entre ellas el polvo común, moho y caspa animal.

En contadas ocasiones, una lesión de la cabeza puede propiciar que el líquido que rodea el cerebro se filtre a la nariz, lo que produce un flujo transparente y acuoso, casi siempre por una sola fosa nasal, que requiere atención médica.

Las infecciones bacterianas pueden causar una secreción fétida a menudo de color rojizo o verde. En este caso pueden ser útiles los antibióticos.

La secreción nasal también puede deberse a un pequeño objeto que un niño ha introducido en su nariz. Por lo regular, pero no siempre, esto produce secreción en una sola fosa nasal; suele ser fétida y de color amarillo o verde.

Otra causa común que favorece la secreción y congestión nasales es el empleo prolongado de gotas para la nariz. Este problema de medicación excesiva se denomina *rinitis medicamentosa.* Las gotas nasales que contienen compuestos como la efedrina nunca deben administrarse más de tres días consecutivos. Se puede evitar este problema con sólo aplicarse gotas de agua salada (una cucharadita de sal en medio litro de agua) durante unos días.

Las complicaciones del exceso de secreciones nasales se deben al exceso de moco; éste puede ocasionar un goteo posnasal y tos que se intensifica en la noche. El goteo mucoso puede obstruir la trompa de Eustaquio entre los conductos nasales y el oído, lo que produce una infección del oído y dolor, y puede taponar los conductos de los senos paranasales, cuya consecuencia es una infección secundaria y dolor de los senos.

Tratamiento casero.

Dos importantes tipos de fármacos se emplean para tratar las secreciones nasales: los descongestivos, como la seudoefedrina y la efedrina, contraen las mucosas y despejan los conductos nasales; los antihistamínicos bloquean las reacciones alérgicas y reducen el volumen de la secreción. Los descongestivos causan hiperactividad en algunos niños. Los antihistamínicos lo mismo provocan somnolencia que insomnio. Debido a las complicaciones de la medicación, las secreciones nasales deben tratarse sólo cuando resulten sumamente molestas. El empleo de pañuelos desechables suele ser el mejor recurso: ¡carece de efectos secundarios, cuesta menos y ayuda a expulsar el virus del organismo!

Si usted opta por tratar las secreciones nasales con medicamentos, las gotas nasales son adecuadas. Las de agua salada resultan excelentes para los lactantes. Los niños mayores y los adultos pueden emplear gotas que contienen descongestivos. Si desea mayor información sobre descongestivos, antihistamínicos y gotas nasales, consulte el capítulo 9, «El botiquín del hogar».

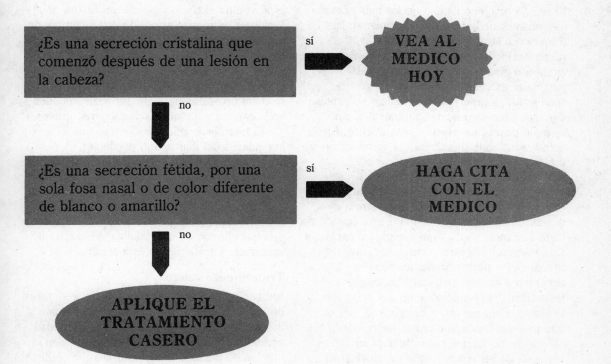

¿Es una secreción cristalina que comenzó después de una lesión en la cabeza?

sí → **VEA AL MEDICO HOY**

no ↓

¿Es una secreción fétida, por una sola fosa nasal o de color diferente de blanco o amarillo?

sí → **HAGA CITA CON EL MEDICO**

no ↓

APLIQUE EL TRATAMIENTO CASERO

Las complicaciones como las infecciones de los senos y del oído pueden prevenirse cerciorándose de que el moco sea fluido en vez de espeso y viscoso, lo que ayuda a prevenir la obstrucción de los conductos nasales. Si se aumenta la humedad ambiental con un vaporizador o humectante, se ayuda a licuar el moco. El aire calentado por calefacción en el interior de una casa suele ser muy seco; el aire más fresco contiene más humedad y resulta preferible. La ingestión de grandes cantidades de líquidos también ayuda a licuar las secreciones.

Si los síntomas persisten más de tres semanas, debe ponerse en contacto con su médico.

Qué esperar en el consultorio

El médico realizará un examen minucioso de oídos, nariz y garganta y evaluará la sensibilidad de los senos paranasales. A menudo se tomará un frotis de las secreciones nasales para examinarlas en el microscopio. La presencia de ciertos tipos de células, denominadas eosinófilos, indica la presencia de fiebre del heno (rinitis alérgica). Si se descubre esta afección, el médico quizá prescriba antihistamínicos y recomiende al paciente que evite polvo, moho, caspa animal y polen, según un régimen que le explicará y que es semejante al descrito en el capítulo G, «Alergias».

171

24 Tos

El reflejo tusígeno es uno de los más eficaces mecanismos de defensa del organismo; la irritación o la obstrucción de las vías respiratorias lo desencadena y la violenta expulsión de aire ayuda a eliminar las partículas extrañas alojadas en estos conductos. Si gracias a este reflejo se expulsa del organismo una sustancia anormal, por ejemplo pus, la tos resulta conveniente. En estos casos se le denomina tos «productiva» y por lo regular no debe suprimirse con medicamentos.

A menudo, una irritación leve o una zona en recuperación de una vía respiratoria desencadena el reflejo tusígeno, aun cuando no haya sustancia alguna que expulsar, aparte del moco normal. En otras ocasiones, las mucosidades de los conductos nasales escurren a las vías respiratorias por la noche (escurrimiento posnasal) e inician el reflejo tusígeno. Esta tos no es beneficiosa, por lo que procede frenarla con supresores de la tos.

La tos de fumador atestigua la irritación continua de los conductos respiratorios. El humo también contamina las células que tapizan el interior de estos conductos, de manera que no se puede expulsar normalmente el moco. La tos de fumador es un signo de las enfermedades mortales que se avecinan.

Al hábito de fumar le siguen las infecciones virales como causa frecuente de tos, que generalmente sólo expulsa moco amarillo o blanco. En contraste, la tos que produce moco rojizo o verde y que parece contener pus es la más probablemente causada por una infección bacteriana. Todas las infecciones de origen bacteriano requieren la asistencia médica y antibióticos.

El término *neumonía* se usa más a menudo en referencia a una infección bacteriana del pulmón, pero también puede aplicarse a la infección viral y también a otros problemas. De hecho, un *resfrío en el pecho* es una neumonía viral, así como la *neumonía doble* y la *neumonía ambulatoria*. Por tanto, no se deje llevar por el pánico si oye decir neumonía: no es un término muy preciso.

En los lactantes de muy corta edad, la tos es algo muy extraño y puede indicar un problema pulmonar grave. En los lactantes de mayor edad, propensos a tragar algún objeto, puede tratarse de un cuerpo extraño alojado en la tráquea y que provoca la tos. Los niños también tienden a inhalar partículas de maní o rosetas de maíz, las cuales pueden provocar tos y anomalías pulmonares graves.

El hipo, originado por contracciones irregulares del diafragma, puede ser problemático en algunas ocasiones. Aun cuando ha habido muchos remedios caseros que se han aconsejado con el paso de los años, que incluyen beber grandes cantidades de agua y asustar a quien lo sufre, hay ciertas pruebas clínicas de que media cucharadita de azúcar es el tratamiento más eficaz.

Tratamiento casero

Existen varios medios para lograr que el moco de las vías respiratorias se torne más fluido y menos viscoso. Es útil aumentar la humedad ambiental; dos maneras de lograr esto son el empleo de un vaporizador o dejar que se llene de vapor el cuarto de baño. En la grave tos del *crup* en niños de corta edad, un alto nivel de humedad en el ambiente es absolutamente esencial. La ingestión de grandes volúmenes de líquidos es útil para la tos, sobre todo si la fiebre ha deshidratado el organismo. El guayacolato de glicerilo (Robitussin o 2/G) es de venta libre y puede favorecer la licuefacción de las secreciones. El uso abundante de sustancias caseras tan comunes como la pimienta y el ajo también licua las secreciones y puede contribuir a calmar la tos.

Los descongestivos, los antihistamínicos o ambos pueden ser útiles si un escurrimiento posnasal es la causa de la tos. De lo contrario, evite los fármacos que contienen antihistamínicos porque resecan las secreciones y las tornan más espesas.

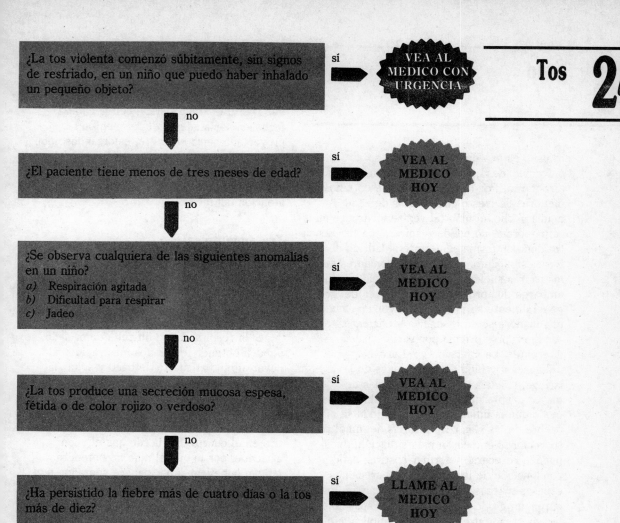

¿La tos violenta comenzó súbitamente, sin signos de resfriado, en un niño que puedo haber inhalado un pequeño objeto? — sí → VEA AL MEDICO CON URGENCIA

no ↓

¿El paciente tiene menos de tres meses de edad? — sí → VEA AL MEDICO HOY

no ↓

¿Se observa cualquiera de las siguientes anomalías en un niño?
a) Respiración agitada
b) Dificultad para respirar
c) Jadeo
— sí → VEA AL MEDICO HOY

no ↓

¿La tos produce una secreción mucosa espesa, fétida o de color rojizo o verdoso? — sí → VEA AL MEDICO HOY

no ↓

¿Ha persistido la fiebre más de cuatro días o la tos más de diez? — sí → LLAME AL MEDICO HOY

no ↓

APLIQUE EL TRATAMIENTO CASERO

Varios preparados para la tos que se venden sin prescripción médica son eficaces para mitigar una tos molesta. La tos seca que produce cosquilleo a menudo responde a pastillas para la tos e incluso a chupar trozos de caramelo. El dextrometorfán (Romilar, jarabe St. Joseph para la tos, etc.) es un eficaz supresor de la tos y su venta no requiere receta médica. Los adultos tal vez necesiten hasta el doble de la dosis recomendada en el intructivo incluido en el envase. No se exceda de esta cantidad; ni el dextrometorfán ni la codeína son capaces de eliminar completamente la tos en ninguna dosis, y sí pueden sobrevenir reacciones secundarias como somnolencia y estreñimiento. Si desea mayores informes, consulte el capítulo 9, «El botiquín del hogar».

Qué esperar en el consultorio
El médico examinará oídos, nariz, garganta y pecho; en algunos casos recomendará una radiografía de tórax. No espere la prescripción de antibióticos en caso de una tos común por virus o alergia, ya que resultan inútiles.

173

25 Crup

El crup es una de las más aterradoras enfermedades que los padres de un niño jamás afrontarán. Por lo regular, ocurre en niños menores de tres o cuatro años de edad. A media noche, el niño tal vez se incorpore en la cama porque no puede respirar, con frecuencia tosiendo en forma semejante al ladrido de una foca; estos síntomas son tan alarmantes que los padres suelen responder con pánico. Sin embargo, los problemas más graves del crup generalmente se pueden resolver en casa de una manera segura, sencilla y eficiente.

El crup se origina por varios virus diferentes. La infección viral provoca inflamación y flujo de secreciones de la laringe, tráquea y vías respiratorias de mayor calibre que conducen al pulmón, de modo que la inflamación reduce todavía más el calibre de las vías respiratorias del niño. Las secreciones empeoran esta situación, pues pueden resecarse y formar costras; esta combinación de inflamación y secreciones espesas y secas dificulta la respiración. Puede surgir un grado considerable de espasmo en las vías respiratorias, lo que complica aún más el problema. El tratamiento se enfoca a disolver las secreciones secas.

En algunos niños el crup es una afección recurrente, porque pueden padecer tres o cuatro episodios de esta enfermedad. Esto rara vez representa un problema subyacente grave, pero conviene solicitar el consejo de un médico. El niño supera el peligro de crup a medida que sus conductos respiratorios aumentan de calibre; es muy poco frecuente después de los siete años de edad.

En algunas ocasiones, se puede confundir el crup con una obstrucción más grave, causada por infección bacteriana, que se denomina epiglotitis; ésta es más común en niños mayores de tres años, pero se traslapan las edades en que los pequeños pueden padecer estas dos afecciones. Los niños con epiglotitis suelen experimentar una dificultad mayor para respirar, se les dificulta manejar su saliva y babean mucho. A menudo adoptan una postura característica, con la cabeza inclinada hacia adelante y el mentón proyectado hacia el frente, esforzándose por respirar. La epiglotitis no se mitiga con las sencillas medidas que producen un rápido alivio en el crup. Exige de inmediato la atención del médico.

Tratamiento casero

El vapor es la base del tratamiento del crup y puede proporcionarse eficazmente con vaporizadores fríos, que son preferibles a los calientes, porque con los primeros no hay posibilidad de escaldaduras.

Si la respiración se dificulta demasiado, se pueden obtener resultados más rápidos al llevar al niño al cuarto de baño y soltar la ducha caliente para formar espesas nubes de vapor. (¡Que el niño no reciba el baño caliente!) El vapor se puede producir en forma más eficiente si de antemano hay aire frío en el cuarto. Recuerde que el vapor asciende, por lo que el niño no obtendrá ningún beneficio si permanece sentado en el suelo. El alivio a menudo se produce pronto y debe ser perceptible en los primeros 20 minutos. Es importante mantener al niño calmado y que no sea presa del pánico; sostener al niño en brazos puede consolarlo y quizá ayude a atenuar el espasmo de las vías respiratorias. Si después de 20 minutos el niño no muestra una mejora importante, deberá usted comunicarse de inmediato con su médico o con una sala de urgencias cercana. En uno u otro caso deberán observar al niño y comenzarán a hacer preparativos mientras usted llega. Desafortunadamente, pocas salas de urgencias pueden proporcionar vapor tan fácilmente como la ducha en casa.

Si se consigue una mejora notable, pero el problema persiste durante más de una hora, llame al médico.

¿Se observa cualquiera de los siguientes signos?

a) Babeo abundante
b) Respiración con el mentón proyectado hacia el frente y la boca abierta
c) Grave dificultad respiratoria

sí

VEA AL MEDICO CON URGENCIA

 no

¿Están presentes estas anomalías?

a) Tos que parece ladrido de foca
b) Dificultad para aspirar

no Sospeche algún problema diferente de crup

 sí

¿Mejora la respiración con vapor?

no

LLAME AL MEDICO CON URGENCIA

 sí

APLIQUE EL TRATAMIENTO CASERO

Qué esperar en el consultorio

Si el médico tiene la certeza de que es un caso de crup, ensayará el empleo adicional de vapor. En casos difíciles, las radiografías del cuello son un medio fidedigno para diferenciar el crup de la epiglotitis, ya que a menudo es posible ver la epiglotis inflamada al fondo de la garganta; es preciso aclarar que este reconocimiento entraña riesgos y no debe intentarse en casa. Si se diagnostica epiglotitis, se deberá internar al niño en el hospital; se colocará un dispositivo en la tráquea que le permitirá respirar y se iniciará la administración de antibióticos por vía intravenosa con la finalidad de curar la infección bacteriana. En el caso de crup, el traslado al consultorio suele resolver el problema que fue resistente al vapor aplicado en casa; abra un poco las ventanillas del automóvil y deje circular el aire fresco de la noche.

175

26 Jadeo

Jadeo es el agudo sonido sibilante que se produce al pasar aire por las vías respiratorias de calibre disminuido (bronquios y bronquiolos). Es más obvio cuando el paciente exhala, pero puede también ocurrir al inhalar. El jadeo procede de vías aéreas profundas, en contraste con los ruidos semejantes a los del crup o la tos ferina que se originan en la zona de la tráquea (véase **Crup**, problema 25). Casi siempre el estrechamiento de las vías respiratorias se debe a una infección viral o a una reacción alérgica como en el asma. En los lactantes menores de dos años de edad, la bronquiolitis o estrechamiento de las vías aéreas de menor calibre puede deberse a una infección viral. La neumonía también puede provocar jadeo, lo mismo que la picadura de un insecto o el consumo de un medicamento; estas dos últimas reacciones son alérgicas y precisan que el paciente acuda al médico. Cualquier fármaco puede causar el problema; algunos individuos jadean incluso después de tomar aspirina. Ocasionalmente puede haber un cuerpo extraño alojado en una vía respiratoria, lo que produce un jadeo localizado que puede ser casi inaudible sin un estetoscopio.

La importancia del jadeo es que constituye un indicador de dificultad respiratoria. En un niño con infección de las vías respiratorias, el jadeo puede ocurrir antes de que se intensifique la dificultad para respirar. Por tanto, cuando surja un jadeo en presencia de fiebre, es aconsejable consultar oportunamente al médico, aun cuando la enfermedad rara vez resulte de gravedad.

El tratamiento del jadeo es sintomático, puesto que no hay fármacos que curen las afecciones virales ni el asma, y el tratamiento casero es una parte significativa de ello. No obstante, precisa la asistencia del médico para poder emplear medicamentos que dilaten las vías respiratorias. En ciertas ocasiones se pueden necesitar líquidos de administración intravenosa.

Tratamiento casero

Es muy importante la hidratación que se obtiene al beber líquidos. Lo mejor es beber agua, pero se puede ingerir jugos de frutas o refrescos embotellados, si esto aumenta el volumen consumido. Algunas veces puede ser útil el empleo de un vaporizador, de preferencia que produzca bruma fría, pero si no se dispone de uno con esta característica, se puede usar la ducha en el cuarto de baño para producir una nube de vapor. Desgraciadamente, es difícil lograr que pase una gran cantidad de vapor a las más finas vías respiratorias. Estas medidas serán una parte de la terapia que el médico recomiende y pueden iniciarse de inmediato, aun cuando sea necesario acudir al consultorio.

Qué esperar en el consultorio

El examen físico se centrará en el pecho y el cuello. El interrogatorio será no sólo sobre la afección del momento, sino también acerca de la historia pasada de alergias del paciente o de su familia. En los niños pequeños se investigará, además, la posibilidad de que se haya ingerido un cuerpo extraño. Con el fin de dilatar las vías respiratorias, tal vez se administren sustancias como adrenalina o aminofilina, por inyección, por vía oral o como supositorio rectal. (Véase **Asma** págs. 191-93.) Ocasionalmente se necesitará hospitalizar al paciente para permitir la administración intravenosa de líquidos y lograr la humectación efectiva del ambiente. Aún de mayor importancia, el paciente puede ser estrechamente observado en el hospital, que funge como medida preventiva para evitar que el estado del paciente empeore antes de mejorar.

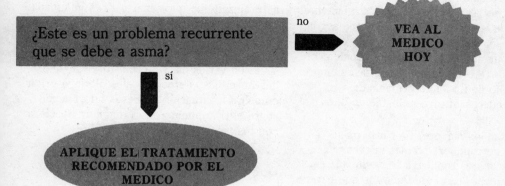

¿Este es un problema recurrente que se debe a asma?

no → VEA AL MEDICO HOY

sí ↓

APLIQUE EL TRATAMIENTO RECOMENDADO POR EL MEDICO

Ronquera

La ronquera generalmente se debe a una alteración de las cuerdas vocales. En lactantes menores de tres meses de edad puede ser la manifestación de un problema grave, como un defecto congénito o un trastorno tiroideo. En niños de corta edad, la ronquera casi siempre es resultado de un llanto prolongado o excesivo, que constituye un esfuerzo para las cuerdas vocales.

En los niños mayores, la causa más frecuente de ronquera son las infecciones virales, pero si la ronquera se acompaña de dificultad respiratoria o de una tos que parece ladrido de foca, se considera un síntoma de crup (véase **Crup**, problema 25). El crup es característico en niños menores de cuatro años de edad, en cuanto el síntoma de ronquera en sí es más común a mayor edad.

Si la ronquera se acompaña de dificultad para respirar o deglutir, babeo excesivo, suspiros prolongados o respiración con la boca abierta y el mentón proyectado hacia adelante, es preciso acudir inmediatamente al médico, pues se trata de una emergencia. Este problema se conoce como *epiglotitis,* una infección bacteriana que afecta el acceso a la tráquea.

En los adultos, un virus suele ser la causa de ronquera o laringitis, sin ningún otro síntoma. Como en el caso de cualquier otro síntoma de infección de las vías respiratorias superiores, la ronquera puede persistir después de que hayan desaparecido otros síntomas. Cuando la ronquera es moderada, la causa más frecuente es el humo de cigarrillo. Si la ronquera tenaz *no* está asociada con una infección viral ni con el hábito de fumar, debe investigarla el médico. La duración del tiempo de espera es motivo de controversia; nosotros sugerimos un mes. Si es usted fumador, abandone el hábito y aguarde un mes. La ronquera persistente obedece a muchas causas; las más comunes son quistes o pólipos en las cuerdas vocales. El cáncer también es una causa, pero relativamente rara.

Tratamiento casero

La ronquera no asociada con otros síntomas es muy resistente a tratamiento médico. La naturaleza tiene que sanar el área inflamada. La humectación del aire con un vaporizador o la ingestión de líquidos puede ofrecer cierto alivio; sin embargo, el paciente quizá no logre sanar en varios días. Es sensato dejar que descansen las cuerdas vocales; llorar o gritar empeora la situación. Si desea información sobre el tratamiento de la ronquera asociada con tos, vea **tos** (problema 24).

Qué esperar en el consultorio

Si el niño sufre dificultad respiratoria grave, la prioridad máxima es asegurar la permeabilidad adecuada de las vías respiratorias, lo que puede exigir la inserción de un tubo en la tráquea; esto se realiza en la sala de urgencias, el hospital o el consultorio. Si se toman radiografías del cuello, un médico debe acompañar al niño en todo momento.

En la ronquera sin complicaciones que ha persistido un período prolongado, el médico observará las cuerdas vocales auxiliado por un pequeño espejo. Ocasionalmente, se llevarán a cabo un examen físico más extenso y análisis de sangre.

¿Se observa cualquiera de las siguientes anomalías en un niño pequeño?
a) Dificultad respiratoria
b) Dificultad para deglutir
c) Babeo abundante

sí →
VEA AL MEDICO CON URGENCIA

 no

¿El niño tiene menos de tres meses de edad?

sí →
LLAME AL MEDICO HOY

 no

¿Ha persistido la ronquera más de una semana en un niño o más de un mes en un adulto?

sí → **HAGA CITA CON EL MEDICO**

no

APLIQUE EL TRATAMIENTO CASERO

28 Ganglios inflamados

Los tipos más comunes de ganglios inflamados son los linfáticos y las glándulas salivales. Las glándulas salivales más grandes se localizan por debajo y frente a los oídos; cuando se hinchan, se origina una inflamación característica de paperas o parotiditis (véase **Paperas**, problema 53).

Los ganglios linfáticos desempeñan un papel en la defensa del organismo contra las infecciones. Se inflaman aun si la infección es leve o no evidente, aunque por lo regular se puede identificar la infección que ocasiona el edema. Los ganglios inflamados en el cuello a menudo se presentan con afecciones de la garganta o infecciones del oído. La inflamación de una glándula o ganglio sencillamente indica que participa en la lucha contra la infección. Los ganglios en la ingle aumentan de tamaño cuando surge una infección en los pies, las piernas o la región genital; a menudo se inflaman estos ganglios cuando no se puede observar alguna infección obvia. Algunas veces el problema básico puede ser tan leve que se pase por alto (como en el pie de atleta).

Los ganglios que se inflaman detrás de los oídos a menudo son el resultado de una infección del cuero cabelludo. Si no existe esta infección, es posible que el paciente tenga o haya padecido recientemente rubéola (véase **Rubéola,** problema 56), o mononucleosis infecciosa.

Si el ganglio inflamado se encuentra rojo y sensible, puede ser que presente el propio ganglio una infección bacteriana y requiera un tratamiento con antibióticos. De lo contrario, los ganglios inflamados no necesitan tratamiento alguno, pues sólo combaten infecciones en otro sitio. Si se acompañan de alguna afección de la garganta o de dolor de oído, estos problemas deben tratarse en la forma descrita en los problemas 19 y 20, respectivamente. No obstante, los ganglios inflamados generalmente son el resultado de infecciones virales múltiples que no requieren tratamiento. Si usted ha observado uno o varios ganglios que aumentan de tamaño progresivamente en un lapso de tres semanas, deberá consultar a un médico. Sólo en raras ocasiones los ganglios inflamados son una señal de problemas subyacentes graves.

Tratamiento casero

Simplemente observe los ganglios durante varias semanas para comprobar si continúan en aumento o si otros también se inflaman. La gran mayoría de los ganglios inflamados que persisten más de tres semanas no son de gravedad, pero se debe consultar a un médico si no tienden a reducir de tamaño. La sensibilidad de los ganglios por lo regular desaparece en un par de días; el dolor es consecuencia del rápido aumento de tamaño del ganglio en las etapas iniciales que ocurren al combatir la infección. Toma mucho más tiempo la recuperación del tamaño normal del ganglio.

Qué esperar en el consultorio

El médico examinará los ganglios y buscará infecciones u otras causas de la inflamación. Examinará otros ganglios que quizá no se hayan notado. El médico interrogará sobre fiebre, pérdida de peso u otros síntomas asociados con la inflamación de los ganglios, quizás indique ciertos análisis de sangre o tan solo se concrete a observar los ganglios durante un tiempo. En forma fortuita, quizá sea necesario extirpar (biopsia) el ganglio para examinarlo al microscopio, pero esto rara vez se necesita.

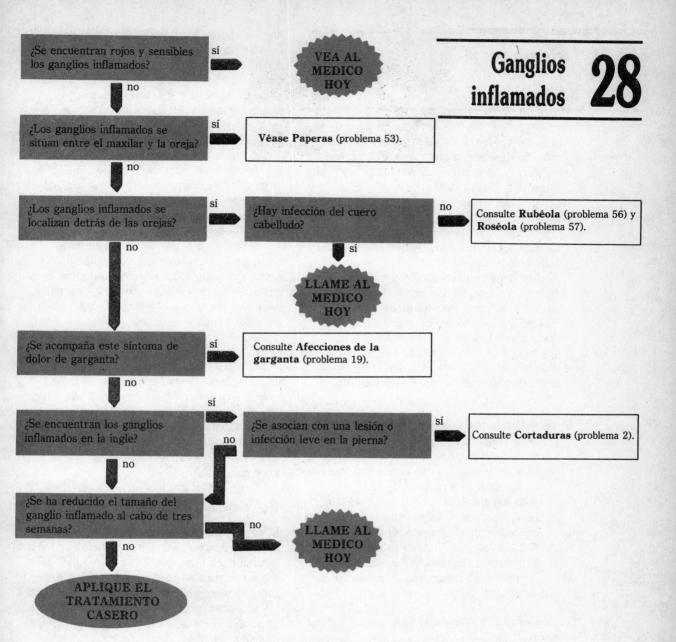

¿Se encuentran rojos y sensibles los ganglios inflamados? — **sí** → **VEA AL MEDICO HOY**

↓ **no**

¿Los ganglios inflamados se sitúan entre el maxilar y la oreja? — **sí** → **Véase Paperas** (problema 53).

↓ **no**

¿Los ganglios inflamados se localizan detrás de las orejas? — **sí** → ¿Hay infección del cuero cabelludo? — **no** → Consulte **Rubéola** (problema 56) y **Roséola** (problema 57).

¿Hay infección del cuero cabelludo? ↓ **sí** → **LLAME AL MEDICO HOY**

↓ **no**

¿Se acompaña este síntoma de dolor de garganta? — **sí** → Consulte **Afecciones de la garganta** (problema 19).

↓ **no**

¿Se encuentran los ganglios inflamados en la ingle? — **sí** → ¿Se asocian con una lesión o infección leve en la pierna? — **sí** → Consulte **Cortaduras** (problema 2).

¿Se asocian con una lesión o infección leve en la pierna? **no** →

↓ **no**

¿Se ha reducido el tamaño del ganglio inflamado al cabo de tres semanas? — **no** → **LLAME AL MEDICO HOY**

↓ **no**

APLIQUE EL TRATAMIENTO CASERO

29 Hemorragia nasal

Los vasos sanguíneos de la nariz son muy superficiales, por lo que puede ocurrir una hemorragia con el menor traumatismo. En los niños, una causa frecuente de estas hemorragias es su costumbre de meterse los dedos en la nariz. Una eficaz medida preventiva consiste en mantenerles cortadas las uñas y convencerlos de que abandonen su mal hábito.

Las hemorragias nasales a menudo se deben a irritaciones ocasionadas por virus o al hecho de sonarse vigorosamente. El principal problema en este caso es el resfriado y el tratamiento de sus síntomas reducirá la posibilidad de estas hemorragias. Si las mucosas nasales se encuentran resecas, es más probable que se agrieten y sangren.

Es importante recordar estos puntos clave:

- Casi siempre puede contener la hemorragia usted mismo.
- La gran mayoría de las hemorragias nasales se asocian con catarros o lesiones menores de la nariz.
- Los tratamientos como taponar la nariz con gasa tienen desventajas importantes y deben evitarse de ser posible.
- La investigación de la causa de hemorragias nasales recurrentes no es urgente y se realiza mejor cuando la nariz *no* sangra.

Tratamiento casero

La nariz se compone de una porción ósea y otra cartilaginosa: una «dura» y otra «blanda». La zona de la nariz que suele sangrar está en la porción blanda, por lo que la hemorragia nasal se contiene con compresión. Basta apretar la nariz entre los dedos pulgar e índice justo por debajo de la porción dura de la nariz, durante no menos de cinco minutos. El paciente debe estar sentado, y no es preciso que haga la cabeza hacia atrás; esto sólo dirige el flujo de sangre hacia la garganta en vez de hacia adelante. Pueden ser útiles las compresas frías o la aplicación de hielo sobre el caballete de la nariz. Casi todas las hemorragias nasales pueden contenerse de esta manera si se deja pasar el *tiempo suficiente* para que cese el flujo de sangre.

Las hemorragias nasales son más frecuentes en el invierno, cuando abundan los virus y las habitaciones con aire seco por la calefacción. Una casa más fresca y un vaporizador para normalizar la humedad ambiental favorecen a muchas personas.

Si las hemorragias son un problema recurrente, cada vez más frecuentes y no están asociadas con un resfriado ni otra irritación ligera, debe consultar a su médico, sin prisa. No es preciso hacer lo anterior de inmediato pues un examen quizá sólo desencadene de nuevo la hemorragia.

La opinión de los médicos está dividida en lo relativo a la hipertensión arterial como causa de hemorragias nasales, si bien la mayoría de los profesionales se inclina a creer que pocas veces existe una relación entre ambas anomalías. A modo de precaución, el hipertenso que experimente una hemorragia nasal tal vez desee verificar su presión arterial a los pocos días.

Qué esperar en el consultorio

El médico sentará al paciente y le comprimirá ambos orificios nasales, aun cuando el paciente lo haya hecho en casa y, por lo regular, el médico logrará el resultado apetecido. Es menos aconsejable taponar la nariz o intentar la cauterización del punto sangrante. Si es imposible contener la hemorragia, el médico examinará la nariz con el fin de localizar el punto que sangra. Si lo encuentra, tal vez intente una cauterización eléctrica o química. Si fracasa lo anterior, tal vez sea inevitable taponar la nariz. Este recurso es molesto y puede conducir a una infección, por lo que es preciso observar cuidadosamente al sujeto.

Si se acude al consultorio a causa de hemorragias nasales recurrentes, el paciente

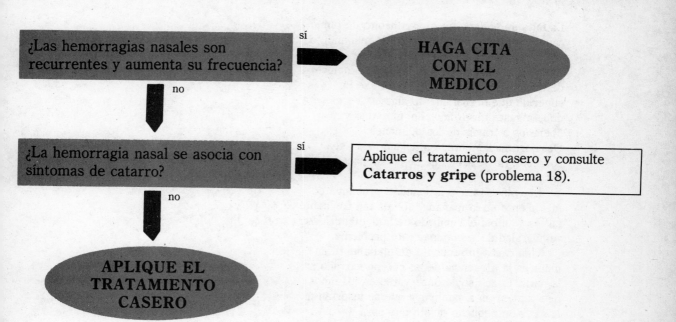

¿Las hemorragias nasales son recurrentes y aumenta su frecuencia?

sí → **HAGA CITA CON EL MEDICO**

no ↓

¿La hemorragia nasal se asocia con síntomas de catarro?

sí → Aplique el tratamiento casero y consulte **Catarros y gripe** (problema 18).

no ↓

APLIQUE EL TRATAMIENTO CASERO

debe esperar preguntas sobre los sucesos anteriores a las hemorragias y un examen minucioso de la nariz. Según la historia y el examen físico, en algunas ocasiones puede ordenar pruebas de coagulación sanguínea.

30 Mal aliento

garganta o lesiones bucales, quizá indique un cultivo de exudados; tal vez se prescriban antibióticos. Si encuentra un cuerpo extraño en la nariz, el médico se servirá de un instrumento especial para extraerlo.

La falta de higiene bucal y el hábito de fumar causan la mayoría de los casos de mal aliento en los adultos, aunque también pueden causarlo las infecciones de la boca, e incluso de la garganta. En forma reciente se ha sugerido que el mal aliento algunas veces se debe a gases absorbidos del intestino y liberados a través de los pulmones. Desafortunadamente, aun cuando esto sea correcto, no se sabe qué se puede hacer al respecto.

Los niños rara vez tienen el problema de mal aliento en la mañana, que es tan frecuente en los adultos; el cepillado de la dentadura con regularidad debe eliminar este problema.

Una causa infrecuente de mal aliento en niños es la presencia de un cuerpo extraño en la nariz, lo que suele observarse en los niños que comienzan a caminar y que se insertan en la nariz un pequeño objeto que pasa inadvertido. A menudo, pero no siempre, hay una secreción blanca, amarillenta o sanguinolenta de un orificio nasal.

Por último, se ha sabido de problemas muy raros, como abscesos pulmonares o infestaciones fuertes de lombrices, que causan mal aliento, si bien no hemos visto ninguno en nuestra práctica de la medicina.

Tratamiento casero

La debida higiene dental y dejar de fumar evitarán muchos casos de mal aliento. De no ser así, tal vez resulte útil una visita a su médico o su dentista.

No utilice enjuagues bucales para perfumarse el aliento; disimulan el problema, pero no resuelven la causa subyacente.

Qué esperar en el consultorio

El médico realizará un examen minucioso de la boca y la nariz. Si el paciente tiene dolor de

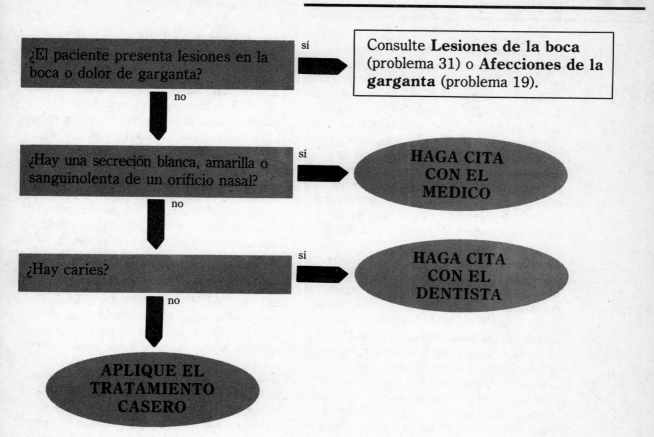

¿El paciente presenta lesiones en la boca o dolor de garganta? — sí → Consulte **Lesiones de la boca** (problema 31) o **Afecciones de la garganta** (problema 19).

no ↓

¿Hay una secreción blanca, amarilla o sanguinolenta de un orificio nasal? — sí → HAGA CITA CON EL MEDICO

no ↓

¿Hay caries? — sí → HAGA CITA CON EL DENTISTA

no ↓

APLIQUE EL TRATAMIENTO CASERO

31 Lesiones de la boca

Las vesículas febriles y las aftas son un problema frecuente causado por el virus del herpes. Estas lesiones por lo regular aparecen en los labios, aun cuando pueden aparecer en la cavidad bucal. A menudo las vesículas se han reventado y sólo se ven las úlceras restantes; en forma frecuente se presenta fiebre. El virus del herpes suele vivir en el organismo años enteros, pero sólo provocan problemas cuando otra enfermedad origina un aumento de temperatura. Por lo regular, las vesículas febriles sanan espontáneamente varios días después de haber disminuido la fiebre.

La estomatitis herpética es una úlcera dolorosa que a menudo aparece después de un traumatismo, como una mordedura accidental del interior del labio o de la lengua o puede surgir también sin ninguna causa evidente. Con el tiempo sana de manera espontánea.

Otro virus que puede ocasionar lesiones de la boca en los niños es el denominado Coxsackie. A menudo estas lesiones se acompañan de manchas en manos y pies, de donde procede su nombre de «síndrome de mano, pie y boca». El niño se siente bien y no tiene fiebre. Una vez más, este problema desaparece por sí solo.

Las reacciones alérgicas a medicamentos pueden producir lesiones de la boca. En estos casos, también puede surgir una erupción cutánea en otras partes del cuerpo y es preciso comunicarse con un médico.

Son contados los casos de cáncer de labio o de encías, que no necesitan tratamiento en los primeros días. La sífilis transmitida por contacto sexual oral puede producir un afta en la boca. Estos dos problemas no suelen ser dolorosos. Existen otras anomalías que también pueden causar lesiones de la boca, pero asimismo ocasionan problemas en los ojos, articulaciones u otros órganos. En forma esporádica, las reacciones alérgicas a los fármacos pueden causar lesiones de la boca. En tales circunstancias, también suele haber una erupción cutánea en otras partes del cuerpo; es preciso consultar a un médico.

Tratamiento casero

Las lesiones de la boca causadas por distintos virus sanan solas. El objetivo del tratamiento consiste en disminuir la fiebre, mitigar el dolor y mantener una ingestión adecuada de líquidos. Los niños pocas veces querrán comer al tener lesiones dolorosas de la boca y, si bien los niños pueden pasar varios días sin recibir alimentos sólidos, es indispensable que tengan una dieta líquida adecuada. Los líquidos fríos son los más reconfortantes y las nieves o los jugos de frutas muy fríos suelen ser convenientes. Para tratar las lesiones en la cara interior del labio o en las encías, se puede aplicar como protección un preparado de venta libre denominado Orabase. Para la estomatitis herpética y las vesículas febriles, un preparado de fenol y alcanfor (Blistex, Campho-Phenique) puede proporcionar alivio, especialmente si se aplica en las fases iniciales. Si cualquiera de estos medicamentos parece causar una irritación adicional, suspenda su empleo. Si las lesiones externas se han cubierto con costras, se pueden aplicar compresas frescas para eliminarlas. Las lesiones de la boca generalmente se resuelven en una o dos semanas; cualquier lesión que persista más de tres semanas debe ser vista por un médico.

Qué esperar en el consultorio

Se hará un examen minucioso de la boca. Por lo regular, se aplicará un fármaco llamado Nystatin para tratar el muguet, una infección por levaduras. En los casos de infecciones virales, los médicos no pueden ofrecer más que remedios caseros. No recomendamos el empleo de anestésicos orales, como Xilocaine viscosa, en los niños, ya que puede interferir con una deglución adecuada y conducir a la inhalación de alimentos a los pulmones.

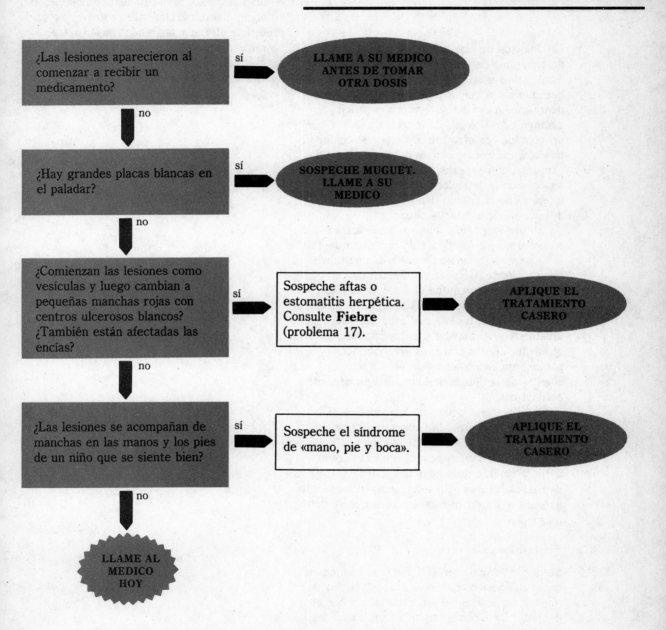

¿Las lesiones aparecieron al comenzar a recibir un medicamento? — **sí** → **LLAME A SU MEDICO ANTES DE TOMAR OTRA DOSIS**

no ↓

¿Hay grandes placas blancas en el paladar? — **sí** → **SOSPECHE MUGUET. LLAME A SU MEDICO**

no ↓

¿Comienzan las lesiones como vesículas y luego cambian a pequeñas manchas rojas con centros ulcerosos blancos? ¿También están afectadas las encías? — **sí** → Sospeche aftas o estomatitis herpética. Consulte **Fiebre** (problema 17). → **APLIQUE EL TRATAMIENTO CASERO**

no ↓

¿Las lesiones se acompañan de manchas en las manos y los pies de un niño que se siente bien? — **sí** → Sospeche el síndrome de «mano, pie y boca». → **APLIQUE EL TRATAMIENTO CASERO**

no ↓

LLAME AL MEDICO HOY

187

32 Dolor de muelas

Un dolor de muelas es el triste resultado de un programa deficiente de higiene dental. Aunque la resistencia a las caries en parte es hereditaria, la mayor parte de los problemas dentales son evitables. A veces es difícil distinguir los dolores de muelas de los provocados por otra causa. Se puede confundir un dolor de muelas con un dolor de oído o de garganta, con paperas, sinusitis o con las lesiones de la articulación que une al maxilar inferior con el cráneo. Un telefonema al médico puede aclarar la situación.

Desde luego, si puede ver una caries o una zona enrojecida alrededor de una pieza dental, la causa más probable de dolor es una muela o diente dañado. Golpear los dientes con un lápiz, a menudo acentúa el dolor de la pieza afectada, aunque tenga una apariencia normal.

Si el paciente tiene mal aspecto, fiebre e inflamación del maxilar o enrojecimiento alrededor de una pieza, es probable que padezca un absceso en esa pieza y que, además de la debida atención dental, necesite antibióticos.

Si el dolor se produce cada vez que el paciente abre mucho la boca, quizá haya sufrido una lesión en la articulación del maxilar; esto puede ser consecuencia de un golpe o del intento de dar una mordida demasiado grande. Un telefonema al médico le ayudará a decidir qué hacer, si es que se debe hacer algo.

Tratamiento casero

Se puede administrar aspirina o acetaminofén como analgésico cuando se sospecha dolor de muelas y mientras se arregla una cita con el dentista. La aspirina también es útil para los problemas de la articulación del maxilar.

Qué esperar en el consultorio

En el consultorio del dentista es probable que se realicen obturaciones o extracciones; esta última medida será más factible si se trata de un niño pequeño. Si el problema que se tiene en algún diente permanente es grave, es preferible efectuar una endodoncia (extracción de raíces nerviosas) que extraer la pieza. Se recetará un antibiótico si se presenta fiebre o inflamación en los maxilares.

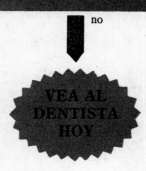

¿Se ha presentado cualquiera de
los siguientes síntomas?
a) Fiebre
b) Dolor de oídos
c) Dolor al abrir ampliamente la boca

sí

LLAME AL
MEDICO
HOY

no

VEA AL
DENTISTA
HOY

G Alergias

La alergia fue descrita originalmente a principios de siglo por el pediatra Clemens von Pirquet. El vocablo *alergia* significa *actividad cambiada,* y describía los cambios ocurridos después de entrar en contacto con una sustancia extraña. Se observaron dos tipos de cambio, uno de los cuales era favorable. El beneficio se derivaba del desarrollo de cierta protección contra una sustancia extraña después de exponerse a ella. Esta respuesta impide que nos afecten muchas enfermedades infecciosas por segunda vez y proporciona la base científica de la mayor parte de las inmunizaciones. El otro tipo de respuesta, que no es beneficiosa, se denomina respuesta de hipersensibilidad y es a la que generalmente se aplica el término alergia.

Ahora se sabe que la alergia puede ocurrir incluso sin una exposición previa a alguna sustancia. Todos somos capaces de tener una respuesta alérgica; por ejemplo, cualquiera que reciba una transfusión con el tipo indebido de sangre desencadenará una reacción alérgica.

Sin embargo, se abusa de la palabra alergia. Cuando a usted le arden los ojos en la ciudad de Los Angeles no es porque sea alérgico al aire, sino que experimentan una irritación química directa originada por los contaminantes ambientales. De modo semejante, la piel que entra en contacto con ciertas plantas o compuestos químicos experimenta una lesión directa y no una respuesta alérgica. Los médicos a menudo señalan la leche o la alergia alimentaria como causa de vómitos, diarrea, cólico, llanto, irritabilidad, inquietud o estornudos en los lactantes. Si bien la alergia puede causar estos síntomas, también puede hacerlo infinidad de otros factores.

En las páginas siguientes presentaremos las alergias frecuentes (por ejemplo, a alimentos, insectos, fármacos, animales domésticos, polen y polvo), los problemas alérgicos más comunes (como asma, fiebre del heno, urticaria y otros problemas de la piel) y los tratamientos médicos disponibles.

ALERGIA ALIMENTARIA

La alergia alimentaria se produce a todas las edades, pero es de mayor interés en los niños. Casi cualquier comestible puede producir una respuesta alérgica; sólo la leche materna parece incapaz de causar una alergia. Incluso en este caso, un informe de 1928 señala los frijoles de la dieta de una madre, detectados en su leche, como la causa de alergia en el lactante. La alergia alimentaria no es la única causa de trastornos digestivos, pero se le culpa de mucho que no ocasiona. Por ejemplo, algunos niños nacen sin una importante enzima digestiva, denominada lactasa, que es necesaria para digerir los azúcares presentes en la leche. Otros niños pierden la facultad de elaborar la lactasa después de los tres o cuatro años de edad; además, muchos adultos tienen una insuficiencia de esta enzima, cuya falta total puede producir diarrea, dolor abdominal y vómitos después de beber leche. Este es sólo un ejemplo de un problema digestivo que puede confundirse con una alergia alimentaria, pero existen muchos otros.

Síntomas de la alergia alimentaria

La alergia alimentaria produce inflamación de la boca y los labios, urticaria, erupciones cutáneas, vómitos, diarrea, asma, secreciones nasales y otros trastornos. Desde luego, muchos otros alergenos, además de los alimentos, pueden causar estos problemas, lo que dificulta comprobar que un alimento en particular es el culpable. El mejor método para detectar una alergia alimentaria es pensar como Sherlock Holmes. Si los labios se inflaman sólo después de comer fresas, ¡ya tiene su sospechoso!

Alimentos causantes de alergia

A menudo se acusa a la leche de vaca de provocar alergia en los niños de corta edad. Como es posible atribuir casi cualquier síntoma a una alergia, y ya que los lactantes consumen tanta leche de vaca, es fácil comprender por qué se le culpa con tanta facilidad. El intestino de los lactantes es capaz de absorber proteínas que no absorberían el tracto digestivo de niños de mayor edad, que pueden alterar ciertas reacciones o provocar alergias.

Existe una controversia acerca de la relación que existe entre la ingestión de leche de vaca y una aparición posterior de asma. Algunos médicos sostienen que si se evita el consumo de leche de vaca se demora o elimina la aparición de asma, y otros aseguran lo contrario. El único punto en el que coinciden es que los niños más propensos a las alergias, incluso al asma, proceden de familias que presentan antecedentes de estas afecciones. La leche de vaca puede tener ciertos efectos en los niños susceptibles de desarrollar alergias, pero tal vez no debe ser motivo de preocupación especial en los niños cuya familia no tiene un historial al respecto.

El consumo de leche de vaca puede causar respuestas alérgicas en lactantes, provocando diarrea e incluso pérdida de sangre a través del intestino, pero sucede en muy pocas ocasiones. Esta es una clara indicación para suprimir la leche de vaca, y más cuando es una diarrea grave documentada por un médico. Las pruebas clínicas necesarias sólo requieren el análisis de las evacuaciones (heces fecales), que debe repetirse después de que el niño ha dejado de tomar leche de vaca.

Algunos otros alimentos que se han asociado con las reacciones alérgicas en niños son el trigo, huevos, cítricos, carne de res y de ternera, pescado y nueces. Son muy poco frecuentes las reacciones intensas en los niños; los padres no deben inquietarse ante la perspectiva de darle nuevos alimentos al niño. Las familias con fuertes antecedentes alérgicos pueden ofrecer al niño un nuevo alimento con cierta frecuencia, de modo que si surge una alergia, su causa será evidente.

Fórmulas de soya que sustituyen la leche

La cantidad de fórmulas de soya producida en Estados Unidos excede el volumen necesario para alimentar a los lactantes con alergia a la leche de vaca. Esta alergia consiste en una respuesta alterada a la proteína de la leche de vaca, que produce vómitos, diarreas o ambas anomalías, pero es sumamente rara. La intolerancia a la leche de vaca por falta de la enzima de lactasa para digerir el azúcar lactosa produce timpanitis, dolor abdominal, vómitos y diarrea. Esta intolerancia también ocurre esporádicamente.

Hay dos hechos que ayudan a explicar la compra de sustitutos de soya. Primero, los padres los adquieren porque a ellos les agradan; son productos nutritivos y los niños los toleran satisfactoriamente. Sin embargo, tienden a ser más costosos que la leche de vaca. La segunda razón que provoca el elevado consumo de fórmulas de soya es que se ha advertido a los padres que reemplacen la leche de vaca al surgir la menor sospecha de una alergia. Todos los síntomas conocidos de la infancia se han atribuido a la alergia a la leche de vaca, pero esta anomalía es muy extraña.

Antes de que gaste su dinero en una fórmula de soya, cerciórese de que su médico haya comprobado que el niño realmente la necesita. Cuando se dice que la mejora de los niños ocurre al cambiar a un preparado de soya lo que en realidad sucede es que se resuelve espontáneamente la causa del molesto síntoma del niño.

ASMA

El asma es un grave trastorno alérgico que es más frecuente en niños y adolescentes; se analiza además en la descripción de su síntoma más prominente: el jadeo (véase problema 26). El jadeo del asma se debe al espasmo de los músculos situados en las paredes de las vías respiratorias pulmonares de pequeño calibre. Una producción excesiva de moco disminuye adicionalmente la permeabilidad de estas vías y puede intensificar la dificultad de expulsar el aire. La presencia tanto de infecciones como de cuerpos extraños en las vías respiratorias puede producir síntomas semejantes a los del asma. Todo jadeo en niños es potencialmente grave y el médico lo debe evaluar, al menos las primeras veces que se observe. El asma tiende a presentarse en pacientes que tienen uno o varios familiares que padecen asma, fiebre del heno o eccema.

Un acceso asmático puede ser desencadenado por una infección, por un acontecimiento que produzca un trastorno emocional o por la exposición a un *alergeno*. Los alergenos más comunes son el polvo, polen, alimentos, moho y las partículas despedidas por animales o «caspa animal». A veces resulta fácil identificar los alergenos que se encuentran en el aire y a los que una persona es vulnerable. Algunos sujetos sólo estornudan al acercarse a los gatos y otros sólo durante la estación en que hay un polen en particular. (El polen casi siempre causa fiebre del heno estacional o rinitis alérgica, más que asma.) En la mayoría de los casos, no hay un motivo claro para que ocurra un ataque asmático específico. Cuando el asma es grave, de ser posible conviene identificar a los alergenos responsables.

Tratamiento del asma

El tratamiento del asma varía según la gravedad del problema. Algunas personas padecen sólo uno o dos episodios de asma y no vuelven a tener la molestia; nosotros dudamos si debieran denominarse ataques de asma. Otras personas sufrirán accesos diarios, que comprometen gravemente su capacidad para desenvolverse de manera normal.

En tanto que algunos médicos sostienen que los niños no superan nunca el asma, las pruebas indican lo contrario. Más de la mitad de los niños con diagnóstico de asma no vuelve a sufrir acceso asmático alguno durante su vida adulta, y sólo un 10 % tendrá ataques ocasionales en esa etapa de su vida.

El tratamiento de esta enfermedad proporciona alivio de los síntomas, en ocasiones espectacularmente, pero también se debe trabajar para eliminar la causa, sea ésta alérgica, infecciosa o emocional. El alivio sintomático del asma se obtiene por medio de una amplia variedad de medicamentos, entre ellos epinefrina, isoproterenol, efedrina, aminofilina, prednisona y otros.

A menudo se mezclan varios medicamentos distintos, pero nosotros no vemos algún motivo para iniciar el tratamiento con este tipo de combinaciones. Muchos de ellos contienen fenobarbital para contrarrestar algunos de los efectos estimulantes de otros ingredientes; se podrían agregar indefinidamente nuevos medicamentos para neutralizar los efectos secundarios de los fármacos administrados con anterioridad. Todos estos productos son enérgicos y todos causan efectos secundarios, pero se pueden tolerar algunos efectos desfavorables leves para aliviar los síntomas principales. Si los efectos secundarios son intolerables, se puede elaborar un nuevo plan terapéutico. Procure evitar los medicamentos combinados.

Los corticosteroides (esteroides, prednisona) son eficaces para los pacientes asmáticos graves, porque bloquean las contracciones musculares que estrechan las vías respiratorias. Tiene muchos efectos secundarios, incluso retraso del crecimiento, por lo que sólo deben emplearse después de una discusión a fondo con su médico.

Los antihistamínicos no son útiles para el tratamiento del asma. De hecho, al resecar las secreciones, pueden ocasionar un verdadero taponamiento de las vías respiratorias.

Por otro lado, se debe tener cuidado con los nebulizadores (medicamentos en aerosol), de los que se puede hacer un uso desmedido e incluso producir reacciones fatales. Deben usarse en forma muy limitada en los niños y sólo cuando fracasan los medicamentos administrados por vía oral. No deben usarse nebulizadores que contengan freón.

Cromolyn es un fármaco relativamente nuevo que se aplica por inhalación. A diferencia de otras medicinas inhaladas, no es eficaz durante un ataque, pero puede prevenir accesos futuros. Cromolyn debe usarse sólo en pacientes asmáticos graves que necesitan dosis altas de medicamentos de administración oral. Muchos pacientes tratados con corticosteroides han podido reducir las dosis de estos fármacos al usar Cromolyn que, al parecer, es particularmente eficaz en los pacientes sensibles a los alergenos inhalados y en aquellos que sufren asma después de hacer ejercicio.

El asma es un asunto complicado. Si usted o uno de sus familiares es asmático, su médico deberá explicarle cuidadosamente la forma de proceder con esta enfermedad. No debe manejar este problema en su totalidad por sí mismo.

Un ambiente libre de alergenos

Una casa relativamente limpia y libre de polvo es saludable para cualquiera, pero es esencial para los alérgicos. Las alfombras, muebles, cortinas, cubrecamas y otros elementos del menaje de casa son susceptibles de atrapar polvo con facilidad, por lo que se deben limpiar a menudo con una aspiradora. La habitación de un asmático debe estar particularmente libre de alergenos, ya que el sueño habitual le exige permanecer en ese cuarto de ocho a diez horas al día. Salvo en casos muy graves, no recomendamos cambiar todo el mobiliario de la casa para reducir la exposición potencial a los alergenos. Incluso entonces, la sustitución de objetos debe realizarse en forma razonable, después de haberse identificado los alergenos sospechosos. Los pacientes y sus mascotas (por lo general perros y gatos) pueden convivir sin problemas, aunque es mejor que el animal no duerma en la pieza del sujeto alérgico. Los muñecos de juguete deben mantenerse limpios; los lavables son los más convenientes. Evite artículos que puedan estar rellenos de pelo animal. Por último, no olvide cambiar con regularidad los filtros de calefactores y enfriadores de aire.

Prevención de infecciones

Como las infecciones pueden desencadenar el asma, es importante que el paciente se someta a un examen físico durante los ataques iniciales o que se repiten con frecuencia. No se debe administrar ningún antibiótico a menos que se haya comprobado la presencia de una infección.

Terapia de hidratación

El agua y otros líquidos ingeridos son muy importantes. El agua afloja el moco alojado en los pulmones y, en consecuencia, facilita la respiración. El vapor no es muy útil durante un ataque de asma, pues no penetra hasta las vías respiratorias afectadas. Los vaporizadores tienen su máxima eficacia en los problemas de las vías respiratorias altas: nariz, boca, garganta, senos paranasales y conductos auditivos.

Tratamiento de apoyo

El asma grave es una experiencia agotadora tanto para el paciente como para toda su familia. A menudo se requiere ayuda para manejar las consecuencias emocionales del asma en el grupo familiar en conjunto; no titubee en solicitarla; pueden ser de incalculable valor los trabajadores sociales y otros asesores.

Ejercicio y asma

Los asmáticos pueden participar en actividades deportivas; recientemente cinco atletas con asma ganaron medallas de oro en natación en las Olimpiadas. Con mucho, la natación es el mejor ejercicio para el asmático. Al parecer, los programas de ejercicios que requieren un esfuerzo intenso y prolongado son mejores y los nadadores tienen la ventaja adicional de un ambiente de gran humedad.

RINITIS ALERGICA
(FIEBRE DEL HENO)

La *rinitis alérgica* es el problema alérgico más frecuente. Es usual que curse con obstrucción y secreciones nasales, ardor en los ojos, lagrimeo y estornudos. En los lactantes, la causa suele ser el polvo o un alimento, y en los adultos, el polvo o el polen. La mayoría de los alérgicos sólo padecen en la estación del polen; la ambrosía es especialmente molesta. El problema parece ser de índole familiar.

El tratamiento se orienta a proporcionar alivio sintomático y, al mismo tiempo, a eludir al alergeno. En general, se requiere algo más que usar pañuelos desechables o de tela para conseguir un alivio sintomático. Se pueden emplear medicamentos de venta libre o que sólo se consiguen por prescripción médica, pero todos provocan algunas reacciones secundarias.

Los antihistamínicos bloquean la acción de la histamina, sustancia que se libera durante las reacciones alérgicas, de modo que ejercen un efecto secante y reducen la obstrucción nasal; pueden asimismo ser útiles para disminuir la comezón, atenuar el mareo por movimientos o mitigar los vómitos. Los antihistamínicos utilizados más a menudo contra la rinitis alérgica son difenhidramina (Benadryl), maleato de clorfeniramina (Clorotrimetón), tripelenamina (Pyribenzamine) y bromofeniramina (Dimetane). Estos cuatro fármacos proceden de tres diferentes clases de compuestos. Cada individuo responde de modo distinto a diferentes sustancias, por lo que puede ser necesario ensayar los diversos tipos de antihistamínicos para determinar cuál es el más eficaz.

La reacción secundaria más frecuente de los antihistamínicos es la somnolencia, que puede interferir desfavorablemente con el trabajo o con los estudios. No se deben tomar los antihistamínicos como sedantes porque la somnolencia que producen *disminuye* la cantidad de sueño profundo necesaria para el reposo normal.

DERMATITIS ATOPICA
(ECCEMA)

La *dermatitis atópica,* conocida comúnmente como eccema, es una afección alérgica de la piel que se caracteriza por resequedad y comezón. La comezón suele provocar rascaduras, que a su vez dan lugar a que la piel se infecte y genere secreciones que, al secarse, forman costras. Una rascadura frecuente causará que la piel se engrose y se torne áspera, características de la dermatitis atópica de larga duración.

La dermatitis atópica se observa en familias con asma y rinitis alérgica. Lo mismo que el asma, pueden empeorarla diversos factores: infecciones, tensión emocional, alergia alimentaria y transpiración.

Los niños rara vez presentan algún signo de este problema al nacer; el primero puede ser enrojecimiento y resequedad de las mejillas. Al tener comezón los lactantes se frotan estas zonas y se causan infecciones secundarias.

A medida que el niño crece se puede extender la dermatitis atópica. Llega a observarse en la cara posterior de las piernas y en la anterior de los brazos. Los adultos a menudo padecen afecciones en las manos; esto es especialmente cierto en quienes deben mantener las manos en contacto frecuente con el agua. El agua tiende a ejercer un efecto secante en la piel, y tiende a hacer más grave el ciclo piel seca-comezón-rascadura-secreción-costra.

El tratamiento se basa en evitar los alergenos y mantener el buen cuidado de la piel.

- Evite la lana, que tiende a intensificar la comezón.
- Evite el uso de ropas que guarde demasiado el calor, pues ocasiona la retención de sudor y aumenta la comezón.
- Mantenga cortas las uñas del niño.
- Evite el baño con agua y jabón, pues tienden a resecar la piel; en vez de éstos use limpiadores que carecen de lípidos. Algunos con alcohol cetílico ayudan a prevenir la sequedad de la piel (loción Cetaphil).
- Evite todos los preparados con aceite o grasa porque producen oclusión de la piel e incrementan la retención de sudor y la comezón.
- Se sugiere a menudo suprimir la leche de vaca, especialmente en la dieta de los niños; cerciórese de que la medida sea en verdad eficaz para su hijo antes de cambiar permanentemente la leche de vaca por un alimento más caro. Cuando pruebe una dieta sin leche de vaca en su niño, no haga *ningún* otro cambio en la alimentación ni en otros cuidados durante dos semanas completas, a menos que sea absolutamente necesario.
- La comezón suele empeorar a la hora de acostarse; la aspirina es un medicamento eficaz y barato para disminuirla. Los antihistamínicos también logran este efecto, pero sólo deben usarse si son necesarios.
- Las cremas de esteroides son útiles en los casos graves; de ser posible sólo deben usarse durante períodos cortos. El empleo prolongado de esteroides en la piel puede provocar múltiples efectos secundarios.
- Algunas veces se necesitan antibióticos para curar infecciones graves de la piel.
- Los factores emocionales también pueden requerir atención; en algunos casos son la clave del éxito del tratamiento.
- No se ha demostrado ningún beneficio derivado de pruebas cutáneas ni de hiposensibilización.

PRUEBAS DE ALERGIA E HIPOSENSIBILIZACION

El propósito de las pruebas de alergia es ayudar a encontrar lo que causa la alergia; no son un tratamiento ni siempre son exactas como evaluaciones. Una vez que se obtiene una prueba de alergia positiva, hay dos enfoques terapéuticos: evitar el alergeno, y la hiposensibilización (desensibilización).

Algunas veces, sin ser lo común, es posible evitar el alergeno. Es poco usual que alguien sea alérgico a los gatos solamente y, por lo regular, una alergia tan aislada la nota cualquier paciente o familia alerta. Evitar polvo, polen, árboles y flores es algo menos que imposible, por lo que a veces la hiposensibilización es razonable, según la gravedad del problema. Esta medida entraña la inyección de una pequeñísima cantidad del alergeno responsable, que gradualmente se incrementa hasta que el paciente es capaz de tolerar la exposición al alergeno y sólo sufrir síntomas leves.

La hiposensibilización es efectiva en muchos casos, pero acarrea varios problemas. Es común que se manifiesten reacciones locales en el punto de inyección, pero es posible minimizarlas si en el momento de la inyección se usa una aguja que no haya sido la utilizada para extraer el líquido del frasco. La hiposensibilización requiere inyecciones semanales durante meses o años, y se puede considerar en pacientes con asma moderada a grave o fiebre del heno grave; no se justifica, como sucede con las pruebas cutáneas preliminares, para pacientes con asma o rinitis alérgica leves.

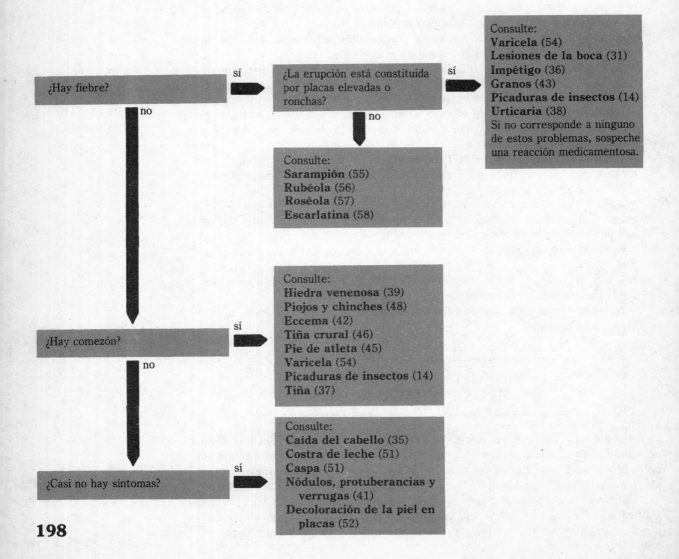

¿Hay fiebre?

sí → ¿La erupción está constituida por placas elevadas o ronchas?

sí → Consulte:
Varicela (54)
Lesiones de la boca (31)
Impétigo (36)
Granos (43)
Picaduras de insectos (14)
Urticaria (38)
Si no corresponde a ninguno de estos problemas, sospeche una reacción medicamentosa.

no → Consulte:
Sarampión (55)
Rubéola (56)
Roséola (57)
Escarlatina (58)

no

¿Hay comezón?

sí → Consulte:
Hiedra venenosa (39)
Piojos y chinches (48)
Eccema (42)
Tiña crural (46)
Pie de atleta (45)
Varicela (54)
Picaduras de insectos (14)
Tiña (37)

no

¿Casi no hay síntomas?

sí → Consulte:
Caída del cabello (35)
Costra de leche (51)
Caspa (51)
**Nódulos, protuberancias y
   verrugas** (41)
**Decoloración de la piel en
   placas** (52)

H Problemas cutáneos frecuentes

199

Tabla de síntomas cutáneos	Fiebre	Comezón	Elevación
Erupciones del lactante (33)	No	A veces	Puntos ligeramente elevados
Erupciones por el pañal (34)	No	No	Sólo si se infecta
Impétigo (36)	A veces	Ocasionalmente	Costras en las lesiones
Tiña (37)	No	Ocasionalmente	Anillos ligeramente elevados
Urticaria (38)	No	Intensa	Lesiones elevadas y planas
Hiedra venenosa (39)	No	Intensa	Las vesículas están elevadas
Erupciones causadas por sustancias químicas (40)	No	De moderada a intensa	Vesículas a veces
Eccema (42)	No	De moderada a intensa	A veces vesículas cuando hay infección
Acné (44)	No	No	Barros, quistes
Pie de atleta (45)	No	De ligera a intensa	No
Caspa y costra de leche (51)	No	Ocasionalmente	Algunas costras
Varicela (54)	Sí	Intensa en la etapa de pústulas	Lesiones planas, luego elevadas, luego vesículas, luego costras
Sarampión (55)	Sí	De ninguna a leve	Plana

Color	Ubicación	Duración	Otros síntomas
Puntos blancos o rojos; puede estar roja la piel circundante	Tronco, cuello, pliegues cutáneos en brazos y piernas	Hasta que se controle	
Rojo	Debajo del pañal	Hasta que se controle	
«Costras doradas sobre lesiones rojas»	Primero en brazos, piernas, cara; después en casi todo el cuerpo	Hasta que se controle	
Rojas	En cualquier parte, incluso en cuero cabelludo y uñas	Hasta que se controle	Descamación
Lesiones pálidas rodeadas de rojo	En cualquier parte	De minutos a días	
Rojo	Areas expuestas	7 a 14 días	Secreción; algo de inflamación
Rojo	Areas expuestas a las sustancias químicas	Hasta que cesa la exposición	Algo de secreción, de inflamación o ambas
Rojo	Codos, muñecas, rodillas, mejillas	Hasta que se controle	Humedad; secreción
Rojo	Cara, espalda, pecho	Hasta que se controle	Espinillas
Incoloro a rojo	Entre los dedos de los pies	Hasta que se controle	Giretas; descamación; vesículas húmedas
Blanco a amarillo a rojo	Cuero cabelludo, cejas, detrás de las orejas, ingle	Hasta que se controle	Escamas finas y aceitosas
Rojo	Puede empezar en cualquier punto; más prominente en tronco y cara	4 a 10 días	Las lesiones progresan de vesículas planas a diminutas, luego forman costras
Rosado y luego rojo	Primero en la cara; luego en pecho y abdomen; después en brazos y piernas	4 a 7 días	Precedido por fiebre, tos, ojos enrojecidos

Tabla de síntomas cutáneos (Cont.)	Fiebre	Comezón	Elevación
Rubéola (56)	Sí	No	Lesiones planas o ligeramente elevadas
Roséola (57)	Sí	No	Lesiones planas, ocasionalmente con unas protuberancias
Escarlatina (58)	Sí	No	Lesiones planas, se sienten como papel de lija
Quinta enfermedad (59)	No	No	Lesiones planas; parecen un encaje

Es preciso abordar los problemas de la piel de una manera un poco diferente de los demás problemas médicos. Pueden elaborarse diagramas de decisión derivados de molestias como «protuberancias rojas», pero son complicados y hasta cierto punto deficientes. Esto se debe a que la mayoría de la gente, incluso los médicos, identifican las enfermedades de la piel al reconocer determinado esquema o patrón, que se compone no sólo de la apariencia del problema en un determinado momento, sino también de cómo empezó, dónde se extendió y si se asocia o no con otros síntomas como comezón y fiebre. También son importantes los elementos de la historia clínica que puedan sugerir una enfermedad a la que quizá se haya expuesto el paciente. Por suerte, muchas veces se tiene una buena idea del problema y así es posible obrar de inmediato si es un caso de hiedra venenosa, tiña o alguna otra afección.

Si se encuentra confundido acerca de la clase de afección de la piel que afronta, consulte la tabla recién presentada como ayuda para encontrar un punto de partida. Cada diagrama de decisiones de esta sección comienza preguntando si el problema es compatible o no con el patrón de esa afección cutánea. (Observe que en las páginas de la izquierda aparece una descripción más completa de ese patrón.) Si no es así, se le indica que reconsidere el problema y consulte nuevamente la tabla.

Color	Ubicación	Duración	Otros síntomas
Rojo	Primero en la cara; luego tronco; después extremidades	2 a 4 días	Ganglios inflamados detrás de las orejas; ocasionales dolores articulares en niños mayores y adultos
Rosado	Primero tronco; luego brazos y cuello; muy pocas lesiones en cara y piernas	1 a 2 días	Fiebre alta durante tres días que desaparece con la erupción cutánea
Rojo	Primero en la cara; luego en codos; se extiende rápidamente a todo el cuerpo en 24 horas	5 a 7 días	Dolor de garganta; desprendimiento de la piel después, especialmente en la palma de las manos
Rojo	Primero en la cara; luego en brazos y piernas; después en el resto del cuerpo	3 a 7 días	Aspecto de «abofeteado»; la erupción cutánea aparece y desaparece

En su mayoría, los casos de una afección cutánea en particular no tienen exactamente el aspecto que indican los libros de texto, por lo que no consideramos necesario presentar fotografías. Hemos incluido una variación razonable en nuestras descripciones, y en ciertos casos tendrá que emplear su sentido común. No tema solicitar otras opiniones; los abuelos y otras personas han observado muchos problemas de la piel a través de los años y conocen su aspecto. Hemos enumerado algunos de los problemas más frecuentes, pero de ninguna manera todos ellos. Si su problema no parece coincidir con alguna de las descripciones, aplique su propio criterio para decidir si el cuadro es grave y, en caso afirmativo, comuníquese con su médico.

Por último, como cada caso por lo menos es un poco diferente de los demás, incluso los mejores médicos no podrán identificar inmediatamente todos los problemas de la piel. Ciertos métodos simples de laboratorio pueden ayudar a clasificar las posibilidades. Por fortuna, la gran mayoría de los problemas de la piel son leves, autolimitados y plantean poco peligro para la salud. Generalmente es sensato esperar algún tiempo para observar si la afección se cura por sí misma.

33 Erupciones del lactante

La piel del neonato puede presentar una amplia diversidad de protuberancias y manchas. Afortunadamente, casi todas son inofensivas y desaparecen por sí solas. Las más frecuentes de estas alteraciones se describen en la presente sección; sólo una, el salpullido, requiere tratamiento. Si el niño nació en un hospital, pueden ocurrir muchas de estas afecciones antes de darlo de alta, por lo que se podrá pedir ayuda a los médicos o a las enfermeras.

El salpullido se debe al bloqueo de los poros que conducen a las glándulas sudoríparas. Puede ocurrir a cualquier edad, pero es más común en la primera infancia, cuando las glándulas sudoríparas aún están en desarrollo. Cuando aumentan el calor y la humedad, estas glándulas intentan secretar sudor como lo harían normalmente, pero a causa del bloqueo la secreción permanece bajo la piel y forma diminutas protuberancias rojas. También se le llama «erupción miliar».

En cambio, las «pequeñas protuberancias blancas de los milios» se componen de células cutáneas normales que se han acumulado demasiado en algunos puntos. Una proporción hasta de 40 % de los niños presenta estas protuberancias al nacer. Con el tiempo, se abren, el material atrapado escapa y las protuberancias desaparecen sin necesidad de tratamiento alguno.

Eritema tóxico es un término innecesariamente largo y espeluznante para identificar las manchas planas y rojas que aparecen hasta en el 50% de los neonatos. Rara vez se forma después de los cinco días de nacidos y desaparecen hacia el séptimo día. Los niños que presentan esta anomalía son perfectamente normales y todavía no se aclara si interviene o no alguna toxina verdadera.

Como el recién nacido está expuesto a las hormonas de su madre, puede presentar un caso leve de acné, que también puede aparecer cuando el niño comienza a producir hormonas en la adolescencia. (Los pequeños puntos blancos que a menudo se observan en la nariz del neonato representan una cantidad excesiva de aceite normal de la piel, estado que se denomina *hiperplasia de las glándulas sebáceas,* producida por hormonas.) El acné por lo general se puede observar entre las dos y las cuatro semanas de edad y desaparece por sí mismo entre los seis meses y el año. Prácticamente nunca necesita tratamiento.

Tratamiento casero

El *salpullido* se trata eficazmente con sólo proporcionar al niño un ambiente menos caluroso y menos húmedo. Los polvos aplicados con cuidado no son nocivos, pero es poco probable que sean útiles. Deben evitarse los ungüentos y cremas, pues tienden a mantener caliente la piel y bloquear los poros.

El *acné no* debe tratarse con los medicamentos que usan adolescentes y adultos. Normalmente sólo se requiere un aseo ordinario.

Ninguno de estos problemas debe acompañarse de fiebre y, con la única excepción de las leves molestias del salpullido, no son dolorosos. Si surgiera cualquier duda en relación con estas alteraciones, un telefonema al consultorio bastará para obtener las respuestas a todas sus preguntas.

Qué esperar en el consultorio

La discusión de estos problemas generalmente puede esperar a la siguiente consulta programada del recién nacido. El médico podrá confirmar entonces el diagnóstico que usted haya propuesto.

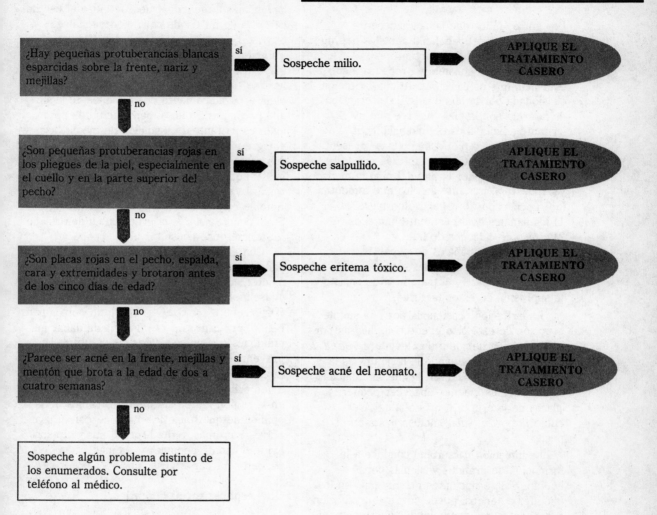

¿Hay pequeñas protuberancias blancas esparcidas sobre la frente, nariz y mejillas? — **sí** → Sospeche milio. → **APLIQUE EL TRATAMIENTO CASERO**

no

¿Son pequeñas protuberancias rojas en los pliegues de la piel, especialmente en el cuello y en la parte superior del pecho? — **sí** → Sospeche salpullido. → **APLIQUE EL TRATAMIENTO CASERO**

no

¿Son placas rojas en el pecho, espalda, cara y extremidades y brotaron antes de los cinco días de edad? — **sí** → Sospeche eritema tóxico. → **APLIQUE EL TRATAMIENTO CASERO**

no

¿Parece ser acné en la frente, mejillas y mentón que brota a la edad de dos a cuatro semanas? — **sí** → Sospeche acné del neonato. → **APLIQUE EL TRATAMIENTO CASERO**

no

Sospeche algún problema distinto de los enumerados. Consulte por teléfono al médico.

34 Erupciones por el pañal

Los únicos niños que jamás padecen erupciones por el pañal son aquellos que nunca los usan. La piel de un lactante es particularmente sensible y propensa a sufrir este mal, que es básicamente una irritación ocasionada por la humedad y la interacción de la orina con la piel. Se cree que un irritante adicional es el amoniaco contenido en la orina, cuyo olor a menudo se presenta inconfundiblemente. Los factores que tienden a mantener la piel del niño húmeda y expuesta al irritante son los que fomentan la erupción; por lo regular, son tres:
1) los pañales continuamente húmedos,
2) el uso de calzones de hule y
3) el empleo de pañales desechables, que tienen un forro de plástico.
En su mayor parte, el tratamiento consiste en la supresión de estos factores.

La irritación ocasionada por una simple erupción de este tipo puede complicarse por una infección debida a una levadura (*Candida*) o a una bacteria. Cuando la levadura es la causa, quizá se observen pequeñas manchas rojas. Además, pueden aparecer pequeñas placas de la erupción más allá del área cubierta por el pañal, incluso hasta en el pecho.

La infección bacteriana conduce a la formación de grandes vesículas llenas de líquido. Si la erupción es más intensa en los pliegues cutáneos, puede surgir una afección subyacente leve denominada seborrea. Esta afección también es causante de la costra de leche y la caspa.

Ocasionalmente, los padres observarán sangre o algo semejante a manchas de sangre cuando los varones padecen erupciones por el pañal. Esto se debe a una erupción similar en el orificio urinario del extremo del pene. Este mal se resolverá cuando el principal problema se resuelva.

Tratamiento casero

El tratamiento de la erupción por el pañal consiste en mantener la piel seca y expuesta al aire. Como se mencionó en los párrafos anteriores, lo primero que procede es cambiar los pañales a menudo y descontinuar el uso de calzones de hule y de pañales desechables provistos de un grueso forro de plástico. También es útil dejar al niño sin pañales el mayor tiempo posible. Los pañales deben lavarse con jabón suave y enjuagarse muy bien; esporádicamente, los residuos de jabón que permanezcan en el pañal actuarán como agentes irritantes. La adición de media taza de vinagre al último ciclo de enjuague puede contrarrestar el efecto irritante del amoniaco.

Aunque la desaparición total de la erupción tomará varios días, se debe observar una notable mejora en un lapso de 48 a 72 horas. Si no ocurre así o si la erupción es demasiado fuerte, se debe consultar al médico.

Con el fin de prevenir una erupción por el pañal, algunos padres emplean ungüentos de óxido de cinc (Desitin), jalea de petróleo (Vaseline) u otros ungüentos protectores (Diaparene, A & D). Otros utilizan polvos para bebés (**precaución:** el talco puede dañar los pulmones). El polvo Caldesene es útil para prevenir la seborrea y las erupciones moniliásicas. Siempre coloque el polvo en su mano primero y luego aplíquelo con palmaditas en la región glútea del niño. No somos de la opinión de que todos los niños necesitan usar polvos y cremas. Si ha brotado una erupción, evite el uso de pomadas y cremas, pues pueden retardar la curación.

Qué esperar en el consultorio

El médico inspeccionará toda la piel del lactante con el fin de precisar la verdadera amplitud del mal. Quizá efectúe una raspadura en la piel para examinarla en el microscopio. Si la erupción por el pañal se ha complicado con la presencia de una levadura (infección moniliásica), el médico aconsejará el tratamiento casero y el empleo de un medicamento para exterminar la levadura (Nystantin crema y tal vez Nystantin por vía

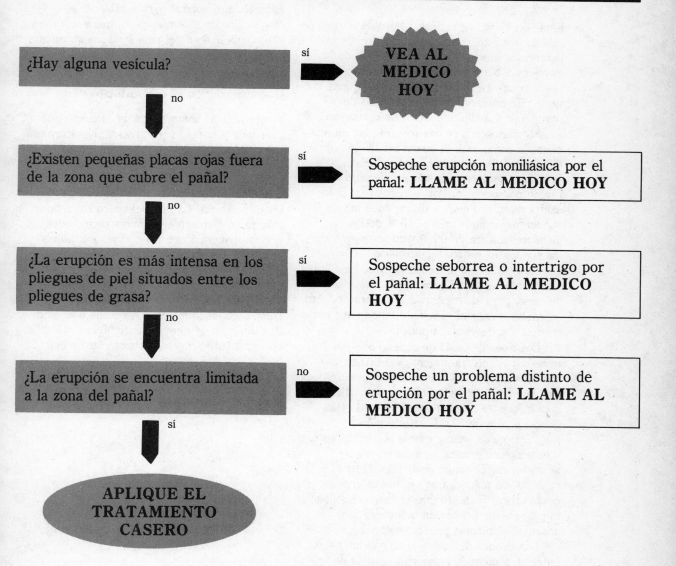

¿Hay alguna vesícula? — sí → **VEA AL MEDICO HOY**

no ↓

¿Existen pequeñas placas rojas fuera de la zona que cubre el pañal? — sí → Sospeche erupción moniliásica por el pañal: **LLAME AL MEDICO HOY**

no ↓

¿La erupción es más intensa en los pliegues de piel situados entre los pliegues de grasa? — sí → Sospeche seborrea o intertrigo por el pañal: **LLAME AL MEDICO HOY**

no ↓

¿La erupción se encuentra limitada a la zona del pañal? — no → Sospeche un problema distinto de erupción por el pañal: **LLAME AL MEDICO HOY**

sí ↓

APLIQUE EL TRATAMIENTO CASERO

oral). Si ha ocurrido una infección bacteriana, entonces recomendará el uso de un antibiótico por vía oral. En caso de que la erupción sea muy intensa o sospeche seborrea, tal vez aconseje emplear un esteroide en forma de crema (en general hidrocortisona a una concentración mayor de 0.5 %). En cualquier caso, se puede iniciar el tratamiento casero sin correr ningún riesgo, antes de acudir al médico.

35 Caída del cabello

Esta sección no se refiere a la caída normal de cabello que experimentan la mayoría de los hombres y muchas mujeres a medida que envejecen. No tenemos ningún recurso para curar la calvicie y creemos que nadie más lo tiene. Sin embargo, hay varios tipos de pérdida de cabello que usted debe conocer.

Algunas veces se cae todo el pelo de una pequeña zona, pero el cuero cabelludo por debajo de ella permanece normal. Este problema se denomina *alopecia areata* y es de origen desconocido. Por lo regular, el pelo saldrá de nuevo dentro de los doce meses siguientes, aunque casi el 40 % de los pacientes sufrirá un fenómeno semejante en los siguientes cuatro a cinco años.

Este problema se resuelve solo. Las cremas de cortisona aceleran la nueva salida del pelo, pero si se interrumpe el tratamiento se vuelve a caer el cabello, de modo que estas cremas son de escasa utilidad.

Los tipos de caída de cabello que pueden necesitar de un tratamiento médico se caracterizan por anormalidades del cuero cabelludo o del cabello mismo. El problema más frecuente en esta categoría es la tiña (véase problema 37). Esta infección micótica puede causar que la piel se torne roja y escamosa o presente pústulas con secreciones. El hongo de la tiña infecta los cabellos, de manera que se tornan gruesos y quebradizos. Siempre que el cuero cabelludo o el pelo mismo presenten una condición anormal, el médico puede ayudar.

Los tirones de pelo que se dan los niños entre sí, a menudo ocasionan pérdida de cabello. Las trenzas muy apretadas y las colas de caballo también pueden ocasionar cierta caída de pelo. Si un niño se arranca pelo constantemente, debe usted tomar en consideración esta conducta poco usual y comentarla con su médico.

Tratamiento casero

En este caso, el tratamiento casero se reserva únicamente a la **alopecia areata** y consiste en un período de observación. El cuero cabelludo de la zona afectada debe encontrarse enteramente normal para establecer el diagnóstico de este mal. Si la apariencia del cuero cabelludo o del pelo se torna anormal, deberá consultarse al médico.

Qué esperar en el consultorio

Por lo regular basta examinar el cuero cabelludo y el pelo para precisar la naturaleza del problema. A veces, los propios cabellos se examinan en el microscopio. Es posible identificar ciertos tipos de tiña del cuero cabelludo porque aparecen fluorescentes bajo luz ultravioleta. La tiña del cuero cabelludo exigirá un fármaco de administración oral, griseofulvina, porque las cremas y lociones aplicadas a la zona afectada no alcanzan a penetrar en los folículos pilosos para exterminar el hongo. Esperamos que hoy día ningún médico recomiende el uso de rayos X, como algunos lo hicieron hace una década o dos. En caso de que así fuera, deberá usted rechazar este recurso y buscar otro médico.

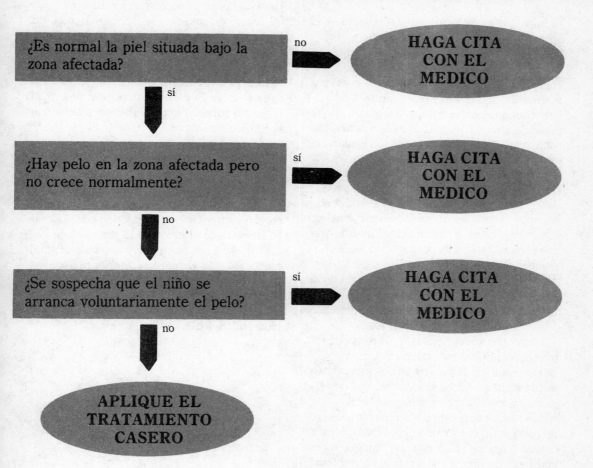

¿Es normal la piel situada bajo la zona afectada? — no → **HAGA CITA CON EL MEDICO**

sí ↓

¿Hay pelo en la zona afectada pero no crece normalmente? — sí → **HAGA CITA CON EL MEDICO**

no ↓

¿Se sospecha que el niño se arranca voluntariamente el pelo? — sí → **HAGA CITA CON EL MEDICO**

no ↓

APLIQUE EL TRATAMIENTO CASERO

36 Impétigo

El impétigo es particularmente molesto en el verano, sobre todo en climas cálidos y húmedos. Se puede reconocer por una aparición característica de lesiones que comienzan como pequeñas manchas rojas y avanzan hasta convertirse en diminutas vesículas que con el tiempo revientan, produciendo una costra húmeda, viscosa, de color miel. Las rascaduras por lo regular extienden rápidamente estas lesiones.

El impétigo es una infección cutánea causada por estreptococos, pero es posible observar otras bacterias. Si se extiende, el impétigo puede ser un problema muy molesto. Por lo regular se siente mucha comezón y al rascarse se acelera la propagación de las lesiones. Una vez que sanan las úlceras, la piel puede sufrir una ligera decoloración en donde se encontraban las lesiones; en general, recupera su color habitual, por lo que este fenómeno no debe ser motivo de preocupación.

Algo que sí inquieta es un raro problema renal que surge como complicación, denominado *glomerulonefritis;* ocasionalmente se presenta en forma epidémica. La glomerulonefritis provoca que la orina adquiera un color café oscuro (como refresco de cola) y a menudo se acompaña de dolor de cabeza e hipertensión arterial. Aunque este mal tiene un nombre aterrador, el problema renal es de corta duración y la mayoría de las personas que lo padecen sanan por completo.

Desafortunadamente, los antibióticos no previenen la glomerulonefritis, pero pueden ayudar a impedir que el impétigo se progague a otras personas, protegiéndolas tanto de este mal como de la glomerulonefritis; estos fármacos son eficaces para curar el impétigo.

Si bien existe cierta polémica sobre el tema, muchos médicos opinan que si sólo han aparecido una o dos lesiones y no progresan, se puede aplicar el tratamiento casero al impétigo. La excepción a esta regla es cuando, en un momento dado, surge una epidemia de glomerulonefritis en su comunidad.

Tratamiento casero

Las costras se pueden remojar en agua caliente o en solución de Burrow (Domeboro, Bluboro) para desprenderlas. Las pomadas de antibióticos no son más eficaces que el agua y el jabón. Una vez eliminadas las costras, es necesario lavar vigorosamente las lesiones con agua y jabón. Si éstas no muestran una rápida mejora o parecen extenderse, se debe acudir al médico sin demora.

Qué esperar en el consultorio

Después de examinar las úlceras y obtener una historia clínica adecuada, el médico por lo común prescribirá un antibiótico por vía oral. El fármaco de elección es la penicilina, a menos que el paciente sea alérgico a ella, en cuyo caso casi siempre recetará eritromicina. Algunos médicos verificarán la presión arterial del paciente y ordenarán análisis de orina con el fin de detectar signos precoces de glomerulonefritis.

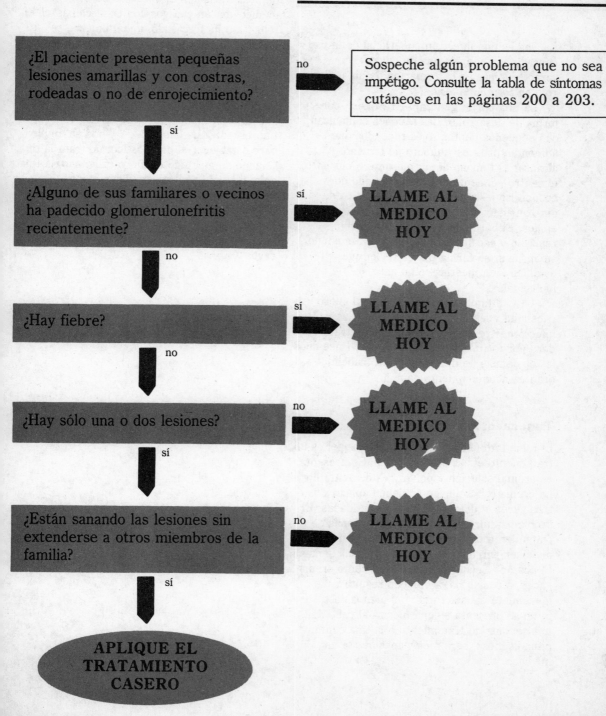

¿El paciente presenta pequeñas lesiones amarillas y con costras, rodeadas o no de enrojecimiento? — **no** → Sospeche algún problema que no sea impétigo. Consulte la tabla de síntomas cutáneos en las páginas 200 a 203.

sí

¿Alguno de sus familiares o vecinos ha padecido glomerulonefritis recientemente? — **sí** → LLAME AL MEDICO HOY

no

¿Hay fiebre? — **sí** → LLAME AL MEDICO HOY

no

¿Hay sólo una o dos lesiones? — **no** → LLAME AL MEDICO HOY

sí

¿Están sanando las lesiones sin extenderse a otros miembros de la familia? — **no** → LLAME AL MEDICO HOY

sí

APLIQUE EL TRATAMIENTO CASERO

211

37 Tiña

La tiña es una infección superficial de la piel causada por hongos, una de cuyas características es la formación de un anillo rojo en torno a la lesión.

La tiña por lo general se reconoce por su forma de desarrollo. Las lesiones comienzan con pequeños puntos rojos redondos que aumentan progresivamente de tamaño. Al alcanzar el tamaño de un guisante o chícharo, el centro comienza a sanar, de modo que cuando las lesiones tienen un diámetro de aproximadamente un centímetro, parecen anillos. El borde de estos anillos es rojo, realzado y escamoso. Las lesiones a menudo se agrupan en forma tan estrecha que es difícil identificarlas como anillos individuales.

La tiña también puede afectar el cuero cabelludo y las uñas; en estos casos las infecciones resultan más difíciles de tratar, pero por fortuna no son frecuentes. Hace años las epidemias de tiña en el cuero cabelludo eran un acontecimiento común.

Tratamiento casero

El tolnaftato (Tinactin) aplicado a la piel es un tratamiento eficaz contra la tiña. Se presenta en crema, solución y polvo y es de venta libre. La crema o la solución se deben aplicar dos o tres veces al día, en pequeñas cantidades. El problema quizá requiera varias semanas de tratamiento para resolverse, pero la mejora debe ser perceptible en menos de una semana. El champú Selsun Azul, aplicado como crema varias veces al día, a menudo resulta igualmente satisfactorio y es menos costoso. Si no se presenta alguna mejora al cabo de una semana de tratamiento o la tiña continúa difundiéndose, será mejor consultar a un médico.

Qué esperar en el consultorio

Se puede confirmar el diagnóstico de tiña al raspar las escamas de la lesión y remojarlas en una solución de hidróxido de potasio con el fin de observarlas en el microscopio. Algunos médicos hacen cultivos con las escamas. Si el tolnaftato ha fracasado, generalmente se utilizará uno de estos tres agentes: haloprogín (Halotex), clotrimazol (Lotrimin) o miconazol (MicaTin).

En las infecciones del cuero cabelludo, una luz ultravioleta (denominada lámpara de Wood) hace que el cabello afectado se torne fluorescente. La lámpara de Wood se emplea para establecer el diagnóstico; no trata la tiña. Cuando ha afectado el cuero cabelludo, la tiña debe tratarse con griseofulvina por vía oral, por lo general durante no menos de un mes; este medicamento es también eficaz contra las infecciones micóticas de las uñas. La tiña del cuero cabelludo no debe tratarse nunca con rayos X.

¿Se presentan todas las siguientes anomalías?
a) La erupción comienza como un pequeño círculo rojo o despigmentado que se torna progresivamente mayor.
b) El borde circular está realzado y tal vez escamoso.
c) El centro del círculo comienza a sanar a medida que el círculo se hace más grande.

no →

Sospeche otro problema. Consulte la tabla de síntomas cutáneos en las páginas 200 a 203.

sí ↓

¿Se encuentra infectado el cuero cabelludo?

sí →

HAGA CITA CON EL MEDICO

no ↓

APLIQUE EL TRATAMIENTO CASERO

38 Urticaria

La urticaria es una reacción alérgica, desafortunadamente a casi cualquier cosa, incluso frío, calor y aun tensión emocional. A menos que usted tenga ya una buena idea de la causa de la urticaria o si ha comenzado a tomar un nuevo fármaco, es poco probable que el médico pueda precisar la causa; en la mayoría de los casos, la búsqueda es infructuosa. Algunas de las causas más mencionadas son: fármacos, huevos, leche, trigo, chocolate, cerdo, mariscos, pescado de agua dulce, moras, queso, nueces, polen y picaduras de insectos. La única forma segura de saber con certeza si uno de estos elementos es la causa, consiste en exponerse voluntariamente a él. El problema que surge con esta manera de proceder es que si en efecto existe una alergia, la reacción quizás incluya no sólo una urticaria sino ciertos efectos sistémicos que dificulten la respiración o la circulación. Como lo indica el diagrama de decisiones, una reacción sistémica es potencialmente peligrosa y el médico debe tomarla a su cargo de inmediato. Evite exponerse a la causa sospechada sólo para investigar si cesarán los ataques. Estas «pruebas» son difíciles de interpretar, pues los brotes de urticaria a menudo ocurren en intervalos prolongados. De hecho, la mayoría de las personas sufre un solo brote, cuya duración varía de minutos a semanas.

Quizá desee leer algo más sobre alergias en el capítulo G.

Tratamiento casero

Determine si la aparición de la urticaria ha seguido un esquema o patrón. ¿Surge después de una comida? ¿Después de exponerse al frío? ¿Durante una estación del año? Si parece haber ciertas circunstancias propicias, elimínelas y observe lo que pasa. Si las reacciones parecen relacionarse con ciertos alimentos, sustitúyalos. Como el cordero y el arroz casi nunca producen reacciones alérgicas, se puede someter al paciente a una dieta de estos alimentos hasta que quede enteramente libre de la urticaria. Después, se agregan otros alimentos a la dieta, uno por uno, mientras se observa al paciente para comprobar si vuelve a aparecer la urticaria.

La comezón se alivia por medio de compresas frías, aspirina o antihistamínicos, por ejemplo, difenidramina (Benadryl) o clorfeniramina (Clorotrimetón) (véase el capítulo 9, «El botiquín del hogar»).

Qué esperar en el consultorio

Si el paciente presenta una reacción sistémica con dificultad respiratoria o vértigo, se le pueden administrar inyecciones de adrenalina y de otros medicamentos. Cuando sólo se presenta urticaria, que es lo más común, el médico puede hacer dos cosas: primero, prescribir un antihistamínico o aplicar inyecciones de adrenalina para mitigar la inflamación y el prurito; segundo, puede revisar la historia de la reacción con el propósito de identificar la causa y aplicarle un tratamiento como el descrito antes. Recuerde que la mayoría de las veces la causa de la urticaria pasa inadvertida y, por lo general, los brotes dejan de presentarse durante un tiempo.

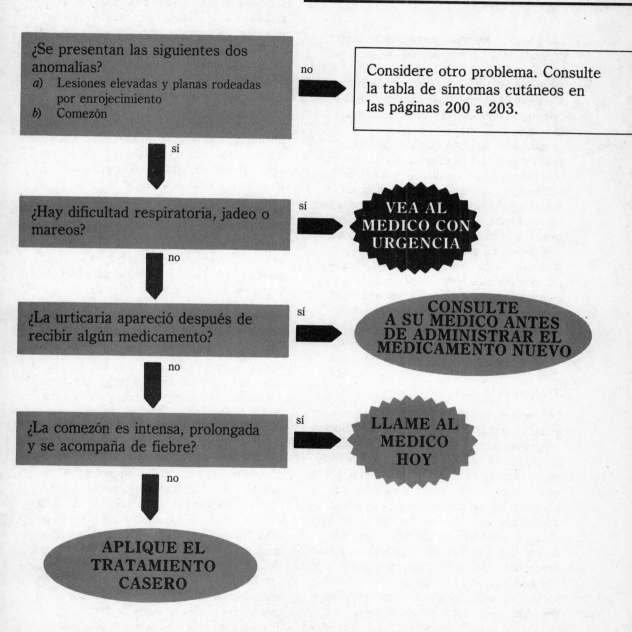

¿Se presentan las siguientes dos anomalías?
a) Lesiones elevadas y planas rodeadas por enrojecimiento
b) Comezón

no → Considere otro problema. Consulte la tabla de síntomas cutáneos en las páginas 200 a 203.

sí

¿Hay dificultad respiratoria, jadeo o mareos?

sí → **VEA AL MEDICO CON URGENCIA**

no

¿La urticaria apareció después de recibir algún medicamento?

sí → **CONSULTE A SU MEDICO ANTES DE ADMINISTRAR EL MEDICAMENTO NUEVO**

no

¿La comezón es intensa, prolongada y se acompaña de fiebre?

sí → **LLAME AL MEDICO HOY**

no

APLIQUE EL TRATAMIENTO CASERO

39 Hiedra venenosa

Las plantas venenosas no necesitan mayor presentación. La comezón de las lesiones cutáneas que son resultado del contacto con la hiedra venenosa y otras plantas de la familia *Rhus* son el ejemplo más común de una amplia categoría de problemas de la piel denominados en conjunto *dermatitis por contacto*. El término sólo significa que algo que se ha aplicado a la piel ha provocado que ésta reaccione a ese estímulo. Siempre debe haber una exposición inicial para «sensibilizar» al paciente; una segunda exposición tendrá como resultado una reacción alérgica, si el aceite de la planta permanece varias horas en contacto con la piel. La erupción provocada no comienza hasta después de 12 a 48 horas y persiste durante aproximadamente dos semanas. El contacto puede ser indirecto, por medio de animales domésticos, ropas contaminadas o por el humo de plantas del género *Rhus* en combustión; puede ocurrir en cualquiera de las estaciones del año.

Tratamiento casero

Lo mejor es enseñar a los niños a reconocer y evitar el contacto con estas plantas, que son peligrosas incluso en el invierno, cuando han perdido sus hojas. Si ya ocurrió un contacto, el mejor recurso es eliminar de la piel el aceite de la planta lo más pronto posible. Si ha permanecido en ella menos de seis horas, un aseo minucioso con jabón común, repetido tres veces, a menudo será suficiente para prevenir la reacción. También son efectivos los pañuelos desechables empacados individualmente y que contienen alcohol (por ejemplo Alco-wipe). Incluso es mejor friccionar la piel con una pequeña toalla empapada en alcohol.

Para mitigar la comezón, muchos médicos recomiendan compresas frescas de solución de Burrow (Domeboro, BurVeen, Bluboro) o baños con Aveeno o avena (una taza en una tina de baño). La aspirina también es eficaz para disminuir la comezón. El antiguo recurso, la loción de calamina, a veces es útil en lesiones incipientes, pero puede extender el aceite de la planta. (**Precaución**: *No use Caladryl ni Zyradryl; ocasionan reacciones alérgicas en algunas personas. Utilice sólo la loción de calamina.*) No deje de asear la piel de la manera indicada, aun cuando sea demasiado tarde para prevenir del todo la erupción cutánea. Otro método útil para obtener alivio sintomático es un baño de tina o una ducha con agua caliente. El calor libera histamina, la sustancia de las células cutáneas que produce comezón intensa. Por tanto, el agua caliente causará primero una comezón más intensa a medida que se libera la histamina. La temperatura del agua debe aumentarse gradualmente hasta alcanzar el máximo tolerable y mantenerse hasta que ceda la comezón. Este proceso vacía las células de histamina, con lo que el paciente puede lograr hasta ocho horas de alivio de la comezón. De esta manera se obtiene la ventaja de no necesitar la aplicación frecuente de pomadas a las lesiones y es una buena forma de lograr que el paciente pueda descansar en la noche. El efecto de las plantas venenosas persistirá el mismo tiempo pese a cualquier medicamento. Si surge una infección bacteriana secundaria se retardará la curación de las lesiones, de modo que no conviene que el paciente se rasque. De ser posible, es mejor cortarse las uñas para evitar un daño a la piel.

Las cremas de cortisona al 0.5 % (Cortaid, Lanacort, etc.) se venden sin receta médica. Atenúan la inflamación y la comezón, pero el alivio no es inmediato. Es preciso aplicar la crema a menudo (de cuatro a seis veces al día). No emplee esta crema durante períodos prolongados (véase el capítulo 9, «El botiquín del hogar»).

Recientemente ha surgido cierto entusiasmo (incluso entre algunos médicos) por las fricciones de hojas de llantén machacadas sobre las lesiones producidas por hiedra venenosa. Se dice que proporciona un rápido alivio de la comezón; sin embargo, no

¿Se presentan todas las condiciones siguientes?

a) Comezón
b) Enrojecimiento, ligera tumefacción, vesículas o exudación
c) Probable exposición a hiedra venenosa u otras plantas tóxicas

no →

Sospeche de cualquier problema que no sea originado por plantas venenosas. Consulte la tabla de síntomas cutáneos en las páginas 200 a 203.

sí

APLIQUE EL TRATAMIENTO CASERO

tenemos noticia de ningún estudio científico al respecto. Como ocurre con tantos remedios caseros, parece ser barato y causar pocos efectos secundarios, pero no se sabe con certeza si en verdad es eficaz.

El efecto tóxico de la hiedra venenosa no se contagia; no puede propagarse una vez que se ha eliminado el aceite de la planta o la piel lo ha absorbido.

Si las lesiones son demasiado extensas para ser tratadas fácilmente, si el tratamiento casero es ineficaz o si la comezón es tan intensa que resulta intolerable, puede ser necesario comunicarse telefónicamente con su médico.

Qué esperar en el consultorio

Después de recabar la historia clínica y someter al paciente a un examen físico, el médico quizá recete una crema con más de 0.5 % de hidrocortisona, para aplicarse de cuatro a seis veces al día en las lesiones; por lo común, sólo ayuda en forma moderada. Otra opción consiste en administrar un esteroide por vía oral (por ejemplo, prednisona) y durante períodos cortos. Se suministra una dosis alta el primer día y luego se reduce poco a poco. No recomendamos esteroides por vía oral salvo cuando ha habido reacciones graves a la hiedra u otras plantas venenosas o una exposición extensa. La comezón se puede tratar sintomáticamente con antihistamínicos (Benadryl, Vistaril, etc.) o aspirina. Los antihistamínicos pueden causar somnolencia y trastornos del sueño.

217

40 Erupciones causadas por sustancias químicas: Dermatitis por contacto

Las sustancias químicas pueden causar una erupción (dermatitis por contacto) de dos maneras. Pueden tener un efecto cáustico directo que irrite la piel: una «quemadura química» leve; más a menudo, la erupción se debe a una reacción alérgica de la piel hacia la sustancia química. La dermatitis alérgica más común es la producida por la hiedra venenosa; la ocasionan las sustancias químicas de las hojas y los tallos de las plantas pertenecientes a la familia *Rhus*. Si observa una erupción semejante a la producida por hiedra venenosa (problema 39), pero es casi imposible que se haya producido un contacto con cualquier planta venenosa, tome en cuenta otras sustancias químicas que pudieran causar una dermatitis alérgica por contacto y provocar un problema semejante.

Los compuestos químicos que con mayor frecuencia se observan como causa de dermatitis por contacto son los colorantes y otras sustancias que se encuentran en la ropa, las usadas en productos elásticos y de goma, así como en los cosméticos y desodorantes, incluyendo los femeninos.

Por lo regular, una guía para encontrar la causa de la erupción es su ubicación y su forma. En ocasiones estas características son muy notorias, como las lesiones cutáneas que toman la forma de un sostén o de las bandas elásticas de ciertas prendas de vestir. Lo que sucede más a menudo es que la erupción no presenta un contorno tan revelador, pero su ubicación sugiere la causa posible.

Tratamiento casero

Si tiene problemas con un tipo en particular de ropa, cosméticos, desodorantes, etc., el mejor remedio es, por supuesto, evitar su empleo, aunque también puede ser conveniente cambiar de marca. Por ejemplo, algunos cosméticos se fabrican de manera que tengan menores probabilidades de provocar una reacción alérgica (hipoalergénicos). Las erupciones causadas por desodorantes suelen ser de tipo cáustico directo, por lo que el empleo de un preparado más suave puede ayudar a resolver el problema.

Una vez que se ha producido el problema, es esencial evitar todo contacto con la sustancia química en cuestión. Un lavado minucioso con agua y jabón puede eliminar los productos químicos depositados en la piel; este aseo es de especial importancia con materiales como el polvo de cemento. Los de carácter aceitoso se quitan mejor con alcohol para fricciones o con un diluyente de pintura, seguidos rápidamente por un lavado con agua y jabón para evitar una dermatitis por contacto que pudiera provocar el limpiador mismo.

El resto del tratamiento casero es idéntico al de hiedra venenosa (véase problema 39) y consiste en el empleo de solución de Burrow, agua caliente y crema de hidrocortisona para obtener alivio de la comezón. Si las lesiones son demasiado extensas para poder tratarlas con facilidad, si el tratamiento casero resulta ineficaz, o si la comezón es tan intensa que llega a ser intolerable, puede ser necesario que se comunique con su médico.

Qué esperar en el consultorio

El médico examinará la erupción; la historia clínica se centrará en la posible exposición a sustancias como las enumeradas en la sección **«Tratamiento casero»**. Tal vez se prescriba una crema con hidrocortisona al 0.5 % o de mayor concentración. Otra opción es administrar un esteroide (como prednisona) durante un breve lapso; se da una dosis bastante grande el primer día y luego se disminuye gradualmente. La comezón se puede tratar sintomáticamente con un antihistamínico (Benadryl, Vistaril) o aspirina. Los antihistamínicos pueden causar somnolencia o trastornos del sueño. Es preferible su prevención.

¿Es una erupción roja (a veces con protuberancias o vesículas y generalmente acompañada de comezón o ardor) que por su forma y ubicación sugiere contacto con prendas de vestir, cosméticos, desodorantes u otras sustancias químicas?

no

Sospeche otro problema. Consulte la tabla de síntomas cutáneos en las páginas 200 a 203.

sí

APLIQUE EL TRATAMIENTO CASERO

41 Nódulos, protuberancias y verrugas

Los nódulos y las protuberancias en la piel causan preocupaciones innecesarias: generalmente se teme un cáncer. Sin embargo, sólo en contadas ocasiones representan una afección grave, además de que casi nunca necesitan tratamiento. El nódulo puede estar sobre la piel, como las verrugas y algunos lunares, incrustado en ella, como los furúnculos y ciertos lunares, o bajo la piel, como las pequeñas masas de tejido adiposo denominadas lipomas. Si se observa sólo un nódulo rojo, caliente, doloroso e inflamado debe considerarse un furúnculo mientras no se compruebe lo contrario (véase **Granos,** problema 43). Un lunar obscuro que parece crecer o cambiar de color puede ser un melanoma, especie de cáncer de la piel. Sin embargo, muy pocas lesiones que crecen y varían de color son cancerosas. Todos los lunares son pequeños al principio y se tornan más grandes; la extirpación de todos los lunares es imposible así como improcedente. Por desgracia, no existe una solución fácil a este dilema porque no existe manera infalible de que el paciente identifique un melanoma sin la ayuda de un médico.

Los cánceres de piel más frecuentes se observan en personas de edad media o avanzada y en las zonas cutáneas habitualmente expuestas a los rayos solares. Por lo general, el cáncer de piel no es grave, pero se puede extender a otras partes del cuerpo. Estos cánceres aparecen como úlceras que no cicatrizan y deben ser evaluados por un médico. Un problema recurrente más común observado en las mismas zonas cutáneas y en los mismos grupos de edad es la *queratosis actínica,* una lesión de forma irregular, pardusca, elevada y escamosa; no es cancerosa, pero llega a ser maligna. Por tanto, algunos médicos se limitan a observar estas lesiones para determinar si ocurre algún cambio o sangran, en tanto que otros aconsejan extirparlas.

Los nódulos observados más frecuentes en los niños son los ganglios linfáticos inflamados; se analizan en forma detallada en **Ganglios inflamados,** problema 28.

Las verrugas surgen a causa de infecciones virales y casi siempre desaparecen espontáneamente. No obstante, a veces pueden ser molestas, sobre todo si se localizan en los dedos de las manos, donde pueden estorbar para la escritura, o en la cara, donde son cosméticamente molestas.

Tratamiento casero

El tratamiento de muchos tipos de nódulos y protuberancias se estudia en **Picaduras de insectos** (problema 14), **Granos** (problema 43) y **Ganglios inflamados** (problema 28). Las verrugas se pueden eliminar con productos de venta libre, si se emplean con constancia y precaución. Los preparados disponibles comercialmente incluyen emplastos de ácido salicílico, Compound W y Vergo. En su siguiente visita al médico puede preguntarle acerca de cualquier protuberancia o verruga que le preocupe; rara vez justifican una consulta especial. Sin embargo, si el problema ha persistido por más de un mes y no está seguro de lo que pueda ser, quizá sea conveniente que acuda a su médico.

Qué esperar en el consultorio

El médico quizá pueda establecer el diagnóstico con sólo inspeccionar la verruga o el nódulo y obtener la historia clínica. Si resta alguna duda importante sobre el diagnóstico, tal vez tome una biopsia, cuyo fin es extirpar una porción del nódulo para examinarla al microscopio. Como alternativa, se puede extirpar el nódulo entero, que tal vez sea conveniente para fines estéticos o para evaluar la posibilidad de un problema cutáneo potencialmente grave.

En el tratamiento de las verrugas, se puede probar un líquido que se obtiene mediante receta médica, como el Duo-Film, compuesto de ácido salicílico y ácido láctico.

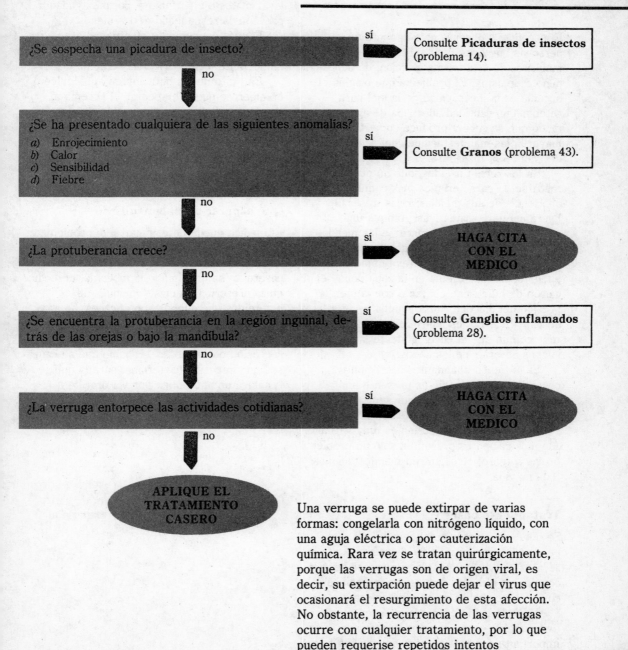

¿Se sospecha una picadura de insecto?

sí → Consulte **Picaduras de insectos** (problema 14).

no ↓

¿Se ha presentado cualquiera de las siguientes anomalías?
a) Enrojecimiento
b) Calor
c) Sensibilidad
d) Fiebre

sí → Consulte **Granos** (problema 43).

no ↓

¿La protuberancia crece?

sí → HAGA CITA CON EL MEDICO

no ↓

¿Se encuentra la protuberancia en la región inguinal, detrás de las orejas o bajo la mandíbula?

sí → Consulte **Ganglios inflamados** (problema 28).

no ↓

¿La verruga entorpece las actividades cotidianas?

sí → HAGA CITA CON EL MEDICO

no ↓

APLIQUE EL TRATAMIENTO CASERO

Una verruga se puede extirpar de varias formas: congelarla con nitrógeno líquido, con una aguja eléctrica o por cauterización química. Rara vez se tratan quirúrgicamente, porque las verrugas son de origen viral, es decir, su extirpación puede dejar el virus que ocasionará el resurgimiento de esta afección. No obstante, la recurrencia de las verrugas ocurre con cualquier tratamiento, por lo que pueden requerise repetidos intentos terapéuticos. Todos, y a la vez ninguno, funcionan.

221

42 Eccema (dermatitis atópica)

El eccema se observa comúnmente en personas que presentan antecedentes familiares de esta misma afección, de fiebre del heno o de asma. El problema que origina el eccema es la incapacidad de la piel para retener una cantidad adecuada de agua, de modo que se seca y produce comezón. En su mayoría, las manifestaciones del eccema se derivan de la rascadura.

En los recién nacidos, que no pueden rascarse, la característica más común es la apariencia de sus mejillas: rojas, resecas y ligeramente descamativas. Aunque una criatura sea incapaz de rascarse las mejillas, puede frotarlas contra las sábanas hasta enrojecerlas. En los lactantes también se puede observar eccema en la zona donde el calzón de hule tiene contacto con la piel; la presión del elástico causa aquella lesión roja y descamativa. En los niños de mayor edad es muy común que el eccema afecte las corvas y la zona anterior de los codos.

Si se tienen abundantes secreciones o costras, el eccema tal vez presente una infección bacteriana; lo mejor será comunicarse telefónicamente con el médico.

El desarrollo del eccema es muy variable. Algunos pacientes presentan sólo un problema breve y ligero; otros sufren manifestaciones toda su vida.

Tratamiento casero

Se debe prevenir la resequedad de la piel, pero no con baños muy frecuentes, ya que la secan aún más. Aunque la persona se sentirá cómoda en el baño, después se intensificará la comezón por causa de su efecto secante.

La sudoración empeora el eccema, así que evite ponerse ropa demasiado abrigadora; es importante que la ropa para dormir sea ligera. El contacto con la lana y la seda parece agravar el eccema, por lo que debe evitarse su uso.

Las uñas de las manos deben mantenerse cortas para minimizar los efectos de rascarse. Se aconseja emplear guantes de hule para lavar platos o el automóvil porque ayudan a prevenir la resequedad de las manos.

Es más conveniente efectuar el aseo personal con un agente limpiador y humectante, como la loción Cetaphil.

En tanto que la natación en agua dulce o en albercas puede empeorar el eccema al ocasionar pérdida de humedad en la piel, los baños en agua salada no producen este efecto, por lo que el paciente puede tomarlos sin aprensión. (Véase también el capítulo G. «Alergias».)

Qué esperar en el consultorio

El médico puede determinar si el problema es un eccema mediante la historia clínica y el examen de las lesiones. Si el tratamiento casero no ha disminuido la molestia, el médico quizá prescriba cremas y lociones de esteroides que aunque son eficaces, no son curativas; el eccema se caracteriza por presentar recurrencias. Si las lesiones tienen secreción o costras, es probable que su causa sea una infección bacteriana, para la que se recetará un antibiótico por vía oral.

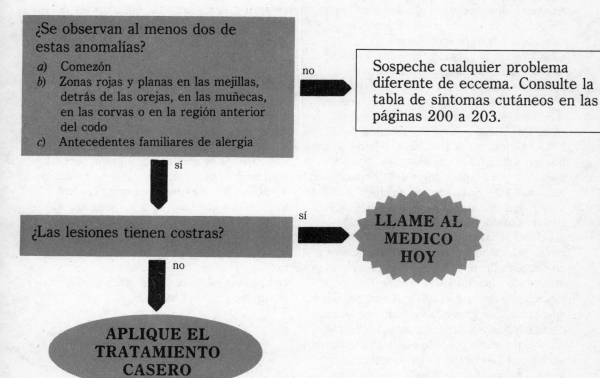

¿Se observan al menos dos de
estas anomalías?

a) Comezón
b) Zonas rojas y planas en las mejillas,
detrás de las orejas, en las muñecas,
en las corvas o en la región anterior
del codo
c) Antecedentes familiares de alergia

no → Sospeche cualquier problema
diferente de eccema. Consulte la
tabla de síntomas cutáneos en las
páginas 200 a 203.

sí

¿Las lesiones tienen costras?   sí → **LLAME AL MEDICO HOY**

no

APLIQUE EL TRATAMIENTO CASERO

43 Granos

«¡Duele como un grano!» es una expresión común y subraya la grave molestia que puede ocasionar este frecuente problema de la piel. Un grano o furúnculo es una infección localizada, por lo general debida a estafilococos; la causa de la lesión a menudo es una cepa especialmente virulenta de la bacteria. Cuando este germen en particular se aloja en la piel, pueden persistir problemas recurrentes con furúnculos durante meses o años. De ordinario, varios miembros de la familia padecerán la afección al mismo tiempo. Pueden salir granos aislados o múltiples y aparecer en cualquier parte del cuerpo, y van del tamaño de un guisante o chícharo al de una nuez o aún mayores. El tejido circundante, rojo, engrosado y sensible, complica el problema todavía más. La infección comienza en los tejidos subcutáneos y se convierte en un depósito lleno de pus. Con el tiempo, el pus acumulado «apunta» hacia la superficie de la piel, que finalmente estalla y drena, para sanar más tarde. Los granos a menudo comienzan como infecciones alrededor de los folículos pilosos, de donde procede el término *foliculitis* para hacer referencia a ciertas infecciones leves. Las zonas sometidas a presión (por ejemplo, la región glútea) suelen ser sitios propensos a la aparición de furúnculos. La lesión que se extiende hacia capas más profundas de la piel recibe el nombre de ántrax.

Los granos que se forman en la cara merecen especial consideración, pues pueden originar infecciones que compliquen el caso.

Tratamiento casero

Los granos se manejan con cuidado, porque un tratamiento fuerte puede profundizar la infección en el organismo. Varias veces al día se aplicarán suavemente compresas húmedas tibias; esto es con el fin de remojar las lesiones, acelerar la formación del depósito de pus, ablandar la piel para provocar la ruptura del grano y por último su drenaje. Cuando éste comienza, los fomentos ayudarán a mantener despejada la abertura de la piel. Cuanto más abundante sea el drenaje, mejores serán los resultados. Una frecuente y cuidadosa aplicación de jabón en toda la zona cutánea ayuda a prevenir que reincida la infección. Resista la tentación de comprimir el grano.

Qué esperar en el consultorio

Si se tiene fiebre o un furúnculo facial, el médico por lo regular recetará un antibiótico; de lo contrario, quizá no se empleen porque son de eficacia limitada en las infecciones de este tipo. Si se siente que el grano contiene líquido subcutáneo pero todavía no ha drenado, el médico tal vez proceda a practicar una incisión con una lanceta, para permitir la salida de pus. Después de drenar la lesión, el dolor disminuye y la cicatrización se produce bastante pronto. Aun cuando la incisión y el drenaje no constituyen un procedimiento complicado, es lo bastante difícil para que uno mismo no intente hacerlo.

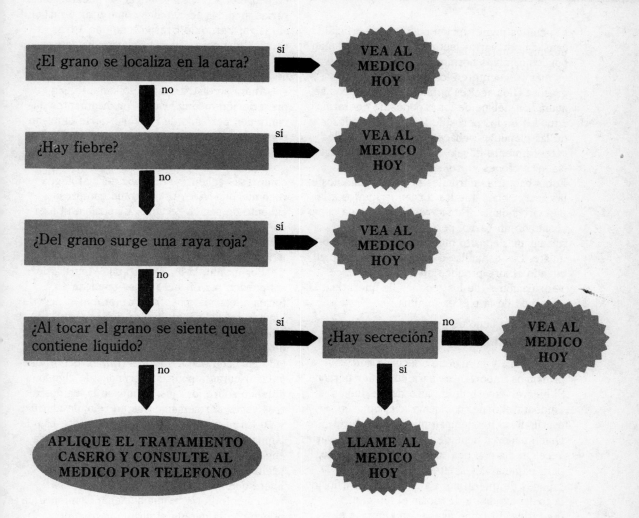

¿El grano se localiza en la cara? — sí → **VEA AL MEDICO HOY**

no

¿Hay fiebre? — sí → **VEA AL MEDICO HOY**

no

¿Del grano surge una raya roja? — sí → **VEA AL MEDICO HOY**

no

¿Al tocar el grano se siente que contiene líquido? — sí → ¿Hay secreción? — no → **VEA AL MEDICO HOY**

no

sí

APLIQUE EL TRATAMIENTO CASERO Y CONSULTE AL MEDICO POR TELEFONO

LLAME AL MEDICO HOY

44 Acné

El acné es una erupción cutánea superficial causada por varios factores. Se desencadenan por los cambios hormonales de la pubertad y es más frecuente en los jóvenes de piel grasosa. Los aceites cutáneos aumentados se acumulan debajo de los tapones de queratina situados en los poros de los folículos pilosos y de las glándulas sebáceas. En esta zona de estancamiento debajo del tapón, se acumulan las secreciones y proliferan las bacterias. Estas bacterias normales producen cambios en las secreciones que las tornan irritantes a la piel circundante. Por lo regular, esto da como resultado un barro, pero a veces pueden formar un depósito mayor de secreciones o quiste. Las espinillas o comedones se forman cuando el aire produce un cambio químico —oxidación— de los tapones de queratina; la irritación de la piel es mínima.

Tratamiento casero

La limpieza y la higiene adecuada son principios importantes para cualquier persona. Si bien el exceso de impurezas sin duda empeora el acné, por desgracia, un aseo escrupuloso no siempre puede prevenirlo. Quien padezca acné debe lavarse la cara varias veces al día con una toalla húmeda caliente para eliminar los aceites de la piel y los tapones de queratina. La fricción y el calor de la toalla ayudan a desalojar el tapón de queratina. El jabón ayudará a eliminar el aceite de la piel y reducirá el número de bacterias que viven en la piel. Si surgen barros en la espalda, se deberá lavar con un cepillo o una toalla. Las grasas y cremas aplicadas en la piel pueden empeorar el problema. Los distintos medicamentos de patente que se venden sin prescripción médica parecen ser de utilidad para algunas personas, pero resultan decepcionantes en otras. La mayoría de las veces la dieta no es un factor importante, pero en el caso de que ciertos alimentos agraven el problema, deben evitarse. Pese a la creencia popular, son escasos los informes de que el chocolate empeore el acné. En el hogar se pueden tomar varias medidas adicionales como usar un jabón abrasivo, Pernox o Brasivol, de una a tres veces al día para reducir todavía más la grasa de la piel y eliminar los tapones de queratina de los folículos.

Ahora se distribuyen ampliamente, sin prescripción médica, varios medicamentos que contienen peróxido de benzoílo. Si se emplean conforme a las instrucciones, parecen eficaces.

El vapor puede ayudar a abrir los poros obstruidos; a veces resultan útiles las compresas calientes. Algunos dermatólogos recomiendan Vlem-Dome como compresa caliente de acción secante. Es posible utilizar un agente secante, como Fostex, pero si se emplea muy a menudo puede producir irritación.

Por último, la luz solar o una lámpara de sol pueden ser eficaces, si se emplean en forma adecuada; nosotros preferimos el uso de luz natural del sol al empleo de lámparas. Sin embargo, si se usa ésta, colóquela a una distancia de 30 centímetros; exponga la cara lado por lado (izquierdo, central, derecho); use gafas oscuras o póngase torundas de algodón húmedo sobre los ojos; apliquese la luz dos o tres veces por semana; use un reloj de alarma, y no lea ni duerma mientras permanece bajo la lámpara. Comience con 30 segundos en cada superficie, e incremente la exposición en 30 segundos en cada ocasión. Si sufriera una ligera quemadura solar, suspenda el tratamiento durante una semana. Comience de nuevo con la mitad del último tiempo de exposición. No permanezca más de diez minutos bajo la lámpara.

Si estas medidas fracasaran en su propósito de controlar el problema, lo mejor será concertar una cita con su médico.

Qué esperar en el consultorio

El médico ofrecerá consejos sobre higiene y el empleo de medicamentos. Varios nuevos

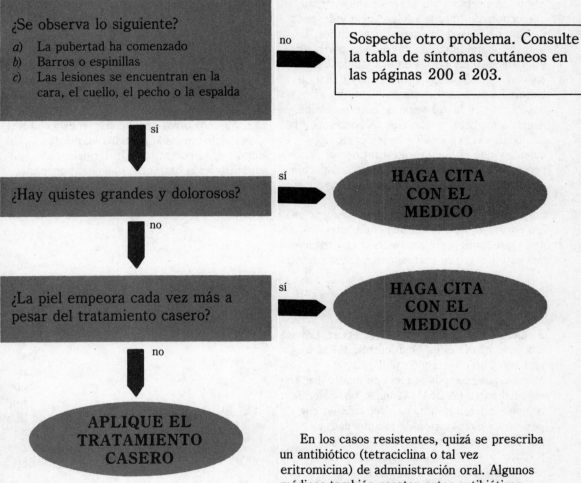

¿Se observa lo siguiente?

a) La pubertad ha comenzado
b) Barros o espinillas
c) Las lesiones se encuentran en la cara, el cuello, el pecho o la espalda

no → Sospeche otro problema. Consulte la tabla de síntomas cutáneos en las páginas 200 a 203.

sí

¿Hay quistes grandes y dolorosos?

sí → HAGA CITA CON EL MEDICO

no

¿La piel empeora cada vez más a pesar del tratamiento casero?

sí → HAGA CITA CON EL MEDICO

no

APLIQUE EL TRATAMIENTO CASERO

preparados tópicos, como ácido retinoico (Retin-A) y peróxido de benzoílo, han resultado útiles; su acción favorece la descamación, que impide el taponamiento de los folículos pilosos. Esta descamación no será visible si el medicamento se emplea correctamente.

En los casos resistentes, quizá se prescriba un antibiótico (tetraciclina o tal vez eritromicina) de administración oral. Algunos médicos también recetan estos antibióticos para aplicarlos sobre la piel.

Cirugía de acné es un método por el cual el médico extrae las espinillas con un dispositivo de succión y un gotero. Los quistes grandes y en desarrollo a veces detienen su crecimiento con la inyección de esteroides. Estos procedimientos sólo deben aplicarse en casos graves y por lo regular se practican más en la espalda que en la cara.

227

45 Pie de atleta

El pie de atleta es una afección muy común que ocurre durante la adolescencia y después de ella, pero es relativamente rara antes. Es la más frecuente de las infecciones por hongos y a menudo muy persistente. Cuando afecta las uñas de los pies puede ser muy difícil de tratar. La humedad es un factor muy importante en la aparición de este problema. Algunos médicos opinan que las bacterias y la humedad son la causa de buena parte del cuadro y que el hongo sólo mantiene el proceso. Cuando muchas personas comparten vestidores y duchas, es imposible prevenir la exposición a este hongo, por lo que las infecciones son más la regla que la excepción. Sin embargo, no es necesario que usted practique un deporte para entrar en contacto con este hongo; se encuentra en todas partes.

Tratamiento casero

La higiene escrupulosa, sin recurrir a medicamentos, muchas veces es eficaz. Lávese *dos veces al día* el espacio interdigital de los pies con jabón, agua y un paño; seque cuidadosamente toda la piel con una toalla, en especial entre los dedos (aunque sea doloroso); póngase calcetines limpios. Use calzado que permita la evaporación de la humedad; es preciso evitar los zapatos con forro de plástico: lo mejor son las sandalias y los zapatos de lona. Es una buena idea cambiarse de zapatos cada tercer día para permitir que sequen bien. Conviene mantener los pies secos con el uso de un polvo, a fin de prevenir una recaída. En los casos rebeldes se pueden usar productos de venta libre, como el polvo o la crema Desenex; el polvo tiene la propiedad de mantener secos los dedos. Si este fármaco no resulta eficaz, se puede recurrir a un medicamento más caro, tolnaftato (Tinactin), presentado como crema y loción y cuya venta tampoco requiere receta médica. El polvo de este mismo fármaco es superior como agente preventivo que curativo. Recientemente se ha recomendado la aplicación dos veces al día de una solución de cloruro de aluminio al 30 %, por sus propiedades secantes y antibacterianas. Es preciso pedir al farmacéutico que prepare la solución, pero no es costosa.

Qué esperar en el consultorio

El médico establecerá el diagnóstico al realizar una historia clínica, un examen físico y quizá un estudio microscópico de raspaduras de la piel. Algunos otros problemas, en especial una afección denominada dishidrosis, pueden simular el pie de atleta. Un fármaco de administración oral, griseofulvina, puede usarse para infecciones micóticas de las uñas, pero no se recomienda para el pie de atleta.

¿Se presentan los siguientes síntomas?

a) Enrojecimiento y descamación entre los dedos de los pies (puede haber grietas y pequeñas vesículas)

b) Comezón

no

Sospeche de cualquier otro problema que no sea pie de atleta. Consulte la tabla de síntomas cutáneos en las páginas 200 a 203.

sí

APLIQUE EL TRATAMIENTO CASERO

46 Tiña crural

Quisiéramos un nombre tal vez menos pintoresco para esta afección, pero sus nombres rigurosamente científicos, como epidermofitosis, entre otros, resultan comprensibles para un número relativamente reducido de lectores. La tiña crural o inguinal es una infección con hongos de la región púbica, que se agrava por la fricción y la humedad. Generalmente no afecta el escroto ni el pene, ni se extiende más allá de la región inguinal. En su mayor parte, es una enfermedad del varón. A menudo el hongo prolifera en un suspensor deportivo que se enmohece en un vestidor, lejos de una lavadora. La medida preventiva para este problema es evidente.

Tratamiento casero

Se debe tratar el problema eliminando los factores que lo favorecen: fricción y humedad. Esto se logra con el uso de calzoncillos flojos, como de boxeador, en vez de truzas muy ceñidas; con la aplicación de polvo para secar la región después del baño, y con la muda frecuente de ropa interior sudorosa y sucia. La resolución completa de esta molestia puede tomar hasta dos semanas y es posible que recurra. El tratamiento de polvo y calzoncillos limpios por lo regular resolverá el problema sin ningún medicamento. De persistir el problema, se puede eliminar el hongo con tolnaftato (Tinactin).

Qué esperar en el consultorio

Ocasionalmente, una infección por levaduras simulará una tiña inguinal. Por medio del examen físico y la historia clínica, el médico intentará establecer el diagnóstico y quizá también obtenga una muestra por raspado para tratar de identificar una levadura. En este problema, casi invariablemente se emplean medicamentos que se aplican en la piel infectada; rara vez se usan fármacos por vía oral o intraparenterales. El haloprogín (Halotex) y el clotrimazol (Lotrimin) son cremas y lociones cuya venta requiere receta médica, que resultan eficaces lo mismo contra los hongos como contra ciertas infecciones por levaduras.

¿Se presentan las características siguientes?

a) Afección en ingles y muslos solamente
b) Enrojecimiento, exudación o descamación periférica
c) Comezón

no

Sospeche cualquier problema distinto de tiña crural. Consulte la tabla de síntomas cutáneos en las páginas 200 a 203.

sí

APLIQUE EL TRATAMIENTO CASERO

47 Quemaduras de sol

Las quemaduras de sol son comunes, dolorosas y evitables. Muy rara vez, las personas con esta lesión tienen trastornos visuales; en tal eventualidad, un médico las debe atender. De lo contrario, no es necesario acudir al consultorio, a menos que el dolor sea extraordinariamente intenso o hayan proliferado las vesículas (no despellejamiento). La formación de vesículas implica una quemadura de segundo grado y pocas veces se deriva de una quemadura solar. El dolor de estas lesiones llega a su intensidad máxima entre las 6 y las 48 horas que siguen a la exposición solar. El despellejamiento de las capas lesionadas de la piel ocurre más tarde, entre tres y diez días después de la quemadura.

Tratamiento casero

Pueden ser útiles las compresas frescas o los baños con Aveeno (una taza en una bañera llena de agua). El bicarbonato de sodio de uso común (media taza en una bañera) es casi tan eficaz como lo anterior. Los lubricantes como Vaseline son del agrado de algunas personas, pero retienen el calor y no deben emplearse el primer día. Evite los productos que contengan benzocaína, ya que tal vez proporcionen un alivio transitorio, pero irritan la piel y quizá entorpezcan la recuperación. La aspirina mitiga el dolor y, por tanto, favorece el sueño.

Es mejor prevenir que curar la quemadura de sol. Para su protección, en el mercado hay filtros solares eficaces. Entre otros, se pueden citar Block-out, Paba-Film, Pabonal y Pre-Sun.

Qué esperar en el consultorio

El médico estudiará la historia clínica y el resultado del examen físico para deteminar la extensión de la quemadura y la posibilidad de otros problemas relacionados con el calor, como el golpe de calor (insolación). Si sólo observa quemaduras de primer grado, el médico quizá prescriba una loción de esteroide, que por cierto no ofrece ningún beneficio en particular. Las quemaduras de segundo grado pueden tratarse con antibióticos, así como con analgésicos o sedantes. No hay ninguna prueba de que las lociones de esteroides o las cremas de antibióticos ofrezcan el menor beneficio en un caso *usual* de quemadura de sol; en su mayoría, los médicos aconsejan el mismo tratamiento que se puede aplicar en casa.

¿Se observa cualquiera de estas anomalías después de una exposición prolongada a los rayos solares?

a)   Fiebre
b)   Vesículas llenas de líquido
c)   Mareos
d)   Trastornos visuales

sí → **LLAME AL MEDICO HOY**

no

APLIQUE EL TRATAMIENTO CASERO

48 Piojos y chinches

Los piojos y las chinches se encuentran en las mejores familias. La ausencia de prejuicios hacia la clase social es la principal virtud de estos insectos. En el mejor de los casos son una molestia y en el peor son capaces de causar una verdadera incapacidad.

Los piojos en sí son sumamente pequeños y es difícil verlos sin la ayuda de una lupa. Por lo regular, es más fácil encontrar las liendres, que son racimos de huevecillos de piojo. A simple vista las liendres parecen diminutos gránulos blancos fijos en el cabello. La picadura del piojo deja sólo un punto rojo, pero la rascadura es lo que empeora la lesión. La comezón y ocasionalmente la presencia de pequeñas úlceras superficiales en la base del cabello, son indicios de la afección. Los piojos de la región púbica no son una enfermedad venérea, aunque se diseminen de una persona a otra por medio de contacto sexual. A diferencia de la sífilis y la gonorrea, los piojos pueden propagarse por los asientos de retretes, ropa de cama infectada y otros medios. Los piojos del pubis tienen cierta semejanza con las ladillas; a esto se debe que se les denomine así cuando se encuentran en el vello pubiano. Una especie diferente de piojos puede habitar en el cuero cabelludo u otras vellosidades del cuerpo. A los piojos les gusta permanecer cerca de un organismo caliente en todo momento y no permanecen mucho tiempo en prendas de vestir que no se usan, en ropa de cama almacenada o en otros sitios.

Aunque están relacionadas con los piojos, las chinches presentan un cuadro muy distinto. La adulta es plana, carente de alas, de forma ovalada, de color rojizo y de aproximadamente medio centímetro de longitud. Como los piojos, succionan sangre para vivir; a diferencia de ellos, se alimentan durante diez o quince minutos cada vez y se pasan el resto del tiempo escondidas en grietas y ranuras. Casi siempre se alimentan de noche, tanto porque es cuando las camas están ocupadas como por su fuerte aversión a la luz. Tienen un sentido tan fino de la proximidad de un cuerpo tibio que el ejército de los Estados Unidos la ha utilizado para detectar el avance del enemigo, ¡a cientos de metros de distancia! Atrapar esta plaga en espacios abiertos es muy difícil y requiere un comportamiento curioso. Una técnica consiste en entrar rápidamente en la habitación, de noche, encender las luces y descubrir la cama con el propósito de atraparlas mientras esperan su siguiente comida.

La picadura de la chinche deja una roncha firme; por lo regular se agrupan dos o tres. En ocasiones se desarrolla sensibilidad a estas picaduras, en cuyo caso puede ser muy intensa la comezón y formarse vesículas.

Tratamiento casero

Los preparados de venta libre ofrecidos para combatir los piojos son eficaces; entre ellos figuran A200, Cuprex y RID. El último ofrece la ventaja de proporcionar un peine de dientes muy finos, un artículo raro en la actualidad. Deben seguirse al pie de la letra las instrucciones que acompañan a estos productos. Es preciso mudar simultáneamente la ropa interior y las sábanas. Las parejas sexuales también deben tratarse al mismo tiempo.

Como las chinches no se ocultan en el cuerpo de sus víctimas ni en sus ropas, procede tratar la cama y la habitación con una solución al 1 % de malatión. (**Precaución**: *Este es un pesticida peligroso y debe mantenerse fuera del alcance de los niños.*) Si la infestación es ligera sólo se rocía la cama. Humedezca los largueros, los resortes y el marco. Cambie el cubrecolchón, pero no rocíe el colchón a menos que tenga costuras o borlas que pudieran alojar a los insectos y sólo si lo usan adultos o niños de más de cinco años de edad. Use un rocío muy ligero en los colchones; si el colchón está tan maltratado que el relleno queda expuesto, es necesario

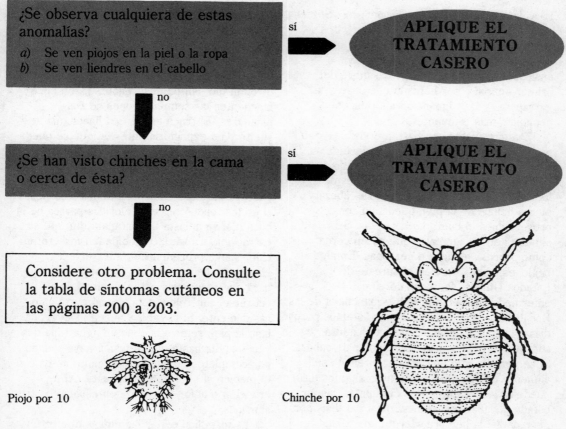

¿Se observa cualquiera de estas anomalías?

a) Se ven piojos en la piel o la ropa
b) Se ven liendres en el cabello

sí → **APLIQUE EL TRATAMIENTO CASERO**

no

¿Se han visto chinches en la cama o cerca de ésta?

sí → **APLIQUE EL TRATAMIENTO CASERO**

no

Considere otro problema. Consulte la tabla de síntomas cutáneos en las páginas 200 a 203.

Piojo por 10

Chinche por 10

cambiarlo por uno nuevo. Nunca debe rociarse el colchón de un lactante o un niño pequeño. El malatión es peligroso si entra en contacto con la piel. Si la infestación es copiosa, conviene rociar también los muebles, las paredes y el piso de la habitación.

Qué esperar en el consultorio

Si se sospecha que el problema se debe a la presencia de piojos, el médico realizará una inspección minuciosa en busca de liendres o de los propios insectos. Los médicos casi siempre emplean gamma-hexacloruro de benceno

(Kwell) para combatir los piojos. Este medicamento es un poco más eficaz que otros de venta libre, es más caro y provoca más efectos secundarios.

El médico se verá en apuros para establecer un diagnóstico certero de picaduras de chinches si usted no le informa que ha visto chinches en su casa. No obstante, pueden sugerirle algo las protuberancias y es posible que el médico desde el principio haya decidido suponer que el problema se debe a picaduras de estos insectos. Si sucede así, recomendará el uso de un insecticida como el descrito en el tratamiento casero.

235

49 Garrapatas y niguas

La vida al aire libre tiene sus peligros. Si bien casi siempre es posible evitar osos, gatos monteses y acantilados verticales, la maleza y la hierba alta ocultan diminutos insectos ansiosos de alimentarse con la sangre del primer animal o ser humano que pase. Las garrapatas y las niguas son los riesgos pequeños más frecuentes.

Las garrapatas son bastante visibles y su picadura generalmente tiene proyectada su causa obvia; miden alrededor de medio centímetro de largo y resultan fáciles de localizar. La garrapata entierra su cabeza y pinzas debajo de la piel, quedando como proyecciones el cuerpo y las patas. Se alimenta de los animales que pasen cerca, como perros, venados o personas. En algunas regiones, sobre todo en el sureste de los Estados Unidos, son portadores de enfermedades, como la fiebre manchada de las Rocallosas; consulte a su médico si unos pocos días o semanas después de una picadura sobreviene fiebre, erupción o dolor de cabeza. Si se permite que una hembra preñada se alimente continuamente durante algunos días, puede aparecer en ciertas circunstancias un estado peculiar que se denomina parálisis por garrapatas; la hembra secreta una toxina capaz de causarla, pero se resuelve poco después de desalojarse el insecto; esta complicación es muy rara y sólo puede ocurrir si la garrapata permanece incrustada muchos días.

En zonas infestadas por estos insectos, es conveniente revisar varias veces al día el cabello de sus niños. Si examina a los excursionistas después de una caminata, tal vez pueda atrapar las garrapatas antes de que se incrusten en la piel. Revise también sus animales domésticos.

Las niguas son diminutos ácaros rojos. Su picadura contiene una sustancia química que carcome la piel, ocasionado una comezón tremenda. Generalmente, las pequeñas úlceras rojas aparecen en toda la cintura o en lugares donde la ropa deja la piel al descubierto. Una inspección minuciosa puede revelar las pequeñísimas larvas rojas en el centro de una úlcera pruriginosa. Las niguas viven en hierba alta y matas

Tratamiento casero

Se deben extraer las garrapatas, aunque tarde o temprano han de desprenderse; son poco frecuentes las complicaciones de sus picaduras. El truco estriba en hacer que se suelte y no exprimirla antes de que se pueda extraer. Si la boca se separa y las pinzas quedan incrustadas en la piel, la cicatrización puede tomar varias semanas. Es más probable padecer la fiebre manchada de las Rocallosas si en los tejidos se dejan alojadas partes de la boca o si se aplasta la garrapata durante su extracción. Cause incomodidad al insecto; un calor suave procedente de un trozo de alambre caliente, alcohol, acetona o aceite hará que menee las patas y comience a retirarse. Sujételo y con torsión extráigalo rápidamente. Si la cabeza queda inadvertida bajo la piel, remoje la zona en agua tibia dos veces al día hasta que la lesión haya sanado por completo. Comuníquese cuanto antes con el médico si el paciente presenta fiebre, erupción o dolor de cabeza en espacio de tres semanas.

Es más fácil evitar las niguas que tratarlas. Para reducir la frecuencia de sus picaduras use repelentes contra insectos, póngase la ropa adecuada y dése un baño después de una exposición a estos insectos. Si ya lo han picado tendrá comezón, a menudo durante varias semanas. Mantenga las úlceras limpias y remójelas en agua tibia dos veces al día. La aplicación de Cuprex y A200 en los primeros días ayudará a exterminar las larvas, pero la comezón persistirá.

Se pueden probar cremas de esteroides (Cortaid, Lanacort), pero por lo regular no son muy útiles (véase el Capítulo 9, «El botiquín del hogar»).

NIGUAS

¿Se observa cualquiera de los siguientes fenómenos?

a) Lesiones rojas y pruriginosas en el nivel del cinturón o de otras aberturas de la ropa

b) Lesiones rojas pruriginosas después de tener contacto con hierba o arbustos

c) Pequeños ácaros rojos en la piel o una mancha roja en el centro de la úlcera

no → Sospeche otro problema. Vea la tabla de síntomas cutáneos en las páginas 200 a 203.

sí ↓

APLIQUE EL TRATAMIENTO CASERO

GARRAPATAS

¿Se puede ver una garrapata incrustada bajo la piel o está una garrapata hinchada adherida a la piel?

no → Sospeche otro problema. Consulte la tabla de síntomas cutáneos en las páginas 200 a 203.

sí ↓

APLIQUE EL TRATAMIENTO CASERO

Qué esperar en el consultorio

El médico podrá extraer la garrapata, pero no podrá prevenir ninguna enfermedad que el insecto haya transmitido. Usted puede hacer lo mismo. En ocasiones se extraen estos insectos de sitios poco usuales, como la axila o el ombligo, pero su ubicación más frecuente es el cuero cabelludo. La técnica para extraer las garrapatas siempre es la misma, sin importar dónde esté alojada.

En el caso de niguas, el médico por lo regular prescribe Kwell, que quizá sea ligeramente más eficaz que A200 o Cuprex, pero que tampoco suprime la comezón. Los antihistamínicos provocan somnolencia, por lo que no se usan frecuentemente, a menos que persista una comezón intensa a pesar del tratamiento con aspirina, baños tibios, baños con avena y aplicaciones de loción de calamina.

50 Sarna

La sarna es una irritación de la piel causada por un diminuto ácaro emparentado con la nigua. Nadie sabe por qué, pero la sarna parece ir en aumento en los Estados Unidos. Como ocurre con los piojos, ha dejado de ser cierto que la sarna se relaciona con la higiene.

Aparece en las mejores familias y en los barrios más elegantes. El ácaro se propaga fácilmente de persona a persona o por contacto con objetos que puedan alojarlo, como prendas de vestir y ropa de cama. La epidemia a menudo se extiende por las escuelas, a pesar de tener una estricta precaución contra el menor contacto con casos conocidos.

El ácaro penetra en la piel para depositar sus huevecillos; en el diagrama de decisión se enumeran los sitios preferidos por el ácaro para esta acción. Es posible observar las trayectorias seguidas por los ácaros bajo la piel, sobre todo al iniciarse el problema. El ácaro pronto produce una reacción en la piel, por lo que al poco tiempo surge enrojecimiento, inflamación y vesículas. La intensa comezón ocasiona raspaduras, que a su vez provocan rasguños que pueden infectarse por las bacterias de la piel. Por tanto, las reveladoras marcas de la invasión subcutánea de los ácaros a menudo se pierden entre rasguños, vesículas e infecciones secundarias.

Si usted puede localizar algo que parezca la trayectoria subcutánea seguida por un ácaro, tal vez logre verlo con la ayuda de una lupa; esta es la única manera de asegurarse absolutamente de que el problema es sarna, pero a menudo no es posible. El diagnóstico casi siempre se establece con base en un problema que sea congruente con la sarna y cuando se sabe que hay brotes de este mal en la comunidad.

Tratamiento casero

El benzoato de benzoílo (solución al 25 %) es eficaz contra la sarna y no precisa receta médica. Por desgracia no se distribuye ampliamente. Si usted logra conseguirlo, aplíquelo una vez en todo el cuerpo, salvo en la cara, en el orificio urinario del pene y en la abertura vaginal. Elimínelo del cuerpo a las 24 horas, con agua y jabón. Este medicamento tiene un olor que algunas personas consideran desagradable. Si no logra conseguir benzoato de benzoílo, tendrá que acudir a su médico para que le extienda una receta de Kwell.

Para combatir la comezón recomendamos compresas frescas, loción de calamina o aspirina. Los antihistamínicos pueden ser útiles, pero a menudo provocan somnolencia. Siga las instrucciones incluidas en el envase. Como en el caso de hiedra venenosa, el calor empeora la comezón al liberar histamina, pero si se libera toda, el paciente puede disfrutar de un alivio de varias horas. (Vea **Hiedra venenosa**, problema 39).

Tomará algún tiempo que la piel se normalice, incluso con un tratamiento eficaz, pero se debe observar al menos cierta mejora en menos de 72 horas; de lo contrario, acuda a su médico.

Qué esperar en el consultorio

El médico debe examinar toda la superficie de la piel con el fin de detectar cualquier signo del problema y quizá inspeccione con una lupa la zona lesionada. Tal vez obtenga una muestra por raspado de la lesión a fin de examinarla al microscopio. Muchas veces, el médico se verá obligado a tomar una decisión basada en la probabilidad de varias clases de enfermedades y luego tratar el caso de modo muy semejante al que usted adoptaría en casa. La prueba será si el tratamiento resulta eficaz o no.

A menudo el médico prescribe Kwell. Debido a la potencia de este medicamento, no debe emplearse más de dos veces, con una semana de intervalo.

¿Se cumplen todas las condiciones siguientes?

a) Comezón intensa
b) Una línea de piel roja y elevada (representa el trayecto subcutáneo del ácaro) y quizá vesículas o pústulas
c) Lesiones situadas en las manos, especialmente entre los dedos, en el pliegue del antebrazo, en las axilas, en el pliegue inguinal o en las corvas
d) Exposición a la sarna

no →

Considere otro problema. Consulte la tabla de síntomas cutáneos en las páginas 200 a 203.

sí ↓

APLIQUE EL TRATAMIENTO CASERO

51 Caspa y costra de leche

Aunque difieren algo en apariencia, la costra de leche y la caspa en realidad son parte del mismo problema; su denominación médica es *seborrea*. Se produce cuando las glándulas de grasa de la piel reciben el estímulo de hormonas de la edad adulta, y conduce a que el cuero cabelludo se torne aceitoso y escamoso. En el neonato ocurre por la exposición a las hormonas maternas y en los púberes, cuando comienzan a elaborar sus propias hormonas adultas. Sin embargo, a veces se presenta entre estas dos edades, y tiende a recurrir una vez que el niño padece la anomalía.

La propia seborrea es un estado relativamente inofensivo, si bien desagradable a la vista. Sin embargo, puede hacer la piel más vulnerable a la infección por levaduras o bacterias. En forma ocasional la seborrea se confunde con tiña del cuero cabelludo o psoriasis. La cuidadosa atención a las afecciones enumeradas en el diagrama de decisiones por lo general evitará esta confusión. Recuerde además que la tiña sería una rareza en el neonato y el lactante. La psoriasis suele detenerse donde comienza el nacimiento del cabello. Otra diferencia es que las escamas de la psoriasis se encuentran sobre lesiones elevadas denominadas «placas», que no ocurren en la seborrea.

Los niños a menudo también presentan enrojecimiento y escamación en las cejas y detrás de las orejas.

Tratamiento casero

Los champús para combatir la caspa que son objeto de intensa publicidad son eficaces en casos de caspa leves a moderados. Para los rebeldes y graves, hay otros champús menos conocidos y también de venta libre que resultan eficaces. Selsun (sólo vendido con receta médica) y Selsun Azul son marcas de un champú que contiene sulfuro de selenio; Selsun Azul, de venta libre, es más débil que el otro Selsun, pero no es menos eficaz si se emplea en mayor cantidad y más a menudo. Cuando utilice estos champús es indispensable observar meticulosamente las instrucciones, pues su empleo puede tornar grasoso el cabello o producirle una decoloración amarillenta. Sebulex, Sebucare, Ionil y DHS son otra serie de preparados muy buenos para combatir la caspa, si bien todos deben aplicarse también con estricto apego a las instrucciones.

Para la costra de leche no hay mejor tratamiento que un buen cepillo. Si es gruesa, se le puede aplicar aceite para niños previamente entibiado, se cubre con una toalla caliente y se deja que la costra permanezca así unos quince minutos. Para ayudarse a desprender las escamas, utilice un peine de dientes muy finos o un cepillo; luego lávele la cabeza al niño con champú Sebulex u otro de los mencionados. Ponga especial cuidado en evitar que el champú penetre en los ojos.

Independientemente de las medidas que usted adopte, el problema suele recurrir y tal vez tenga que volver a aplicar el tratamiento. Si el problema empeora durante varias semanas, a pesar de sus intentos de combatirlo, acuda a su médico.

Qué esperar en el consultorio

Los casos graves de seborrea pueden necesitar algo más que los fármacos recién enumerados; a menudo el médico receta una crema de cortisona. Por lo común, la visita al consultorio obedece al deseo de aclarar alguna confusión relacionada con el diagnóstico. El médico generalmente hace el diagnóstico según la apariencia de la erupción. En algunas ocasiones, se estudian al microscopio algunas muestras de las áreas afectadas obtenidas por raspado. Para la seborrea no se indican medicamentos de administración oral o por inyección, a menos que se haya complicado con una infección bacteriana.

¿Se observan todas estas anomalías en un lactante?

a) Placas gruesas, adherentes, aceitosas y amarillentas que forman escamas y costras

b) Lesiones situadas en el cuero cabelludo, detrás de las orejas, en las cejas o (con menor frecuencia) en los pliegues cutáneos de la ingle

c) En las zonas afectadas sólo hay un enrojecimiento ligero

no → Sospeche algún problema distinto de caspa. Consulte la tabla de síntomas cutáneos en las páginas 200 a 203.

¿Se observan todas estas anomalías en un niño de mayor edad (o un adulto)?

a) Escamas finas, blancas y aceitosas

b) Lesiones situadas sólo en el cuero cabelludo o las cejas, o en ambos lugares

c) En las zonas afectadas sólo hay un enrojecimiento ligero

no → Sospeche algún problema diferente de costra de leche. Consulte la tabla de síntomas cutáneos en las páginas 200 a 203.

sí

APLIQUE EL TRATAMIENTO CASERO

52 Decoloración de la piel en placas

Los niños constantemente sufren pequeñas cortaduras, raspones, picaduras de insectos y otras infecciones cutáneas leves. Mientras sanan, es frecuente que la piel pierda algo de color. Con el tiempo, el tono de la piel se normaliza.

En forma esporádica, la tiña, una infección micótica descrita en el problema 37, comienza como una zona redonda de escamación asociada con pérdida de color.

En el verano, muchos niños presentan pequeños puntos redondos y descoloridos en la cara. Quizá hayan existido algún tiempo, pero al broncearse con el sol los puntos que no se oscurecen se hacen más visibles. Este fenómeno se denomina *pitiriasis alba* y es de origen desconocido; por fortuna es una afección leve y sólo de importancia cosmética. Puede persistir durante muchos meses y recurrir, pero virtualmente nunca tiene efectos a largo plazo.

Si se observan placas amarillentas, rosadas o blancas y ligeramente escamosas en el cuello o la espalda, es muy probable que el problema se deba a una infección micótica llamada *tiña versicolor*. Esta es una infección por hongos sumamente leve y superficial.

Tratamiento casero

El tratamiento casero más eficaz en caso de decoloración de la piel consiste en esperar. La tiña versicolor se puede tratar con aplicaciones de Selsun Azul en la zona afectada, una vez al día hasta haber desaparecido las lesiones.

También es efectiva la loción o la crema de tolnaftato (Tinactin). Desgraciadamente, la tiña versicolor casi siempre recurre, sin importar el tipo de tratamiento que se emplee.

Qué esperar en el consultorio

Después de recabar una cuidadosa historia clínica, el médico realizará un minucioso examen de la piel. Tal vez obtenga muestras por raspadura de las lesiones, pues con base en ellas se puede identificar la tiña versicolor. Se debe distinguir la pitiriasis alba de ciertas infecciones micóticas más graves que pueden aparecer en la cara. También en este caso las raspaduras ayudarán a identificar el hongo.

¿Se observan las siguientes características?

a) Bordes escamosos
b) Crecimiento de la lesión circular
c) Cicatrización del centro

sí → Consulte **Tiña** (problema 37).

no

¿Se observan las siguientes características?

a) Placas confluentes, ligeramente escamosas y de color amarillento, rosa o blanco
b) Circunscritas al cuello y la parte superior de la espalda

sí → Sospeche tiña versicolor. → **APLIQUE EL TRATAMIENTO CASERO**

no

¿Se observan las siguientes características?

a) Placas blancas y escamosas en la cara
b) Más notables después del bronceado al sol
c) Ningún signo de infección (costras, enrojecimiento, exudación o fiebre)

sí → Sospeche pitiriasis alba. → **APLIQUE EL TRATAMIENTO CASERO**

no

¿La pérdida de color cutáneo siguió a una cortadura o infección?

sí → **APLIQUE EL TRATAMIENTO CASERO**

no

CONSULTE AL MEDICO POR TELEFONO

243

I Enfermedades de la infancia

53 Paperas

Las paperas son una infección viral de las glándulas salivales. Las principales glándulas se localizan directamente por debajo y enfrente de la oreja. Antes de que la inflamación sea perceptible, puede haber una fiebre ligera, dolor de cabeza, dolor de oídos o debilidad. La fiebre es variable; puede estar sólo un poco más arriba de lo normal o llegar hasta 40 °C (104 °F). Al cabo de varios días de exhibir estos síntomas, una o ambas glándulas salivales (parótidas) pueden inflamarse. A veces es difícil distinguir las paperas de los ganglios linfáticos inflamados del cuello; en las paperas es casi imposible palpar el borde de la mandíbula localizado por debajo de la oreja. Masticar y deglutir causa dolor detrás de la oreja. Los alimentos ácidos, como el limón, pueden intensificar el dolor. Cuando la inflamación afecta ambos lados, el paciente adquiere lo que se llama *cara de ardilla*. Además de las parótidas, se pueden infectar las otras glándulas, incluso las submaxilares y sublinguales. Los conductos excretorios de estas glándulas pueden presentar enrojecimiento y tumefacción. Aproximadamente un tercio de los pacientes con paperas no presenta inflamación glandular. Por tanto, muchas personas que se preocupan por la exposición a las paperas quizá ya las hayan padecido sin percatarse de ello.

Las paperas son muy contagiosas durante el período que va de dos días antes de los primeros síntomas hasta la desaparición total del cuadro inflamatorio de la glándula parótida (generalmente una semana después de haber comenzado la inflamación). Las paperas ocurrirán en la persona vulnerable aproximadamente 16 a 18 días después de la exposición al virus. En los niños por lo general es una afección leve. El diagrama se ha orientado a la detección de complicaciones poco frecuentes, que incluyen encefalitis (infección viral del cerebro), pancreatitis (infección viral del páncreas), enfermedad renal, sordera y afección de los testículos o los ovarios. Ocurren más complicaciones en los adultos que en los niños.

Tratamiento casero

Se puede disminuir el dolor con aspirina o acetaminofén. Puede haber dificultad para comer, pero es importante la ingestión adecuada de líquidos. Deben evitarse los alimentos ácidos, incluso el jugo de naranja. Los adultos que no han tenido paperas deben evitar exponerse al paciente hasta que la inflamación haya desaparecido por completo. Muchos adultos que no recuerdan haber tenido paperas en la niñez quizá padecieron un caso muy leve y, en consecuencia, no corren ningún riesgo de contagiarse.

Si la inflamación no ha cedido en tres semanas, llame al médico.

Qué esperar en el consultorio

Si se sospecha una complicación, puede ser necesario acudir al consultorio. La historia clínica y el examen físico se orientarán a confirmar el diagnóstico o la presencia de una complicación. Una de las más raras, la infección del ovario derecho, puede confundirse con apendicitis y tal vez sea necesario realizar un análisis de sangre. Como las paperas son una enfermedad viral, no existe ningún medicamento que destruya directamente el virus. Puede surgir la necesidad de adoptar medidas de apoyo para tratar algunas de las complicaciones; afortunadamente, éstas no son muy frecuentes y es excepcional que ocurra un daño permanente al oído o a otra función. Las paperas muy rara vez producen esterilidad masculina o femenina, incluso cuando afectan los testículos o los ovarios.

¿Se presenta letargo, convulsiones o rigidez del cuello?

sí →

VEA AL MEDICO CON URGENCIA

no ↓

¿Ocurre alguno de los siguientes síntomas?

a) Dolor e hinchazón en uno o ambos testículos
b) Dolor abdominal y vómitos
c) Mareos y disminución de la agudeza auditiva

sí →

LLAME AL MEDICO HOY

no ↓

APLIQUE EL TRATAMIENTO CASERO

54 Varicela

Cómo reconocer la varicela:

Antes de la erupción Generalmente no hay ningún síntoma antes de que brote; sin embargo, a veces se observa fatiga y algo de fiebre dentro de las 24 horas anteriores a su aparición.

Erupción El exantema pasa por las etapas siguientes:

1. Primero aparece como una serie de manchas rojas y planas.
2. Estas manchas comienzan a elevarse y a asemejar pequeños barros.
3. Se convierten en pequeñas ampollas, llamadas vesículas, que son muy frágiles. Puede dar la impresión de gotas de agua sobre un fondo rojo. La porción superior se desprende fácilmente si se rasca.
4. A medida que las vesículas se rompen, las úlceras se tornan pustulosas y forman una costra (de suero, no de verdadero pus). Se puede llegar a esta etapa a las pocas horas de haber aparecido la erupción. La costra se desprende entre el 9° y el 13° día. En la etapa pustulosa la comezón suele ser muy intensa.
5. Las vesículas tienden a aparecer en placas, en general de dos a cuatro, en espacio de dos a seis días. En la misma zona se pueden presentar las distintas etapas. A menudo aparecen primero en el cuero cabelludo y en la boca, y después se diseminan por todo el cuerpo, pero pueden comenzar en cualquier parte. Las vesículas se concentran en los hombros, el pecho y la espalda; en forma excepcional se observan en las palmas de las manos o en las plantas de los pies. Puede haber unas cuantas úlceras o centenares de ellas.

Fiebre La fiebre cede una vez que la mayoría de las úlceras se ha cubierto con costras.

La varicela es muy contagiosa: ¡más del 90 % de los hermanos y hermanas de los pacientes la contraen! Se transmite desde 24 horas antes de brotar la erupción cutánea hasta aproximadamente seis días después. Se propaga en las diminutas gotas expulsadas por la boca, así como por contacto directo con prendas de vestir contaminadas. Las escamas secas no transmiten la enfermedad. El período de incubación es de 14 a 17 días. Salvo raras excepciones, la varicela produce inmunidad permanente; sin embargo, el mismo virus de la varicela causa herpes zoster y el sujeto con historia de varicela puede contraerlo más adelante.

En general, la varicela se debe tratar en casa. Es raro que surjan complicaciones, y son mucho menos comunes que con el sarampión. En el diagrama de decisiones se presentan preguntas específicas relacionadas con dos complicaciones graves que pudieran requerir el auxilio del médico: encefalitis, (infección viral del cerebro), que no es muy frecuente, y una infección bacteriana masiva de las lesiones.

Tratamiento casero

La dificultad principal en el manejo de la varicela consiste en calmar la intensa comezón y reducir la fiebre. A menudo son útiles los baños tibios con bicarbonato de sodio (media taza en una bañera). Los antihistamínicos pueden ser convenientes; vea el capítulo 9, «El botiquín del hogar». El acetaminofén es efectivo como calmante de la comezón. Debido a que informes recientes indican una asociación entre la aspirina y un problema extraño pero grave denominado síndrome de Reye, no debe administrarse aspirina a los niños que padezcan varicela o gripe.

Es aconsejable cortar las uñas al paciente o ponerle guantes para evitar que se dañe por

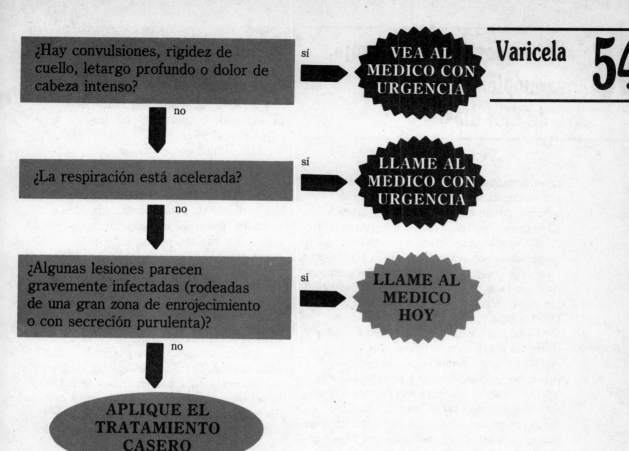

¿Hay convulsiones, rigidez de cuello, letargo profundo o dolor de cabeza intenso?

sí → **VEA AL MEDICO CON URGENCIA**

no ↓

¿La respiración está acelerada?

sí → **LLAME AL MEDICO CON URGENCIA**

no ↓

¿Algunas lesiones parecen gravemente infectadas (rodeadas de una gran zona de enrojecimiento o con secreción purulenta)?

sí → **LLAME AL MEDICO HOY**

no ↓

APLIQUE EL TRATAMIENTO CASERO

una rascadura excesiva. Cuando aparecen lesiones en la cavidad bucal, puede proporcionar cierto alivio hacer gárgaras de agua salada (media cucharadita de sal en un vaso de 240 ml). Es preciso lavarse las manos tres veces al día, y toda la piel debe limpiarse suave pero escrupulosamente con el fin de evitar una complicación por una infección bacteriana. Las infecciones bacterianas leves ceden con jabón y tiempo; si se tornan rebeldes y causan la recurrencia de la fiebre, comuníquese telefónicamente con su médico. La rascadura y la infección pueden originar cicatrices permanentes.

Si no se puede suprimir la comezón o el problema persiste más de tres semanas, póngase en contacto con su médico. Usar el teléfono para exponer sus dudas al médico evitará que otros se expongan a la enfermedad.

Qué esperar en el consultorio
No le sorprenda que el médico esté dispuesto, e incluso deseoso, de tratar el caso por teléfono. Si es necesario acudir al consultorio, se deberá procurar que el paciente se mantenga separado de las demás personas en la sala de espera. En niños sanos, la varicela tiene pocos efectos desfavorables duraderos, pero en personas con otros estados patológicos graves puede ser una enfermedad nefasta e incluso mortal. Tal vez no sea necesario acudir al consultorio, a menos que se perciba alguna posible complicación.

55 Sarampión (sarampión rojo, sarampión de siete o de diez días)

El sarampión es una enfermedad evitable y, a diferencia de otras afecciones de la infancia, puede ser muy grave. Es trágico que 13 años después de haberse autorizado la vacuna contra esta enfermedad, todavía miles de personas contraigan sarampión anualmente y algunas mueran por su causa. Nos gustaría suprimir este tema en la siguiente edición del presente libro; sólo una inmunización generalizada puede posibilitar esto.

El sarampión es una enfermedad viral que comienza con fiebre, debilidad, tos seca y violenta y ojos inflamados, irritados, que presentan enrojecimiento y sensibilidad a la luz. Estos síntomas empiezan de tres a cinco días antes de que brote la erupción. Otro signo precoz del sarampión es la aparición de pequeños puntos blancos sobre una base roja en el interior de la boca, frente a los molares (manchas de Koplik), que se desvanecen a medida que surge la erupción cutánea.

La erupción comienza aproximadamente el quinto día de la enfermedad, en forma de placas planas y rosadas; aparece primero en la línea de nacimiento del cabello, en la cara, en el cuello y detrás de las orejas. Las placas, que palidecen cuando se aplica cierta presión (en los inicios de la enfermedad), al madurar se oscurecen y tienden a fundirse en placas rojas mayores. La erupción se extiende de la cabeza al pecho y, finalmente, invade los brazos y las piernas. Perdura de cuatro a siete días y puede acompañarse de una comezón leve. A medida que la enfermedad avanza, las lesiones cutáneas pueden adquirir cierto tono pardusco claro.

El sarampión es una enfermedad viral sumamente contagiosa. Se propaga mediante pequeñas gotas expulsadas por la boca y por contacto con objetos recién contaminados con secreciones nasales o de la garganta. Es transmisible durante un período que comienza de tres a seis días antes de brotar la erupción hasta varios días después de que ocurre. En una persona vulnerable, los síntomas principian de ocho a doce días después de la exposición al virus.

El sarampión ocasiona varias complicaciones: dolor de garganta, infecciones del oído y neumonía. Muchas de ellas son de origen bacteriano y requieren un tratamiento con antibióticos. Las neumonías pueden ser mortales. Un problema muy grave que puede conducir a un daño permanente es la encefalitis (infección cerebral) que, en caso de presentarse, quizá exija medidas de apoyo vital y tratamiento de convulsiones.

Tratamiento casero

Cuando el sarampión sigue un curso sin complicaciones, sólo se requieren medidas sintomáticas. Procede administrar aspirina o acetaminofén para mantener baja la fiebre, y para la tos conviene usar un vaporizador. Suele ser más cómoda la luz atenuada de la habitación debido a la fotosensibilidad de los ojos. En general, el enfermo se siente «sarampionoso». Conviene mantener al paciente en aislamiento hasta el final del período de contagio. Todas las personas no inmunizadas que tengan contacto con el paciente deben vacunarse cuanto antes. (Se considera que las personas que hayan padecido sarampión son inmunes.)

Qué esperar en el consultorio

La historia clínica y el examen físico se orientarán a determinar el diagnóstico de sarampión y la naturaleza de cualquier complicación; las de origen bacteriano, infecciones del oído y neumonía, en general han de tratarse con antibióticos. La persona cuyos síntomas sugieran encefalitis (letargo, rigidez de cuello, convulsiones) deberá hospitalizarse y someterse a una punción lumbar. Pocas veces se manifiesta un problema de coagulación que pueda generar

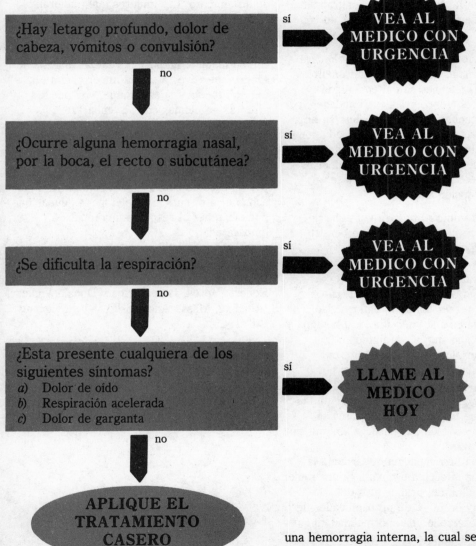

¿Hay letargo profundo, dolor de cabeza, vómitos o convulsión? — **sí** → **VEA AL MEDICO CON URGENCIA**

no ↓

¿Ocurre alguna hemorragia nasal, por la boca, el recto o subcutánea? — **sí** → **VEA AL MEDICO CON URGENCIA**

no ↓

¿Se dificulta la respiración? — **sí** → **VEA AL MEDICO CON URGENCIA**

no ↓

¿Esta presente cualquiera de los siguientes síntomas?
a) Dolor de oído
b) Respiración acelerada
c) Dolor de garganta
— **sí** → **LLAME AL MEDICO HOY**

no ↓

APLIQUE EL TRATAMIENTO CASERO

una hemorragia interna, la cual se presenta primero como manchas violeta en la piel. Lo mejor es evitar todos los problemas mediante la inmunización contra esta enfermedad.

251

56 Rubéola (sarampión de tres días)

Cómo reconocer la rubéola:

Antes de la erupción   Se puede sentir cierta fatiga durante varios días, y agrandarse y sensibilizarse los ganglios linfáticos de la nuca.

Erupción   Aparece inicialmente en la cara en forma de manchas planas o ligeramente realzadas. Las lesiones se entienden con rapidez hacia el tronco y las extremidades, y las manchas tenues tienden a fusionarse en placas extensas. La erupción ocasionada por la rubéola es muy variable y difícil de reconocer incluso para los padres de familia y médicos más experimentados. A menudo, *no* se manifiesta erupción alguna.

Fiebre   La temperatura rara vez sube de 38.5°C (101°F) y por lo regular no persiste más de dos días.

Alrededor de 10 a 15 % de los niños grandes y los adultos sufre de dolores articulares. Estas molestias de ordinario comienzan el tercer día de la enfermedad.

La rubéola es una infección viral benigna y menos contagiosa que el sarampión o la varicela. Generalmente se transmite por medio de diminutas gotas expulsadas por la boca. El período de incubación es de 12 a 21 días, y de 16 como promedio. Las preguntas específicas que figuran en el diagrama se refieren a las posibles complicaciones, que son sumamente raras.

La máxima preocupación que suscita la rubéola es una infección prenatal. Si una mujer contrae rubéola en el primer mes del embarazo, hay un 50 % de probabilidades de que el feto desarrolle una anormalidad como cataratas, cardiopatía congénita, sordera o deficiencia mental. Al tercer mes del embarazo este riesgo disminuye a menos del 10 % y continúa en descenso durante el resto de la gestación. Debido al peligro de estos defectos congénitos, se ha elaborado una vacuna contra la rubéola.

Tratamiento casero

Generalmente no se necesita medida terapéutica alguna. La fiebre puede disminuir con la administración de aspirina o acetaminofén. No suele imponerse algún tipo de aislamiento. Las mujeres que pudieran estar encinta deben evitar cualquier exposición al paciente; si surgiera alguna duda al respecto, la interesada debe discutir el riesgo con su médico. Es posible realizar análisis de sangre que revelen si una mujer encinta ha tenido rubéola y si es inmune, o si puede afrontar problemas con su embarazo.

Qué esperar en el consultorio

Pocas veces es necesario acudir al consultorio por un caso de rubéola; es más fácil y económico discutir por teléfono las dudas que pudiera tener al respecto una mujer embarazada.

El tema de la inmunización es complejo y se analiza detalladamente en la edición revisada de *Taking Care of Your Child*, de Robert Pantell, James Fries y Donald Vickery, (Reading, Mass., Addison-Wesley Publishing Co., 1985).

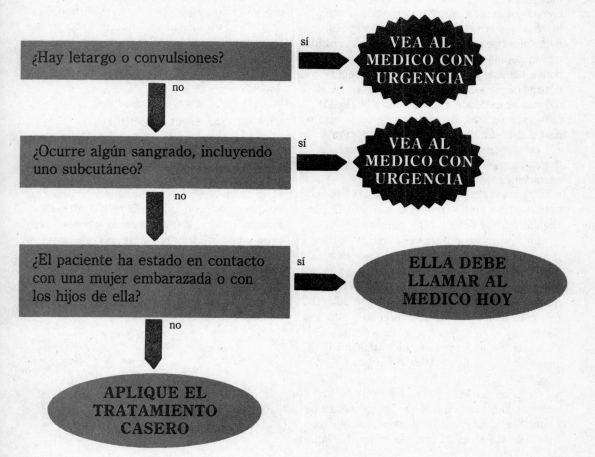

¿Hay letargo o convulsiones? — **sí** → **VEA AL MEDICO CON URGENCIA**

no

¿Ocurre algún sangrado, incluyendo uno subcutáneo? — **sí** → **VEA AL MEDICO CON URGENCIA**

no

¿El paciente ha estado en contacto con una mujer embarazada o con los hijos de ella? — **sí** → **ELLA DEBE LLAMAR AL MEDICO HOY**

no

APLIQUE EL TRATAMIENTO CASERO

57 Roséola

Cómo reconocer la roséola Antes de que brote la erupción cutánea, suele presentarse una fiebre alta durante varios días, que en un niño vulnerable puede desencadenar una convulsión o un ataque. La erupción brota a medida que la fiebre cede o poco después de haber desaparecido; consiste en placas rosadas y bien definidas que al ser presionadas se ponen blancas y a veces están ligeramente realzadas. Este signo aparece primero en el tronco, se extiende a los brazos y el cuello, pero rara vez resulta prominente en la cara o las piernas. La duración de esta erupción suele ser menor de 24 horas. Ocasionalmente se tienen ligeras secreciones nasales, enrojecimiento de garganta o ganglios inflamados en la parte posterior de la cabeza, detrás de las orejas o en el cuello. Por lo regular no hay ningún otro síntoma.

La roséola se registra con mayor frecuencia en niños menores de tres años, pero puede ocurrir a cualquier edad. Su mayor importancia estriba en la repentina fiebre alta, que puede causar convulsiones. Cabe aclarar que este fenómeno obedece precisamente a la fiebre alta y no indica que el niño tenga epilepsia. Es indispensable el tratamiento inmediato de la fiebre (véase **Fiebre**, problema 17).

Se cree que un virus causa esta enfermedad, que además es contagiosa. Debe evitarse el contacto con otras personas hasta que ceda la fiebre. El período de incubación es de 7 a 17 días.

La encefalitis (infección cerebral) es una complicación muy poco frecuente de la roséola; en realidad, la roséola es una enfermedad básicamente benigna.

Tratamiento casero

El tratamiento casero se fundamenta en dos principios: el primero consiste en el tratamiento eficaz de la fiebre, descrito en el problema 17; el segundo radica en prodigar una observación cuidadosa y esperar. Esto depende de que el paciente parezca estar relativamente bien y de que no surjan otros síntomas importantes una vez que se haya normalizado la temperatura. Ponga especial cuidado en la detección de síntomas de una infección del oído (quejas de dolor o tirones de orejas), tos (véase problema 24) o letargo; de ocurrir éstos, deberán consultarse las secciones correspondientes de este libro. Si persiste el problema, será adecuado hacer un telefonema al médico. Recuerde que la roséola no debe durar más de cuatro o cinco días; de prolongarse, deberá comunicarse con su médico.

Qué esperar en el consultorio

A causa de la fiebre alta, por lo regular el médico atiende al paciente desde el comienzo de la enfermedad. Como se ha señalado, en la etapa inicial es poco lo que se puede observar en quien padece roséola. El médico deberá examinar oídos, nariz, garganta y pecho, pero si su único hallazgo es fiebre, recomendará el tratamiento casero (control de este signo y observación del surgimiento de la erupción cutánea de la roséola). No existe tratamiento médico alguno para la roséola, además del que se pueda proporcionar en casa.

¿La erupción brotó tres días después de padecer una fiebre alta que ya ha desaparecido?

sí →

Sospeche otro problema. Consulte la tabla de síntomas cutáneos en las páginas 200 a 203.

no ↓

¿Hay convulsiones o letargo profundo?

sí →

VEA AL MEDICO CON URGENCIA

no ↓

APLIQUE EL TRATAMIENTO CASERO

58 Escarlatina

La escarlatina tiene su nombre desde hace más de 300 años y lo debe al color característico de la erupción cutánea que produce. La causa de este mal es una infección estreptocócica, generalmente de la garganta, y que se describe en **Afecciones de la garganta** (problema 19).

El cuadro se puede identificar por sus rasgos característicos. De ordinario, fiebre y debilidad anteceden a la erupción. La fiebre se acompaña a menudo de dolor de cabeza, dolor de estómago y vómitos. Por lo regular, pero no siempre, hay dolor de garganta. La erupción cutánea brota entre 12 y 48 horas después de que se inicia la enfermedad.

Esta erupción aparece inicialmente en la cara, el tronco y los brazos, pero casi siempre al cabo de un día cubre ya todo el cuerpo; es roja, muy fina y abarca la mayor parte de la piel. La zona alrededor de la boca palidece, y si se palpa con los ojos cerrados, parece papel de lija. Los pliegues cutáneos, por ejemplo la cara anterior del codo y las axilas, presentan un color rojo más intenso. Al ejercer presión sobre la erupción se produce una mancha blanca que persiste varios segundos. El enrojecimiento intenso perdura unos cinco días, aunque el despellejamiento puede prolongarse varias semanas, sobre todo en las palmas de las manos, que con frecuencia persisten más de un mes.

El examen a menudo revela garganta irritada, manchas en el paladar (blando) y una especie de lanilla blanca sobre la lengua, que después se inflama y enrojece. Puede haber ganglios inflamados en el cuello.

Como en el caso de otras infecciones estreptocócicas, la importancia de la escarlatina radica en su relación con la fiebre reumática (véase **Afecciones de la garganta**, problema 19).

Tratamiento casero

Como la escarlatina se debe a una infección por estreptococos, precisa de una visita al médico para recibir un tratamiento con antibióticos. Estas infecciones son muy contagiosas, de modo que los demás miembros de la familia también deben realizarse cultivos de la garganta. Además de los antibióticos, conviene reducir la fiebre con aspirina o acetaminofén, satisfacer la demanda de líquidos y procurar que el paciente ingiera abundantes bebidas frías para ayudar a calmar las molestias de la garganta.

Qué esperar en el consultorio

Varias erupciones cutáneas pueden confundirse con la escarlatina, incluso las del sarampión y las producidas por reacciones medicamentosas. Si la erupción es característica de la escarlatina, el médico quizá instituya el tratamiento con antibióticos, por lo regular penicilina (o eritromicina, si el niño es alérgico a la penicilina) y realizará cultivos de garganta de los demás miembros de la familia. Si el médico duda del origen de la erupción, tal vez haga un cultivo de la garganta antes de iniciar alguna medida terapéutica. Aun cuando el tratamiento se retrase un día o dos mientras se esperan los resultados del cultivo, todavía será oportuno para prevenir la complicación más inquietante: fiebre reumática.

¿Se observan estas dos anomalías?

a) Fiebre
b) Una fina erupción roja en el tronco y las extremidades que al tacto parece papel de lija

no → Sospeche otro problema. Si tiene una erupción de la piel, consulte la tabla de síntomas cutáneos en las páginas 200 a 203.

sí

LLAME AL MEDICO HOY

59 Quinta enfermedad

Considere el extraño caso de la quinta enfermedad, cuyo único derecho a la fama es que podría confundirse con otra afección. Recibe este nombre porque siempre se le menciona como la última (y menos importante) de las cinco erupciones contagiosas más frecuentes de la infancia. Su nombre médico, *eritema infeccioso*, se olvida fácilmente.

Se aproxima mucho al límite de lo que podría definirse como enfermedad, ya que no tiene más síntoma que la erupción cutánea, carece de complicaciones y no necesita tratamiento. Se puede identificar porque produce en los niños la apariencia de haber sido abofeteados en ambas mejillas. Por lo común, la erupción brota inicialmente en las mejillas y después se observa en la cara posterior de los brazos y las piernas, con la apariencia de un encaje rosado muy fino. Tiende a aparecer y desaparecer de un momento a otro, y a recurrir en espacio de días e incluso semanas, especialmente como respuesta al calor (baños calientes) o a la irritación. En general, la erupción localizada cerca de la cara se desvanece después de cuatro días de haber brotado, y la que se sitúa en el resto del cuerpo, de tres a siete días. Su única importancia es que puede suscitar preocupación o provocar visitas innecesarias al consultorio. Es una erupción muy contagiosa; epidemias de la quinta enfermedad han ocasionado cierres sin sentido de escuelas. El agente que provoca esta «no enfermedad» aún se desconoce, pero se sospecha que es un virus. Se cree que el período de incubación es de 6 a 14 días.

Tratamiento casero

No hay tratamiento para esta enfermedad. Lo único que se puede hacer es observar y esperar hasta cerciorarse de que en efecto es la quinta enfermedad. Compruebe que el paciente no tenga fiebre, pues es muy poco frecuente en este cuadro. No se requiere restringir las actividades.

Qué esperar en el consultorio

El médico tal vez pueda distinguir la quinta enfermedad de otras erupciones cutáneas; si la erupción concuerda con la descripción recién presentada, hará el mismo diagnóstico que usted hubiera podido establecer. Se puede esperar que el médico tome la temperatura del paciente y observe la erupción; en vista de que no hay pruebas de la causa desconocida, es poco probable que ordene estudios de laboratorio. Esperar y observar son los recursos para tratar la quinta enfermedad.

¿Se observan las características siguientes?

a) Ausencia de fiebre
b) La erupción es el primero y único síntoma
c) No están afectadas las palmas de las manos ni las plantas de los pies

no →

Sospeche otro problema. Si hay erupción, consulte la tabla de síntomas cutáneos en las páginas 200 a 203.

sí

APLIQUE EL TRATAMIENTO CASERO

J Huesos, músculos y articulaciones

60 Artritis

En su mayoría, los casos conocidos como «artritis», ¡no lo son! El error se debe a que los médicos y los pacientes no le dan el mismo significado a esta palabra. Su raíz, *arthros*, significa articulación y no músculo, tendón, ligamento ni hueso. El sufijo *itis* significa inflamación. Por tanto, la artritis verdadera afecta a las articulaciones, que las torna rojas, febriles y tumefactas, además de que duelen al moverse. En el problema 61 se describe el dolor en los músculos y los ligamentos.

Existen más de 100 tipos distintos de artritis; los cuatro más frecuentes son *osteoartritis, artritis reumatoide, gota* y *espondilitis anquilosante*. La osteoartritis suele ser benigna; aparece en la vejez y a menudo produce la deformación nudosa que se observa en las articulaciones distales de los dedos. La artritis reumatoide por regla general comienza en la madurez y puede hacer que el paciente sienta alguna enfermedad, rigidez en todo el cuerpo y problemas articulares. La gota es más común en el varón y se presenta en forma de súbitos e intensos accesos de dolor e inflamación en una articulación a la vez, casi siempre la del dedo gordo del pie, el tobillo o la rodilla. La espondilitis anquilosante afecta la espalda y las articulaciones lumbares; debe sospechar esta enfermedad si padece dolor de espalda durante mucho tiempo, con especial rigidez por la mañana, y no puede tocarse la punta de los pies.

El paciente con artritis sólo excepcionalmente necesita acudir de inmediato al médico. De ordinario, el problema se resuelve en corto tiempo con el tratamiento casero y paciencia. Las urgencias que se pueden presentar son: 1) infección, 2) lesión de un nervio, 3) fracturas próximas a una articulación y 4) gota. De no atenderse la articulación, en los tres primeros casos puede producirse una lesión grave; en el cuarto caso, el dolor es tan intenso que necesita ayuda médica de inmediato.

La complicaciones de la artritis y su tratamiento son muy lentos; es más fácil prevenir esta enfermedad que curarla. La artritis ocasiona un mayor número de días de incapacidades en el trabajo y de enfermedad que ninguna otra categoría de enfermedades; exige tratamiento correcto y cuidadoso.

Tratamiento casero

En el tratamiento de pacientes con artritis, la aspirina es más potente que algunos fármacos cuya venta requiere receta médica, pero sólo si se toman dosis elevadas durante un período prolongado. La aspirina reduce la inflamación articular lo mismo que el dolor. Para los pacientes adultos, la dosis usual es de dos a cuatro tabletas (650 a 1300 mg) cada cuatro horas, hasta un total de 16 comprimidos diarios. **Si la posología causa dolor de estómago, zumbido en ambos oídos, vértigo o afecta la agudeza auditiva, es demasiado alta y debe reducirse.** El consumo continuo de una dosis elevada de aspirina puede contribuir a una hemorragia del estómago o a la formación de úlceras. El malestar estomacal se puede evitar si se toma la aspirina después de las comidas, después de un antiácido (Maalox o Gelusil) o mediante el empleo de grageas con capa entérica (Ecotrin, A.S.A. Enseals). Si bien la aspirina tiene menos efectos secundarios que la mayoría de los fármacos, el médico debe vigilar el tratamiento con las dosis altas arriba mencionadas si se mantienen por espacio de más de dos semanas. Recuerde que los sustitutos de la aspirina (acetaminofén) carecen de sus propiedades antiinflamatorias. Vea el capítulo 9, «El botiquín del hogar», si desea mayor información sobre la aspirina y sus sustitutos.

El reposo de una articulación inflamada puede acelerar su recuperación. El calor puede ser útil. Generalmente, la articulación dolorosa debe someterse a toda su amplitud de movimiento dos veces al día para evitar una rigidez o contractura posterior.

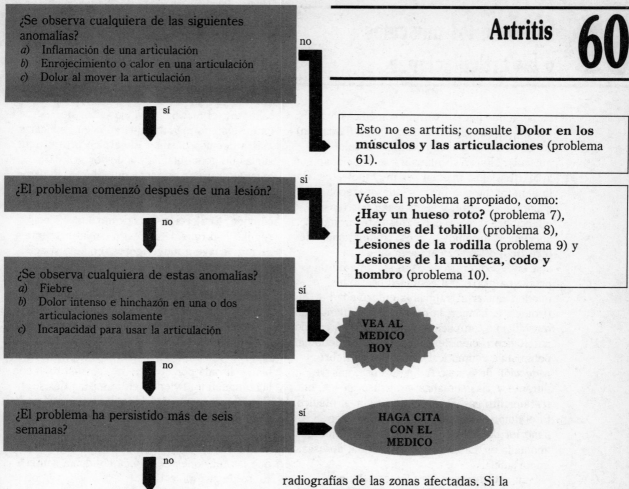

Artritis 60

¿Se observa cualquiera de las siguientes anomalías?
a) Inflamación de una articulación
b) Enrojecimiento o calor en una articulación
c) Dolor al mover la articulación

no →

sí ↓

Esto no es artritis; consulte **Dolor en los músculos y las articulaciones** (problema 61).

¿El problema comenzó después de una lesión?

sí →

no ↓

Véase el problema apropiado, como: **¿Hay un hueso roto?** (problema 7), **Lesiones del tobillo** (problema 8), **Lesiones de la rodilla** (problema 9) y **Lesiones de la muñeca, codo y hombro** (problema 10).

¿Se observa cualquiera de estas anomalías?
a) Fiebre
b) Dolor intenso e hinchazón en una o dos articulaciones solamente
c) Incapacidad para usar la articulación

sí →

VEA AL MEDICO HOY

no ↓

¿El problema ha persistido más de seis semanas?

sí →

HAGA CITA CON EL MEDICO

no ↓

APLIQUE EL TRATAMIENTO CASERO

Si la artritis persiste más de seis semanas, consulte a su médico. Si desea información más detallada consulte *Arthritis: A Comprehensive Guide,* por James Fries, M. D. y *The Arthritis Helpbook,* por Kate Lorig, R. N. y James Fries, M. D., obras incluidas en la bibliografía de este libro.

Qué esperar en el consultorio

El médico examinará las articulaciones, hará varios análisis de sangre, y a menudo tomará radiografías de las zonas afectadas. Si la articulación contiene líquido, el médico tal vez tome una muestra para analizarlo. Quizá inyecte un medicamento semejante a la cortisona en la articulación dolorosa (no más de tres veces). Tenga cuidado con la administración prolongada de este tipo de medicamentos, pues sus efectos secundarios pueden ser peores que la propia artritis. Si se piensa continuar durante más de una semana la administración de fármacos como prednisona, recomendamos buscar una segunda opinión médica que concuerde con su empleo. El médico cuidadoso invariablemente empleará aspirina o uno de los antiinflamatorios no esteroides (como la indometacina) antes de recurrir al empleo a largo plazo de cortisona o sus derivados.

263

61 Dolor en los músculos y las articulaciones

He aquí dos nuevos términos médicos: *artralgia,* que significa dolor (sin inflamación) en las articulaciones, y *mialgia* o dolor muscular. Estos vocablos no se relacionan con la artritis, pero pueden ser muy molestos. Por lo general, no son graves y desaparecen espontáneamente, y se originan por tensión, infecciones virales, esfuerzos extraordinarios, accidentes automovilísticos, traumatismos de otro tipo, o tal vez carezcan de causa aparente. Sólo rara vez son síntoma de un problema grave. En contadas ocasiones, pueden causar artralgias la enfermedad de la tiroides, el cáncer, la polimiositis (inflamación muscular) o, en pacientes ancianos, un estado patológico recién descubierto que se denomina polimialgia reumática. De no haber fiebre, reducción de peso o fatiga intensa, ensaye durante varias semanas, e incluso meses, el tratamiento casero antes de acudir al médico. Si el dolor es más intenso en la porción superior del cuello y en la base del cráneo, la anomalía es, casi sin la menor duda, de escasa importancia.

En este terreno los médicos suelen discrepar respecto al nombre que asignan al diagnóstico, por lo que dos facultativos pueden darle distintos nombres a un mismo problema. Algunos términos empleados a menudo son: fibrositis, reumatismo no articular, síndrome de contracción muscular crónica, reumatismo psicogénico y dolor musculoesquelético psicofisiológico. Todos significan más o menos lo mismo. El tratamiento médico no suele ser muy eficaz. Tal vez se recete un tranquilizante, relajantes musculares y analgésicos, pero a menudo las reacciones secundarias no compensan el alivio que proporcionan. En muchas ocasiones el médico no puede precisar si el problema es de origen físico o emocional. Estos cuadros se agrupan como «enfermedades de la civilización», pues son una rareza en los países apartados de ella.

Tratamiento casero

Son importantes tanto el reposo como el ejercicio. Procure relajarse y extender suavemente las zonas afectadas. Los baños calientes, el masaje y los ejercicios de extensión son medidas que conviene aplicar lo más a menudo posible. El calzado provisto de suelas de goma blanda puede ser útil para quienes trabajan en pisos muy duros. Si usted desempeña labores de escritorio, es mejor tener una luz más brillante y un sillón más cómodo. El ejercicio practicado con regularidad (que se aumenta paulatinamente de muy suave a muy vigoroso) puede ser conveniente para restaurar el tono muscular. Nosotros recomendamos las caminatas, el ciclismo y la natación. Puede ser un buen auxiliar la aspirina en una dosis de dos comprimidos (650 mg) cuatro veces al día; dosis superiores a éstas por lo regular no ofrecen beneficio adicional. Si la aspirina no es bien tolerada por el paciente, se sustituye con acetaminofén (Tylenol) en la misma dosis. Cambiar de estilo de vida o de clima a menudo proporciona cierta mejora. Si usted se percata de que su problema se esfuma cuando disfruta unas vacaciones, puede estar casi seguro de que las tensiones de la vida cotidiana son la causa de sus molestias.

Qué esperar en el consultorio

Un examen físico. A menudo, análisis de sangre; rara vez, radiografías. El médico le hará recomendaciones similares a las ofrecidas en los párrafos anteriores. En términos generales, resultan inútiles los analgésicos que contienen narcóticos o codeína. No deberán emplearse corticosteroides de administración oral, como prednisona, a menos que sea posible establecer un diagnóstico específico. Si el dolor se origina en un punto exacto del cuerpo, suele ser eficaz la inyección de un corticosteroide en esa zona, que no debe repetirse si resulta ineficaz, y sólo debe aplicarse dos o tres veces incluso si proporciona un alivio prolongado.

¿Se presenta cualquiera de las siguientes anomalías?

a) Inflamación de una articulación
b) Enrojecimiento o calor en una articulación
c) Dolor al mover la articulación

sí | Consulte **Artritis,** problema 60.

no

¿Tiene cualquiera de los problemas siguientes?

a) Fiebre no asociada con síntomas de gripe
b) Pérdida de 5 kg de peso o más

sí

HAGA CITA CON EL MEDICO

no

APLIQUE EL TRATAMIENTO CASERO

62 Dolor lumbar

Pocos problemas pueden frustrar lo mismo al paciente que al médico como el dolor lumbar. Esta intensa molestia es de lenta resolución y rápida recurrencia. De este modo, la frustración se convierte en parte del problema y también puede requerir tratamiento.

El dolor lumbar generalmente incluye espasmos de los grandes músculos de sostén situados a lo largo de la columna vertebral. Cualquier lesión en la espalda puede producir estos espasmos, que provocan dolor (casi siempre intenso) y rigidez. El inicio del dolor puede ser inmediato o comenzar varias horas después del esfuerzo o la lesión. A menudo la causa no es muy clara.

En su mayoría, los problemas musculares de la espalda se vinculan con algún esfuerzo o acto de levantar un objeto pesado y deben irse espontáneamente; sólo se requiere tiempo. El dolor de espalda derivado de un golpe o una caída puede necesitar atención inmediata. Como regla práctica, si el dolor se debe a un traumatismo recibido en el trabajo, las leyes de compensación a los trabajadores exigen que un médico examine al sujeto.

La ubicación más frecuente del dolor originado por esfuerzo muscular es la región lumbar. Aunque muchos otros dolores son de origen muscular, el que vaya más allá de la región lumbar es motivo de preocupación. El dolor que se extiende por la pierna hasta un nivel debajo de la rodilla es distinto del que se limita a la región lumbar. El primero de estos casos sugiere presión en los nervios al salir de la columna vertebral y exige la ayuda de un médico. Si el dolor de espalda se acompaña de otros síntomas (como trastornos de la menstruación), consulte el diagrama correspondiente a ese síntoma.

Tratamiento casero

El síndrome de dolor lumbar es un círculo vicioso, en el que una lesión causa espasmo muscular, el espasmo induce dolor y el dolor, a su vez, provoca un espasmo muscular adicional; el tratamiento ayuda a romper este círculo. En condiciones normales, el espasmo muscular tiene el propósito de inmovilizar la parte lesionada, pero a veces incrementa el problema.

Dejar en reposo el músculo es de primordial importancia. Cuando el dolor aparece por primera vez, descanse de espaldas durante no menos de 24 horas. Después del período de reposo absoluto debe reanudar la actividad gradualmente, teniendo cuidado de no lesionarse de nuevo. El dolor de un espasmo fuerte generalmente persiste de 48 a 72 horas, seguido por un lapso de días o semanas de dolor atenuado. La actividad intensa durante las seis semanas siguientes puede provocar recidiva y entorpecer la recuperación completa. Después de sanar, un programa de ejercicios ayudará a evitar una segunda lesión. *Ningún* medicamento acelera la recuperación; los fármacos sólo reducen los síntomas.

El paciente debe dormir sin almohada, en un colchón muy firme que tenga una tabla por debajo, en una cama de agua o incluso en el suelo. Una toalla doblada debajo de la región lumbar y un cojín bajo las rodillas pueden aumentar la comodidad del paciente.

Brinda cierto alivio aplicar calor a la zona afectada. Debe continuarse la ingestión de dos o tres aspirinas cada tres horas mientras haya un dolor considerable. Para evitar un malestar estomacal, tome el medicamento con leche o después de los alimentos; otra alternativa es emplearla en una de sus formas con amortiguador (como Ascriptin y Bufferin).

Existe escasa información médicamente fidedigna sobre este tema. Los consejos aquí ofrecidos son de tipo habitual. Cuando no hay daño nervioso, no precisa la hospitalización ni es necesario acudir al médico. Si durante más de una semana persiste un dolor considerable, comuníquese con el médico.

¿El dolor se asocia con cualquiera de los siguientes estados?

a) Dolor abdominal
b) Náusea, vómitos o diarrea
c) Micción dolorosa, sanguinolenta o frecuente
d) Menstruación
e) Síntomas semejantes a los de una gripe

sí Consulte los problemas 18, 85, 86, 88, 91, 95.

no

¿Hay fiebre o desciende el dolor por una o ambas piernas en un nivel inferior a la rodilla?

sí 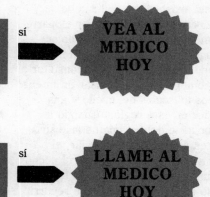 **VEA AL MEDICO HOY**

no

¿El dolor se debe a un golpe o una caída?

sí **LLAME AL MEDICO HOY**

no

APLIQUE EL TRATAMIENTO CASERO

Qué esperar en el consultorio

Espere preguntas similares a las que figuran en el diagrama. El examen se centrará en la espalda, el abdomen y las extremidades, y se concederá especial atención a la verificación de la función nerviosa de las piernas. Sólo si la lesión es el resultado de una caída o un golpe en la espalda, están indicadas las radiografías. Los rayos X revelan sólo las lesiones a los huesos, no a los músculos. Si la historia clínica y el examen físico concuerdan con una lesión lumbar, el médico ofrecerá consejos semejantes a los recién descritos, y además puede recetar un relajante muscular. Si los estudios indican un daño infligido a los nervios que parten de la columna vertebral, puede ser necesaria una radiografía especial. Sólo en presencia de una lesión nerviosa o en caso de que el cuadro no muestra mejora durante un período prolongado, debe considerarse la hospitalización, la tracción o la cirugía.

267

63 Dolor de cuello

Por lo común, este tipo de dolor se debe a algún esfuerzo violento y espasmos de los músculos del cuello. Muchos de los casos de tortícolis que ocurren al levantarse son un ejemplo del esfuerzo de estos músculos. Los dolores de este tipo pueden tratarse satisfactoriamente en casa. Los dolores que se deben a meningitis o la compresión de un nervio exigen atención médica.

Cuando el dolor de cuello se acompaña de fiebre y jaqueca existe la posibilidad de meningitis. Muchas veces este dolor es parte de un síndrome de gripe con fiebre, dolor muscular y jaqueca. Cuando el dolor muscular es generalizado, rara vez conviene consultar al médico. La meningitis puede causar un intenso espasmo de los músculos del cuello y una extrema rigidez en esta región. Cuando la rigidez del cuello se debe a una de las causas más frecuentes de espasmo muscular, el paciente casi siempre puede tocarse el pecho con el mentón, aunque sea con dificultad. En cualquier caso de duda, es preferible recurrir al médico por un espasmo muscular común que intentar el tratamiento casero de una meningitis.

La artritis cervical puede producir la compresión de un nervio. En este caso, el dolor suele extenderse por el brazo o quizá haya entumecimiento o sensación de hormigueo en el brazo o la mano. Este dolor se circunscribe a un solo lado y la rigidez del cuello no es muy notoria.

Tratamiento casero

Un dolor del cuello al despertar puede tener su origen en malos hábitos para dormir. Acostumbre dormir sobre una superficie firme y descarte las almohadas; lo más conveniente es un colchón duro. Si es imposible cambiar el colchón, debe colocar unas tablas debajo de él.

El calor puede ser benéfico para calmar los espasmos y el cuadro doloroso; procede suministrar duchas calientes, compresas de agua caliente o cojines eléctricos. Apliquese calor con la frecuencia deseada, pero con el cuidado suficiente para no ocasionar una quemadura cutánea. Dos comprimidos de aspirina o acetaminofén (Tylenol, Tempra) cada cuatro horas ayudarán a mitigar el dolor y la inflamación. El dolor cervical, lo mismo que el lumbar, mejora lentamente y puede tomar varias semanas para sanar. Es posible proporcionar al paciente un alivio notable, si al acostarse se le envuelve el cuello con una toalla doblada longitudinalmente para formar una banda de 10 cm de ancho, sujeta con un alfiler de seguridad o tela adhesiva; el alivio que se obtiene durante la noche es sorprendente.

Si el dolor no disminuye en una semana, comuníquese con el médico.

Qué esperar en el consultorio

Si se sospecha meningitis, el médico practicará una punción lumbar y ordenará varios análisis de sangre. Ante la probable compresión de un nervio, se tomarán radiografías de cuello. Quizá recete un relajante muscular y un analgésico más enérgico. El Valium suele indicarse como relajante muscular. Los medicamentos cuya venta requiere prescripción médica no son necesariamente más eficaces que la aspirina; por lo regular, si no hay infección ni daño nervioso, el tratamiento casero logrará los mismos resultados que el recomendado por un médico.

¿El dolor se asocia con fiebre y jaqueca, o el cuello está tan rígido que no se puede tocar el pecho con el mentón?

sí  **VEA AL MEDICO CON URGENCIA**

no

¿El dolor se extiende a lo largo de un brazo, o se presenta entumecimiento o sensación de hormigueo en ese sitio?

sí  **VEA AL MEDICO HOY**

no

APLIQUE EL TRATAMIENTO CASERO

64 Dolor de hombro

El dolor que se localiza en la región del hombro es frecuente y casi nunca plantea un grave peligro. No obstante, puede persistir mucho tiempo y ocasionar molestia e incapacidad. Casi siempre el dolor procede de los tejidos blandos próximos a la articulación y no de los huesos ni de la articulación misma. Los tejidos blandos incluyen los ligamentos, tendones y las bolsas o vainas. En su mayoría, los problemas del hombro se relacionan con una actividad en particular.

Bursitis (tendonitis calcificada) Es una inflamación de la bolsa o vaina, que principia con cierta sensación extraña en el hombro y puede llegar a ser un dolor considerable en el transcurso de las siguientes seis a doce horas. Se puede tener inflamada la punta del hombro. A menudo se observa en personas que se han dedicado a recortar setos, pintar paredes, mover muebles, palear nieve, etc. También se observa después de participar en deportes de raqueta o en los que se realizan lanzamientos, aunque en ocasiones aparece sin actividad previa.

Tendonitis del rotador del hombro Esta molestia es una irritación de los tendones situados alrededor del hombro y se observa principalmente en lanzadores de béisbol y en los aficionados a los deportes que se practican con raqueta. A diferencia de la bursitis, es difícil detectar incluso una ligera inflamación y el dolor parece producirse sólo en unas cuantas posturas.

Tendonitis del bíceps Este cuadro es mucho menos frecuente que los dos anteriores. Ocurre en gimnastas y en quienes practican béisbol y deportes de raqueta. La sensibilidad y el dolor se localizan por delante del hombro.

Como estos problemas comunes del hombro se tratan de la misma manera inicialmente, no debe preocuparle precisar la afección que usted padezca. Sin embargo, hay cuadros que deben diferenciarse de éstos: 1) Las lesiones requieren un abordamiento ligeramente distinto (véase **Lesiones de la muñeca, el codo y el hombro**, problema 10). Las infecciones son una rareza en el hombro, pero si se presenta fiebre, inflamación y enrojecimiento en ese sitio debe solicitarse la asistencia de un médico. 2) La total incapacidad para mover el brazo sugiere que el dolor es lo bastante intenso para que parezca razonable consultar al médico.

Si su situación no parece corresponder a alguno de estos problemas, comuníquese por teléfono con su médico para pedirle ayuda. A menudo no será necesario que acuda al consultorio.

Tratamiento casero

Para bursitis, tendonitis del rotador del hombro y tendonitis del bíceps el tratamiento clave es: reposo, hielo, mantenimiento de la movilidad y fortalecimiento (RHMF). Al primer signo de problema debe aplicarse hielo durante 30 minutos y luego permitir que la zona recupere su temperatura en los siguientes 15 minutos. Continúe el ciclo durante las siguientes 6 a 12 horas. Cuide de no congelar la piel.

Proporcione reposo absoluto al hombro en las primeras 24 a 48 horas. Transcurrido ese lapso, someta el brazo a su amplitud completa de movimiento varias veces al día, ya que su inmovilización total puede producir adherencias durante la recuperación, cuya consecuencia es la limitación de movilidad del brazo (hombro congelado). Por tanto, lo más importante del tratamiento consiste en mantener la amplitud completa de movimiento del hombro. No se debe reasumir la actividad que causó el problema hasta después de tres a seis semanas, según la gravedad del problema inicial. La reanudación prematura de la actividad aumentará la probabilidad de recurrencia.

Después del período inicial de reposo, deben comenzarse los ejercicios para fortalecer gradualmente los músculos alrededor del

¿Se debe a una lesión? → **sí** → Consulte **Lesiones de la muñeca, codo y hombro** (problema 10).

↓ **no**

¿Se observa cualquiera de estas anomalías?

a) Fiebre
b) Inflamación y enrojecimiento
c) Incapacidad de usar la articulación

→ **sí** → **VEA AL MEDICO HOY**

↓ **no**

¿Se asocia este dolor con un deporte u otra actividad física que incluye el uso del hombro? → **no** → **LLAME AL MEDICO**

↓ **sí**

APLIQUE EL TRATAMIENTO CASERO

hombro. Esto es de especial importancia en la tendonitis del rotador del hombro. Inicialmente, el ejercicio sólo debe consistir en someter el brazo a toda su amplitud de movilidad. A continuación se coloca un peso ligero (de 500 a 750 g) en la mano mientras se realizan los ejercicios. El peso se aumenta en forma gradual a razón de 250 g cada 10 días. Se puede aplicar calor antes del ejercicio, pero mejor se recomienda hielo después de realizarlo.

Se pueden tomar dos tabletas de aspirina o acetaminofén cada tres a cuatro horas, según se necesiten. La aspirina y el ibuprofén (Advil, Nuprin) pueden ayudar a reducir la inflamación.

Algunos de los problemas relacionados específicamente con deportes que requieren raqueta, lanzamiento de pelotas (béisbol) o el golf se deben a técnicas defectuosas. El paciente debe considerar muy en serio cierto entrenamiento con un profesional. Esto es menos costoso que acudir al médico, y probablemente se adquirirá mayor destreza en el deporte.

Se debe acudir al médico si el problema persiste más de tres semanas.

Qué esperar en el consultorio
El médico examinará el hombro y prescribirá un régimen similar al tratamiento casero, si se trata de una de las causas comunes de dolor de hombro. Si el problema es bursitis, quizá se aplique una inyección de corticosteroides en la primera consulta. De lo contrario, estas inyecciones sólo deben administrarse si el tratamiento casero fracasa. No se debe aplicar más de dos o tres de estas inyecciones; muchos atletas prominentes, en especial lanzadores de béisbol, han sufrido lesiones articulares al combinar la continuación de la actividad irritante y el empleo de inyecciones de esteroides para mantener controlada la inflamación. Existe cierta controversia sobre si procede o no la administración de antiinflamatorios por vía oral; se pueden considerar la aspirina y el ibuprofén, que son de venta libre. Tal vez ayuden a mitigar el dolor, pero no aceleran la recuperación. Casi nunca se justifica el empleo de analgésicos narcóticos. Espere que el médico lo instruya sobre ejercicios de rehabilitación.

La cirugía es el último recurso y siempre es un riesgo. No se garantizan resultados satisfactorios.

271

65 Dolor de codo

Aparte de las lesiones, existen dos causas principales del dolor de codo: bursitis y codo de tenista. La bolsa del codo es un saco lleno de líquido situado justamente en la punta del codo. Cuando se irrita, la cantidad de líquido aumenta y produce una inflamación muy parecida a un pequeño huevo situado en la punta del codo. La inflamación es la causa de la molestia, de manera que no debe haber fiebre y, si acaso hay enrojecimiento, será muy leve.

De los casos de codo de tenista que llegan al consultorio, menos de la mitad realmente se relacionan con el deporte. El resto generalmente son resultado de tareas que exigen un movimiento rotatorio del brazo, como usar un destornillador, o no se relacionan de manera obvia con alguna causa.

Independientemente de su origen, el codo de tenista rara vez precisa una visita al consultorio. La asistencia de un médico sólo hace falta en casos muy prolongados de codo de tenista que no muestran mejora; quizá una persona en mil necesita esta atención.

El diagnóstico de codo de tenista no depende de pruebas ni de exámenes especiales; se define sencillamente como dolor en la cara externa del codo y parte superior del antebrazo, que se produce después de usar repetidamente un movimiento de rotación o torsión del antebrazo, la muñeca o la mano. Se han propuesto varios trastornos como explicación del codo de tenista, pero los médicos todavía no se ponen de acuerdo sobre lo que es exactamente el problema. Como hay una leve lesión de los ligamentos o alguna otra estructura, el daño empeora con el uso continuado.

Los tenistas y lanzadores de béisbol profesionales sufren un tipo de codo de tenista diferente del que pudiera padecer cualquier otra persona. En los deportistas profesionales, es mayor la anomalía en la porción interna del codo y el antebrazo que en la externa, quizá a causa de servicios y lanzamientos muy fuertes.

En los jugadores aficionados, el codo de tenista parece causado por el tremendo impacto transmitido al antebrazo cuando le pegan de dorso a la pelota. El riesgo de que esta fuerza produzca codo de tenista aumenta al:

1. Pegar a la pelota con el codo flexionado en vez de sostenido firmemente en una posición de fuerza;
2. Intentar hacer girar la pelota torciendo la muñeca al hacer el golpe;
3. Mantener el pulgar detrás de la raqueta;
4. Usar una raqueta con un peso mayor del debido en su extremo superior, sobre todo si es de madera;
5. Cambiar una cancha lenta a otra rápida;
6. Emplear pelotas más pesadas, como algunas extranjeras o del tipo carente de presión;
7. Utilizar una raqueta muy rígida.

En opinión de los expertos, la medida preventiva más importante para los tenistas es aplicar un revés con ambas manos.

Tratamiento casero

La bursitis del codo se trata de manera muy semejante que la del hombro (véase problema 64).

Desde luego, se deben adoptar medidas preventivas al observarse el primer signo de codo de tenista. Sin embargo, suponga que ya aplica un revés con ambas manos, ha cambiado a una raqueta metálica ligera y flexible, etc., o bien suponga que su trabajo o pasatiempo favorito le exige usar repetidamente un destornillador u otra herramienta que empeora el problema. ¿Qué hacer? El reposo del brazo logrará que duela menos, pero lo más probable es que dos semanas de descanso no curen el codo para siempre. Curiosamente, la mayoría de los expertos opina que es posible «jugar con dolor» sin causar un daño permanente.

Nosotros proponemos actuar con sentido común: si usted tiene dolor, reduzca su tiempo

¿Se debe a una lesión? — **sí** → Consulte **Lesiones de la muñeca, codo y hombro** (problema 10)

↓ no

¿Se observa cualquiera de estas anomalías?

a) Fiebre
b) Inflamación y enrojecimiento
c) Incapacidad de usar la articulación

— **sí** → **VEA AL MEDICO HOY**

↓ no

¿Este dolor se asocia con un deporte u otra actividad física que incluye el uso del hombro? — **no** → **LLAME AL MEDICO**

↓ sí

APLIQUE EL TRATAMIENTO CASERO

protuberancia de la cara externa del codo (epicóndilo humeral)

localización del dolor y la sensibilidad del codo de tenista (aproximadamente 2.5 cm debajo de la protuberancia, «epicóndilo humeral»)

de juego y deje que descanse el codo. Cuando juegue, caliéntese poco a poco y haga algunos ejercicios de estiramiento de la muñeca y el codo antes de comenzar a golpear la pelota. Puede ser conveniente hacer uso de una banda en el codo, pues reduce la presión de los ligamentos lesionados. Tomar aspirina inmediatamente antes y después de jugar puede reducir la intensidad y la duración de la molestia, pero también puede animarlo a ser tan activo que vuelva a dañarse el codo.

Qué esperar en el consultorio

El médico trata la bursitis del codo de manera muy semejante a la bursitis del hombro (véase esta información en el problema 64).

Si usted es la persona en mil con codo de tenista que sufre un dolor intenso y persistente, el siguiente paso del médico será inyectar un analgésico y un corticosteroide (un fármaco semejante a la cortisona) en la zona dolorida. En la mayoría de los casos, una combinación de reposo e inyección mitigará el problema, pero por desgracia el dolor puede recurrir al usar de nuevo el brazo. En esta eventualidad, el médico quizá repita la inyección, si bien en general se conviene que el límite sea de tres inyecciones. Si el problema continúa, se puede recurrir a una intervención quirúrgica, pero no hemos podido encontrar algún estudio científico del resultado de estas operaciones. La cirugía debe ser el último recurso: un intento desesperado. Si usted llega a este extremo, quizá sea el momento de decidir practicar otro deporte.

66 Dolor de talón

Las causas más frecuentes de dolor de talón a menudo son las lesiones deportivas, pero esto puede ser erróneo de dos maneras. Primero, los problemas se pueden observar en personas que no hacen deporte. Segundo, generalmente no hay una sola causa, por ejemplo una caída o una torcedura, del problema, sino que puede deberse a una tensión repetida durante una actividad. Los corredores sufren estas anomalías con bastante frecuencia.

La *fascitis plantar* es una inflamación del tendón que está insertado al frente del hueso del talón y que se extiende a lo largo de la planta del pie. Existen cuatro causas principales de la fascitis plantar: 1) los pies que se aplanan y se doblan hacia dentro (pronación) excesivamente al andar o correr; 2) uso de calzado con un soporte inadecuado del arco; 3) uso del calzado con suelas demasiado rígidas, y 4) un giro brusco que impone una gran tensión a los ligamentos.

La bolsa retrocalcánea rodea la parte posterior del talón y puede inflamarse por la presión del calzado; por este motivo, a veces se le llama «chichón de zapato». La bolsa calcánea inferior está debajo del talón; la inflamación generalmente ocurre al apoyar con fuerza o torpeza el talón. El dolor de la bursitis suele estar más cerca del borde posterior del talón que el de la fascitis plantar o el de la inflamación del tendón de Aquiles.

El tendón de Aquiles es el tendón grande que une los músculos de la pantorrilla con la parte posterior del talón. La *inflamación del tendón de Aquiles* se produce cuando los músculos de la pantorrilla se contraen vigorosa y bruscamente de forma repetida. Son cuatro las causas de la inflamación del tendón de Aquiles: 1) acortamiento y falta de flexibilidad del paquete muscular de la pantorrilla y el tendón de Aquiles (la causa principal del problema); 2) empleo de calzado

sin buena estabilidad ni amortiguación del talón; 3) giro súbito interno o externo del talón al golpear el suelo (esto se debe a la forma del pie, un rasgo hereditario), y 4) correr sobre superficies duras, como concreto o asfalto.

En todos los casos el síntoma es el dolor, acompañado de sensibilidad e inflamación.

Tratamiento casero

Fascitis plantar   Dé a sus pies el máximo de reposo durante una semana; se puede usar aspirina como analgésico. Aproveche ese tiempo para proveerse del calzado idóneo: con soporte adecuado del arco y suela flexible. Un cojín de medio centímetro de espesor para el talón, o una especie de copa, también puede ser útil. Algunas personas necesitan zapatos acojinados, como los de los corredores, para uso continuo durante un tiempo. Se debe probar un dispositivo ortopédico (recomendado por un podíatra u ortopedista) si los recursos anteriores fracasan, sobre todo si hay pronación excesiva del pie. Tenga paciencia; este problema puede tardar en desaparecer.

Bursitis   El problema inicial se alivia con unos siete o diez días de reposo y dos aspirinas con cada comida. En caso de bursitis retrocalcánea, se recomienda adquirir calzado nuevo o estirar en la horma un par de zapatos viejos para que no rocen en el talón; se puede emplear piel de topo para atenuar la presión del «chichón de zapato». Una vez más, la ortopedia puede ser útil para las personas con pronación excesiva (pie plano).

Inflamación del tendón de Aquiles
Absténgase de toda clase de ejercicio, aplique hielo al tendón dos veces al día y tome dos aspirinas con cada comida durante una semana. Después de esto, la terapia más importante es realizar estiramientos. Recuerde estirarse y mantener la posición algún tiempo. No brinque. Un método consiste en «empujar» una pared: colóquese a 1.20 m de la pared, con los brazos extendidos y las manos apoyadas en el muro. Con los talones fijos en el suelo, flexione los codos para acercar el cuerpo a la pared. Mantenga la

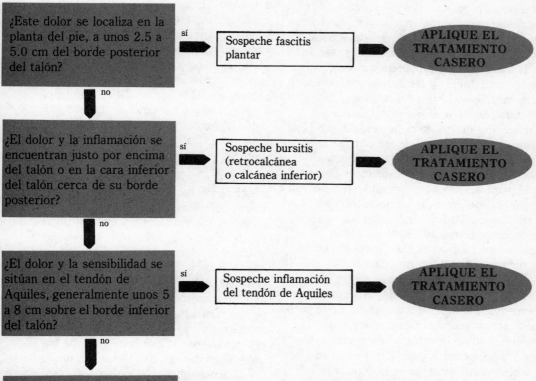

¿Este dolor se localiza en la planta del pie, a unos 2.5 a 5.0 cm del borde posterior del talón? — **sí** → Sospeche fascitis plantar → **APLIQUE EL TRATAMIENTO CASERO**

no ↓

¿El dolor y la inflamación se encuentran justo por encima del talón o en la cara inferior del talón cerca de su borde posterior? — **sí** → Sospeche bursitis (retrocalcánea o calcánea inferior) → **APLIQUE EL TRATAMIENTO CASERO**

no ↓

¿El dolor y la sensibilidad se sitúan en el tendón de Aquiles, generalmente unos 5 a 8 cm sobre el borde inferior del talón? — **sí** → Sospeche inflamación del tendón de Aquiles → **APLIQUE EL TRATAMIENTO CASERO**

no ↓

Considere otro problema.

posición hasta contar a diez y luego extienda los brazos, para alejarse de la pared. Repita la operación diez veces en cada sesión, que deben ser tres al día. Otro método consiste en pararse con una tabla o un libro bajo la parte anterior del pie para que se extienda el tendón de Aquiles. Al levantar el talón disminuye el estiramiento del tendón. Si acostumbra correr, suspenda el ejercicio un tiempo, pues agrava la tensión.

En general, la mejora es lenta. Si la cosa empeora a pesar del tratamiento casero o si nota poco progreso al cabo de varias semanas, consulte a su médico.

Qué esperar en el consultorio

Fascitis plantar y bursitis   Se pueden probar inyecciones de cortisona, no más de tres, si han fracasado los ajustes a los zapatos y la ortopedia. La cirugía es el último recurso, raramente necesario.

Inflamación del tendón de Aquiles.   El médico puede recetar un antiinflamatorio más enérgico por vía oral, pero *no* inyecciones de cortisona, que pueden debilitar el tendón y causar su rotura. En casos especiales, quizá se pruebe una férula o entablillado que permita caminar. La cirugía es el último recurso en otros problemas del talón, pero lo es *todavía más* en el caso del tendón de Aquiles y es un recurso muy raro.

67 Dolor de pies

En la porción anterior del pie pueden manifestarse tres problemas que a menudo provocan un dolor susceptible de evitarse o conducen a visitas innecesarias al consultorio.

Los nervios que proporcionan sensibilidad a esta parte del pie y a los dedos se extienden entre los huesos largos del pie, los metatarsianos. (Hay un metatarsiano exactamente detrás de cada dedo del pie.) Los zapatos muy ajustados pueden comprimir estos nervios entre los huesos, lo que ocasiona una inflamación en el nervio denominada neuroma de Morton. La hinchazón es muy sensible y la presión puede provocar un dolor intenso. Si la presión es constante, también puede ocurrir cierto entumecimiento entre los dedos. El neuroma de Morton es más frecuente entre los metatarsianos tercero y cuarto.

Si su dedo gordo del pie se dirige hacia afuera de los otros cuatro dedos, el extremo del metatarsiano situado detrás del dedo gordo puede rozar contra el zapato. La piel se engrosará sobre el extremo del metatarsiano y éste puede formar un espolón óseo en ese punto. A esta formación se le denomina juanete, que si se inflama y se torna doloroso puede ser una molestia casi intolerable.

Hacer uso intenso de los pies, como ocurre al comienzo de un entrenamiento para correr o jugar al baloncesto, puede generar la tensión suficiente para producir una grieta (fractura por tensión) en los metatarsianos. El cuarto metatarsiano es el más vulnerable a esta lesión, en tanto que el primero (el del dedo gordo) es tan fuerte que casi nunca sufre una fractura por tensión. Por lo regular, las fracturas por tensión ocurren después de varias semanas de un entrenamiento vigoroso u otra actividad que entrañe el uso enérgico de los pies. Suele sobrevenir un dolor gradual que puede pasarse por alto en un inicio, pero al continuar la actividad la molestia se intensifica.

Tratamiento casero

Neuroma de Morton Se debe usar calzado con un espacio adecuado para la porción anterior del pie. También ayudan la aspirina o el ibuprofén (Advil, Nuprin) tres veces al día durante dos a tres semanas.

Juanete Inserte una pequeña esponja o almohadilla entre el dedo gordo y el segundo, de manera que el primero se alinee con los otros cuatro dedos. Una piel de topo o una almohadilla colocadas sobre el juanete pueden ayudar a reducir la presión y, desde luego, un calzado con la holgura suficiente en la parte anterior del pie para que no apriete. Contra el dolor se puede emplear aspirina o ibuprofén, como se indica en el párrafo anterior.

Fractura por tensión del metatarsiano Tendrá que dejar en reposo el pie, pero casi nunca se necesita una férula o entablillado. Puede ser eficaz emplear muletas durante más o menos una semana para evitarle presión al pie, si se tiene un dolor poco menos que intolerable. Recuerde que la consolidación completa de la fractura puede tomar de seis semanas a tres meses, lapso en que no podrá usted reasumir su actividad normal. El empleo de una férula no reduce el tiempo de recuperación y, en cambio, puede crear otros problemas, por lo que la mayoría de los médicos evitan cualquier clase de férula hasta donde sea posible.

Qué esperar en el consultorio

Neuroma de Morton Inyecciones de cortisona, sin pasar de tres, cuando la medicación por vía oral y el cambio de calzado han sido ineficaces. Si las inyecciones también fracasan, se puede extirpar quirúrgicamente el neuroma. La operación deja una zona cutánea del pie permanentemente entumecida.

Juanete Si el juanete se encuentra especialmente inflamado, una inyección de cortisona puede proporcionar alivio transitorio. Si el dedo gordo está tan desviado que resultan inútiles las modificaciones del calzado, y demás recomendaciones, quizá se necesite cirugía para realinear el dedo en cuestión.

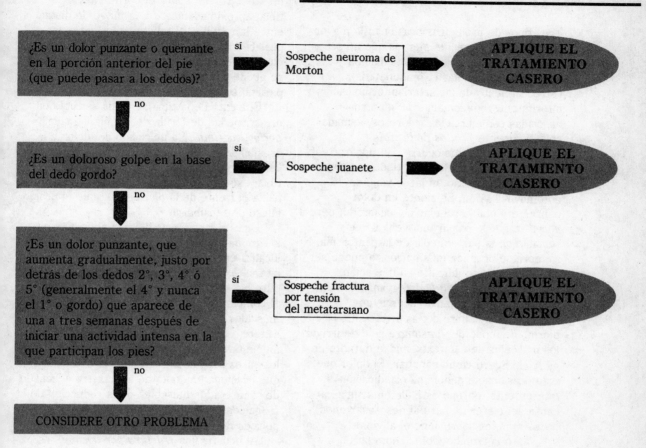

¿Es un dolor punzante o quemante en la porción anterior del pie (que puede pasar a los dedos)? — **sí** → Sospeche neuroma de Morton → **APLIQUE EL TRATAMIENTO CASERO**

no ↓

¿Es un doloroso golpe en la base del dedo gordo? — **sí** → Sospeche juanete → **APLIQUE EL TRATAMIENTO CASERO**

no ↓

¿Es un dolor punzante, que aumenta gradualmente, justo por detrás de los dedos 2°, 3°, 4° ó 5° (generalmente el 4° y nunca el 1° o gordo) que aparece de una a tres semanas después de iniciar una actividad intensa en la que participan los pies? — **sí** → Sospeche fractura por tensión del metatarsiano → **APLIQUE EL TRATAMIENTO CASERO**

no ↓

CONSIDERE OTRO PROBLEMA

Fractura por tensión del metatarsiano
El médico tiene poco que ofrecer para las fracturas por tensión de los metatarsianos. Se pueden conseguir muletas en las farmacias. Se evitará en todo lo posible la aplicación de férulas, así como la cirugía, que casi nunca se hace. Lo único que el médico puede hacer y que usted no podría, es aplicar una férula que permita caminar y sólo si el interesado presenta intenso dolor y no desea hacer uso de muletas.

68 Dolor de pierna y pantorrilla

Tres tipos de problemas ocasionan la mayor parte de los dolores de piernas que no se asocian con traumatismos: inflamación y coágulos en las venas (tromboflebitis), estrechamiento de las arterias (claudicación intermitente) y anomalías de «excesos» asociadas con ejercicios vigorosos, llamadas colectivamente *férulas de la tibia.*

La tromboflebitis ocurre con mayor frecuencia después de un período prolongado de inactividad, como un largo viaje en automóvil o avión. Se siente un dolor punzante y por lo regular no localizado, pero a veces se puede palpar una vena firme y sensible en la parte media de la pantorrilla. No siempre se produce inflamación, o puede ser tan ligera que se dificulte su detección.

En las personas de edad avanzada o en fuertes fumadores puede ocurrir una reducción del calibre de las arterias de la pierna, de modo que la sangre deje de irrigar los músculos de esta extremidad durante un ejercicio ligero como caminar. El dolor que esto ocasiona se denomina claudicación intermitente, porque este síntoma surge a causa del ejercicio, pero al descansar unos pocos minutos sobreviene el alivio.

Tanto la tromboflebitis como la claudicación intermitente requieren la asistencia del médico, pero la primera es más urgente, pues cuanto antes se debe tomar una decisión sobre el método terapéutico que se seguirá.

Férulas de la tibia es un término amplio que puede indicar alguna de las cuatro molestias asociadas con el ejercicio intenso, por lo regular después de un período de relativa inactividad. Las *férulas posteriores de la tibia* comprenden aproximadamente el 75 % de los problemas que afectan la cara anterior de la piernas de los atletas. La fatiga del músculo tibial posterior causa dolor en el punto donde dicho músculo se inserta en la tibia (espinilla), el hueso que se puede ver y palpar con facilidad en la cara anterior de la pierna. Además del dolor se presenta sensibilidad, y ambos se localizan en una zona de 7.5 a 10 cm, sobre el borde interior de la tibia, aproximadamente a la mitad de distancia entre la rodilla y el tobillo; estos síntomas se perciben en el músculo y en sus inserciones con el hueso. La cara anterior de la tibia, que se puede palpar inmediatamente debajo de la piel, no se sensibiliza.

El frente de la tibia se torna sensible en otra variedad de férula de la tibia llamada *periostitis tibial.* La ubicación del dolor y la sensibilidad que se presentan son semejantes a las observadas en las férulas posteriores de la tibia, excepto por encontrarse un poco más hacia el frente de la pierna y porque el propio hueso se sensibiliza.

Una tercera forma de esta anomalía, el *síndrome del copartimiento anterior,* se localiza en la cara externa del frente de la pierna. Es fácil sentir la diferencia entre el duro hueso (tibia) y los músculos situados en el compartimiento anterior. Cuando los músculos realizan un esfuerzo se hinchan de sangre. Como el compartimiento no puede aumentar de tamaño la inflamación, comprime los vasos sanguíneos y reduce la circulación, lo que ocasiona una falta de suministro adecuado de sangre a los músculos. Esta reducción de la irrigación causa el dolor, que cede en un período de 10 a 15 minutos de reposo.

Al ocurrir una *fractura por tensión,* es característico que se produzca dolor y sensibilidad claramente localizados en la tibia, aproximadamente tres a seis centímetros debajo de la rodilla. Como sucede con las fracturas de este tipo en el pie, estas molestias suelen ocurrir a las dos o tres semanas de iniciar un programa de entrenamiento intenso, después de que las piernas han recibido un auténtico castigo; estas fracturas también se tratan con reposo y no con férulas.

Tratamiento casero

Férulas posteriores de la tibia   Estas lesiones usualmente responden a una semana de reposo, que se deberá aprovechar para que la zona sensible reciba dos aplicaciones diarias de hielo de 20 minutos de duración cada una. También puede ser conveniente tomar dos aspirinas con cada comida. Una vez que el dolor ha cedido, someta a estiramiento el músculo posterior de la tibia mediante los ejercicios descritos para la inflamación del tendón de Aquiles (véase problema 66). Si usted tiene pie plano, considere el empleo de un soporte ortopédico en su zapato deportivo. No se debe reanudar el ejercicio en dos a cuatro semanas más, y entonces sólo a media velocidad, con incrementos graduales tanto de distancia como de velocidad.

Periostitis tibial   Esta anomalía se trata de la misma manera que las férulas posteriores de la tibia, pero el retorno gradual a la actividad deportiva puede comenzar al cabo de una semana de la terapia de reposo, hielo y aspirina. Es muy importante el calzado deportivo con buena amortiguación, sobre todo en el talón.

Síndrome del compartimiento anterior
Este cuadro casi siempre desaparece espontáneamente a medida que los músculos se acostumbran poco a poco al ejercicio vigoroso, pero, mientras, será útil descansar diez minutos al sentir dolor, antes de reanudar lentamente su ejercicio. También puede ser útil realizar aplicaciones de hielo durante 20 minutos después de cada sesión de trabajo. No es necesario un reposo absoluto; el calzado y la aspirina carecen de importancia en el tratamiento de este síndrome. Si usted es esa persona en mil con un síndrome del compartimiento anterior que no responde satisfactoriamente al tratamiento casero, se puede considerar la cirugía.

Fracturas por tensión   Cuando estas fracturas afectan la tibia, el sujeto debe dejar de correr un mes antes de comenzar a reacondicionar las piernas gradualmente. La consolidación completa toma de cuatro a seis

semanas. Aun cuando se pueden usar muletas, por lo regular no son necesarias.

Observe de nuevo que el síndrome del compartimiento anterior no tiene más tratamiento que el casero y que sólo se pensará en la cirugía como último recurso. Sin embargo, si no se siente seguro de la naturaleza de su problema o no ha progresado al cabo de varias semanas de recibir el tratamiento casero, consulte a su médico.

Qué esperar en el consultorio

Si se sospecha tromboflebitis, la pregunta crucial es si procede o no la prescripción de anticoagulantes (adelgazadores de la sangre). La finalidad de estos medicamentos es minimizar el riesgo de que un coágulo se dirija a los pulmones (embolia pulmonar), pero la eficacia de estos fármacos dista mucho de ser absoluta y el tratamiento en sí conlleva riesgos considerables. La información actual sugiere que una prueba sencilla denominada pletismografía de impedancia (PGI) es muy útil para detectar la tromboflebitis del muslo. Como se considera que la tromboflebitis circunscrita a la pantorrilla tiene bajo riesgo de embolia pulmonar, una prueba negativa de PGI indicará que no es preciso administrar anticoagulantes. La PGI no es dolorosa y no precisa de inyecciones ni cirugía. Independientemente de que se realice o no la PGI, usted y su médico deberán ponerse de acuerdo acerca de los riesgos y beneficios del tratamiento con anticoagulantes antes de tomar una decisión.

Por lo regular, la claudicación intermitente puede diagnosticarse con base en la historia clínica y el examen físico. Sin embargo, si el problema es considerable, se requerirá un arteriograma (radiografía especial de las arterias de las piernas) para determinar dónde

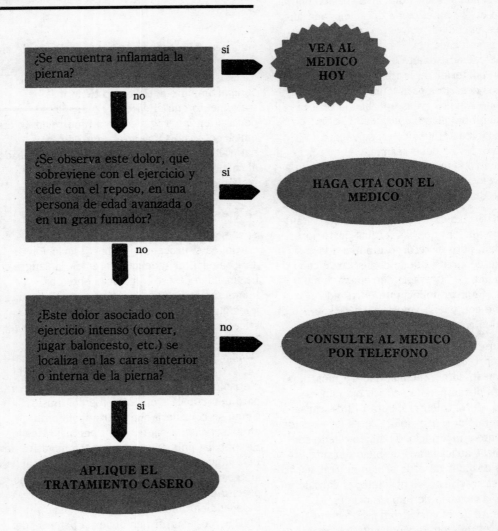

68 Dolor de pierna y pantorrilla

¿Se encuentra inflamada la pierna?

sí → VEA AL MEDICO HOY

no

¿Se observa este dolor, que sobreviene con el ejercicio y cede con el reposo, en una persona de edad avanzada o en un gran fumador?

sí → HAGA CITA CON EL MEDICO

no

¿Este dolor asociado con ejercicio intenso (correr, jugar baloncesto, etc.) se localiza en las caras anterior o interna de la pierna?

no → CONSULTE AL MEDICO POR TELEFONO

sí

APLIQUE EL TRATAMIENTO CASERO

radica el problema antes de considerar el tratamiento. La terapia consiste en un procedimiento quirúrgico, que puede ir desde la inserción de una sonda especial (catéter con globo) para ensanchar la arteria, hasta efectuar una derivación en el segmento obstruido con un injerto sintético.

En cualquiera de las cuatro variedades de férulas de la tibia se ordenará el tratamiento casero. En la muy remota eventualidad de que un síndrome de compartimento anterior no desaparezca por sí mismo con el tiempo, se podrá disminuir la presión dividiendo longitudinalmente la fuerte aponeurosis fibrosa que envuelve el músculo. Este es un procedimiento quirúrgico relativamente sencillo que se puede realizar sin hospitalización.

K Problemas de estrés y tensión

69 Estrés, tensión y ansiedad

El estrés es parte normal de nuestras vidas; no es necesariamente bueno ni malo, ni es una enfermedad. Las reacciones al estrés varían una enormidad y algunas son inconvenientes; de éstas, la más frecuente es la ansiedad. El grado de ansiedad depende mas bien del sujeto que de la intensidad del estrés. El individuo que reacciona con ansiedad excesiva al estrés cotidiano sufre un problema personal, más que médico, y quien no reconoce la ansiedad como un problema tendrá dificultades para resolverlo.

Algunos síntomas comunes de la ansiedad son el insomnio y la imposibilidad de concentrarse; estos síntomas pueden crear un círculo vicioso que empeore la situación, pero son efectos y no causas; por tanto, quien fija su atención en el insomnio o en su incapacidad para concentrarse como la causa del problema, estará muy lejos de hallar una solución.

En la mayoría de las comunidades hay recursos que pueden ayudar a resolver los problemas de ansiedad. Los trabajadores sociales, amigos, vecinos y parientes pueden desempeñar, cada quien a su manera, un papel constructivo. El médico es una posibilidad adicional para buscar la solución de estos problemas, pero no necesariamente la primera ni la mejor.

La aflicción es una reacción adecuada cuando se presentan ciertas situaciones, por ejemplo, la muerte de un ser querido o la pérdida del empleo. En estos casos, el mejor remedio es el tiempo, si bien los familiares y los recursos de la comunidad pueden aportar una ayuda significativa. Vivir una pena es una parte importante del proceso de sobrellevar una pérdida. Si la reacción persiste varios meses, consiga la ayuda de terceros.

Es preciso percatarse de las limitaciones de ciertos fármacos en estos casos, por ejemplo, los tranquilizantes o el alcohol.

Aunque pueden proporcionar un alivio sintomático pasajero, son depresores del cerebro que no favorecen los procesos mentales ni resuelven problemas; son como muletas. En esta analogía, el empleo prolongado de muletas asegura que la persona quedará convertida en un inválido. Es preciso encarar el problema subyacente.

Tratamiento casero

El primer paso que es indispensable para resolver el problema consiste en tener el firme propósito de identificar la causa de la ansiedad. Cuando los síntomas específicos se deben a presiones en el trabajo, conflictos conyugales, hijos descarriados o padres dominantes, es preciso identificar exactamente la situación, admitirla y afrontarla. Cuando la ansiedad o la depresión surgen como reacciones, la causa suele ser obvia; proporcionará un alivio hablar de ella con amigos o consejeros. En otros casos, la identificación del origen de la ansiedad es una labor difícil, penosa y lenta, que a la larga puede precisar la asistencia de un consejero profesional o de un psiquiatra. Desafortunadamente, ningún estudio científico ha logrado demostrar en forma definitiva que un tipo de terapia en particular propicie mejores resultados que los demás. Por tanto, invierta su dinero como mejor le convenga y escoja lo que prefiera.

Además, en ocasiones estos síntomas se deben simplemente a una sobredosis de cafeína, uno de los tóxicos menores de nuestra vida diaria. Cuídese del café si acostumbra a beber más de cuatro tazas al día y recuerde que No-Doz, APC y una diversidad de anticatarrales y analgésicos contienen cafeína.

Qué esperar en el consultorio

El médico de la familia procurará identificar el problema y decidir si se requiere o no la intervención de un psiquiatra o un trabajador social psiquiátrico. El médico tal vez formule preguntas de índole personal, que deberá responder de manera franca y sincera.

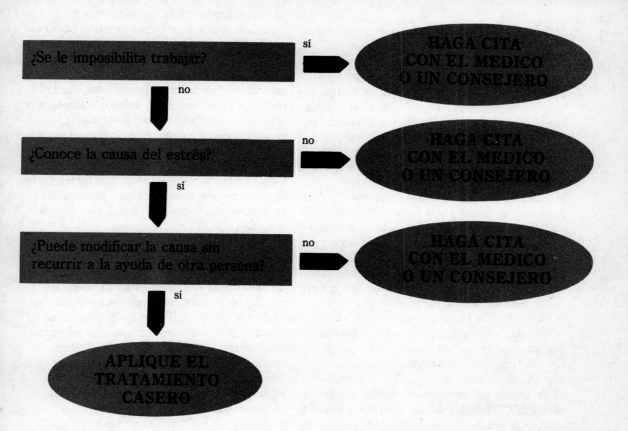

¿Se le imposibilita trabajar?

sí → **HAGA CITA CON EL MEDICO O UN CONSEJERO**

no ↓

¿Conoce la causa del estrés?

no → **HAGA CITA CON EL MEDICO O UN CONSEJERO**

sí ↓

¿Puede modificar la causa sin recurrir a la ayuda de otra persona?

no → **HAGA CITA CON EL MEDICO O UN CONSEJERO**

sí ↓

APLIQUE EL TRATAMIENTO CASERO

Procure exponer los problemas subyacentes y evite destacar los efectos, como el insomnio, los dolores musculares, el dolor de cabeza o la imposibilidad de concentrarse.

283

70 Dolor de cabeza

El dolor de cabeza es la queja más común de los tiempos modernos. Casi siempre es ocasionado por tensión y espasmos musculares en el cuello, el cuero cabelludo y los maxilares. Por lo anterior, el masaje o alguna otra forma de relajamiento de los músculos del cuello puede ayudar a disminuir los dolores de cabeza. En su mayor parte, los dolores de cabeza por tensión responden a las sencillas medidas descritas más adelante. El dolor de cabeza *sin la asociación de ningún otro síntoma* se debe casi siempre a la tensión. La presencia de fiebre y una rigidez del cuello que impida tocar el pecho con el mentón sugieren la posibilidad de meningitis, más que un simple dolor de cabeza por tensión. Sin embargo, incluso con estos síntomas es poco común la meningitis; es mucho más probable una gripe. En la meningitis rara vez se observan punzadas y dolores musculares.

Muchos de los dolores de cabeza llamados migraña son en verdad ocasionados por fuertes tensiones. La migraña auténtica a menudo se acompaña de náuseas o vómitos y es precedida por fenómenos visuales como ver «estrellitas», además de que ocurre en *un solo* lado de la cabeza. La causa de estos dolores es constricción y relajación cíclicas de los vasos sanguíneos de la cabeza. Los vasoconstrictores, como el Cafergot, son útiles contra la migraña, pero no contra el dolor de cabeza por tensión.

La hipertensión intracraneal debida a una lesión, puede ocasionar dolor de cabeza, así como vómitos y trastornos visuales. Véase **Lesiones de cabeza** (problema 11).

El dolor de cabeza no es un indicador fidedigno de la presión arterial. La jaqueca por hipertensión arterial suele ocurrir en las mañanas; la debida a la tensión ocurre en horas más avanzadas del día. Cuando el dolor de cabeza aumenta de intensidad o frecuencia, afecta las porciones superior o posterior de la cabeza o son de mayor intensidad en la mañana, es preciso comprobar la presión arterial. Los pacientes con dolor de cabeza suelen preocuparse por los tumores cerebrales. En ausencia de parálisis o de cambios de personalidad, es sumamente remota la posibilidad de que un tumor cerebral ocasione un dolor de cabeza intermitente. Aun cuando los pacientes que presentan un tumor cerebral con frecuencia sufren dolores de cabeza constantes y cada vez más intensos, por lo regular lo que conduce al médico a emprender una investigación destinada a revelar la presencia de un tumor, es el surgimiento de algún otro síntoma. Los pacientes con dolores de cabeza frecuentes no deben someterse en forma rutinaria a los estudios que tienen como fin detectar un tumor cerebral, pues estas evaluaciones son costosas y entrañan cierto riesgo.

Tratamiento casero

La aspirina es el superfármaco. Use ésta o emplee otro analgésico como el acetaminofén (Tylenol, Tempra). Todos los productos de venta libre semejantes son bastante efectivos para mitigar el dolor de cabeza. Se puede tomar la aspirina con leche o con otro alimento a fin de prevenir una irritación estomacal. Debido a que algunos informes recientes indican una asociación entre la aspirina y un problema raro, pero grave, denominado síndrome de Reye, no se debe emplear este fármaco en los niños que pudieran padecer varicela o gripe. A menudo es posible disminuir el dolor de cabeza con masaje o calor aplicado en la parte alta de la nuca, o simplemente al descansar con los ojos cerrados y la cabeza apoyada. Se deben comunicar al médico los dolores de cabeza persistentes que no respondan a estas medidas. Las jaquecas asociadas con alguna dificultad para usar normalmente los brazos o las piernas o con problemas del habla, así como las que incrementan con rapidez su frecuencia y gravedad, también exigen una visita al médico.

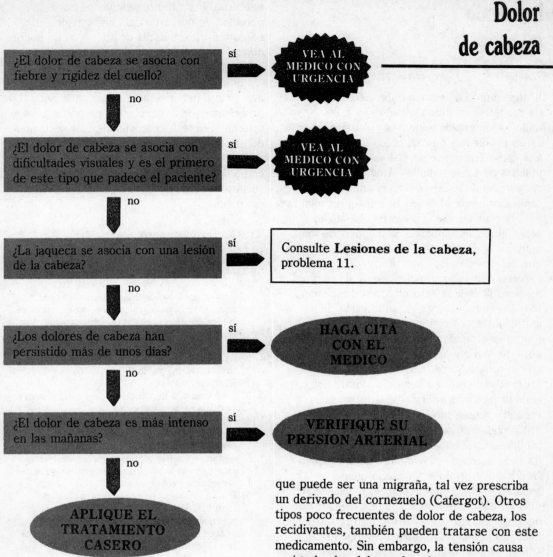

¿El dolor de cabeza se asocia con fiebre y rigidez del cuello? **sí** → **VEA AL MEDICO CON URGENCIA**

no ↓

¿El dolor de cabeza se asocia con dificultades visuales y es el primero de este tipo que padece el paciente? **sí** → **VEA AL MEDICO CON URGENCIA**

no ↓

¿La jaqueca se asocia con una lesión de la cabeza? **sí** → Consulte **Lesiones de la cabeza,** problema 11.

no ↓

¿Los dolores de cabeza han persistido más de unos días? **sí** → **HAGA CITA CON EL MEDICO**

no ↓

¿El dolor de cabeza es más intenso en las mañanas? **sí** → **VERIFIQUE SU PRESION ARTERIAL**

no ↓

APLIQUE EL TRATAMIENTO CASERO

que puede ser una migraña, tal vez prescriba un derivado del cornezuelo (Cafergot). Otros tipos poco frecuentes de dolor de cabeza, los recidivantes, también pueden tratarse con este medicamento. Sin embargo, la tensión causa casi todos los dolores de cabeza y su terapia básica es la esbozada en la sección

Tratamiento casero. A menudo se receta Valium en los dolores de cabeza por tensión, debido que a este fármaco actúa como relajante muscular y también como tranquilizante. Por desgracia, la depresión de la función mental ocasionada por este medicamento y otros similares impide que su empleo terapéutico como tranquilizantes sea enteramente eficaz.

Qué esperar en el consultorio

El médico examinará cabeza, ojos, oídos, nariz, garganta y cuello; además, realizará pruebas de la función nerviosa. Medirá la temperatura del paciente. Rara vez se observa una anomalía. El diagnóstico de un dolor de cabeza generalmente se basa en la historia clínica que proporciona el paciente. Si el médico opina

71 Insomnio

El insommnio no es una enfermedad, pero es un problema continuo de unos 15 a 20 millones de estadounidenses y ocasionalmente causa problemas en casi todos los demás. Es una causa frecuente de visitas al médico, muchas de ellas evitables. Una crecida proporción de estas consultas obedece específicamente al deseo de conseguir píldoras para dormir que sean mejores que las de venta libre; sin embargo, la mayoría de los médicos opina que conviene evitarlas siempre que sea posible. Los somníferos de venta libre parecen depender principalmente de lo que los médicos llaman «efecto placebo»: funcionan sólo si el usuario cree en su eficacia. Los antihistamínicos contenidos en estos preparados pueden incrementar la somnolencia durante el día y de hecho dan la impresión de que el problema de falta de sueño empeora progresivamente, en vez de mejorar. Los compuestos más enérgicos, cuya venta requiere receta médica, tienen mayor probabilidad de narcotizar al usuario, pero no producen un sueño natural porque entorpecen el llamado sueño de movimiento ocular rápido (MOR), que produce un sueño menos reparador. En consecuencia, el sujeto se siente más fatigado que nunca y puede deducir que necesita una dosis mayor del fármaco. Cuanto más alta sea la dosis, más alterado será el sueño; así, se origina un círculo vicioso que recibe el nombre de insomnio inducido por fármacos, un cuadro ampliamente conocido, que se ha convertido en un problema innecesario de salud en nivel nacional.

En la mayoría de los casos, el insomnio es una respuesta a la excitación. Tanto los acontecimientos agradables como los desagradables pueden mantenerlo despierto y hacerlo pasar la noche cavilando. Otras personas establecen horarios de sueño deficientes: levantarse tarde o dormir siestas durante el día dificultan el sueño natural nocturno. Por último, muchas personas no se percatan de que a medida que envejecen necesitan menos horas de sueño; al no poder dormir tanto tiempo como en la juventud, creen que sufren un trastorno del sueño.

Sólo en raras ocasiones se origina el insomnio a partir de una causa patológica. Los problemas que lo despiertan de noche no son insomnio; debe usted consultar las secciones del presente libro que se dedican a cada una de sus molestias en particular. Los problemas como dolor en el pecho o dificultad respiratoria requieren la atención inmediata del médico.

Tratamiento casero

He aquí algunas sugerencias para desarrollar un tratamiento acertado de su insomnio:

1. Evite el consumo de bebidas alcohólicas por la noche. Aun cuando una pequeña copa después de la cena puede ser inofensiva, la ingestión de una gran cantidad de alcohol puede entorpecer el sueño de MOR y hacerlo sentirse agitado al día siguiente.
2. Evite la cafeína por lo menos dos horas antes de acostarse.
3. Establezca una hora habitual para dormir, pero no vaya a la cama si no tiene sueño.
4. Utilice su dormitorio sólo para esa finalidad. Si en esa habitación acostumbra hacer cuentas, estudiar, sostener discusiones, ver los noticieros nocturnos y tener otras actividades semejantes, entrar en esa habitación puede ser una señal de actividad, en vez de descanso.
5. Rompa su cadena de pensamientos antes de acostarse. Relájese con lectura apacible, un programa tranquilo de televisión, un baño sin prisas o música suave, cualquier cosa que borre las preocupaciones del día. Se recomienda bastante el *National Geographic* como lectura agradable y de esparcimiento. Las revistas de especialidades duermen a muchos médicos; se ha sugerido que la lectura de algo que uno considera que debe leer pero que no le agrada, sin duda lo hará dormir bien.
6. Un refrigerio parece favorecer a muchas personas. De hecho, algunos alimentos como la leche, la carne y la lechuga contienen un aminoácido que induce el sueño denominado L-triptófano. Un solo vaso de leche quizá no contenga la cantidad suficiente de triptófano para inducir el sueño, pero la costumbre de beber un vaso de leche al acostarse parece ayudar a

¿Ha fracasado el tratamiento casero aplicado fielmente durante tres semanas o más?

sí → **HAGA CITA CON EL MEDICO**

no

APLIQUE EL TRATAMIENTO CASERO

muchas personas. Sin embargo, no coma en abundancia antes de meterse en la cama, pues quizá le cause trastornos del sueño.

7. Haga ejercicio con regularidad, pero no dos horas antes de acostarse. El ejercicio disipa las tensiones y proporciona el llamado «cansancio agradable».

8. Deje de fumar. Por lo menos un estudio indica que los fumadores afrontan mayor dificultad para conciliar el sueño que quienes no acostumbran fumar.

9. Una vez que se haya metido en la cama, puede ser útil dejar volar su imaginación y servirse de las técnicas de relajamiento, a fin de desechar pensamientos inquietantes. «Contar ovejas» es el truco más antiguo de usar la imaginación creativamente para conciliar el sueño. Otra técnica consiste en concentrarse en la relajación progresiva de cada parte del cuerpo. Imagínese que los dedos de sus pies pesan una tonelada y que le sería imposible moverlos aunque quisiera. Déjelos completamente lacios. Poco a poco avance hasta el cuero cabelludo, relajando todos los músculos en cada parte de su cuerpo. No se olvide de los músculos faciales; la tensión a menudo se centra en la frente o los maxilares y le impide relajarse. Otro recurso es imaginarse que aspira el aire a través de los dedos de su pie derecho, sube hasta los pulmones y regresa para salir a través del mismo pie. Haga esto tres veces; repita el procedimiento con el pie izquierdo y luego con cada brazo. Otra técnica imaginativa

consiste en concentrarse en una escena grata que lo relaje, como caminar a lo largo de una playa deleitándose con el rumor de las olas.

10. Por último, muchos investigadores opinan que el más eficaz inductor natural del sueño es —sí, lo ha adivinado— el acto sexual.

Tal vez le tome varias semanas o incluso más tiempo establecer un nuevo horario natural del sueño. Si no progresa después de ensayar estos métodos a conciencia, tal vez necesite acudir a su médico.

Qué esperar en el consultorio

El médico centrará su atención en su horario de sueño, en los factores que podrían ocasionarle estrés y ansiedad, así como en otros que también se relacionan con el sueño, como el empleo de fármacos. El examen físico es menos importante que la historia clínica y suele ser breve. En algunos casos, el médico tal vez desee practicar estudios adicionales, como un electroencefalograma durante el sueño. En contadas ocasiones, quizá lo envíe a un centro para el estudio de los trastornos del sueño, donde se le someterá a complicadas evaluaciones de su patrón de sueño.

287

72 Síndrome de hiperventilación

La ansiedad, especialmente la no reconocida, puede ocasionar síntomas físicos; uno de ellos es el síndrome de hiperventilación. En este cuadro, un individuo nervioso o angustiado comienza a inquietarse por su modo de respirar y pronto se convence de su incapacidad para introducir la cantidad suficiente de aire en los pulmones. A menudo, esto se acompaña de una sensación de dolor o constricción en el pecho. Al sentir que se ahoga, el sujeto acelera su respiración, lo que disminuye los niveles de bióxido de carbono en la sangre (el aire exhalado contiene bióxido de carbono). La reducción del nivel de dicho gas conduce a los síntomas de entumecimiento y sensación de hormigueo en las manos y vértigo; el entumecimiento y el hormigueo pueden extenderse hasta los pies e incluso alrededor de la boca. En ocasiones, pueden surgir espasmos musculares de las manos.

Este síndrome casi siempre es una enfermedad del adulto joven. Aun cuando es más frecuente en la mujer, también se observa en el varón. Por lo regular, se presenta en personas que reconocen ser nerviosas y sufrir tensión, sobre todo cuando se hallan sometidas a un estrés adicional, a los efectos del alcohol o a situaciones en las que les beneficiaría una enfermedad súbita y dramática. Un ejemplo clásico de la aparición de este síndrome es durante una separación conyugal o en los trámites de divorcio, lo que equivale a pedir auxilio desesperadamente al cónyuge distanciado.

El síndrome de hiperventilación también puede ser una respuesta al dolor intenso, sobre todo en el abdomen. No procede el tratamiento casero en los casos de dolor abdominal, o cualquier dolor agudo, del tipo que sea. En caso de duda, lleve a la persona hiperventilada al consultorio y no menosprecie un problema potencialmente grave por el hecho de asociarse con este mal.

Tratamiento casero

Los síntomas del síndrome de hiperventilación surgen porque se libera a la atmósfera una cantidad mayor de bióxido de carbono, como consecuencia de la respiración agitada; estos síntomas disminuyen con sólo pedirle al paciente que respire en el interior de una bolsa de papel, a fin de que el bióxido de carbono regrese a los pulmones en vez de perderse en el medio ambiente.

Por lo regular esto requiere de cinco a quince minutos, si se emplea una bolsa de papel pequeña sostenida holgadamente sobre la nariz y la boca. Esto no es tan fácil como pudiera parecer, pues la característica principal del síndrome es el pánico y una sensación de asfixia inminente. Puede ser difícil abordar a la persona que se encuentre en estas circunstancias, y además pedirle que se tape la nariz y la boca con una bolsa de papel; es preciso tranquilizarla primero.

Pueden ocurrir repetidos accesos. Una vez que el sujeto ha reconocido sinceramente que su problema es producto de la ansiedad y no de un estado patológico orgánico, los accesos desaparecen porque el ingrediente pánico se elimina; lo difícil es convencer al sujeto. A menudo conviene que el paciente se hiperventile en forma voluntaria (50 aspiraciones profundas mientras yace en un diván), lo que le demostrará la causa de los síntomas del alarmante episodio. Los pacientes habitualmente temen encontrarse al borde de un ataque al corazón o de un colapso nervioso. No es cierto ni lo uno ni lo otro y, cuando se ha disipado el miedo, la hiperventilación generalmente cesa.

Qué esperar en el consultorio

El médico recabará la historia clínica y concederá especial atención al examen del corazón y los pulmones. Resulta fácil establecer el diagnóstico de hiperventilación en el sujeto joven que presenta un síndrome

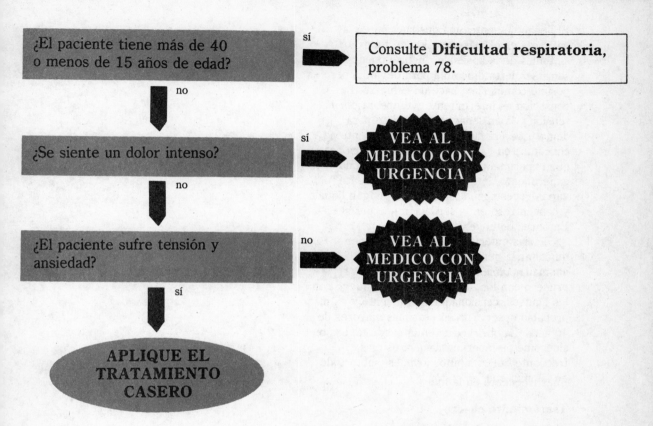

¿El paciente tiene más de 40 o menos de 15 años de edad? — **sí** → Consulte **Dificultad respiratoria,** problema 78.

no

¿Se siente un dolor intenso? — **sí** → VEA AL MEDICO CON URGENCIA

no

¿El paciente sufre tensión y ansiedad? — **no** → VEA AL MEDICO CON URGENCIA

sí

APLIQUE EL TRATAMIENTO CASERO

característico, sin dolor abdominal ni anomalías físicas. Rara vez se requieren electrocardiogramas y radiografías del tórax, y sólo se exigen en casos menos evidentes. Si el médico diagnostica el síndrome de hiperventilación, por lo regular le proporcionará al paciente una bolsa de papel y le indicará lo descrito líneas atrás. Tal vez le

administre un tranquilizante; nosotros preferimos calmarlo sólo con nuestro apoyo. Pocas veces se puede tratar eficazmente la causa de la ansiedad durante el acceso de hiperventilación. El paciente no debe suponer que se ha resuelto el problema subyacente sólo porque se haya logrado dominar el episodio de hiperventilación.

73 Obstrucción en la garganta

El hecho de sentir una obstrucción en la garganta es el más conocido de todos los síntomas de la ansiedad. Incluso puede sentirse cierta dificultad para deglutir, pero es posible comer si se hace un esfuerzo. La sensación es intermitente y empeora por la tensión y la ansiedad. La dificultad para deglutir se intensifica cuando el paciente se concentra en este acto y en las sensaciones que experimenta en la garganta. A modo de experimento, intente tragar rápidamente varias veces seguidas sin tomar ningún líquido y concéntrese en la sensación que percibe. Entonces entenderá este síntoma.

Varias enfermedades graves pueden dificultar la deglución. En estos casos la anomalía comienza despacio, se observa primero con los alimentos sólidos y luego con los líquidos, ocasiona adelgazamiento y es más probable observarla en personas mayores de 40 años. La obstrucción en la garganta, como el síndrome de hiperventilación, es más frecuente en los adultos jóvenes, sobre todo en las mujeres.

Tratamiento casero

El problema principal no es el síntoma, sino la causa subyacente del estado de ansiedad. Véase **Estrés, tensión y ansiedad**, problema 69. Reconocer que el síntoma es de escasa importancia es decisivo para su desaparición.

Qué esperar en el consultorio

Después de recabar la historia clínica y practicar un examen de la garganta y el pecho, el médico puede considerar una radiografía del esófago; si ésta revela cualquier anormalidad, llevará a cabo estudios adicionales. El tratamiento quizá consista en una explicación que tranquilice al paciente.

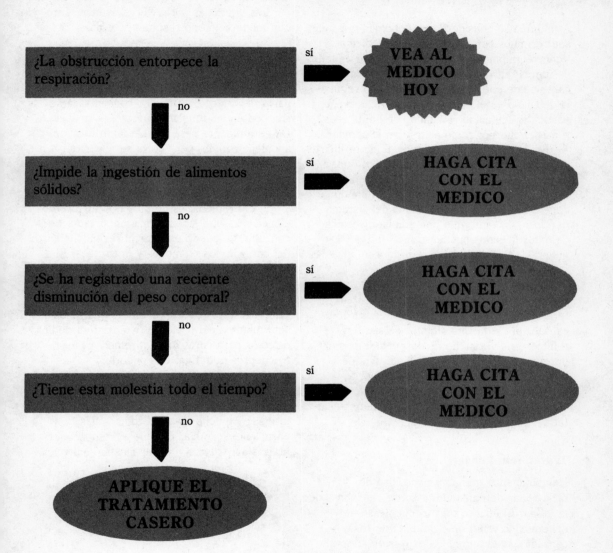

¿La obstrucción entorpece la respiración?

sí → VEA AL MEDICO HOY

no

¿Impide la ingestión de alimentos sólidos?

sí → HAGA CITA CON EL MEDICO

no

¿Se ha registrado una reciente disminución del peso corporal?

sí → HAGA CITA CON EL MEDICO

no

¿Tiene esta molestia todo el tiempo?

sí → HAGA CITA CON EL MEDICO

no

APLIQUE EL TRATAMIENTO CASERO

74 Debilidad y fatiga

A menudo se considera que debilidad y fatiga son términos similares, pero en medicina tienen significados distintos. Debilidad es falta de fuerza, en tanto que fatiga es cansancio, carencia de energía o letargo. Por lo regular, la debilidad es el estado más grave. Reviste particular importancia cuando se limita a una zona del cuerpo, como ocurre en la apoplejía.

En cambio, la falta de energía de ordinario se asocia con una infección viral o con una sensación de ansiedad, depresión o tensión. La debilidad circunscrita a un zona a menudo se debe a un problema muscular o del sistema nervioso, en tanto que una amplia diversidad de enfermedades pueden causar fatiga general, sobre todo las que producen ansiedad o depresión.

Hipoglucemia significa «bajo nivel de azúcar en la sangre» y muchos pacientes temen que este problema sea la causa de su cansancio. De hecho, algunos se sienten temblorosos varias horas después de comer, porque en ese momento baja su nivel de azúcar en la sangre. Sin embargo, *no* se sienten fatigados. Los bajos niveles de azúcar en la sangre a lo largo del día pueden causar fatiga, pero esto es muy raro.

Tratamiento casero

Hay suficiente tiempo y necesidad de reflexionar detenidamente sobre las causas de la fatiga. El cuadro más frecuente se ha denominado «síndrome del ama de casa cansada». Esta anticuada expresión aún se emplea para describir a un gran número de mujeres, jóvenes y maduras, que acude al consultorio quejándose de fatiga y exige análisis para la detección de anemia o algún trastorno tiroideo. Muchas mujeres adultas padecen una leve deficiencia de hierro, y las anomalías tiroideas —en efecto— pueden ocasionar fatiga, pero es muy raro que uno de estos problemas sea su causa. Casi siempre la fatiga se vincula estrechamente con el tedio, la infelicidad, las decepciones o el simple exceso de trabajo. El paciente debe investigar estas posibilidades antes de acudir al médico.

Las vitaminas pocas veces ayudan, pero con moderación no resultan nocivas.

Qué esperar en el consultorio

Si el problema es de debilidad en una sola parte del cuerpo, el médico concentrará su examen en las funciones nerviosa y muscular. De esta manera será posible identificar una apoplejía común, pero quizá se necesiten pruebas adicionales y procedimientos especiales para detectar los cuadros menos frecuentes.

Si el problema es de fatiga, la historia clínica será el elemento más importante de la consulta. Se puede esperar el reconocimiento del corazón, los pulmones y la tiroides. El médico tal vez realice pruebas para encontrar anemia y de disfunción tiroidea, así como otros problemas. Es de suma importancia el interrogatorio sobre el estilo de vida y los sentimientos del paciente. No existen medios directos para curar los síndromes más frecuentes de fatiga. Las píldoras «vigorizantes» son ineficaces y su efecto de rebote suele empeorar el problema. Los tranquilizantes generalmente intensifican la fatiga. Es mucho más útil tomar unas vacaciones, cambiar de empleo, emprender nuevas actividades y hacer ajustes maritales.

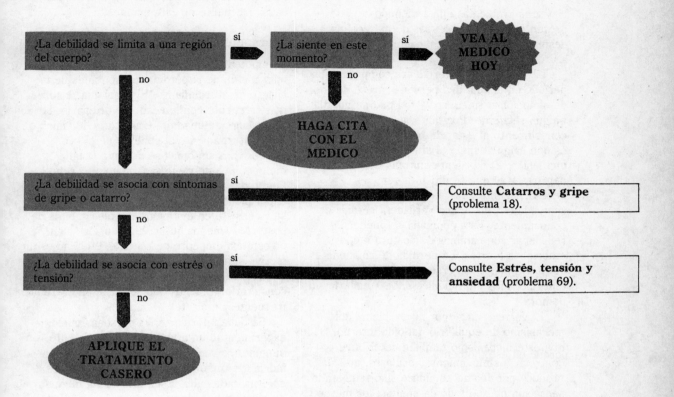

75 Mareos y desmayos

Hay tres problemas que a menudo se presentan con las molestias de mareos o desmayos: pérdida de conocimiento, vértigo y aturdimiento.

La inconsciencia verdadera comprende un período en el cual una persona carece de todo dominio sobre su cuerpo y del que no guarda ningún recuerdo. Por tanto, si pierde el conocimiento al estar de pie, lo más probable es que caiga al suelo y, al hacerlo, se produzca una lesión. El frecuente síntoma de «ver todo negro», en el que se dificulta ver y es necesario sentarse o acostarse, pero todavía se puede oír, no es una verdadera pérdida de conocimiento. Esta anomalía se puede relacionar con cambios de postura o con emociones fuertes. La pérdida de conciencia auténtica puede deberse a varias enfermedades y un médico debe atenderla sin demora.

El vértigo surge por un problema del mecanismo de equilibrio del oído interno. Dado que este mecanismo también contribuye a controlar los movimientos oculares, no sólo produce pérdida de equilibrio sino también la sensación de que todo da vueltas; los muros y los pisos parecen moverse de un lado a otro. El vértigo por lo regular carece de una causa bien definida, pero se cree que se debe a una infección viral del oído interno. Es preciso consultar al médico, ya que puede solicitar estudios detallados. El vértigo en sí puede causar incapacidad total.

El aturdimiento es el más frecuente de estos problemas. Es una vaga sensación que a menudo forma parte de los síndromes de gripe o resfriado; si se acompaña de ellos, vea el problema 18. El aturdimiento que no se relaciona con otros síntomas tampoco suele ser grave. En muchos casos, el paciente sufre tensiones o ansiedad. Otros presentan presión arterial baja y suelen sentirse aturdidos al ponerse de pie súbitamente. Este trastorno, que no necesita de ningún tratamiento, se denomina *hipotensión ortostática*. Si el aturdimiento se asocia con la ingestión de un medicamento, el paciente debe comunicarlo al médico con el fin de determinar si sería conveniente suspenderlo. El alcohol es una causa frecuente de esta manifestación.

Tratamiento casero

La hipotensión ortostática es quizá la causa más común de la pérdida momentánea de la vista o de aturdimiento. El problema se torna más frecuente con la edad. De ordinario, el sujeto percibe una falta transitoria de visión o cierto aturdimiento al ponerse de pie con rapidez. Los síntomas se deben a la falta momentánea de riego sanguíneo al cerebro. Casi todas las personas en alguna ocasión experimentan este fenómeno. El tratamiento sólo consiste en evitar los cambios súbitos de postura. A menos que la hipotensión ortostática empeore de repente, en sí no es un motivo suficiente para acudir al médico. Se puede mencionar en la próxima visita al consultorio, a menos que se torne en extremo frecuente y molesta.

Se debe informar a las personas que experimentan un aturdimiento persistente, sin ningún otro síntoma, que este mal no es un indicio de tumor cerebral o de otra enfermedad oculta. Esta anomalía a menudo desaparece cuando se resuelve la ansiedad del sujeto. Además, es muy común que sea un problema que una persona tenga que sobrellevar toda la vida.

Qué esperar en el consultorio

El médico recabará la historia clínica, subrayando las diferencias descritas más atrás. Si el problema es de pérdida de conocimiento, examinará el corazón y los pulmones, y efectuará pruebas de la función nerviosa. Quizá se necesiten evaluaciones especiales para descartar una arritmia cardiaca o descensos bruscos de la presión arterial. Si el problema es de vértigo, examinará cabeza, oídos, ojos y garganta, junto con pruebas

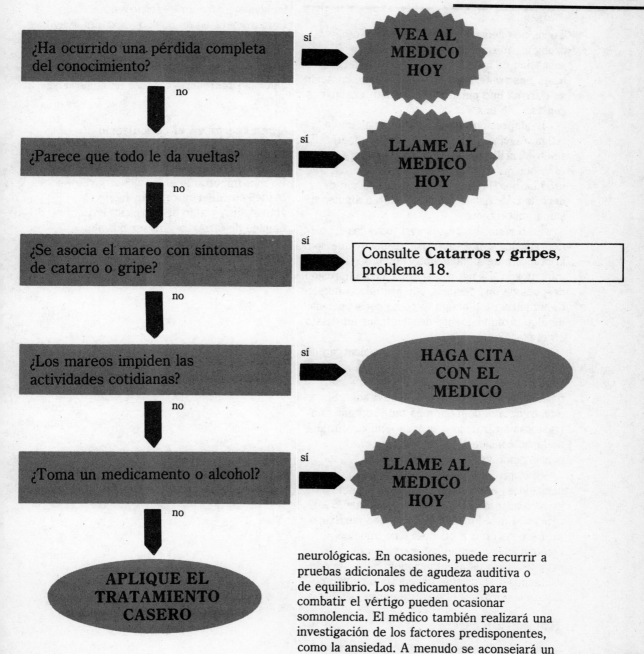

¿Ha ocurrido una pérdida completa del conocimiento?

sí → **VEA AL MEDICO HOY**

no ↓

¿Parece que todo le da vueltas?

sí → **LLAME AL MEDICO HOY**

no ↓

¿Se asocia el mareo con síntomas de catarro o gripe?

sí → Consulte **Catarros y gripes**, problema 18.

no ↓

¿Los mareos impiden las actividades cotidianas?

sí → **HAGA CITA CON EL MEDICO**

no ↓

¿Toma un medicamento o alcohol?

sí → **LLAME AL MEDICO HOY**

no ↓

APLIQUE EL TRATAMIENTO CASERO

neurológicas. En ocasiones, puede recurrir a pruebas adicionales de agudeza auditiva o de equilibrio. Los medicamentos para combatir el vértigo pueden ocasionar somnolencia. El médico también realizará una investigación de los factores predisponentes, como la ansiedad. A menudo se aconsejará un período de atenta observación.

295

76 Depresión

Todos nos deprimimos alguna vez. No hay problema más común. Puede ir de una sensación de ausencia completa de energía, hasta una tristeza abrumadora y una sensación de derrota que piden con ansiedad terminar con todo de una vez.

La depresión puede parecer una simple fatiga o una sensación de malestar general. El sujeto sencillamente no se siente bien y no sabe por qué. El porvenir no parece promisorio. Hay un vacío, una sensación de derrota o de haber perdido algo o a alguien de suma importancia.

En términos médicos casi todas las depresiones son «reactivas», es decir, que son la reacción de algún acontecimiento infortunado. Es natural sentir cierta depresión después de una pérdida, por ejemplo la muerte de un pariente o amigo, o como consecuencia de algo profundamente desalentador en casa o en el trabajo.

El tiempo y las actividades se encargan de la mayor parte de las depresiones. Después de todo, la vida tiene sus altas y también sus bajas; la felicidad también es inevitable. Sin embargo, si la depresión es tan profunda que trastorna su trabajo o su vida familiar durante un lapso considerable, fije un límite concertando una cita con su médico.

Si el problema es tan agudo que incluso ha pensado en el suicidio, no titubee y llame a su médico cuanto antes para permitir que lo ayude. Si usted no tiene un médico familiar o prefiere recurrir a otra persona, muchas comunidades cuentan con servicios de urgencia para estas situaciones. Si no sucede así, acuda a su sala de urgencias o centro de salud más próximo. Le conseguirán asistencia.

Tratamiento casero

Se sabe desde hace tiempo que la actividad, tanto mental como física, es el antídoto natural de la depresión. Recientemente se ha demostrado que el ejercicio practicado con regularidad es tan eficaz contra la depresión leve como los fármacos que los médicos suelen recetar. Elabore un plan de actividades e incluya siempre un ejercicio asiduo. Comprométase con otros y deje que lo ayuden.

Ponga empeño en revelar sus problemas a alguien. Es un alivio contar las penas y es posible que su interlocutor pueda hacerle algunas sugerencias capaces de aligerar su carga.

Qué esperar en el consultorio

El médico explorará los asuntos y acontecimientos asociados con la depresión. Lo más importante es escuchar y responder; el médico sugerirá realizar algunas actividades, y algo de ejercicio. Evitará el empleo de fármacos, de ser posible; la hospitalización es la mejor medida ante la posibilidad de suicidio.

¿Ha tenido pensamientos de suicidio? → sí → **LLAME AL MEDICO CON URGENCIA**

↓ no

¿La depresión ha entorpecido el trabajo o las actividades familiares durante más de un breve período? → sí → **HAGA CITA CON EL MEDICO**

↓ no

APLIQUE EL TRATAMIENTO CASERO

L Dolor de pecho, dificultad respiratoria y palpitaciones

77 Dolor de pecho

El dolor de pecho es un síntoma alarmante que significa «un ataque cardiaco» para la mayoría de la gente. Cualquier molestia grave en el pecho debe ser evaluada por un médico.

Sin embargo, el dolor *también* puede tener su origen en la pared torácica (que incluye músculos, ligamentos, costillas y cartílagos de éstas), los pulmones, la membrana que envuelve los pulmones (pleuresía), el saco membranoso que rodea el corazón (pericarditis), el esófago, el diafragma, la columna vertebral, la piel y los órganos alojados en la parte superior del abdomen. A menudo es difícil incluso para el médico precisar el origen del dolor. Por tanto, no existen reglas absolutas que permitan determinar cuáles dolores se prestan para un tratamiento casero. Las pautas siguientes suelen ser útiles y los médicos las emplean, si bien no dejan de tener excepciones.

Una punzada aguda de escasos segundos de duración es frecuente en los jóvenes sanos y no significa nada. La sensación de un «bloqueo» de las vías respiratorias al final de una inspiración profunda es, asimismo, trivial y no precisa de ninguna atención. Casi nunca se produce un dolor cardiaco en hombres antes sanos y menores de 30 años de edad, ni en mujeres que no han cumplido los 40, y es poco frecuente en ambos sexos durante la década siguiente. El origen de un dolor en la pared torácica se comprueba si el síntoma se produce o se intensifica al oprimir el punto molesto con un dedo. Rara vez coinciden un dolor cardiaco y otro originado en la pared torácica. El síndrome de hiperventilación (problema 72) es una causa frecuente de dolor torácico, sobre todo en sujetos jóvenes. Si usted tiene sensación de hormigueo en los dedos de la mano o mareos, sospeche este síndrome.

La pleuresía (inflamación de la pleura)

empeora cuando el sujeto inspira profundamente o tose; esto no ocurre con un dolor cardiaco. Cuando se inflama la membrana que envuelve el corazón (pericarditis), el dolor quizá lata con cada palpitación. En el caso de úlcera gástrica, el dolor produce una sensación quemante cuando el estómago se encuentra vacío y disminuye al recibir alimento; el dolor de la vesícula biliar se intensifica después de las comidas. Cuando se sospecha cualquiera de estos cuadros, el paciente debe someterse a la evaluación de un médico.

Por lo regular, el dolor cardiaco es intenso, aunque puede ser leve. En ocasiones, es más perceptible algo semejante a una presión o compresión en el pecho que un auténtico dolor. Casi siempre el dolor o la punzada se localiza detrás (dentro) del esternón; también puede sentirse en el maxilar o a lo largo de la cara interna de un brazo. Puede haber náuseas, sudoración, mareos o dificultad respiratoria. Es de particular importancia recurrir inmediatamente a su médico cuando se dificulta respirar o se torna irregular el pulso. El dolor cardiaco puede surgir con un esfuerzo y desvanecerse con reposo; en este caso, no se tiene un verdadero ataque cardiaco sino una *angina de pecho*.

Tratamiento casero

Usted debe ser capaz de afrontar eficazmente cualquier dolor que surja en la pared torácica. Deben proporcionar alivio los analgésicos como la aspirina o el acetaminofén, los medicamentos tópicos como Ben-Gay o Vicks Vaporub, así como las medidas generales, como el calor y el reposo. Si los síntomas persisten más de cinco días, consulte a su médico.

Qué esperar en el consultorio

El médico examinará minuciosamente la pared torácica, los pulmones y el corazón; a menudo ordenará un electrocardiograma y análisis de sangre. Como una radiografía de tórax suele ser de poca utilidad, casi nunca se ordena. Si

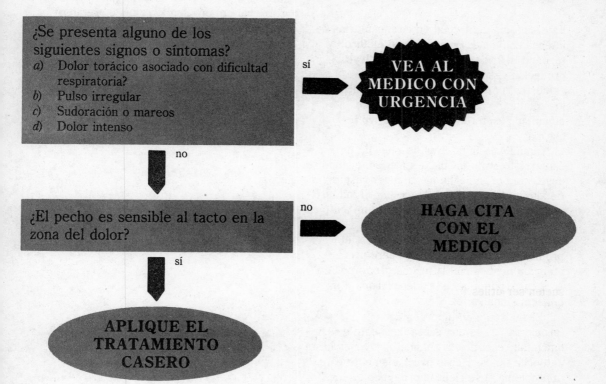

¿Se presenta alguno de los siguientes signos o síntomas?
a) Dolor torácico asociado con dificultad respiratoria?
b) Pulso irregular
c) Sudoración o mareos
d) Dolor intenso

sí → **VEA AL MEDICO CON URGENCIA**

no

¿El pecho es sensible al tacto en la zona del dolor?

no → **HAGA CITA CON EL MEDICO**

sí

APLIQUE EL TRATAMIENTO CASERO

no se encuentra la causa del dolor, se puede recomendar o exigir una batería completa de pruebas costosas y complejas. En ocasiones se necesitarán analgésicos por vía oral o inyectables. En los casos en que se vislumbre una afección cardiaca o no sea clara la causa del dolor, puede ser necesario hospitalizar al paciente.

301

78 Dificultad respiratoria

Este síntoma es normal en circunstancias de intensa actividad. En su sentido médico, el término *dificultad respiratoria* excluye la producida después de realizar grandes esfuerzos, por excitación o por obstrucción de los conductos nasales. Estos casos de dificultad respiratoria no son motivo de alarma.

Cuando «le falta aire» después de un esfuerzo ligero o incluso en reposo, cuando se despierta por la noche al no poder respirar o tiene que dormir casi sentado por el número de almohadas que usa, tiene usted un síntoma grave que el médico debe evaluar oportunamente. Si se presenta jadeo, el problema quizá no sea grave, pero precisa atención médica con la misma prontitud. En este caso, puede usted padecer asma o un enfisema incipiente.

El síndrome de hiperventilación (problema 72) es una causa frecuente de dificultad respiratoria en sujetos jóvenes hasta entonces sanos, y casi invariablemente éste es el problema si se siente hormigueo en los dedos de las manos. En este síndrome el paciente respira en forma exagerada, pero siente tener dificultad respiratoria. La depresión mental es otro problema emocional que puede acompañarse de dificultad respiratoria; un síntoma frecuente en los sujetos deprimidos es la presencia de suspiros muy hondos.

Tratamiento casero

Descanse, relájese y, de estar indicado, aplique el tratamiento casero descrito para el síndrome de hiperventilación (problema 72). Si el cuadro persiste, consulte al médico. No es mucho lo que puede lograr en casa para resolver este problema.

Qué esperar en el consultorio

El médico examinará minuciosamente pulmones, corazón y las vías respiratorias superiores. A veces exigirá electrocardiogramas (ECG), radiografías de tórax y análisis de sangre. Según la causa y la gravedad del problema, se puede requerir hospitalización, diuréticos, medicamentos para afecciones cardiacas y fármacos para combatir el asma. El oxígeno suele ser menos útil de lo que a menudo se supone y puede resultar peligroso para los pacientes con enfisema.

¿Le falta el aliento cuando está en reposo o se asocia esta molestia con jadeo?

sí  VEA AL MEDICO CON URGENCIA

no

¿Siente hormigueo en los dedos de la mano?

sí Consulte **Síndrome de hiperventilación** (problema 72).

no

HAGA CITA CON EL MEDICO

Todos experimentamos palpitaciones. Los violentos latidos del corazón causados por un ejercicio intenso o por emociones fuertes rara vez se asocian con una enfermedad grave. Casi nadie ha escapado de sentir lo que algunos llaman «el síndrome del parachoques torcido»; inmediatamente después de estar a punto de sufrir un accidente automovilístico, parece que el corazón deja de latir y luego lo hace con tal vigor que uno siente que se le saldrá del pecho. Al mismo tiempo, las rodillas se aflojan y las palmas de las manos se bañan de sudor. Todo lo anterior se debe a una abundante descarga de adrenalina por las glándulas suprarrenales. A casi nadie le inquieta esta tremenda agitación cardiaca, pero si no precede a un esfuerzo inusitado o a un acontecimiento aterrador puede ser motivo de alarma para muchas personas.

En la mayoría de los casos, quienes se quejan de palpitaciones no padecen ninguna enfermedad del corazón; simplemente son personas con un gran temor de sufrir una enfermedad cardiaca y demasiado sensibles a los cambios normales del corazón. Esta aprensión a menudo se debe a las enfermedades cardiacas que han padecido sus padres, parientes o amigos.

Puede ser mucho más grave tener el pulso irregular o acelerado. Es enteramente normal que el pulso varíe con la respiración (más rápido al inspirar y lento al expirar). Aun cuando el pulso se acelere o disminuya su frecuencia, lo normal es que sea uniforme. En casi cualquier sujeto pueden observarse ocasionalmente latidos adicionales, pero un pulso habitualmente irregular suele ser anormal. El pulso se puede percibir con mayor facilidad en la cara interna de la muñeca, en el cuello y sobre el mismo corazón. En su próxima visita al consultorio, pídale a la enfermera que compruebe si su método de tomar el pulso es correcto o no. Tómele el pulso a sus familiares y tómeselo usted mismo, observando las variaciones al respirar.

Las palpitaciones ocurren con mayor frecuencia por la noche, justo antes de conciliar el sueño. Un pulso menor de 120 latidos por minuto no es motivo de alarma.

La hiperventilación también puede provocar latidos violentos e incluso dolor torácico, pero la frecuencia cardiaca se mantendrá a menos de 120 latidos por minuto (véase problema 72).

Una frecuencia cardiaca superior a 120 latidos por minutos (en reposo) en adultos, justifica una visita al médico. Los niños de corta edad pueden tener una frecuencia cardiaca semejante que se considera normal, pero rara vez se quejan de agitación. De darse el caso, procede llevarlo al médico. Conviene recordar que las causas más frecuentes de palpitaciones (aparte del ejercicio) son la ansiedad y la fiebre. La dificultad respiratoria (problema 78) o el dolor de pecho (problema 77) aumentan la probabilidad de una alteración importante.

Tratamiento casero

Si el paciente parece tenso o angustiado, concentre su atención en ello más que en la posibilidad de una afección cardiaca. Si no es probable que la causa sea ansiedad y el paciente no tiene ninguno de los síntomas presentados en el diagrama, comuníquese telefónicamente con su médico para explicarle el cuadro. Si el problema persiste, acuda a verlo.

Qué esperar en el consultorio

Informe al médico la frecuencia exacta del pulso y si era regular o irregular. Generalmente, los síntomas habrán desaparecido cuando llegue usted al consultorio, por lo que la exactitud de su informe es decisiva. El médico examinará el corazón y los pulmones. No es probable que ayude un electrocardiograma (ECG) si no está presente el problema en el momento de tomarlo. Rara vez se requiere una radiografía

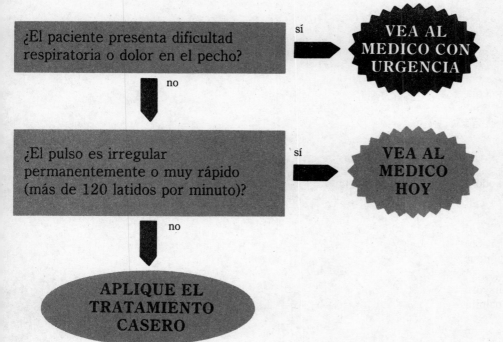

¿El paciente presenta dificultad respiratoria o dolor en el pecho?

sí → **VEA AL MEDICO CON URGENCIA**

no ↓

¿El pulso es irregular permanentemente o muy rápido (más de 120 latidos por minuto)?

sí → **VEA AL MEDICO HOY**

no ↓

APLIQUE EL TRATAMIENTO CASERO

de tórax. No espere que el médico le asegure que su corazón estará saludable el próximo mes, año o década, ya que no tiene una bola de cristal ni puede practicarle una renovación cardiaca anual. Usted, y no su médico, es el responsable del buen mantenimiento de su corazón (véanse Caps. 1 y 2).

M Problemas de los ojos

80 Cuerpos extraños en el ojo

Cualquier lesión de los ojos debe tomarse muy en serio. En caso de la menor duda, es preciso acudir de inmediato al médico.

Es preciso extraer del ojo cualquier cuerpo extraño, pues de lo contrario existe la amenaza de infección e incluso el peligro de perder la vista en el ojo afectado. Tenga especial cuidado cuando el cuerpo extraño proceda del golpe de un metal contra otro, pues una pequeña partícula puede chocar fuertemente contra el ojo y penetrar en el globo ocular.

En contadas circunstancias podrá hacerse cargo de la lesión en casa. Si el cuerpo extraño es pequeño, como la arena, y no ha penetrado en el ojo con gran velocidad, el sujeto puede sentir que todavía persiste en el ojo aunque ya se haya extraído. Las partículas pequeñas y redondeadas, como granos de arena, rara vez se adhieren mucho tiempo a las mucosas del párpado superior.

Si siente la presencia de un cuerpo extraño que ya se ha desalojado, entonces la córnea sufrió una escoriación o cortadura. Las pequeñas lesiones de la córnea suelen sanar rápidamente sin ningún problema; las graves requieren atención médica.

Incluso si considera que la lesión es de poca importancia, debe revisar a diario las preguntas que figuran en el diagrama. Si al cabo de 48 horas persiste cualquiera de los síntomas sin mostrar una clara mejora, es preciso acudir al médico. Las lesiones leves sanan en menos de 48 horas, pues el ojo es de rápida recuperación.

Tratamiento casero

Proceda con suma delicadeza. Lave bien el ojo; para esto el agua es satisfactoria, pero una solución débil de ácido bórico es más adecuada. Inspecciónese el ojo usted mismo y pida a otra persona que también lo haga. Utilice una buena luz e ilumine el ojo de frente y desde cada lado. Preste especial atención a la córnea, la membrana transparente que recubre la porción coloreada del ojo. Es preciso evitar cualquier fricción contra el ojo, pues el cuerpo extraño puede producir abrasiones o rasguños en la córnea. El dolor se puede aliviar con el uso de un parche sobre el ojo, pero es preciso retirarlo todos los días para observar la lesión; generalmente, el caso se resuelve en 24 horas o menos. Use varias capas de gasa para elaborar el parche, y sujételo firmemente con tela adhesiva, pues conviene tener una presión suave sobre el ojo. Compruebe su vista todos los días; compare ambos ojos, uno a la vez, mediante la lectura de los distintos tamaños de letras de un diario colocado a cierta distancia. Si no está convencido de que todo marcha bien, consulte a su médico.

Qué esperar en el consultorio

El médico verificará la agudeza visual e inspeccionará el ojo y la superficie externa del párpado superior; estas maniobras no son dolorosas. Por lo regular, depositará en el ojo una gota de colorante fluorescente para examinarlo con luz ultravioleta; esto tampoco es doloroso ni arriesgado. Un oftalmólogo (especialista en las enfermedades de los ojos) examinará el ojo con una lámpara de rendija. Si con esta técnica localiza un cuerpo extraño, procederá a extraerlo sirviéndose de una torunda de algodón, de una solución para lavar el ojo o de una aguja pequeña o limpiaojos. Tal vez aplique un ungüento con antibiótico y un parche; puede emplear gotas oftálmicas que dilatan la pupila. Cuando existe la posibilidad de que un cuerpo extraño se encuentre dentro del ojo, quizá indique una radiografía.

¿Se presenta cualquiera de las siguientes condiciones?

a) ¿Es visible el cuerpo extraño y permanece después de un lavado suave?

b) ¿Pudo haber penetrado la lesión en el globo ocular?

c) ¿Observa sangre en el ojo?

sí →

VEA AL MEDICO CON URGENCIA

 no

¿Ocurre algún problema visual o siente un cuerpo extraño atrapado en el párpado superior?

sí →

VEA AL MEDICO CON URGENCIA

no

APLIQUE EL TRATAMIENTO CASERO

81 Dolor de ojos

Un dolor en los ojos puede ser un síntoma importante y sería peligroso pasarlo por alto. Afortunadamente, es una molestia poco usual. Es común tener irritación y ardor (véase problema 83). El dolor ocular puede deberse a un traumatismo, infección o enfermedad subyacente. Un estado patológico que ocasiona dolor es el *glaucoma* que, de no ser tratado, conduce lentamente a la ceguera. En el glaucoma, el líquido del interior del ojo se encuentra sometido a una presión anormalmente elevada, lo que tensa el globo ocular y ocasiona incomodidad. Cuando se inicia la disminución de la agudeza visual, lo primero que se pierde es la visión lateral. Casi imperceptible y gradualmente se reduce el campo visual hasta que el paciente presenta una «visión en túnel»; además, el paciente suele ver «halos» alrededor de las luces. Por desgracia, todos estos síntomas pueden presentarse sin dolor.

El dolor de ojos es una molestia inespecífica, por lo que el interrogatorio relacionado con este síntoma suele contestarse mejor si consulta los problemas precisos, como **Cuerpos extraños en el ojo** (problema 80), **Disminución de la agudeza visual** (problema 82), **Ardor, comezón y secreciones oculares** (problema 83) y **Orzuelos y obstrucción del lagrimal** (problema 84).

Un problema de poca importancia que en realidad no debe considerarse dolor de ojos es el cansancio de éstos que produce fijar la vista por un período largo (astenopía). Este síntoma puede deberse a una migraña cuando se localiza en la parte posterior del ojo, y el que se percibe debajo o arriba del ojo sugiere sinusitis. Un dolor que se presenta en ambos ojos, en especial al exponerse a una luz brillante (fotofobia), es un síntoma común de muchas infecciones virales, como la gripe, y desaparece al ceder la anomalía. Una fotofobia grave, sobre todo si sólo afecta a un ojo, puede indicar una inflamación de las capas profundas del ojo y requiere atención médica.

Tratamiento casero

Sólo recomendamos este tratamiento en los casos de dolor ocular asociado con una enfermedad viral, astenopía o una molestia leve que sea más cansancio que dolor. En estos casos puede ser útil descansar los ojos, tomar aspirina y evitar la luz intensa. Siga las indicaciones del diagrama y consulte otros problemas en caso necesario. Si los síntomas persisten, menciónelos en su próxima consulta al médico.

Qué esperar en el consultorio

El médico evaluará la visión, los movimientos oculares y el fondo del ojo con un oftalmoscopio. El oftalmólogo (especialista en las enfermedades de los ojos) suele realizar un examen con la lámpara de rendija. Ante la posibilidad de glaucoma, comprobará la presión intraocular, lo que es sencillo, rápido y no doloroso. (Muchos médicos se sienten intraquilos con los síntomas de los ojos, por lo que es frecuente que turnen a los pacientes a un oftalmólogo; quizá usted desee acudir directamente con un oftalmólogo, si se siente muy preocupado.)

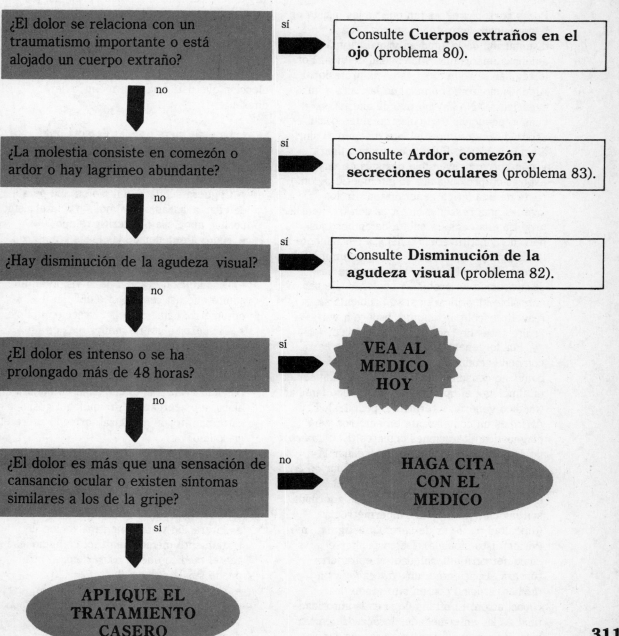

¿El dolor se relaciona con un traumatismo importante o está alojado un cuerpo extraño? — **sí** → Consulte **Cuerpos extraños en el ojo** (problema 80).

no

¿La molestia consiste en comezón o ardor o hay lagrimeo abundante? — **sí** → Consulte **Ardor, comezón y secreciones oculares** (problema 83).

no

¿Hay disminución de la agudeza visual? — **sí** → Consulte **Disminución de la agudeza visual** (problema 82).

no

¿El dolor es intenso o se ha prolongado más de 48 horas? — **sí** → **VEA AL MEDICO HOY**

no

¿El dolor es más que una sensación de cansancio ocular o existen síntomas similares a los de la gripe? — **no** → **HAGA CITA CON EL MEDICO**

sí

APLIQUE EL TRATAMIENTO CASERO

82 Disminución de la agudeza visual

Pocas personas necesitan que se les insista en la necesidad de proteger su vista. La disminución de la agudeza visual es una amenaza importante a la calidad de vida. Por lo regular se requiere asistencia profesional. Algunos síndromes no exigen la visita a un especialista. No hay motivo de alarma cuando pequeñas partículas flotantes pasan esporádicamente por delante de los ojos sin afectar la visión. Puede ocurrir una ligera visión borrosa reversible después de una exposición prolongada a la intemperie o como parte de una fatiga generalizada. En los jóvenes, una reacción histérica con frecuencia propicia una ceguera súbita de ambos ojos, pero no constituye una amenaza permanente a la visión; estos pacientes necesitan un médico, pero no un oftalmólogo. Una vez que ha desaparecido un problema ocular, suele ser imposible identificarlo; si su problema se ha resuelto espontáneamente, espere a ver si se repite antes de consultar a un médico.

Por lo general, la interrogante no es si conviene acudir a un médico, sino cuál conviene consultar. Las opciones suelen ser el oftalmólogo, el optómetra y el médico familiar (médico general, internista o pediatra). El *óptico* es un comerciante en anteojos y no diagnostica alteraciones oculares. El *optómetra* no es médico, pero puede determinar la necesidad de lentes y la mejor graduación en caso necesario. Los trastornos que el optómetra puede tratar de manera adecuada son miopía (vista corta), hipermetropía (dificultad para ver de cerca) y astigmatismo (visión distorsionada). De sospecharse cualquier otra enfermedad, el optómetra turnará el paciente a un *oftalmólogo*, un médico cirujano con un alto grado de capacitación. El oftalmólogo es la autoridad final de las enfermedades localizadas en los ojos. En ocasiones, un trastorno ocular es parte de un problema de salud general; en estos casos el médico familiar puede ser el más adecuado.

Procure acudir desde un principio al profesional de la salud más conveniente para el caso; esto le ahorrará tiempo y dinero. A la larga, será turnado al médico adecuado, pero a usted le interesa simplificar el procedimiento. A continuación presentamos algunos ejemplos que suelen resultar útiles, aun cuando tenga que adaptarlos a su situación particular. Según la disponibilidad de médicos en su localidad, la elección que usted haga, a menudo será diferente.

- La enfermera escolar detecta una agudeza visual disminuida en un niño: oftalmólogo u optómetra: posible miopía (vista corta)
- Ceguera súbita de un ojo en una persona de edad avanzada: oftalmólogo o internista: posible apoplejía o arteritis temporal
- Halos alrededor de las luces y dolor en los ojos: oftalmólogo: posible glaucoma agudo (hipertensión intraocular)
- Disminución gradual de la visión en un adulto que usa lentes: oftalmólogo u optómetra: cambio en la refracción del ojo
- Ceguera súbita de ambos ojos en un joven sano: internista u oftalmólogo: posible reacción histérica
- Visión borrosa gradual en una persona de edad avanzada; la anomalía no mejora al alejarse o acercarse: oftalmólogo: posibles cataratas (tejido cicatrizal formado sobre el cristalino)
- Anciano que tiene mejor vista de lejos: optómetra u oftalmólogo: presbicia o visión confusa de cerca y nítida de lejos
- Visión borrosa, sed, gran volumen urinario: internista: posible diabetes
- Alteración visual mientras recibe un tratamiento medicamentoso: comuníquese con el médico que lo prescribió: el fármaco puede ser la causa
- Disminución de la visión de un ojo, con una «sombra» o una «cortina» en el campo visual: oftalmólogo: posible desprendimiento de retina

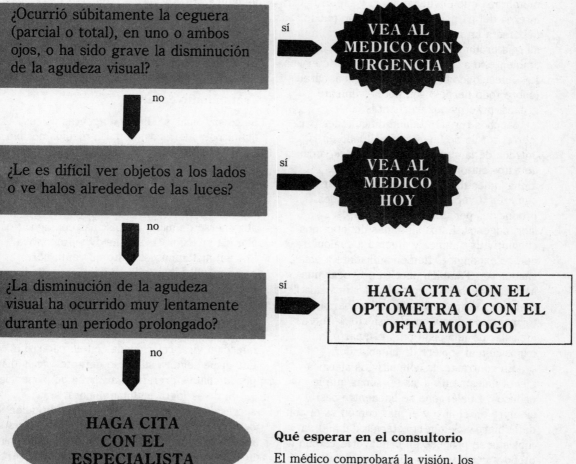

¿Ocurrió súbitamente la ceguera (parcial o total), en uno o ambos ojos, o ha sido grave la disminución de la agudeza visual?

sí → VEA AL MEDICO CON URGENCIA

no

¿Le es difícil ver objetos a los lados o ve halos alrededor de las luces?

sí → VEA AL MEDICO HOY

no

¿La disminución de la agudeza visual ha ocurrido muy lentamente durante un período prolongado?

sí → HAGA CITA CON EL OPTOMETRA O CON EL OFTALMOLOGO

no

HAGA CITA CON EL ESPECIALISTA

Qué esperar en el consultorio

El médico comprobará la visión, los movimientos oculares, las pupilas, el fondo del ojo y la presión intraocular, de estar esto indicado; en algunas ocasiones hará un examen con la lámpara de rendija. Mediante estudios de la refracción el médico determinará si el paciente necesita lentes correctivos; los oftalmólogos muy ocupados pueden delegar esta tarea a un optómetra. En algunos cuadros se recomendará la cirugía.

83 Ardor, comezón y secreciones oculares

Estos síntomas generalmente significan *conjuntivitis,* o sea, la inflamación de la membrana que envuelve al ojo y tapiza la cara interna del párpado. La inflamación puede deberse a un irritante de la atmósfera, a una alergia producida por algún elemento del ambiente, o a una infección viral o bacteriana. Las infecciones bacterianas y algunas virales (sobre todo herpes) son potencialmente graves, pero menos frecuentes.

Muchos turistas tienen dificultades para leer el rótulo de bienvenida situado en la entrada de la ciudad de Los Angeles, a causa de estos síntomas. Los contaminantes ambientales del *smog* pueden producir ardor y comezón a veces tan intensos como los producidos por un ataque con gases lacrimógenos. Estos síntomas denotan una conjuntivitis química y afectan a cualquiera que se exponga el tiempo suficiente a estas sustancias. También pueden provocar una irritación física o química similar una sala llena de humo, el agua clorada de la alberca, una tormenta de arena en el desierto, la intensa luz solar de una pista para esquiar o la exposición al soplete de un soldador.

En contraste, la conjuntivitis alérgica afecta únicamente a las personas que la padecen. El alergeno se encuentra casi siempre en el aire y el más común es el polen de la hierba. Según la estación del año, la molestia se produce en primavera, verano u otoño y generalmente tiene una duración de dos a tres semanas.

Un resfriado viral por lo regular desarrolla una conjuntivitis leve, que provoca los conocidos síntomas y persiste sólo unos días. Ciertos virus, como el del herpes, causan úlceras profundas en la córnea y entorpecen la visión. Las infecciones bacterianas propician la formación de pus y una secreción espesa y abundante en los ojos. Es común que cuando el paciente despierta en la mañana, la secreción se ha secado y forma costras que «sellan» sus párpados. Estos cuadros infecciosos son graves porque pueden ocasionar ulceraciones de la córnea.

Algunas enfermedades importantes afectan las capas más profundas del ojo, aquellas que regulan el funcionamiento del cristalino y la dilatación de las pupilas. Esta enfermedad se denomina *iritis* o *uveítis* y puede causar una irregularidad en las pupilas o cierto dolor al reaccionar éstas a la luz. Se requiere atención médica. En caso de verdadero dolor de ojos, vea el problema 81.

Tratamiento casero

Si los síntomas se deben a agentes físicos, químicos o alérgicos, la única medida posible es evitar toda exposición a ellos. Procede usar lentes oscuros y gafas protectoras para determinados trabajos; mantener las casas y automóviles cerrados y provistos de aire acondicionado a fin de filtrar el aire; abstenerse de nadar en piscinas con agua clorada y cualquier otra medida preventiva. Los antihistamínicos, tanto de venta libre como aquellos que sólo se adquieren mediante prescripción médica, tienen cierta eficacia si el trastorno es por alergia, pero no espere un alivio completo sin bastante somnolencia a causa del fármaco. De modo semejante, una infección viral relacionada con un catarro o una gripe seguirá su curso durante varios días, por lo cual es preferible armarse de paciencia.

Si no se logra ninguna mejora, si las secreciones se espesan, si se sufre un dolor ocular o padece un trastorno visual, acuda a su médico. Las infecciones bacterianas de los ojos no siempre se acompañan de fiebre y, al ser superficiales, el lavado suave del ojo ayuda a eliminar una parte de los microorganismos; sin embargo, en todo caso es indispensable acudir al médico. Las gotas para los ojos, como Murine y Visine, pueden mitigar la conjuntivitis leve, pero no la curan.

Este cuadro debe instarlo a tomar una acción de índole social. Si le molesta el humo de los fumadores cercanos a usted, dígalo. Si

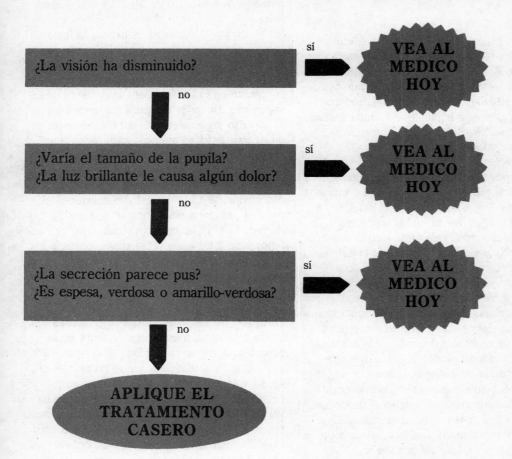

¿La visión ha disminuido?

no

sí → **VEA AL MEDICO HOY**

¿Varía el tamaño de la pupila?
¿La luz brillante le causa algún dolor?

no

sí → **VEA AL MEDICO HOY**

¿La secreción parece pus?
¿Es espesa, verdosa o amarillo-verdosa?

no

sí → **VEA AL MEDICO HOY**

APLIQUE EL TRATAMIENTO CASERO

en las cercanías de su casa existe una planta industrial que contamina el ambiente, promueva que corrijan sus prácticas perjudiciales.

Qué esperar en el consultorio

El médico comprobará la agudeza visual, los movimientos oculares y la reacción de las pupilas a la luz. El oftalmólogo (especialista en las enfermedades de los ojos) tal vez lleve a cabo un examen con la lámpara de rendija. El médico quizá recete antihistamínicos y ofrezca consejos de orden general. A menudo se administran gotas oculares y ungüentos para los ojos. Pocas veces se hará uso de pomadas oftálmicas con derivados de la cortisona; ciertas infecciones (herpes) pueden empeorar con estos medicamentos. Si un oftalmólogo diagnostica herpes, se necesitarán gotas oftálmicas y otros medicamentos especiales.

84 Orzuelos y obstrucción del lagrimal

Podríamos haber llamado a este problema «granos alrededor de los ojos», pues esa es su apariencia. Los orzuelos son infecciones (casi siempre por estafilococos) de las diminutas glándulas situadas en los párpados. Son en verdad pequeños abscesos que forman granos rojos y sensibles. Estas protuberancias alcanzan su tamaño máximo en aproximadamente un día. Otro tipo de grano de los párpados, llamado chalazión, aparece con mayor lentitud —en varios días o incluso en semanas— y no es tan rojo ni sensible; a menudo requiere que un médico practique un drenaje en el párpado en tanto que la mayoría de los orzuelos responde al simple tratamiento casero. Sin embargo, el tratamiento de un chalazión no es urgente y, además, el que se realiza en casa no ocasiona ningún daño.

Las lágrimas son el sistema de lubricación del ojo; son elaboradas continuamente por las glándulas lagrimales y drenadas a la nariz por los conductos lagrimales. Es frecuente que estos conductos no estén del todo desarrollados en el nacimiento, por lo que la salida de las lágrimas se bloquea. Cuando esto ocurre, las lágrimas suelen acumularse en el conducto y lo inflaman, con la apariencia de un abultamiento a un lado de la nariz y justamente debajo del ángulo interior del ojo (véase la figura). Esta protuberancia no es roja ni sensible, a menos que se infecte. La mayoría de los conductos lagrimales bloqueados se abre espontáneamente en el primer mes de vida, y si no ocurre así, responderá al tratamiento casero. Las lágrimas que bañan las mejillas rara vez se observan en el primer mes de vida, porque el neonato sólo produce un pequeño volumen.

El globo ocular mismo *no* sufre a causa del orzuelo ni por la obstrucción de un conducto lagrimal. Las alteraciones del globo ocular, y especialmente de la visión, no deben atribuirse a estos problemas relativamente menores.

Tratamiento casero

Orzuelo   Aplique compresas tibias y húmedas por espacio de 10 a 15 minutos no menos de tres veces al día. Como con todos los abscesos, la finalidad es drenar la lesión. Las compresas ayudan a que el absceso forme un «pico», lo que significa que el tejido que lo recubre se adelgaza, de modo que el pus contenido en la lesión queda muy cerca de la superficie. Después de que adopta esta forma, el absceso suele drenar espontáneamente; de no ocurrir esto, el médico quizá tenga que hacerle una punción con lanceta. La mayoría de los orzuelos drena en forma espontánea; pueden hacerlo internamente hacia el ojo o externamente hacia la piel. En ocasiones el orzuelo desaparece sin formar un pico o drenar. Los chalaziones generalmente no responden a las compresas tibias, pero no los perjudican. Si con el tratamiento casero no se observa ninguna mejora al cabo de 48 horas, acuda a su médico.

Bloqueo de los conductos lagrimales

Basta aplicar un masaje descendente en la protuberancia con compresas tibias y húmedas varias veces al día. Si la lesión no es roja ni sensible (características que indican infección), puede continuarse el masaje incluso durante varios meses. Si el problema persiste un lapso tan prolongado, coméntelo con su médico. Si el abultamiento se torna rojo e inflamado, se necesitará un antibiótico en gotas.

Qué esperar en el consultorio

El médico perforará el orzuelo con una pequeña aguja si ha formado un pico y está listo para drenarse. Si no es así, generalmente aconsejará el empleo de compresas y algunas veces agregará gotas oftálmicas con un antibiótico. El intento de drenar un orzuelo que aún no forma un pico suele ser poco satisfactorio. Si el médico opina que el problema es chalazión, quizá lo extirpe mediante cirugía menor. A usted le

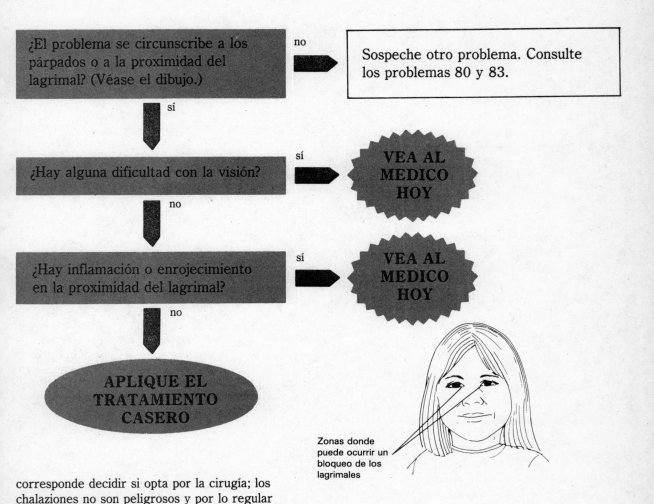

¿El problema se circunscribe a los párpados o a la proximidad del lagrimal? (Véase el dibujo.)

no → Sospeche otro problema. Consulte los problemas 80 y 83.

sí ↓

¿Hay alguna dificultad con la visión?

sí → **VEA AL MEDICO HOY**

no ↓

¿Hay inflamación o enrojecimiento en la proximidad del lagrimal?

sí → **VEA AL MEDICO HOY**

no ↓

APLIQUE EL TRATAMIENTO CASERO

Zonas donde puede ocurrir un bloqueo de los lagrimales

corresponde decidir si opta por la cirugía; los chalaziones no son peligrosos y por lo regular no necesitan extirparse.

Si un niño mayor de seis meses de edad todavía tiene problemas por la obstrucción de los conductos lagrimales, en casi todos los casos se pueden abrir con una fina sonda. Esta maniobra resulta eficaz desde el primer intento en aproximadamente el 75 % de todos los casos, y en el 100 % al intentarlo por

segunda vez. Muy pocas veces se requiere un procedimiento quirúrgico para establecer un conducto lagrimal permeable. Cuando se tienen enrojecidos e inflamados los conductos, suelen recomendarse gotas de antibióticos, así como compresas tibias.

317

N Aparato digestivo

85 Náuseas y vómitos

La causa más frecuente de las náuseas, vómitos y diarreas son las infecciones virales. Estas enfermedades se curan con el tiempo, de modo que los antibióticos son inútiles. Algunos fármacos pueden disminuir la frecuencia de los vómitos mientras se espera que el organismo se cure solo, pero los resultados no son muy impresionantes. Muchos médicos opinan que los riesgos que plantean estas sustancias a menudo superan sus beneficios, especialmente en los niños.

La verdadera amenaza que porta el vómito es la deshidratación; la velocidad con la que ocurra depende de la corpulencia del sujeto y la frecuencia de los vómitos. Por tanto, los lactantes que vomitan con frecuencia suelen correr el riesgo máximo. Los signos de deshidratación son:

- Sed intensa
- Micciones esporádicas u orina de color amarillo oscuro
- Boca seca u ojos hundidos
- Piel que ha perdido su elasticidad natural. Para determinar esto, pellizque suavemente la piel del vientre con los cinco dedos. Al soltarla debe recuperar su estado original de inmediato; si es necesario compare la piel del paciente con la de otra persona. Si se sufre de deshidratación, la piel permanecerá realzada sin recuperar su tersura normal.

En caso de presentarse deshidratación, así como si hay sangrado (vómito sanguinolento o negro) o dolor abdominal intenso, es necesario acudir de inmediato a un médico. Casi todos los casos de vómito ocasionan cierta molestia abdominal, pero no es frecuente un dolor intenso.

Las lesiones de la cabeza pueden generar un cuadro con vómitos. Se debe proporcionar una observación cuidadosa, como se indica en la sección de **Lesiones de la cabeza** (problema 11), a fin de interpretar correctamente la importancia de los vómitos en estos casos.

El embarazo, la diabetes o algunos medicamentos pueden provocar vómitos: si se observan, los consejos que el médico pueda proporcionar por teléfono bastarán para determinar la forma en que se debe abordar el problema. Es posible que la meningitis produzca dolor de cabeza y rigidez del cuello, además de vómitos, por lo que es prudente un telefonema oportuno al consultorio para recibir recomendaciones adicionales. La presencia de letargo o notable irritabilidad en niños tiene una implicación similar.

Tratamiento casero

El objetivo del tratamiento casero es proporcionar la mayor cantidad posible de líquidos sin producir un malestar estomacal adicional. Tome pequeños sorbos de líquidos transparentes, como agua o *ginger ale*. Si el paciente no puede retener nada en el estómago, se recomienda que chupe trocitos de hielo. No debe beber una gran cantidad a la vez ni ingerir alimentos sólidos. Los vómitos, la diarrea y la fiebre aumentan la necesidad de líquidos, por lo que el paciente deberá tomar cuanto pueda. A medida que el estado del paciente mejore, puede comenzar a ingerir sopas, caldo, gelatina y puré de manzana. Los productos lácteos pueden ser útiles, pero a veces empeoran la situación. Vaya normalizando la dieta gradualmente. Los niños a menudo obtienen buenos resultados con paletas heladas o nieves de frutas. Si los síntomas persisten más de 72 horas, o si la hidratación no es adecuada, comuníquese telefónicamente con su médico.

Qué esperar en el consultorio

La historia clínica y el examen físico se enfocarán en determinar el grado de deshidratación, así como sus posibles causas. El médico tal vez ordene análisis de sangre y de orina, pero no siempre se requieren. Por lo regular, las radiografías sencillas del abdomen

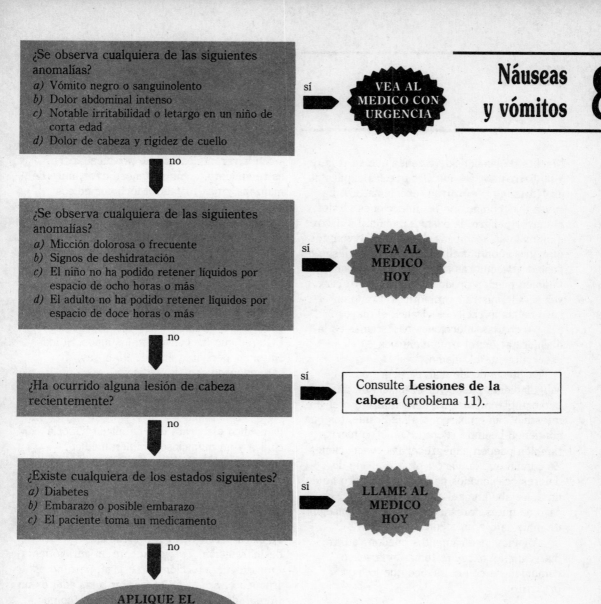

¿Se observa cualquiera de las siguientes anomalías?

a) Vómito negro o sanguinolento
b) Dolor abdominal intenso
c) Notable irritabilidad o letargo en un niño de corta edad
d) Dolor de cabeza y rigidez de cuello

sí → **VEA AL MEDICO CON URGENCIA**

Náuseas y vómitos 85

no

¿Se observa cualquiera de las siguientes anomalías?

a) Micción dolorosa o frecuente
b) Signos de deshidratación
c) El niño no ha podido retener líquidos por espacio de ocho horas o más
d) El adulto no ha podido retener líquidos por espacio de doce horas o más

sí → **VEA AL MEDICO HOY**

no

¿Ha ocurrido alguna lesión de cabeza recientemente?

sí → Consulte **Lesiones de la cabeza** (problema 11).

no

¿Existe cualquiera de los estados siguientes?
a) Diabetes
b) Embarazo o posible embarazo
c) El paciente toma un medicamento

sí → **LLAME AL MEDICO HOY**

no

APLIQUE EL TRATAMIENTO CASERO

no son muy útiles, si bien en algunos casos pueden necesitarse procedimientos radiológicos especiales. Si la deshidratación es grave, es posible que se administren líquidos por vía intravenosa, lo que puede exigir hospitalización, aunque el procedimiento puede llevarse a cabo en el consultorio. El empleo de fármacos para combatir los vómitos es motivo de controversia, por lo que sólo deben usarse en casos graves. Además de los efectos secundarios que afectan el sistema nervioso, se ha especulado que estos fármacos pueden contribuir a la aparición de una enfermedad grave en los niños denominada síndrome de Reye.

86 Diarrea

Muchas de las consideraciones que se refieren a la diarrea son las mismas que las expuestas en **Náuseas y vómitos** (problema 85). La causa más común son las infecciones virales y el mayor peligro, la deshidratación. La diarrea a menudo se acompaña de náuseas y vómitos que, junto con la fiebre, aumentan el riesgo de deshidratación. Las infecciones bacterianas también pueden producir diarrea, pero rara vez se administran antibióticos. Como en el caso de las infecciones virales, el mayor peligro con las infecciones bacterianas es la deshidratación; el tratamiento es esencialmente el mismo.

La presencia de diarrea negra o sanguinolenta puede ser el indicio de una hemorragia importante del estómago o el intestino. Sin embargo, los medicamentos que contienen bismuto (Pepto Bismol) o hierro también pueden ennegrecer las evacuaciones. Es común que la diarrea se acompañe de dolores ocasionados por los gases, pero no de un dolor abdominal intenso y constante. En caso de que se presente, es preciso conseguir de inmediato a un médico.

Algunos medicamentos pueden causar diarrea; si el paciente toma un fármaco, comuníquese con el médico que lo haya prescrito.

Tratamiento casero

Como en el caso de los vómitos, la finalidad del tratamiento de la diarrea es proporcionar al paciente la mayor cantidad posible de líquidos sin ocasionar trastornos adicionales al tracto intestinal. El paciente debe tomar sólo líquidos transparentes a sorbos, como agua o *ginger ale*. Si le es imposible mantener algo en el estómago, generalmente se tolera chupar trocitos de hielo, lo que proporciona algo de líquido. En los niños a menudo se obtienen buenos resultados con paletas heladas, nieves de frutas, jugo de manzana o refrescos sin gas. Como opción, Gatorade y Pedialyte son excelentes, pero ofrecen pocas ventajas sobre las fuentes habituales de líquidos. También pueden emplearse caldo y gelatinas. Cuando se toleran los líquidos transparentes, se pueden suministrar alimentos que producen cierto estreñimiento, como plátanos, arroz, puré de manzana y pan tostado. Muchos médicos sugieren esta dieta. Deben evitarse leche y grasas durante varios días.

Algunos preparados de venta libre, como Kaopectate, Kaolin y Pectin, modifican la consistencia de las heces del estado líquido al semisólido, pero no reducen la cantidad ni la frecuencia de las evacuaciones. Los adultos pueden probar medicamentos con narcóticos, como Parepectolin o Parelixir, pero debe evitarse que los consuman los niños. Si los síntomas persisten más de 96 horas, comuníquese con su médico.

Qué esperar en el consultorio

El médico elaborará una detallada historia clínica y un minucioso examen médico, evaluando la deshidratación con especial atención. Practicará un reconocimiento del abdomen. A menudo estudiará las evacuaciones al microscopio y ocasionalmente ordenará un cultivo. Quizá analice una muestra de orina para ayudar a evaluar la deshidratación. Tal vez recete un antibiótico en casos de infección bacteriana, pero no es frecuente. Se puede prescribir a los adultos un preparado derivado de un narcótico (como Lomotil) como coadyuvante para reducir la frecuencia de las evacuaciones. La diarrea crónica puede requerir una evaluación más profunda de las heces, un análisis de sangre y a menudo estudios radiológicos del aparato digestivo. Como con el vómito, una deshidratación grave requerirá el suministro de líquidos por vía intravenosa; esto tal vez se realice en el consultorio o quizá requiera hospitalización.

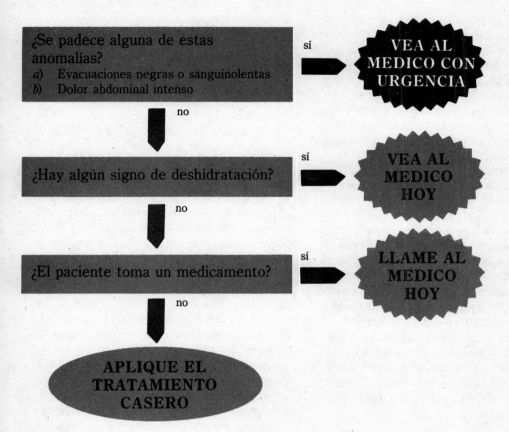

¿Se padece alguna de estas anomalías?
a) Evacuaciones negras o sanguinolentas
b) Dolor abdominal intenso

sí → VEA AL MEDICO CON URGENCIA

no

¿Hay algún signo de deshidratación?

sí → VEA AL MEDICO HOY

no

¿El paciente toma un medicamento?

sí → LLAME AL MEDICO HOY

no

APLIQUE EL TRATAMIENTO CASERO

87 Agruras

Las agruras se originan por una irritación del estómago o del esófago, el conducto que une la boca con el estómago. La mucosa que tapiza el estómago está protegida contra los efectos de los jugos gástricos, pero algunos factores, como el humo del tabaco, la cafeína, la aspirina y el estrés, destruyen esta defensa. Como el esófago no está protegido contra los ácidos, un reflujo que provenga del estómago puede irritarlo.

Las úlceras gástricas o de la porción superior del intestino (duodeno), también pueden producir dolor. El tratamiento de las úlceras en realidad es el mismo que el indicado contra las agruras sin complicaciones, siempre y cuando el dolor no sea intenso ni haya indicios de hemorragia. Si el vómito es negro y grumoso o de color rojo vivo, es preciso comunicarse con el médico, así como en el caso de expulsar heces negras como la brea. Sin embargo, cabe señalar que los suplementos férricos y el bismuto también ocasionan evacuaciones negras. El dolor de las agruras generalmente no se extiende hasta la espalda; si esto ocurre, la molestia indicará una afección del páncreas o una úlcera grave.

Tratamiento casero

Evite las sustancias que empeoran el problema. Café, té, alcohol y aspirina son los irritantes más comunes. En cada paciente se debe evaluar el grado de tabaquismo o de estrés. A menudo se obtiene alivio con la ingestión frecuente (cada una o dos horas) de antiácidos no absorbibles, como Maalox, Mylanta o Gelusil (véase el capítulo 9, «El botiquín del hogar»). Por su alto contenido en sal, deben emplearse con precaución los antiácidos absorbibles en las personas que padezcan enfermedades cardiovasculares o hipertensión arterial; el bicarbonato de sodio o el Alka-Seltzer proporcionan un alivio rápido, pero no son adecuados para emplearse repetidamente. Se puede emplear leche como antiácido, pero aporta calorías adicionales.

Si el dolor se agudiza al recostarse, quizá el problema se localice en el esófago. Algunas medidas que ayudan a prevenir el reflujo de ácido del estómago al esófago son las siguientes:

- Evite recostarse después de comer
- Eleve la cabecera de la cama con un trozo de madera de 10 a 15 cm de altura
- No use prendas de vestir ajustadas (fajas, etc.).
- Procure no comer ni beber nada dos horas antes de acostarse

Qué esperar en el consultorio

El médico determinará si el trastorno se debe al jugo gástrico (síndrome del ácido péptico). En caso afirmativo, el tratamiento será similar al recién descrito. Quizá el médico prescriba un medicamento para disminuir las secreción de ácido gástrico. Probablemente ordene radiografías del estómago después de la ingestión de bario (de la porción superior del tubo digestivo) para determinar la presencia de úlcera y observar si hay reflujo de ácido gástrico al esófago (hernia hiatal). Como el tratamiento de cualquier síndrome de acidez es esencialmente el mismo, por lo general en la primera consulta no se toma ninguna radiografía. Cualquier indicio de hemorragia exigirá un programa terapéutico más vigoroso.

¿Se presenta vómito negro o sanguinolento o heces con características semejantes?

sí → **VEA AL MEDICO CON URGENCIA**

no

¿Se siente dolor en la espalda?

sí → **VEA AL MEDICO HOY**

no

¿Tiene todos estos síntomas?
a) Una sensación quemante justo por debajo del esternón o las costillas?
b) Que mejora con leche o alimentos suaves
c) Que aumenta con café, té o alcohol

no → **HAGA CITA CON EL MEDICO**

sí

APLIQUE EL TRATAMIENTO CASERO

88 Dolor abdominal

El dolor abdominal puede ser un signo de un estado patológico grave. Por fortuna, es mucho más frecuente que lo provoquen causas de menor importancia.

Aunque el dolor abdominal puede proceder del esófago, el estómago, el intestino, el aparato reproductor femenino, el recto, la vesícula biliar, alguna invaginación del intestino o de otros órganos, esta molestia a menudo suscita inquietud por una posible apendicitis. El dolor apendicular suele localizarse en el cuadrante inferior derecho; el renal, en la región lumbar; el vesicular, en el cuadrante superior derecho; el estomacal, en la porción superior del abdomen, y el de la vejiga o del aparato genital femenino, en el bajo vientre. Desde luego, hay excepciones. El dolor procedente de órganos huecos (como el intestino o la vesícula biliar) tiende a ser intermitente y similar al cólico. El originado en órganos sólidos (riñón, bazo, hígado) tiende a ser constante. Estas reglas también tienen excepciones.

Si el dolor es muy intenso o si se presenta una hemorragia intestinal, consulte a su médico. Del mismo modo, si últimamente ha ocurrido una lesión abdominal importante, acuda a su médico, ya que cabe la posibilidad de estallamiento del bazo o de otro problema importante. Cualquier dolor durante el embarazo es potencialmente grave y precisa la evaluación de un médico; puede haber un embarazo «ectópico» (implantado en una trompa de Falopio y no en el útero), incluso antes de que la paciente se haya percatado de su gravidez. Un dolor localizado en cierta zona hace pensar más en un cuadro grave, que un dolor generalizado (una vez más, hay excepciones). El dolor que recurre con el ciclo menstrual, sobre todo antes de la regla, es característico de la endometriosis.

El signo más constante de apendicitis es el *orden* en que aparecen los síntomas:

- Dolor: primero próximo al ombligo o justo por debajo del esternón, y después en el cuadrante inferior derecho del abdomen;
- Náuseas o vómitos, o por la menos inapetencia;
- Sensibilidad local en el cuadrante inferior derecho del abdomen;
- Fiebre, del orden de 37.5 °C a 38.8 °C (100° a 102 °F).

La apendicitis es improbable si: la fiebre precede o coincide con el primer dolor; no hay *nada* de fiebre o es *muy alta* (mayor de 38.8 °C o 102 °F) durante las primeras 24 horas; el primer acceso de dolor se acompaña o es precedido por vómito.

El estallamiento del apéndice, complicación que se procura evitar mediante cirugía, es poco probable en las primeras 18 a 24 horas de ocurrido el dolor inicial. Muchos de los dolores que a menudo se confunden con apendicitis desaparecen en seis a ocho horas.

Desde luego, hay otros problemas graves diferentes de la apendicitis que provocan dolor abdominal. Los dolores ocasionados por gases e infecciones virales de poca importancia son los menos trascendentes. Utilice el diagrama para afrontar lógicamente el dolor abdominal.

En los lactantes, la palabra «cólico» se suele usar como explicación de un período prolongado de llanto sin causa aparente. No se debe necesariamente a un dolor abdominal, si bien el episodio puede terminar cuando el lactante expulsa un gas o una evacuación. De ordinario, el cólico comienza después de la segunda semana de vida y alcanza su máximo hacia los tres meses de edad. Por lo regular se produce al anochecer y puede ser motivo de suma frustración. Algunos de los remedios caseros para proporcionar alivio consisten en sostener al niño en los brazos, mecerlo, frotarle la espalda o hablarle con dulzura. Si desea una explicación a fondo del cólico infantil, consulte *Taking Care of Your Child*, edición revisada, por Robert Pantell, James Fries y Donald Vickery (Reading, Mass., Addison-Wesley Publishing Co., 1984).

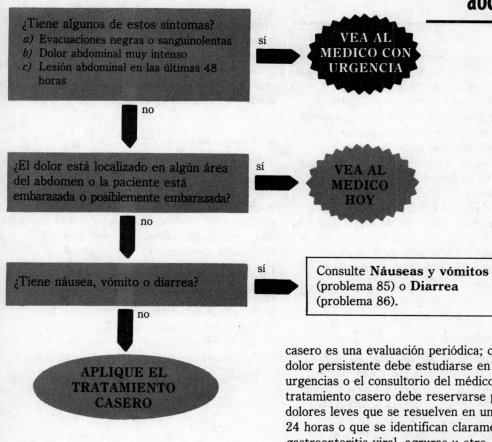

¿Tiene algunos de estos síntomas?
a) Evacuaciones negras o sanguinolentas
b) Dolor abdominal muy intenso
c) Lesión abdominal en las últimas 48 horas

sí → **VEA AL MEDICO CON URGENCIA**

no ↓

¿El dolor está localizado en algún área del abdomen o la paciente está embarazada o posiblemente embarazada?

sí → **VEA AL MEDICO HOY**

no ↓

¿Tiene náusea, vómito o diarrea?

sí → Consulte **Náuseas y vómitos** (problema 85) o **Diarrea** (problema 86).

no ↓

APLIQUE EL TRATAMIENTO CASERO

casero es una evaluación periódica; cualquier dolor persistente debe estudiarse en la sala de urgencias o el consultorio del médico. El tratamiento casero debe reservarse para los dolores leves que se resuelven en un lapso de 24 horas o que se identifican claramente como gastroenteritis viral, agruras u otro problema leve.

Qué esperar en el consultorio

El médico realizará un examen físico minucioso, en especial del abdomen. Por lo regular, ordenará una cuenta de glóbulos blancos y un análisis de orina, así como otras pruebas de laboratorio. Las radiografías suelen carecer de importancia cuando el dolor es de corta duración, pero en ocasiones se necesitan. Incluso tal vez sea adecuado mantener en observación al paciente en un hospital. Si la evaluación inicial fue negativa pero el dolor persiste, es indispensable una nueva evaluación.

Tratamiento casero

Si el dolor se debe a un problema grave, debe vaciarse el estómago para permitir intervenciones quirúrgicas o pruebas diagnósticas oportunas. El paciente puede tomar sorbos de agua o de otros líquidos transparentes, pero no alimentos sólidos. Puede proporcionar alivio una evacuación, la expulsión de un gas por el recto o un fuerte eructo; no se contenga. Un baño tibio favorece a algunos pacientes. La clave del tratamiento

327

89 Estreñimiento

Muchos pacientes se inquietan por el estreñimiento. Con frecuencia manifiestan a su médico su preocupación por la forma, consistencia y color de las heces fecales, así como por la frecuencia de sus evacuaciones. Las molestias de este tipo son médicamente triviales. Sólo en raras ocasiones (por lo regular, en pacientes ancianos) una alteración de los hábitos intestinales significa un problema grave. Una pérdida de peso y la producción de heces fecales delgadas como lápices indican la posibilidad de un tumor en la porción inferior del intestino. La presencia de dolor abdominal y distención del vientre sugieren una posible obstrucción en el intestino.

Tratamiento casero

Nosotros preferimos recomendar una dieta sana para el intestino, seguida por un saludable desinterés en los detalles de las evacuaciones. La dieta debe contener frutas y hortalizas frescas por su acción laxante natural y contenido en fibra adecuado. La fibra se encuentra en el salvado, el apio y el pan de trigo integral, pero no en los alimentos altamente refinados. La fibra atrae agua a las heces y aumenta su volumen, de manera que reduce el lapso de tránsito del momento de ingestión al de evacuación y, al mismo tiempo, las ablandan.

Pueden presentarse evacuaciones tres veces al día o limitarse a una sola en tres días, sin que dejen de ser normales. Las heces pueden variar en cuanto a su color, textura, consistencia o volumen, ser regulares o irregulares, sin que estas modificaciones sean motivo de inquietud. No permita que lo preocupen, a menos que observe una alteración importante.

De necesitarse un laxante, nosotros preferimos Metamucil, que proporciona fibra y volumen. La leche de magnesia es satisfactoria, pero no aprobamos que ésta o los laxantes tradicionales más fuertes se empleen durante un lapso prolongado. Es aconsejable un enema en caso de estreñimiento agudo; los desechables son prácticos. Si usted necesita estos remedios con cierta frecuencia, coméntelo con su médico en la próxima consulta.

Qué esperar en el consultorio

Si ha experimentado una alteración importante en sus evacuaciones habituales, puede esperar que el médico realice un examen rectal y la inspección de la porción inferior del intestino mediante un tubo metálico largo (y a veces frío) denominado sigmoidoscopio. Con frecuencia ordenará una radiografía de la parte inferior del intestino (con un enema de bario). Estos procedimientos por lo regular no entrañan riesgo alguno y sólo son un poco molestos. Si usted únicamente padece un trastorno leve, tal vez el médico se limite a ofrecerle consejos semejantes a los del tratamiento casero, sin someterlo a exámenes ni procedimientos especiales.

¿El estreñimiento se asocia con lo siguiente?

a) Heces muy finas, como lápices
b) Dolor abdominal e inflamación
c) Pérdida de peso

sí

HAGA CITA CON EL MEDICO

no

APLIQUE EL TRATAMIENTO CASERO

90 Dolor, comezón o hemorragia rectales

Un problema rectal pocas veces es trascendente, pero la molestia que puede ocasionar es capaz de afectar desfavorablemente la calidad de vida del sujeto y, a diferencia de la mayoría de los demás problemas médicos, no ofrece el dividendo de ser un buen tema de conversación.

Las hemorroides o «almorranas», son la causa más frecuente de estos síntomas. El ano está rodeado de una red de venas que tienden a aumentar de calibre con la edad, sobre todo en las personas de vida sedentaria. El esfuerzo necesario para provocar una evacuación y la expulsión de heces duras y compactas tienden a irritar los citados vasos, que pueden inflamarse, sensibilizarse u obstruirse. Las venas mismas son las «hemorroides». Pueden localizarse fuera del orificio anal y verse con facilidad, o situarse dentro y ser imperceptibles a simple vista. Si se tiene dolor e inflamación, generalmente desaparecen de unos pocos días a varias semanas, pero este lapso puede ser en extremo molesto. Una vez resuelto el problema, a menudo persiste un residuo venoso y de tejido cicatrizal.

Las hemorragias en el tubo digestivo deben tomarse en serio. *No* nos referimos aquí al sangrado relativamente ligero, de color rojo vivo, ocasionado por las hemorroides, sino a la hemorragia que proviene del interior del aparato digestivo y cuyo color es rojo muy oscuro o negro. La sangre de las hemorroides suele estar en la superficie de las heces fecales, no mezclada con ellas, y con frecuencia se observa en el papel higiénico utilizado después de cada evacuación. El sangrado de este tipo carece de importancia médica, a menos que persista por varias semanas.

Se puede dar el caso de que un niño despierte de pronto, al poco tiempo de acostarse, dando de gritos a causa de un dolor rectal; este hecho casi siempre se deberá a un cuadro de oxiuros. Aunque rara vez uno llega a detectar estos pequeños parásitos, son bastante frecuentes. Viven en el recto y por las noches la hembra sale para segregar una sustancia viscosa e irritante alrededor del ano y donde deposita sus huevecillos. Ocasionalmente estos parásitos se desplazan a la vagina, donde también provocan dolor y comezón. Los oxiuros no constituyen un problema importante; responden al tratamiento casero *si* se han identificado claramente. Conviene tratar a toda la familia para prevenir una reincidencia.

Si el dolor rectal persiste más de una semana, es preciso consultar al médico. En estos casos, es posible que se haya desarrollado una fisura en la pared rectal, una infección o alguna otra anomalía.

Tratamiento casero

Hemorroides Para ablandar las heces fecales incluya en su dieta habitual una cantidad mayor de frutas frescas y fibra (salvado, apio, pan de trigo integral) o emplee sustancias que aumenten el volumen de la materia inerte (Metamucil) o laxantes (leche de magnesia). Mantenga limpia la zona. Aplique un baño como alternativa de la limpieza con papel higiénico. Después de secar cuidadosamente la zona afectada, cúbrala con una pasta o un polvo de óxido de cinc para protegerla contra una irritación adicional. Los diversos preparados comerciales para las hemorroides son menos satisfactorios. Preferimos abstenernos de recomendar compuestos con un anestésico local, pues pueden sensibilizar e irritar la zona y prolongar el proceso de cicatrización. Estos compuestos incluyen la terminación «caína» en su nombre comercial o en el nombre de sus ingredientes. A veces se pueden mitigar las molestias de las hemorroides «internas» con la aplicación de un supositorio calmante, además de las medidas adoptadas para suavizar las heces. Si en espacio de una semana no se ha conseguido el alivio total de las molestias, consulte a su médico. Aun cuando el problema

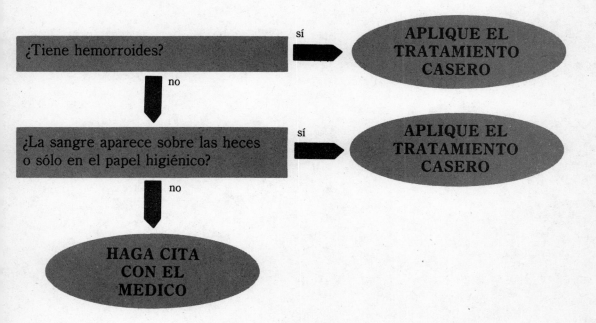

se resuelva rápidamente, no deje de mencionarlo en su siguiente consulta.

Oxiuros La organización *Food and Drug Administration* ha autorizado la venta libre del pamoato de pirantel (Antiminth). El usuario deberá observar las instrucciones incluidas en el envase. Si el problema persiste, comuníquese con su médico.

Qué esperar en el consultorio

El médico inspeccionará el ano y el recto. Si se ha formado un coágulo, quizá perfore la vena con una lanceta y lo extraiga. Rara vez se recurre a cirugía mayor en casos de hemorroides y sólo se reserva para los problemas más persistentes. Por lo regular, el médico hará recomendaciones semejantes a las sugeridas en «Tratamiento casero».

O Vías urinarias

91 Micción dolorosa, frecuente o sanguinolenta (en la mujer)

Los síntomas más conocidos de infección de la vejiga son: 1) dolor o ardor al orinar, 2) micciones frecuentes y apremiantes y 3) presencia de sangre en la orina.

Estos síntomas no siempre ocurren por una infección bacteriana; pueden deberse a una infección viral, al consumo excesivo de bebidas con cafeína (café, té y refrescos de cola), a espasmos de la vejiga o a causas desconocidas («nervios»). Cuando los síntomas no son de origen bacteriano, los antibióticos no ofrecen ningún beneficio.

La infección de la vejiga es más frecuente en las mujeres que en los hombres (la mayoría de las mujeres la padece en alguna ocasión), porque la uretra femenina, el conducto que comunica la vejiga con el exterior, mide sólo unos dos centímetros de longitud, distancia muy corta para que las bacterias lleguen a la vejiga urinaria. Algunas veces, la infección de la vejiga se relaciona con la actividad sexual; de ahí que la «cistitis de la luna de miel» se haya convertido en un síndrome médico muy conocido.

Ciertos signos, como la presencia de vómitos, dolor lumbar o escalofríos con castañeteo de dientes y temblor de todo el cuerpo no son característicos de las infecciones de la vejiga, sino que sugieren una infección renal, que requiere un tratamiento más enérgico y observación constante. Una historia de enfermedad renal (infecciones, inflamaciones y cálculos renales) también modifica el tratamiento.

Durante el embarazo a menudo ocurren infecciones de la vejiga y pueden resultar más difíciles de tratar. Desde luego, las medidas terapéuticas deben considerar este estado.

Algunos médicos han establecido procedimientos para permitir que el paciente que presente estos síntomas se practique un análisis de orina antes de acudir a la consulta.

Si dicho análisis indica una posible infección bacteriana, el médico atenderá al paciente e iniciará el tratamiento adecuado; de lo contrario, recomendará la aplicación del tratamiento casero durante 24 horas. Si en este lapso no ocurre alguna mejora, el médico intervendrá personalmente.

Es muy posible que muchas infecciones bacterianas de la vejiga respondan al tratamiento casero como única acción terapéutica. No obstante, es pertinente hacer uso de los antibióticos cuando estén indicados; esto se ha convertido en una práctica médica ordinaria. Los antibióticos pueden ser de especial importancia contra las infecciones recurrentes de la vejiga. Incluso si usted se inclina a prescindir de todo fármaco, debe acudir a su médico, a menos que los síntomas respondan rápida y completamente al tratamiento casero.

Tratamiento casero

El tratamiento definitivo de una infección de las vías urinarias exige un antibiótico (que quizá no altere los síntomas en las primeras 24 horas). Con el tratamiento casero, se obtiene un rápido alivio, por lo que debe iniciarse inmediatamente.

- Beba líquidos con abundancia: incremente la ingestión de líquidos al máximo (hasta diez litros en las primeras 24 horas). Las bacterias literalmente serán arrastradas del organismo por las copiosas micciones.
- Beba jugos de frutas: la adición de más ácido a la orina, si bien es menos importante que el volumen de líquidos, puede contribuir al alivio de las molestias. El más eficaz es el jugo de arándano, porque contiene un antibiótico natural.

Inicie el tratamiento casero apenas se observen los primeros síntomas. Cuando las mujeres presentan problemas recurrentes, una importante medida preventiva consiste en usar el papel higiénico con un movimiento del frente hacia atrás (*no* de atrás hacia adelante) después de cada micción. La mayor parte de

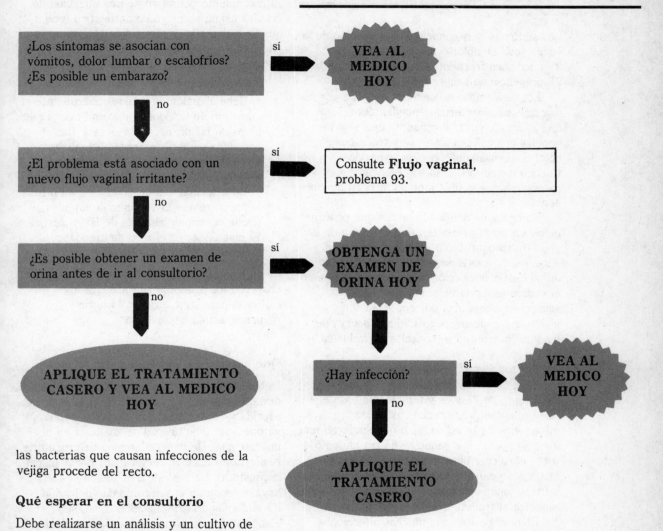

¿Los síntomas se asocian con vómitos, dolor lumbar o escalofríos? ¿Es posible un embarazo? — **sí** → **VEA AL MEDICO HOY**

no

¿El problema está asociado con un nuevo flujo vaginal irritante? — **sí** → Consulte **Flujo vaginal**, problema 93.

no

¿Es posible obtener un examen de orina antes de ir al consultorio? — **sí** → **OBTENGA UN EXAMEN DE ORINA HOY**

no

APLIQUE EL TRATAMIENTO CASERO Y VEA AL MEDICO HOY

¿Hay infección? — **sí** → **VEA AL MEDICO HOY**

no

APLIQUE EL TRATAMIENTO CASERO

las bacterias que causan infecciones de la vejiga procede del recto.

Qué esperar en el consultorio

Debe realizarse un análisis y un cultivo de orina. Por lo regular, el médico examinará la espalda y el abdomen. A menudo es necesario examinar tanto la vagina como la secreción de las mujeres que presentan un flujo vaginal. En caso de que alguna vez se haya presentado una enfermedad del riñón o los síntomas de una infección renal, se elaborará una historia clínica más pormenorizada y se practicarán estudios de laboratorio adicionales.

Si se comprueba la presencia de una infección de las vías urinarias, se prescribirá un antibiótico. Los fármacos más empleados son las sulfas y la ampicilina, a menos que haya alergia hacia uno de ellos. También se utiliza tetraciclina, pero no debe administrarse a mujeres embarazadas ni a niñas de corta edad.

91 Micción dolorosa, frecuente o sanguinolenta (en el hombre)

Los síntomas más conocidos de infección de la vejiga son: 1) dolor o ardor al orinar, 2) micciones frecuentes y apremiantes y 3) presencia de sangre en la orina.

Estos síntomas no siempre ocurren por una infección bacteriana; pueden deberse a una infección viral, al consumo excesivo de bebidas con cafeína (café, té y refrescos de cola) o a causas desconocidas («nervios»). Cuando los síntomas no son de origen bacteriano, los antibióticos no ofrecen ningún beneficio.

Es probable que los hombres que posean estos síntomas presenten una infección de la próstata (prostatitis) o alguna enfermedad venérea. En casos de prostatitis, a menudo es difícil iniciar la micción, la orina sale a gotas o el chorro de orina es muy débil. Las secreciones causadas por gonorrea son lechosas y espesas, pero sólo se observa de manera intermitente (consulte el problema 92).

Ciertos signos, como la presencia de vómitos, dolor lumbar o escalofríos con castañeteo de dientes y temblor de todo el cuerpo, no son característicos de las infecciones de la vejiga, sino que sugieren una infección renal que requiere un tratamiento más enérgico y observación continua. Una historia de enfermedad renal (infecciones, inflamaciones o cálculos renales) también modifica el tratamiento.

Es muy posible que muchas infecciones bacterianas de la vejiga respondan al tratamiento casero como única acción terapéutica. No obstante, es pertinente hacer uso de los antibióticos cuando estén indicados; esto se ha convertido en una práctica médica común. Los antibióticos pueden ser de especial importancia contra las infecciones recurrentes de la vejiga. Incluso si usted se inclina a prescindir de todo fármaco, debe acudir a su médico, a menos que los síntomas respondan rápida y completamente al tratamiento casero.

Tratamiento casero

El tratamiento definitivo de una infección de las vías urinarias exige un antibiótico (que quizá no altere los síntomas en las primeras 24 horas). Con el tratamiento casero se obtiene un rápido alivio, por lo que debe iniciarse inmediatamente.

• Beba abundantes líquidos: incremente la ingestión de líquidos al máximo (hasta diez litros en las primeras 24 horas). Las bacterias serán arrastradas literalmente del organismo por las copiosas micciones.
• Beba jugos de frutas: la aportación de ácido adicional a la orina, si bien es menos importante que el volumen de líquidos, puede contribuir al alivio de las molestias. El más eficaz es el jugo de arándano, porque contiene un antibiótico natural.

Inicie el tratamiento casero apenas se observen los primeros síntomas. Si los síntomas persisten durante 24 horas o recurren, acuda a su médico.

Qué esperar en el consultorio

Deben realizarse un análisis y un cultivo de orina. Por lo regular, el médico examinará la espalda y el abdomen. La secreción de los varones con flujo uretral se analizará en el microscopio. De haber síntomas de prostatitis, realizará un examen rectal (para poder palpar la próstata). En caso de que alguna vez se haya presentado una enfermedad del riñón o los síntomas de una infección renal, se elaborará una historia clínica más detallada, así como estudios de laboratorio adicionales.

Si se comprueba la presencia de una infección de las vías urinarias, se recetará un antibiótico. Los fármacos más utilizados son la tetraciclina, la eritromicina y la ampicilina, a menos que haya alergia hacia alguno de ellos. No debe administrarse tetraciclina a niños de corta edad.

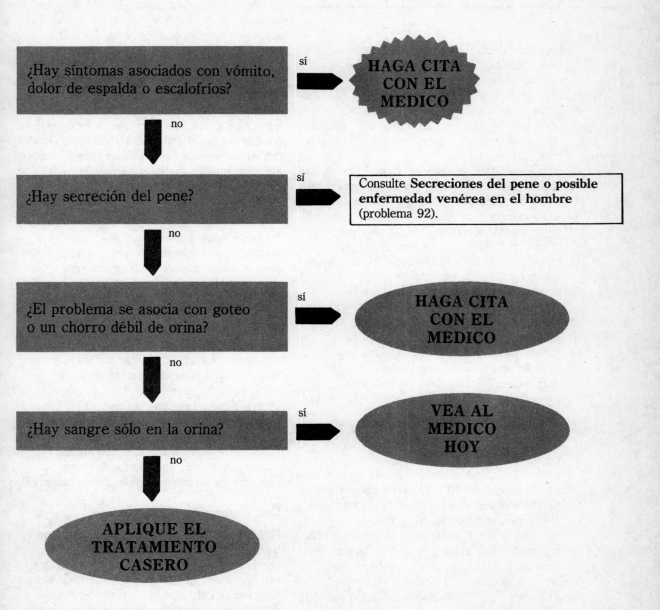

¿Hay síntomas asociados con vómito, dolor de espalda o escalofríos? — **sí** → **HAGA CITA CON EL MEDICO**

no ↓

¿Hay secreción del pene? — **sí** → Consulte **Secreciones del pene o posible enfermedad venérea en el hombre** (problema 92).

no ↓

¿El problema se asocia con goteo o un chorro débil de orina? — **sí** → **HAGA CITA CON EL MEDICO**

no ↓

¿Hay sangre sólo en la orina? — **sí** → **VEA AL MEDICO HOY**

no ↓

APLIQUE EL TRATAMIENTO CASERO

92 Secreciones del pene o posible enfermedad venérea en el hombre

Una enfermedad venérea es cualquier enfermedad contagiosa transmitida por contacto sexual, pero por lo regular se aplica este término a la gonorrea o la sífilis. Sólo en raras ocasiones estas enfermedades se contraen fuera de un contacto sexual, pues los microorganismos no sobreviven mucho tiempo fuera del cuerpo.

La gonorrea produce un flujo del pene. Los síntomas iniciales, ardor y dolor al orinar, así como una secreción espesa, comienzan unos dos a catorce días después de la exposición. Si no se somete a tratamiento, el paciente observará dificultad para orinar, fiebre, además de dolor, sensibilidad e inflamación de los testículos. Las infecciones repetidas pueden conducir a la esterilidad o a la formación de tejido cicatrizal en la uretra, que precisa de dilatación quirúrgica, un procedimiento sumamente molesto. Es indispensable que el médico efectúe una revisión si después de un posible contagio surgen secreciones, dolor de garganta, erupción cutánea, o calor o inflamación de las articulaciones.

La sífilis tiene tres fases distintas. La *sífilis primaria* puede producir una úlcera pequeña no dolorosa (chancro) en los órganos genitales (ocasionalmente también en la boca o en las manos) de 10 a 90 días de haber tenido contacto sexual con alguna persona infectada. De no recibir tratamiento, el chancro cicatrizará espontáneamente en cuatro a seis semanas. En la etapa primaria el paciente es sumamente contagioso. En más o menos el 30 % de los casos masculinos no surgen chancros ni, por consiguiente, ningún signo de esta fase. La *sífilis secundaria* sobreviene poco después de la etapa inicial (aun cuando en ocasiones coincide con el chancro). Esta segunda fase se caracteriza por una erupción cutánea que puede presentar pequeñas protuberancias, lesiones rojas y planas o incluso adoptar cualquier forma, menos la de vesículas. Sobre todo, suele afectar las plantas de los pies, las palmas de las manos y la cara. La *etapa terciaria* aparece algunos años después. Es la fase más grave, en la cual los enfermos mueren o enloquecen. La sífilis terciaria puede afectar cualquier parte del cuerpo; la muerte generalmente se debe a que ataca el corazón o el sistema nervioso.

Es indispensable localizar a quienes hayan tenido contacto sexual con individuos infectados de sífilis o gonorrea, a fin de que puedan recibir el tratamiento adecuado. Los departamentos de salud pública suelen ofrecer atención médica gratuita. Es posible evitar consecuencias innecesarias.

Tratamiento casero

No trate estos casos en el hogar con medicamentos sobrantes o prestados. Si usted padece o cree padecer una enfermedad venérea, o ha sido expuesto a alguna, consulte a su médico. El tratamiento casero sólo es útil para *prevenir* estas enfermedades.

El uso de preservativos ofrece una protección parcial contra las enfermedades venéreas. El hecho de orinar inmediatamente después del acto sexual parece un medio eficaz para disminuir la probabilidad de contraer gonorrea (sin considerar el inconveniente de tener relaciones sexuales con la vejiga llena). Es de dudosa utilidad administrar antibióticos antes de alguna exposición a estas enfermedades (como se acostumbra hacer en ciertos grupos militares).

Qué esperar en el consultorio

El diagnóstico de gonorrea se confirma con el hallazgo de gonococos en el cultivo de las secreciones del pene (o de la garganta o las articulaciones infectadas); si no se tiene flujo, rara vez se cultiva esta bacteria. El examen del flujo genital en el microscopio distingue tentativamente la gonorrea de la llamada

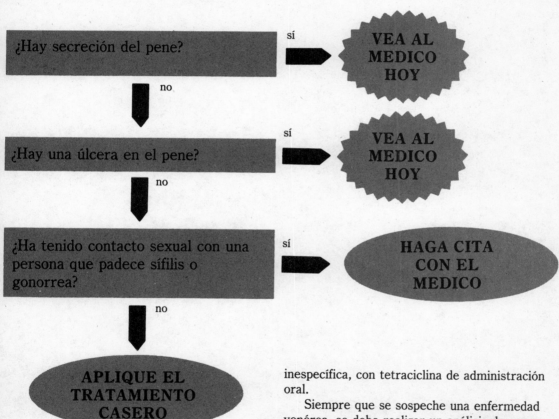

¿Hay secreción del pene? — sí → **VEA AL MEDICO HOY**

no

¿Hay una úlcera en el pene? — sí → **VEA AL MEDICO HOY**

no

¿Ha tenido contacto sexual con una persona que padece sífilis o gonorrea? — sí → **HAGA CITA CON EL MEDICO**

no

APLIQUE EL TRATAMIENTO CASERO

uretritis inespecífica, padecimiento que no tiene efectos graves a largo plazo, aun cuando probablemente sea una infección venérea. La gonorrea por lo regular se controla con inyecciones de penicilina, y la uretritis inespecífica, con tetraciclina de administración oral.

Siempre que se sospeche una enfermedad venérea, se debe realizar un análisis de sangre para determinar la presencia de sífilis. (En muchos estados de Estados Unidos esta prueba es un requisito para conseguir una licencia matrimonial.) Sin embargo, como la prueba no resulta positiva en un lapso de tres semanas a tres meses después de la exposición, cualquier prueba negativa obtenida durante ese período debe repetirse al cabo de ese tiempo.

339

P Sólo para mujeres

COMO PALPARSE LOS SENOS

La mayoría de los pequeños bultos percibidos en los senos no son cancerosos. Casi sin excepción, las mujeres presentan un pequeño bulto en los senos en algún momento de su vida. Los senos de muchas mujeres están llenos por naturaleza de pequeños bultos o nódulos (estado que se denomina *enfermedad fibroquística benigna*). A todas luces es evidente que no se puede ni se debe tratar quirúrgicamente cada bulto o posible bulto.

No obstante, el cáncer mamario es una realidad y es mejor someterlo a un tratamiento precoz que tardío. La frecuente palpación de los senos efectuada por usted misma, ofrece la oportunidad máxima de prevenir consecuencias nefastas. La autopalpación debe realizarse cada mes, inmediatamente después de la regla.

La técnica es la siguiente:

• Obsérvese los senos frente al espejo, primero con los brazos a los lados y luegos sostenidos en alto. Los senos deben tener la misma apariencia en ambas posturas. Esté atenta a cualquier cambio de forma o de tamaño, así como a la aparición de pequeños hoyuelos en la piel. En ocasiones, un bulto difícil de palpar resulta muy obvio a simple vista.

• A continuación, acostada boca arriba pálpese el seno izquierdo con las yemas de los dedos de la mano derecha y comprima el tejido mamario contra la pared torácica. No «pellizque» el tejido entre los dedos, pues al hacerlo todo el tejido mamario se siente lleno de nudosidades. Mientras se palpa la cara interna del seno izquierdo, debe mantener la mano izquierda debajo de la cabeza, y es preciso colocar esa misma mano al lado del cuerpo mientras se palpa la cara externa. No omita la porción del seno situada bajo los pezones o la que se extiende lateralmente hacia cada axila. Puede ser útil acomodar una almohada pequeña bajo el hombro izquierdo.

• Repita la maniobra con el seno derecho.

Someta a la atención del médico cualquier pequeño bulto que perciba. Este autoexamen, realizado con regularidad, le permitirá precisar cuándo se inició el bulto y si ha variado o no de tamaño. La información emanada es indispensable para precisar las medidas que se deben adoptar ante la anomalía; esta decisión puede ser difícil, incluso para el médico. La autopalpación de los senos es una necesidad absoluta para la mujer cuyas mamas normalmente presentan pequeños bultos, pues ella es la única realmente capaz de saber si un nódulo es nuevo, antiguo o si ha cambiado de tamaño. Al realizar este autoexamen periódicamente, todas las mujeres tendrán la mejor esperanza de que sólo se recurrirá a la cirugía cuando sea absolutamente necesario.

EL EXAMEN GINECOLOGICO

Si usted manifiesta molestias relacionadas con los órganos genitales, puede esperar que el médico la someta a un examen generalmente denominado «examen pélvico»;

por lo regular, esta maniobra se realiza junto con su Papanicolau anual. Este reconocimiento aporta una gran cantidad de datos y a menudo es absolutamente indispensable para establecer el diagnóstico. Si usted comprende las fases del examen y el papel que usted misma desempeña en él, propiciará una exploración adecuada y rápida, con un mínimo de molestias.

Postura   Acostada boca arriba, apoye los talones en los estribos (la enfermera suele ayudarla en esta maniobra). Desplácese hasta el extremo de la mesa de exploraciones, con las rodillas flexionadas; acérquese lo más que pueda al borde de la mesa. Ahora extienda las rodillas hacia cada lado lo más posible; no intente mantenerlas flexionadas con los músculos internos de los muslos. Este esfuerzo la cansará y dificultará la exploración.

La palabra clave durante el examen es «relajamiento»; sin duda el médico le dirá varias veces que se relaje. La vagina es un órgano muscular y si mantiene tensa su musculatura, será inevitable una exploración difícil y molesta. El médico tal vez le indique que respire hondamente varias veces, con el fin de que logre la relajación necesaria. Esperamos que también pueda relajarse al comprender las distintas fases del procedimiento.

Examen externo   El primer paso de este reconocimiento es la inspección de los labios, el clítoris y la abertura vaginal. Los hallazgos más comunes son los quistes de los labios, las erupciones cutáneas y las llamadas verrugas venéreas. Existen tratamientos eficaces para estas anomalías, pero tal vez no se requiera medida terapéutica alguna.

Examen con el espejo vaginal   El espejo es un instrumento con forma de pico de pato utilizado para dilatar las paredes vaginales, de modo que se pueda inspeccionar visualmente el interior de la vagina; *no* son pinzas. Puede ser metálico o de plástico, y éstos producen un chasquido al abrir o cerrarse; no se alarme. Pese a la creencia popular, los espejos no se mantienen en el refrigerador; por lo regular se entibian antes de usarlos.

Si se han de efectuar varias pruebas, entre ellas la de Papanicolau, el estudio con el espejo se realizará antes que el examen manual; el espejo se lubricará únicamente con agua, porque cualquier lubricante y reconocimiento manual pueden desvirtuar el resultado de las pruebas. Si no se requiere éstas, el reconocimiento manual será la primera maniobra. El espejo también se utilizará para dilatar la vagina cuando se desea colocar un dispositivo intrauterino (DIU) o llevar a cabo otros procedimientos.

Examen manual   Al insertar dos dedos enguantados y lubricados en la vagina y oprimir el vientre bajo con la otra mano, el médico puede sentir la forma de los ovarios y del útero, así como cualquier tumoración en esa zona. La exactitud de este reconocimiento depende del grado de relajación de la paciente y de la pericia del médico. Las mujeres obesas no pueden ser examinadas con la misma eficacia; este es un motivo adicional para evitar el exceso de peso. Por regla general, los mejores exámenes pélvicos son los realizados por los médicos que los practican con mayor frecuencia. No es indispensable acudir a un ginecólogo, pero antes de solicitar su examen ginecológico anual, la paciente debe asegurarse de que su internista o médico familiar lleva a cabo exámenes pélvicos con regularidad. La enfermera que realiza la maniobra asiduamente también puede ser una experta. El frotis de

Papanicolau *no* requiere mucha experiencia y constituye la única parte de mayor importancia del examen pélvico.

Muchos médicos también acostumbran llevar a cabo un examen rectal o rectovaginal (un dedo en el recto y otro en la vagina). Estas exploraciones suelen aportar datos adicionales.

Si la idea del examen pélvico la pone nerviosa, pídale al médico que le explique exactamente lo que ocurre en cada fase del procedimiento. Por lo general, se le colocará una sábana sobre las rodillas y el médico quedará fuera de su campo visual, sentado en un banco. Como paciente podrá cooperar mejor si entiende cada una de las maniobras y, además, se sentirá menos incómoda durante el examen si mantiene con su médico una comunicación en verdad efectiva.

El frotis de Papanicolau

Como el Papanicolau es de principal importancia para toda mujer, es preciso familiarizarse con los fundamentos de este método. Según se ha explicado en párrafos anteriores, con la ayuda de un espejo se obtiene una raspadura del cuello uterino y una muestra de las secreciones vaginales, procedimientos que proporcionan células para estudiar en el microscopio. Un técnico adiestrado (citólogo) puede entonces clasificar las células conforme a sus características microscópicas. Existen cinco clases celulares: las clases I y II son negativas con respecto a células tumorales; las clases III y IV infunden sospechas de un tumor, pero no son pruebas, y la clase V es indicación definitiva de una tumoración. Si un frotis corresponde a las clases III o IV, el médico pedirá a la paciente que regrese en otra ocasión para someterse a otra prueba de Papanicolau o a una biopsia; esto *no* significa que se ha diagnosticado un cáncer. Si el frotis corresponde a la clase V, el médico explicará el procedimiento para confirmar el diagnóstico e iniciar el tratamiento.

El frotis de Papanicolau es nuestra prueba más efectiva para el diagnóstico de tumores por dos motivos. Primero, una sola prueba detecta aproximadamente el 90 % de los cánceres uterinos más comunes y del 70 al 80 % de los que ocupan el segundo lugar en orden de frecuencia. Segundo, estos dos tipos comunes de cáncer crecen lentamente; existen evidencias de que un solo foco de cáncer puede tomar diez años o un lapso mayor para propagarse. Por tanto, son excelentes las probabilidades de que los frotis de Papanicolau realizados con regularidad detecten el cáncer antes de que se disemine; aunque suelen realizarse una vez al año, esta periodicidad no es mágica y es posible admitir intervalos más prolongados. El cáncer de cuello uterino es una rareza antes de los 25 años de edad, cuando por lo regular se inicia este tipo de estudios. No obstante, el cáncer del cuello uterino es más frecuente en las mujeres que llevan una actividad sexual moderada a intensa, sobre todo si tienen varios compañeros, por lo que deben comenzarse los frotis de Papanicolau junto con la actividad sexual; existen pocos indicios de que el empleo de píldoras contraceptivas requiera incrementar la frecuencia de los frotis.

93 Flujo vaginal

El flujo anormal de la vagina es un problema común que no debe confundirse con las secreciones vaginales habituales. Algunas de las posibles causas requieren asistencia médica. Si el flujo es escaso, no ocasiona dolor ni comezón, no es caseoso, fétido ni sanguinolento, no hay posibilidad de enfermedad venérea y la paciente ya ha pasado de la pubertad, el problema podrá tratarse en casa, por lo menos durante algún tiempo.

Un dolor abdominal así como un flujo sanguinolento entre reglas, ya sea recurrente o de volumen considerable, sugiere una posible enfermedad grave, que puede ir de gonorrea a un embarazo ectópico en una trompa de Falopio. Cuando una niña presenta flujo vaginal antes de la pubertad se trata de algo extraño que debe evaluarse.

Si se cree que un contacto sexual efectuado en las últimas semanas pudiera causar una enfermedad venérea, es *indispensable* acudir al médico. No tema plantearle al médico este problema; por su propio bien, mencione francamente sus contactos sexuales. La información que ofrezca será estrictamente confidencial y el médico no la hará sentir mal, pues habrá encarado muchas veces esta situación.

El género *Monilia* se circunscribe a un hongo capaz de infectar las paredes vaginales y producir un flujo caseoso de color blanco. Las tricomonas son microorganismos que provocan un flujo blanco y espumoso, así como comezón intensa. Una mezcla de bacterias puede ocasionar un flujo vaginal llamado vaginitis inespecífica. Estas infecciones no son graves ni se extienden al resto del cuerpo, pero son molestas; a veces desaparecen espontáneamente. Si el flujo persiste más de unas semanas, concierte una cita con el médico.

La falta de hormonas en las mujeres de edad avanzada puede ocasionar *vaginitis atrófica*. Si los síntomas son muy molestos se puede pedir al médico que administre alguna crema. Los cuerpos extraños, en especial algún tampón que haya quedado olvidado en la vagina, son una causa asombrosamente frecuente de vaginitis y flujo vaginal.

Tratamiento casero

Higiene y paciencia son los remedios caseros. Si usted tiene flujo, practíquese un lavado vaginal a diario (y después de cada contacto sexual) con una solución de Betadine (dos cucharadas en un litro de agua) o bicarbonato de sodio (una cucharadita en un litro de agua). Si como tratamiento de otra afección recibe un antibiótico como tetraciclina, llame a su médico para que le aconseje un cambio de medicamento. Consulte a su médico si el flujo persiste o empeora al cabo de dos semanas de tratamiento. No se administre ningún lavado en las 24 horas anteriores a la consulta. Algunos médicos le prescribirán por teléfono algo para aliviar la vaginitis. En esta situación pueden ser útiles los medicamentos de usos múltiples (AVC, cremas de Sultrin), o específicos contra las levaduras (Mycostatin, Vanobid, Candeptin).

Qué esperar en el consultorio

El médico realizará un examen pélvico. Si sospecha una enfermedad venérea, es obligatorio un cultivo de las secreciones del cuello uterino. De lo contrario, algunas veces deseará examinar en el microscopio una muestra del flujo o someterla a cultivo. El tratamiento habitual consiste en óvulos o cremas. Si es probable una enfermedad venérea, aun remotamente, se prescribirán antibióticos (generalmente penicilina). En los casos graves de infecciones por hongos o tricomonas, pueden emplearse medicamentos de administración oral. La o las parejas sexuales también pueden necesitar tratamiento.

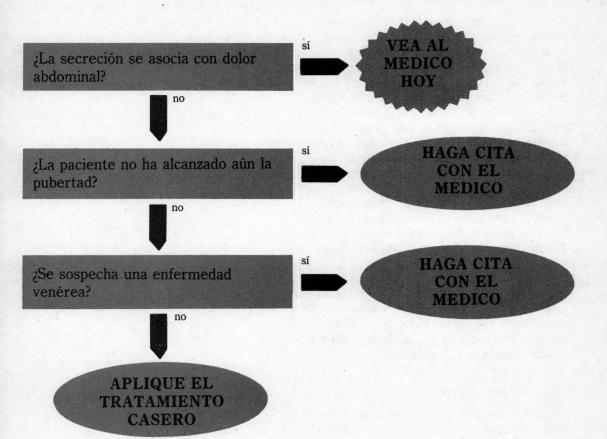

¿La secreción se asocia con dolor abdominal? — **sí** → **VEA AL MEDICO HOY**

no

¿La paciente no ha alcanzado aún la pubertad? — **sí** → **HAGA CITA CON EL MEDICO**

no

¿Se sospecha una enfermedad venérea? — **sí** → **HAGA CITA CON EL MEDICO**

no

APLIQUE EL TRATAMIENTO CASERO

94

Sangrado entre períodos

El intervalo entre dos períodos menstruales casi siempre se mantiene libre de sangrado, incluso de goteo. Sin embargo, muchas mujeres padecen un sangrado intermenstrual, aun en ausencia de una enfermedad grave. Las que llevan colocado un dispositivo intrauterino (DIU) como recurso contraceptivo son particularmente propensas a sufrir cierto sangrado ocasional. Cuando la anomalía es leve y sólo se presenta de vez en cuando, puede pasarse por alto. Sin embargo, la primera manifestación de algunas enfermedades graves, como cáncer y un embarazo anormal, es este síntoma. Por tanto, si la hemorragia intermenstrual es abundante o se repite durante tres meses consecutivos, la paciente debe acudir a su médico. A menudo, la detección de una enfermedad grave es más fácil cuando la hemorragia *no* es activa. El ginecólogo o el médico familiar son un recurso mejor que la sala de urgencias. El médico debe hacerse cargo de cualquier sangrado que ocurra después de la menopausia.

Tratamiento casero

Relájese y use toallas sanitarias o tampones. Evite el empleo de aspirina en lo posible; en teoría, este fármaco puede prolongar la hemorragia. Ante cualquier duda sobre el efecto de otros medicamentos, consulte a su médico.

La relación entre los tampones y el síndrome de choque tóxico es un tema de controversia médica, pero muchos profesionales opinan que dejarlos demasiado tiempo en la vagina incrementa el riesgo de este problema. Los tampones deben cambiarse con regularidad, cuando menos dos veces al día. La usuaria siempre debe cerciorarse de que los ha extraído: es sorprendente el gran número de mujeres que a veces olvidan que los tienen colocados. No opinamos que los tampones deban evitarse, pero creemos que deben utilizarse con cuidado.

Qué esperar en el consultorio

Debe esperar que el médico le haga algunas preguntas de tipo personal, un examen pélvico y una prueba de Papanicolau. Si el sangrado es activo, quizá se aplace tanto el examen pélvico como el frotis de Papanicolau, pero no más de unas semanas.

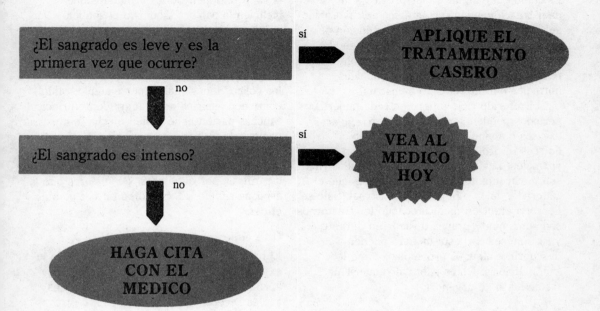

¿El sangrado es leve y es la primera vez que ocurre?

sí → APLIQUE EL TRATAMIENTO CASERO

no ↓

¿El sangrado es intenso?

sí → VEA AL MEDICO HOY

no ↓

HAGA CITA CON EL MEDICO

95 Menstruaciones difíciles

Es común que algunos días previos a la menstruación se sufran cambios desfavorables del estado de ánimo, así como retención de líquidos. Aunque exasperantes y a menudo difíciles de tratar, estos problemas son el resultado de las variaciones hormonales normales durante el ciclo menstrual.

El referido ciclo difiere en cada mujer. Los períodos pueden ser regulares o irregulares, escasos o abundantes, dolorosos o no dolorosos, prolongados o breves, y aun así ser normales. Las variaciones del ciclo menstrual son médicamente menos importantes que el sangrado, dolor o flujo intermenstrual. Sólo se necesita atención médica cuando los trastornos son sumamente graves o recurren durante varios meses. De esta manera pueden descubrirse algunos problemas, como la endometriosis. No es habitual requerir un tratamiento de urgencia.

Tratamiento casero

En nuestra opinión, los diuréticos y las hormonas no se deben indicar en estos casos. Como hemos aseverado en otras secciones de este libro, preferimos lo sencillo y natural a lo complejo y artificial. Después de un tratamiento hormonal, con demasiada frecuencia hemos observado cambios del estado de ánimo que son peores que la tensión premenstrual, así como pérdida de potasio, artritis gotosa y farmacodependencia psicológica con respecto a los diuréticos.

La sal tiende a retener los líquidos en los tejidos y provocar edema. El diurético más natural consiste en reducir la ingestión de sal. En Estados Unidos, una dieta habitual contiene una cantidad de sal diez veces mayor de la necesaria; muchas autoridades médicas consideran que esta situación es una de las causas de los elevados índices de hipertensión arterial y arteriosclerosis. Pese al empeño que usted ponga en eliminar la sal de su dieta, ingerirá una cantidad más que suficiente. Si logra suprimir parte de la sal, quizá disminuya el edema y la retención de líquidos. Si encuentra insípidos los alimentos sin sal, trate de reemplazarla con jugo de limón. También puede recurrir a los sustitutos comerciales de la sal. Contienen sal los productos que incluyen la palabra «sodio» o el símbolo «Na» en cualquier parte de la lista de ingredientes.

Para aliviar los cólicos menstruales tome ibuprofén (Advil, Nuprin) o aspirina. Los preparados que se anuncian como ideados para los cólicos menstruales (por ejemplo, Midol) contienen aspirina como ingrediente principal. Muchas pacientes le tienen mucha fe a estos compuestos y eso está muy bien, si no les importa pagar un sobreprecio. Sin embargo, nosotros no comprendemos, sobre bases científicas, por qué deben ser mejores que la aspirina simple. El ibuprofén tal vez es más eficaz.

Qué esperar en el consultorio

El médico le ofrecerá consejo. A menudo le extenderá una prescripción de diuréticos u hormonas. Contra los cólicos menstruales suelen recetar ibuprofén (Motrin) u otro inhibidor de las prostaglandinas; observe que el ibuprofén también se presenta en dosis menores (Advil, Nuprin) en venta libre. El examen pélvico no suele aportar información importante, por lo que a veces no se lleva a cabo; sin embargo, debe realizarse durante la fase premenstrual del ciclo menstrual si se sospecha endometriosis. En los casos de hemorragia abundante, puede necesitarse dilatación y raspado (un «D y R»). No procede practicar histerectomía sólo por este síntoma. Si se descubre un tumor, en ocasiones se necesitará una intervención quirúrgica, pero el tumor «fibroide» común suele dejar de crecer por sí solo, con lo que tal vez no se necesite cirugía. Estos tumores casi siempre son de lento crecimiento y dejan de desarrollarse en la menopausia, por lo que se puede prescindir de la operación con sólo esperar. No obstante, a menudo está indicada la cirugía si el frotis de Papanicolau es positivo.

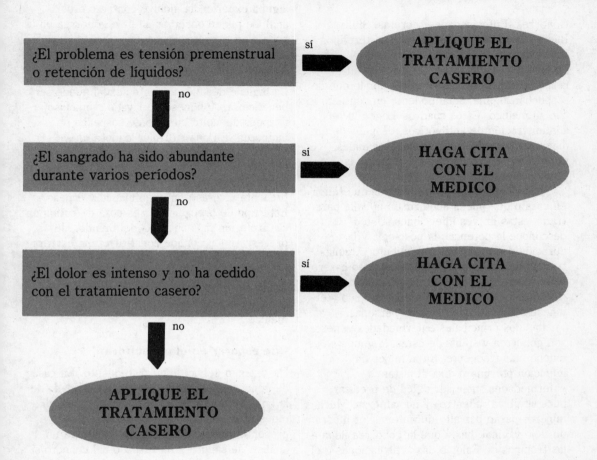

¿El problema es tensión premenstrual o retención de líquidos? — sí → **APLIQUE EL TRATAMIENTO CASERO**

no ↓

¿El sangrado ha sido abundante durante varios períodos? — sí → **HAGA CITA CON EL MEDICO**

no ↓

¿El dolor es intenso y no ha cedido con el tratamiento casero? — sí → **HAGA CITA CON EL MEDICO**

no ↓

APLIQUE EL TRATAMIENTO CASERO

96 Posible enfermedad venérea en la mujer

Gonorrea. Enfermedades secretas. Sífilis. Lúes. Chancro. Ulceras. Estos son términos empleados para designar diferentes enfermedades venéreas. Ninguna de ellas responde al tratamiento casero, por lo que de sospechar alguna, debe ponerse en contacto con su médico. Estos cuadros exigen la administración de antibióticos, después de un diagnóstico exacto, y las parejas sexuales también deben tratarse para prevenir la propagación de la enfermedad.

No intente usar los antibióticos que tenga en casa o que pueda adquirir en la calle para tratar estas graves infecciones. Usted desconoce la potencia, la posología y la duración necesaria del tratamiento. Algunas tragedias causadas por un tratamiento casero inadecuado incluyen esterilidad, infección cardiaca, muerte por embarazo ectópico y el innecesario contagio de otras personas.

Las dos principales enfermedades venéreas son gonorrea y sífilis; de éstas, la gonorrea es mucho más frecuente. En la mujer, la infección por una u otra de estas enfermedades suele ser difícil de precisar, pues se ubica «adentro» y no «afuera». Muchas mujeres pasan por alto durante varios meses un flujo vaginal, hasta que la gonorrea llega a las trompas de Falopio, las articulaciones o el torrente sanguíneo; además de peligrosa, provoca dolor. En la sífilis, el varón casi siempre comunica al médico la formación de una úlcera en el pene (problema 92); en la mujer, la úlcera a menudo pasa inadvertida. Una erupción cutánea inexplicada (en el cuerpo e incluso en las palmas de las manos y las plantas de los pies) aparece varias semanas después de la infección y denota la etapa secundaria de la enfermedad.

Otras molestias relacionadas con los órganos genitales, como las ladillas, piojos púbicos y tricomonas, pueden propagarse por medio de contacto sexual, pero más a menudo se transmiten por otras vías. No acuse irracionalmente a su pareja al descubrir que sufre uno de estos problemas. Sólo la gonorrea y la sífilis se transmiten invariablemente por contacto sexual. Cuando alguna experiencia incluye contacto oral o anal, se puede observar sífilis o gonorrea en la boca o en el recto.

Tratamiento casero

La higiene después del acto sexual puede ser beneficiosa. Aplíquese un lavado minucioso después del coito en caso de sospecha o inquietud. En una situación dudosa puede ser conveniente inspeccionar el pene a su pareja durante los momentos preliminares al encuentro sexual, a fin de comprobar si presenta úlceras o un flujo blanco y espeso. Este tipo de precauciones es cosa de rutina en «la profesión más antigua» del mundo. Un preservativo o condón constituye una barrera bastante eficaz para prevenir el contagio de enfermedades. Por tanto, el tratamiento casero es *preventivo*. Después de una infección evidente o posible, usted necesita a un médico.

Qué esperar en el consultorio

Un examen pélvico y un tratamiento. En caso de gonorrea, el médico tomará un exudado de la boca de la matriz; el cultivo derivado de la muestra puede ser positivo aunque no se presente un flujo anormal. Se practicará un análisis de sangre y un raspado del chancro si se sospecha sífilis. Muchas grandes ciudades cuentan con clínicas de enfermedades venéreas que proporcionan un excelente servicio a un costo muy bajo o sin costo.

Sus compañeros de cama *deben* tratarse, aunque no presenten síntomas, porque pueden diseminar la enfermedad, además de que pueden surgir complicaciones en ellos mismos. No se rehúse a proporcionar sus nombres; todo se tratará con la mayor discreción.

El tratamiento se efectúa mediante antibióticos, generalmente penicilina por vía intraparenteral. Asegúrese de indicar al

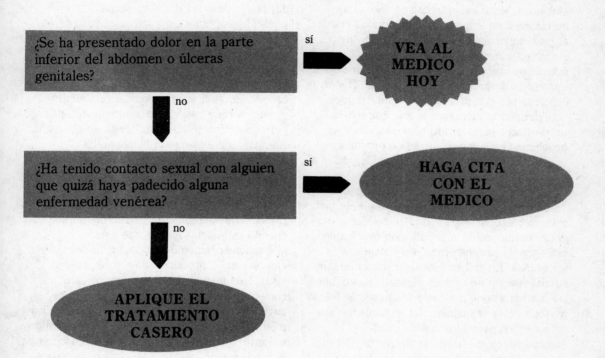

¿Se ha presentado dolor en la parte inferior del abdomen o úlceras genitales? — **sí** → **VEA AL MEDICO HOY**

no ↓

¿Ha tenido contacto sexual con alguien que quizá haya padecido alguna enfermedad venérea? — **sí** → **HAGA CITA CON EL MEDICO**

no ↓

APLIQUE EL TRATAMIENTO CASERO

médico si presenta alergia a este medicamento. El tratamiento con el programa recomendado por el servicio de salud pública de los Estados Unidos (U.S. Public Health Service) casi siempre es curativo, pero se puede volver a contraer la enfermedad unos días después. Esté alerta.

97 Menopausia

¿Una mujer puede *disfrutar* la menopausia? Margaret Mead en una ocasión dijo: «La fuerza creativa más grande del mundo reside en una mujer menopáusica con brío». Sin embargo muchas, si no casi todas las premenopáusicas, piensan que esa etapa será una época de problemas y desdichas. Hacer un esfuerzo por comprender los cambios que ocurren con la menopausia y lo que usted puede hacer para afrontar los posibles problemas es la mejor forma de minimizar el lado negativo de este cambio de vida. Quizá al hacer un balance, encuentre que la menopausia es una experiencia positiva.

La menopausia se produce porque de una manera relativamente súbita se reduce en grado considerable la producción ovárica de estrógeno y progesterona, las hormonas femeninas. En cambio, los ovarios continúan su elaboración de niveles bajos de andrógenos, las hormonas que ayudan a mantener la fuerza muscular y la sexualidad. La disminución de estrógeno provoca los cuatro cambios menopáusicos que suscitan mayor inquietud: cese de las reglas, bochornos, sequedad vaginal y osteoporosis.

Los períodos menstruales por lo regular se tornan más escasos e irregulares antes de desaparecer por completo; su final también significa el final de la fertilidad y, con ello, de la necesidad de usar el método contraceptivo que se haya elegido. Estos acontecimientos de la menopausia son los que más a menudo se consideran positivos.

Los bochornos —repentinas sensaciones de calor que generalmente persisten de dos a tres minutos— suelen ocurrir al anochecer, aunque pueden sobrevenir a cualquier hora del día; la cafeína y el alcohol pueden empeorarlos, y algunos médicos opinan que el ejercicio los disminuye. En la mayoría de las mujeres, estas alteraciones disminuyen su frecuencia gradualmente en unos dos años y a la larga desaparecen por completo.

Los estrógenos también son los encargados de estimular la producción de lubricantes vaginales naturales, de manera que su pérdida puede causar sequedad de la vagina; esta anomalía suele originar irritación y comezón, así como también cierta molestia durante y después del acto sexual.

La osteoporosis, o adelgazamiento de los huesos, que comienza con la menopausia, por lo regular no genera ningún síntoma durante varios años. Por desgracia, el primero a menudo es una fractura, y muchas veces de la cadera. Estas fracturas son especialmente graves porque casi siempre ocasionan un largo período de inactividad, un riesgo en sí mismo. Además, una vez que el hueso se ha adelgazado lo bastante para fracturarse con facilidad, es difícil o imposible invertir el proceso e incrementar la fuerza de los huesos.

Muchas mujeres también experimentan cambios inesperados del estado de ánimo. Aun cuando es lógico suponer que estas alteraciones también se relacionan con cambios en la producción de hormonas, el vínculo es menos claro que con los cambios recién mencionados. Aun más importante, parece haber una notable diferencia entre las modificaciones de ánimo que se experimentan durante la menopausia y los que se suscitan en la fase premenopáusica. Muchas personas (incluso hombres) esperan que la menopausia se caracterice por estados de infelicidad e ira que sobrevienen sin previo aviso y que son inevitables. De hecho, la literatura médica sugiere que los cambios del estado de ánimo no tienen que ser necesariamente desagradables, sino sólo inesperados. Por ejemplo, una sensación de insomnio a media noche puede ser inusitada, pero no molesta; sin embargo, puede suscitar cierta preocupación si no se entiende como una parte normal de la menopausia. Muchos expertos ahora opinan que la menopausia en sí no es una causa de depresión.

Tampoco se puede atribuir a la menopausia el envejecimiento ni el arrugamiento de la piel. La exposición al sol y el hábito de fumar son las influencias negativas más importantes para la salud de la piel.

Tratamiento casero

El mejor remedio contra los bochornos es que la paciente se mantenga fresca. Debe mantener su hogar y oficina frescos, vestir ropa ligera y beber agua en abundancia. Conviene mantener al mínimo el consumo tanto de alcohol como de cafeína, y cumplir un programa habitual de ejercicio. Como bochorno no es lo mismo que fiebre, no precisa tomar medicamentos como aspirina o acetaminofén.

Algunos lubricantes como las jaleas con base acuosa (Lubifax, K-Y), las cremas sin perfumar (Albolene), los aceites vegetales o multitud de otros preparados de venta libre (Lubrin), ofrecen alivio a la sequedad vaginal. Muchas mujeres observan también que la actividad sexual regular realmente disminuye la molestia que produce la cópula.

Para prevenir la osteoporosis es importante practicar ejercicio con regularidad e ingerir una cantidad adecuada de calcio en la dieta. Un régimen de gimnasia aeróbica (30 minutos diarios, cuatro días a la semana) es la base de un buen programa, pero todos los tipos de actividad —caminar, subir escaleras en vez de usar el elevador, etc.— ayudan a mantener la fortaleza de los huesos. La natación quizá no sea de mucha utilidad. En cambio, algunos estudios han demostrado que se puede bloquear casi por completo la pérdida usual de calcio en el transcurso de estos años si se realizan ejercicios en los que se sostienen pesas. Las recomendaciones actuales para las mujeres posmenopáusicas es que obtengan de 1200 a 1500 mg de calcio al día. Como esta cantidad es el equivalente a cuatro o cinco vasos de 300 ml de leche descremada, puede administrarse un suplemento de calcio si no se puede conseguir todo el calcio necesario mediante productos lácteos.

Por último, la mejor manera de encarar estos acontecimientos consiste en comprender y aceptar los cambios en el estado de ánimo.

Los bochornos, la sequedad vaginal y la osteoporosis se pueden tratar con estrógenos; esto exige la vigilancia de un médico y ciertas consideraciones de parte de la paciente antes de que solicite o admita el régimen hormonal.

Qué esperar en el consultorio

El médico entrevistará y examinará a la paciente para confirmar que los síntomas se asocian con la menopausia. La decisión principal será entonces emplear o no un tratamiento de reposición de estrógenos. La investigación actual sugiere que los medicamentos que sólo contienen estrógenos pueden incrementar el riesgo de cáncer uterino, de modo que deben combinarse con progesterona. Estas combinaciones parecen reducir el riesgo y pueden incluso proteger contra el peligro de este tipo de cáncer. Sin embargo, hay ciertos indicios de que esta combinación puede acrecentar las posibilidades de hipertensión arterial, cardiopatía y embolia y que existe una interacción con el hábito de fumar que las aumenta adicionalmente. Es indispensable analizar en forma cuidadosa estos riesgos con su médico antes de someterse a la reposición de estrógenos. Recuerde que esta medida no le devolverá la juventud ni impedirá que envejezca.

En general, opinamos que el tratamiento para reponer estrógenos debe emplearse para tratar los bochornos y la sequedad vaginal, sólo si han fracasado las medidas caseras y los problemas son particularmente molestos. Observe también que la sequedad vaginal puede combatirse con cremas u óvulos vaginales que contienen estrógenos. Esta es una medida efectiva y, como se absorbe sólo una cantidad muy pequeña de estas hormonas, parece ser una forma mucho más segura de usarlas que por la ingestión de tabletas.

97 Menopausia

La osteoporosis es una cuestión más importante por la naturaleza insidiosa de la enfermedad, ya que se manifiesta hasta que provoca un problema mayor, como una fractura. En la medida que las pruebas para detectar osteoporosis sean más avanzadas y aceptables, esperamos que se facilite identificar aquellas mujeres en las cuales no basten el ejercicio y una cantidad adecuada de calcio y en quienes debería usarse el tratamiento con estrógenos. Creemos que serán una pequeña minoría.

¿Tiene usted más de 42 años de edad? —**no**→ La menopausia generalmente ocurre entre las edades de 45 y 55 años, con un promedio de aproximadamente 49 años. Considere otro problema.

↓ **sí**

¿Presenta usted una o más de las siguientes anomalías?

a) Menstruaciones cada vez más escasas
b) Bochornos
c) Sequedad vaginal
d) Cambios inesperados del estado de ánimo

—**no**→ Considere otro problema.

↓ **sí**

APLIQUE EL TRATAMIENTO CASERO

98 Falta de períodos menstruales

Aun cuando en lo primero que se piensa cuando falta una regla es un embarazo, existen muchas razones para el retraso. La obesidad, las dietas de adelgazamiento exageradas, el ejercicio agotador y el estrés pueden ocasionar la falta o la irregularidad de las reglas, así como ciertas enfermedades —como el hipertiroidismo, que trastorna el equilibrio hormonal del cuerpo—, pero con menor frecuencia. Y, desde luego, cabe mencionar que la menopausia significa el fin de los períodos menstruales y que es usual que se tornen irregulares antes de cesar por completo.

En la última década, las pruebas de embarazo se han vuelto más rápidas, fáciles y sensibles. Ahora se dispone de estuches caseros que proporcionan un grado razonable de exactitud y pueden revelar un resultado positivo al cabo de apenas dos semanas del período faltante. La más avanzada prueba de laboratorio que su médico aplique puede tornarse positiva unos pocos días después del supuesto comienzo de la menstruación. En ambos casos, el resultado negativo es menos seguro cuando la prueba se realiza al poco tiempo de percibirse la ausencia de regla; por tanto, después de un resultado negativo, se acostumbra repetir la prueba si no se reanuda el ciclo menstrual. Como un resultado positivo es menos susceptible de ser erróneo que uno negativo, se ha establecido la norma de aceptar una prueba positiva, pero no confiar en la negativa hasta haberla repetido por lo menos una vez.

Dos condiciones opuestas, la obesidad y la inanición, suelen propiciar menstruaciones irregulares. Si uno de estos estados es grave y persistente, puede ocasionar la interrupción absoluta de las reglas. En el otro extremo del espectro de salud, las mujeres sometidas a un riguroso entrenamiento deportivo con frecuencia presentan menstruaciones irregulares. La falta de períodos en sí no perjudica a la atleta, pero ahora surgirá la duda si el desequilibrio hormonal que la causa también puede conducir a la descalcificación de los huesos. En la actualidad, no es posible determinar si esto plantea un auténtico riesgo a las mujeres atletas.

El estrés emocional, lo mismo que el físico, puede tener como resultado la irregularidad de las menstruaciones. De hecho, la ansiedad que crea un posible embarazo puede producir la ausencia de una regla, lo que a su vez intensifica la ansiedad.

Si usted ha llegado a la edad en que es posible la menopausia, entonces este inevitable acontecimiento deberá ascender al primer lugar de la lista de posibles causas de falta de períodos; si es así, quizá haya experimentado algún otro de los síntomas de la menopausia. Las menstruaciones también pueden regularizarse durante un lapso considerable antes de cesar por completo. (Véase problema 97.)

Tratamiento casero

En este caso, el tratamiento casero consiste en darse usted misma el tiempo suficiente para considerar las diversas causas de los períodos perdidos. Puede hacer algo para combatir la obesidad, como se expone en el capítulo 1. Si está sometida a una dieta que la orille a un adelgazamiento extremo quizá padezca una enfermedad denominada anorexia nerviosa, por lo que deberá consultar a un médico o un psicoterapeuta. Si pretende continuar su ejercicio intenso, es necesario que se mantenga informada de los posibles efectos nocivos de un desequilibrio hormonal asociado con la falta de períodos menstruales. Por último, al estar enterada de que el estrés emocional puede conducir a ausencia de menstruaciones, al menos podrá centrar su atención en la causa del estrés, más que en el síntoma.

Si está convencida de que no hay explicación satisfactoria para la falta de la regla o se siente imposibilitada para elaborar

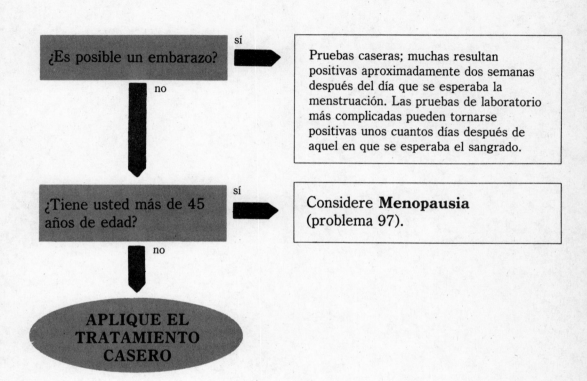

¿Es posible un embarazo?

sí

Pruebas caseras; muchas resultan positivas aproximadamente dos semanas después del día que se esperaba la menstruación. Las pruebas de laboratorio más complicadas pueden tornarse positivas unos cuantos días después de aquel en que se esperaba el sangrado.

no

¿Tiene usted más de 45 años de edad?

sí

Considere **Menopausia** (problema 97).

no

APLIQUE EL TRATAMIENTO CASERO

un plan con el que usted misma afronte la causa, un telefonema a su médico debe producirle los consejos que requiera.

Qué esperar en el consultorio

Como es relativamente raro que alguna enfermedad origine la falta de una regla, la mayoría de los médicos no se apresurará a someter a la paciente a una serie de estudios que tienda a detectar estados patológicos. El médico considerará las causas comunes de la anomalía, descritas en los párrafos anteriores; la mejor manera de hacerlo es mediante una cuidadosa historia clínica y un examen físico pormenorizado. Si la única posibilidad inminente es un embarazo, el médico turnará al laboratorio a la paciente para que se someta a la prueba adecuada, sin necesidad de que acuda al consultorio.

Q Infecciones genitales por herpes

Las infecciones de los genitales por herpes (herpes progenital) tienen gran probabilidad de ocupar un sitio singular en la medicina, al clasificarse como la primera enfermedad venérea de índole popular; ciertamente, es la única enfermedad venérea que cuenta con su propia agrupación de miembros y con un boletín y un servicio telefónico. Como se estima que 20 millones de estadounidenses sufren problemas recurrentes de herpes, son excelentes las perspectivas de que aumente el número de miembros de la citada asociación.

Existen dos tipos de virus del herpes simple; el tipo 2 causa la mayoría de las infecciones genitales, pero también pueden deberse al tipo 1, sobre todo en los niños. El herpes de tipo 1 es el causante de las lesiones denominadas herpes labial y vesículas febriles de labios y boca (véase **Lesiones de boca**, problema 31); en tanto que las infecciones del tipo 1 se propagan generalmente por medio de besos y otros contactos similares, las del tipo 2 casi siempre se transmiten por contacto sexual. El virus fija residencia permanente en cerca del 35 % de las personas que infecta, mientras continúa con recidivas de las dolorosas vesículas de color rojo. Otras enfermedades, traumatismos o estrés emocional pueden desencadenar estas recurrencias. Las vesículas suelen persistir de cinco a diez días.

El herpes es más contagioso durante y justo antes del período en que se presentan las vesículas. Muchas personas que padecen herpes recurrentes pueden pronosticar con uno o dos días de anticipación la ocurrencia de otros brotes; perciben una sensación de comezón u hormigueo denominado *pródromo*. La clave para prevenir el contagio de herpes consiste en evitar contactos sexuales en presencia del pródromo o de las vesículas. Los preservativos quizá proporcionen cierta protección contra la transmisión de la enfermedad, pero puede ser doloroso si hay úlceras, y la protección no es completa.

No hay ningún fármaco que cure el herpes, pero la pomada de aciclovir (Zovirax) puede conseguir que un ataque inicial ceda en 10 a 12 días, en vez de persistir 14 a 16 días si no se aplica ningún tratamiento. Los ataques recurrentes parecen ofrecer resistencia a la pomada. El aciclovir por vía oral también acelera la resolución de los ataques iniciales, pero es algo menos eficaz en las recidivas; aun así reduce el número y la gravedad de las recurrencias si se ingiere continuamente, pero los

361

ataques resurgen cuando se suspende el fármaco, a veces con mayor intensidad que antes. El aciclovir de administración oral se asocia con muchos efectos secundarios que incluyen náuseas, vómitos, diarrea, mareos, dolor articular, erupciones y fiebre. No se ha establecido la seguridad a largo plazo de este medicamento.

Las vesículas dolorosas, enrojecidas y agrupadas del herpes rara vez se confunden con la ulceración no dolorosa y poco profunda (chancro) que tiene la sífilis como signo inicial. Sin embargo, de tener dudas acerca del problema que afronta, no debe suponer que es herpes. Quizá sea necesario llamar a su médico o hacerle una visita.

Varios estudios han indicado que las infecciones por herpes se asocian con cáncer de cuello uterino, pero no se sabe si el herpes contribuye a causarlo. Si una mujer padece infecciones recurrentes de herpes, tendrá un motivo adicional para practicarse un Papanicolau; sin embargo, deberá someterse a esa prueba de cualquier manera. Por ahora no se sabe si la presencia de herpes indica la necesidad de realizarse frotis de Papanicolau con mayor frecuencia.

TRATAMIENTO CASERO

La dolorosa verdad es que el tratamiento del herpes consiste primordialmente en «sonreír y tolerarlo». Se han probado varios remedios, como la loción de calamina, alcohol y éter, que proporcionan cierto alivio en algunos casos, sin que ninguno haya resultado notablemente eficaz. Un baño caliente de tina durante cinco o diez minutos puede inactivar el virus y parece acelerar la resolución del problema. Nosotros opinamos que lo más importante debe ser la prevención del contagio del herpes, como se ha indicado en párrafos anteriores.

Algunas personas creen que puede ser útil disminuir el estrés y la ansiedad. Este es uno de los métodos propuestos por HELP, un programa de la American Social Health Association (asociación estadounidense de salud social) que brinda apoyo personal a los pacientes con herpes. Quizás a usted le interese comunicarse con este organismo a la dirección siguiente: P. O. Box 100, Palo Alto, California 94302, E.U.A.

Si el problema persiste más de dos semanas o usted no está seguro del diagnóstico, comuníquese con su médico o acuda a su consultorio.

QUE ESPERAR EN EL CONSULTORIO

La historia clínica se centrará en las recurrencias, la posible exposición al herpes y otras enfermedades venéreas, y cómo aparecieron las vesículas. En ocasiones se procederá a estudiar en el microscopio la muestra raspada del fondo de la vesícula, pero esto generalmente no es necesario. Si se diagnostica herpes, el tratamiento del primer acceso quizá incluya una pomada de aciclovir. Si se presentan brotes recurrentes, el cuadro deberá ser lo bastante grave para justificar los riesgos asociados con la administración oral de aciclovir, los cuales se habrán considerado antes de prescribir este fármaco.

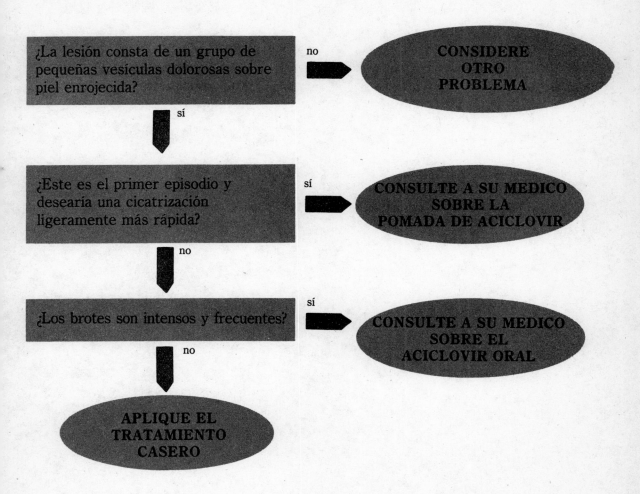

¿La lesión consta de un grupo de pequeñas vesículas dolorosas sobre piel enrojecida?

no → **CONSIDERE OTRO PROBLEMA**

sí ↓

¿Este es el primer episodio y desearía una cicatrización ligeramente más rápida?

sí → **CONSULTE A SU MEDICO SOBRE LA POMADA DE ACICLOVIR**

no ↓

¿Los brotes son intensos y frecuentes?

sí → **CONSULTE A SU MEDICO SOBRE EL ACICLOVIR ORAL**

no ↓

APLIQUE EL TRATAMIENTO CASERO

R Contracepción

Toda mujer debe tomar la decisión de abstenerse de la actividad sexual, tener hijos o usar una técnica contraceptiva. Idealmente la pareja masculina participa en esta decisión, pero debido a un peculiar fenómeno de la naturaleza, no participa en las consecuencias más directas. Este capítulo se ocupa de las consideraciones *médicas* que influyen en la toma de decisiones relacionadas con la contracepción y el embarazo. Estas decisiones tienen un efecto importante en su salud, tanto directa como indirectamente, ya sea usted hombre o mujer. Directamente, porque el embarazo y todas las formas de contracepción entrañan un riesgo innegable. Indirectamente, porque la amenaza contra la salud de una población siempre en aumento es igualmente real.

Pocas mujeres seguirán el mismo curso de acción durante todos sus años de fertilidad. La abstención será una opción razonable para sólo unas cuantas; la mayoría no la considera una sugerencia práctica ni sana. Casi todas las mujeres emplean alguna forma de contracepción, salvo durante ciertos períodos: cuando intentan embarazarse, o cuando planean tener una vida sexual activa. Si la pareja está convencida de que no desea tener más hijos, los métodos más seguros para lograr su fin son la ligadura de trompas o la vasectomía. He aquí la descripción breve de las formas más populares de contracepción:

- *Contraceptivos orales*. Las píldoras contraceptivas contienen hormonas para prevenir el embarazo y es preciso tomarlas diariamente. Con las debidas precauciones, estos fármacos son muy eficaces en la prevención de embarazos. Sin embargo, pueden generar coágulos de sangre, los cuales en ocasiones han sido de efecto mortal; pueden contribuir a la hipertensión arterial, y favorecen otros efectos secundarios menos peligrosos, pero molestos, como aumento de peso corporal, náuseas, retención de líquidos, migraña, sangrado vaginal e infecciones de la vagina por levaduras.
- *Dispositivo intrauterino (DIU)*. El médico inserta este dispositivo en el útero y permanece allí hasta que es extraído o expulsado. De ocurrir lo segundo en forma inadvertida, seguramente comenzará el estado de gravidez. Este artefacto también puede ocasionar sangrado y cólicos; en raras circunstancias, se ha asociado con infecciones graves del útero, si bien se ha retirado del mercado el tipo de artefactos (Dalkon Shield) que producían más a menudo dichos cuadros.
- *Diafragma*. El diafragma es una membrana de goma que se coloca sobre el orificio del útero en la vagina. Debe colocarse antes del acto sexual y conservarse en su sitio varias horas después de consumado. Los diafragmas

365

carecen de efectos secundarios y de complicaciones. Resultan más eficaces si se usan con una espuma o jalea contraceptiva.

• *Espumas, jaleas y óvulos contraceptivos.* Estos productos contienen sustancias químicas que exterminan o inmovilizan los espermatozoides. Antes se aplicaban solos, pero ahora casi siempre se emplean junto con un diafragma. Son poco frecuentes los efectos secundarios, que consisten en cierta irritación de las paredes vaginales. La acción de estos productos sólo perdura alrededor de 60 minutos; muchas personas los consideran incómodos o poco pulcros.

• *Preservativos.* Estos artefactos actualmente disfrutan de un resurgimiento de popularidad. Empleados correctamente, previenen el embarazo en el 90 % de los casos. Carecen de efectos secundarios, su costo es bajo y se consiguen casi en cualquier sitio. También ofrecen cierta protección contra las enfermedades venéreas. Sin embargo, parece ser un problema acordarse de usarlos y causan cierta pérdida de sensibilidad en el hombre.

• *El ritmo.* Se evita el contacto sexual cuando se espera la ovulación. Este método se presta cuando se tienen menstruaciones bastante regulares; exige la disposición de la mujer de tomarse la temperatura diariamente a fin de predecir el día de la ovulación. En las mejores circunstancias, este método sólo es moderadamente eficaz. Algunas técnicas de «planeación familiar natural» que se difunden actualmente se basan en la determinación frecuente del pH del moco cervical y resultan algo más eficaces que el ritmo, pero requieren parejas con un alto grado de motivación.

• *Coito interrumpido.* En este método, el hombre retira el pene de la vagina inmediatamente antes de la eyaculación. Como las secreciones que se emiten *antes* de producirse la eyaculación contienen algunos espermatozoides, y como es una maniobra sumamente difícil retirar el pene en el momento justo, este método reduce las probabilidades de un embarazo al disminuir el número de espermatozoides depositados en la vagina, pero a menudo se fracasa en el intento.

• *Ducha vaginal.* El lavado con una ducha vaginal después de la cópula también reduce el número de espermatozoides depositados en la vagina y, por tanto, aminora hasta cierto punto la probabilidad de un embarazo.

La tabla R.1 presenta el riesgo relativo de embarazo durante el coito sin ninguna protección y cuando se emplean las formas más populares de contracepción. La tabla R.2 indica el peligro de muerte por embarazo o por el empleo de contraceptivos como cifras promedio. La tabla R.3 toma en consideración los riesgos cambiantes que se asocian con la edad al obtener el total de riesgo correspondiente al período que comprende desde los 30 años hasta el fin de los años de fertilidad.

A partir de estas tablas, se ponen en claro varios hechos:

• El coito sin protección es, con mucho, la opción más peligrosa.
• Las técnicas menos peligrosas para la mujer exigen la disponibilidad del aborto o entrañan la esterilización.
• A excepción de los contraceptivos orales, el riesgo de cada técnica contraceptiva depende principalmente de la probabilidad de embarazo.
• Existe una diferencia considerable de riesgo entre «usado correctamente» y «experiencia promedio». Es de suma importancia hacer uso correcto de cualquier método.

TABLA R.1
Embarazos esperados

Número de embarazos anuales por cada 100 mujeres que usan métodos contraceptivos. (El grupo de «experiencia promedio» incluye a las mujeres que usaban el método de manera inconstante o incorrecta.)

	Usado correctamente	Experiencia promedio
Píldoras contraceptivas	0.340	4 a 10
Preservativos y espuma	1	5
DIU	1 a 3	5
Preservativo	3	10
Diafragma y espuma	3	17
Espuma	3	22
Coito interrumpido	9	20 a 25
Ritmo	13	21
Ninguna protección	90	90
Ducha vaginal	?	40

Fuente: Robert A. Hatcher, *et al.*, *Contraceptive Technology*, 1976-1977 (Nueva York, Irvington, 1976), página 676. Reproducido con autorización.

TABLA R.2
Riesgos de embarazo comparados con los de los contraceptivos

	Tasa de mortalidad anual por cada 100 000 mujeres
Embarazo	16
Diafragma o preservativo (mortalidad debida a que se embarazó el 20 %)	3
Coito sin protección y aborto	2.6
Usuarias de contraceptivos orales	0.3 a 3
DIU	1.0
Diafragma o preservativo y aborto en caso de embarazo	0.6

Fuente: Adaptado de Robert A. Hatcher, *et al.*, *Contraceptive Technology*, 1976-1977, página 676. Reproducido con autorización.

En lo concerniente a la salud, parece indudable que la pareja debe considerar las formas «mecánicas» de contracepción (DIU, preservativo, diafragma con espuma) y cerciorarse de su acceso a los recursos que interrumpen un embarazo no deseado. Sin embargo, algunas personas simplemente consideran inaceptables los métodos mecánicos. También se pueden tener objeciones éticas o religiosas respecto al aborto, e incluso a la contracepción. El objetivo del presente capítulo no es promover ningún método en particular, sino poder asegurar a los lectores que su decisión se

367

Seguridad de las opciones de la planeación familiar para las mujeres que inician el control de natalidad a los 30 años de edad	Método de control de la natalidad	Muertes acumulativas relacionadas con la reproducción de la edad de 30 años hasta el final de los años de fertilidad (muertes por cada 100 000 mujeres)
	Ninguno	245
	Solamente aborto	92
	Contraceptivos orales hasta el final de los años de fertilidad *	188
	Contraceptivos orales hasta la edad de 40 años, seguidos por el uso de diafragma o preservativos	80
	Dispositivo intrauterino	22
	Diafragma o preservativo	55
	Diafragma o preservativo con aborto legal como apoyo	14
	Esterilización tubárica	10 a 20
	Vasectomía (riesgo para el hombre) **	0

* Los contraceptivos orales generalmente no se recomiendan a las mujeres mayores de cuarenta años.
** Estudios recientes en animales sugieren que la vasectomía podría contribuir a la arteriosclerosis (endurecimiento de las arterias), pero su importancia en el hombre, si acaso tiene alguna, se desconoce. C. Tietze, J. Bongaarts, B. Shearer, *Mortality Associated with the Control of Fertility*, (Family Planning Perspectives, vol. 8, 1976), páginas 6-14.

basará en un conocimiento completo de las opciones. Arriesgar la salud a ciegas es en verdad una elección trágica.

Usted puede aceptar un riesgo mayor para la salud por los mejores motivos: los suyos propios. La contracepción es una de las decisiones más intensamente personales y todos los demás debemos respetar su determinación. Idealmente, su opción depende de su modo de sentir y del de su pareja.

Por desgracia, las consecuencias de la gestación llegan mucho más allá que los límites de la familia inmediata. El medio ambiente y el nivel de vida ejercen una importante influencia en la salud, sobrepasando con mucho la contribución de la asistencia médica. Las demandas que hace una población en constante aumento en una dotación siempre decreciente de recursos, afecta adversamente el medio ambiente y la economía. Es poco factible que los adelantos de la ciencia médica puedan contrarrestar estos efectos desfavorables. Es más probable que los factores económicos y ambientales agobien los efectos protectores de un estilo de vida beneficioso. La fertilidad desenfrenada se asocia con trascendentales problemas sociales.

En 1900, los Estados Unidos tenían 76 millones de habitantes; en 1950 esta cifra ascendía a 152 millones. Hoy día es aproximadamente de 240 millones. La oficina de censo estima que en el año 2000 podría ser de 287 millones de habitantes. El intento de crear más empleos, edificar más viviendas y producir más alimentos inevitablemente consume recursos y origina despilfarros. Todo esto nos acerca a la que bien pudiera ser la última crisis: demasiada gente, escasos recursos, exceso de contaminación. A diferencia de algunos países en vías de desarrollo, los Estados Unidos jamás han tenido que establecer una política nacional relacionada con el control de la población. Nos parece evidente que sería ventajoso que cada uno de nosotros considerara este asunto seriamente, antes de que se reduzcan las opciones y nuestra crisis resulte imposible de resolver.

En curioso contraste con el control de la población, los métodos contraceptivos siempre han sido un tema público. No sólo han sido ilegales ciertos métodos específicos, sino que hasta hace poco tiempo no se permitía ofrecer información sobre el control de la natalidad en algunos estados de Estados Unidos. Una vez más, nuestro propósito aquí no consiste en abogar en favor o en contra de cualquier método, ni mucho menos cuestionar los aspectos éticos o morales de la contracepción; sin embargo, desde el punto de vista de la salud pública, consideramos perjudicial la prohibición del uso y difusión de los métodos contraceptivos. Así, en el debate actual sobre el aborto es necesario considerar que este procedimiento (empleado sólo después de fracasar un programa de contracepción primaria) forma parte del enfoque más seguro del control de la natalidad. Aun cuando usted en lo personal se oponga al aborto y a la contracepción, no debe tomarse a la ligera el hecho de que usted defienda que una de cada dos mujeres debe aceptar un riesgo mayor a su salud.

S Problemas sexuales

El sexo es un terreno donde todos experimentamos cierta inseguridad. Cada individuo abriga ansiedades y temores; todos creemos que nuestros amigos y colegas se hallan libres de estos problemas. No hay expertos personales en lo relativo al sexo. Ninguna experiencia personal puede constituir al mismo tiempo una amplia muestra de las diferencias individuales y sondear las profundidades de una relación muy íntima y largamente establecida. Como cada quien conoce sus propias actividades, y en gran parte imagina lo que hacen los demás, abundan los mitos.

Cada generación y casi todos los individuos descubren de nuevo el gozo de una buena experiencia sexual. En un perverso juego entre generaciones, diversas normas contradictorias se proponen dogmáticamente sobre la forma de llevar las relaciones entre los sexos. Se lanzan acusaciones, se crean ansiedades y se altera la salud.

El meollo del sexo es el bienestar. Sin embargo, esto va más allá de las sensaciones físicas placenteras que produce la estimulación sexual. La sensación de bienestar con respecto a uno mismo, a su pareja y a la intimidad son indispensables para que el sexo alcance sus niveles máximos de satisfacción y de placer. Varios factores pueden impedir dichas sensaciones; sólo una minoría de ellas se relaciona con la función sexual en sí. La ansiedad o la depresión por cualquier causa pueden ocasionar problemas sexuales. Las actitudes hacia el sexo crean problemas, casi siempre de manera innecesaria. En especial nos inquieta el naciente concepto de que la pareja sexual debe ser una máquina de orgasmos, un mayor interés en la técnica que en los sentimientos, de modo que se despersonaliza la relación de la pareja.

La ansiedad acerca del sexo, sobre todo en la etapa de aprendizaje, debe considerarse normal simplemente porque es un fenómeno universal. Esta ansiedad ha surgido por los dos principales enfoques contemporáneos del sexo. El primero lo considera algo indigno de mencionarse. Surgen fantasías moralistas. Una característica de la mente humana es que no se pueden suprimir las fantasías pensando en ellas. Si usted evita los sentimientos de culpa con respecto a sus fantasías, fomentará su salud sexual.

La *virilidad* es otro mito importante. A menudo observamos pacientes que

371

temen que sus prácticas sexuales sean muy frecuentes o poco frecuentes. Este problema se deriva en parte de la publicación de cifras promedio obtenidas de encuestas sexuales en gran escala. Quienes descubren que sus hábitos se apartan de los promedios a menudo se preocupan. Relájese. Puede ser ocho veces al día u ocho veces al año. La única norma que vale la pena recordar es que en la frecuencia de las prácticas sexuales una relación estable debe ser un convenio práctico entre los deseos de ambos integrantes de la pareja.

Otro terreno que ocasiona ansiedad es el *equipo sexual*. Los hombres se preocupan acerca de las dimensiones de su pene. Las mujeres se afligen porque sus senos son demasiado grandes o demasiado pequeños y sus piernas muy gruesas o muy delgadas. Los hombres se acongojan por no tener vello en el pecho o por tener demasiado. A las mujeres les inquieta la idea de que su cabello no enmarque correctamente su rostro, tener vellos alrededor de los pezones o que su figura en conjunto sea demasiado deforme, carente de gracia o vulgar. Poco valen la pena estas preocupaciones.

Algunos individuos son más atractivos que otros. En la dimensión de la sensualidad, algunos son más sensuales que sus congéneres. Sin embargo, la gama de preferencias abarca de lo gordo a lo flaco. Usted le gusta a alguien exactamente como es. A los hombres les puede atraer una mujer corpulenta o delgada que sepa lucir su ropa. Las mujeres pueden emocionarse con unos hombros muy anchos o un gesto amable. Ya sea que todos estos asuntos se deban a un adoctrinamiento cultural o a diferencias innatas entre un sujeto y otro, el resultado es el mismo. Por lo regular, ¡el equipo sexual es lo menos importante del problema! Si usted teme no haber sido creado como uno de los seres más atractivos para el sexo opuesto, descubrirá que puede disminuir este inconveniente con manifestaciones de calor, afecto y humanidad. En lo sexual es más importante el *sentimiento* mutuo que se tiene la pareja que la *sensación* física que se produce la pareja.

El hombre a menudo se preocupa innecesariamente de las dimensiones de su pene. De hecho, es poca la diferencia de tamaño del pene erecto entre los hombres, si bien varía en grado significativo cuando se encuentra en estado de reposo. Además, el conducto vaginal —que se se adapta al parto— llega a ser mucho más amplio que el pene de mayor grosor. El tamaño y la rigidez del pene de un mismo hombre varía en diferentes ocasiones; algunos factores que afectan sus dimensiones en erección son físicos —por ejemplo, el intervalo entre dos cópulas— y otros son psicológicos. La impotencia rara vez se debe a enfermedad de los genitales, los nervios o los vasos sanguíneos. Ningún hombre tiene la misma potencia siempre, y todos son impotentes en alguna ocasión. La impotencia crónica implica ansiedad crónica, al menos complicada parcialmente por la preocupación que ocasiona esa impotencia.

La *eyaculación precoz,* aunque físicamente opuesta a la impotencia, tiene la misma causa. Una vez más, la solución estriba en la relajación. Existen otros auxiliares potenciales; un firme pellizco en la punta del pene retrasa la eyaculación y, por lo general, los preservativos disminuyen la sensibilidad del hombre, provocando el mismo efecto. Rara vez se necesitan estas medidas en más de unas pocas ocasiones.

El *orgasmo femenino* es el femómeno sexual sobre el que más se ha escrito en los últimos años. El tema se ha vinculado inseparablemente con aspectos del movimiento de liberación femenina. Se ha señalado que algunas mujeres tienen múltiples orgasmos durante el mismo coito, y que la igualdad de orgasmos es el requisito principal de la igualdad sexual. En cambio, se ha observado que un crecido número de mujeres no tienen orgasmos con regularidad. El mito que acompaña a este hecho es que dichas mujeres son algo anormales; de hecho, las que manifiestan haber gozado de una experiencia sexual profunda y satisfactoria durante muchos años aclaran que no han tenido orgasmos frecuentes en este lapso. Si usted permite que otras personas le indiquen lo que debe hacer y luego admite sentimientos de culpa por no satisfacer «normas» falsas, en efecto fomenta estos mitos. De todo el quehacer humano, las actividades sexuales, más que cualesquiera otras, deben ser regidas por el individuo, conforme a su propio paso y estilo.

Recientemente ha resurgido el interés por diversas prácticas sexuales. Entre ellas figuran el sexo en grupo, el sexo con la ayuda de diversos dispositivos y el sexo en una infinidad de posturas. Estas prácticas se han presentado en todas las épocas de la literatura humana, pero hasta los últimos tiempos todo tipo de barreras legales y éticas frenaron a los promotores de la variedad sexual. Desde el punto de vista médico, no hay ningún motivo para alentar ni desalentar la variedad y la experimentación en lo sexual. Los problemas observados hoy día son una reacción hacia las antiguas actitudes; provienen del segundo enfoque predominante de la sexualidad: ahora todos debemos ajustarnos a una perfecta norma hedonista. En la actualidad, las personas se sienten culpables de no llevar una vida sexual suficientemente variada; por ejemplo, en la mayoría de los actos heterosexuales, el hombre se coloca en la «posición superior». Suele ser la más satisfactoria para ambos integrantes de la pareja, pues permite la más profunda penetración y el valor sensible de estar cara a cara con la pareja. La reciente derogación de esta técnica como «la posición misionera» ilustra ignorancia respecto a la historia y la anatomía; el tono acusatorio del término sugiere el intento de conseguir que una práctica normal suscite ansiedad y sentimientos de culpa.

Otros sujetos, por razones igualmente válidas, prefieren muchas posturas diferentes o encuentran su mayor satisfacción con una técnica optativa en particular. La expresión sexual no se sujeta a un método correcto ni a un patrón establecido. Los promedios carecen de sentido en la relación personal entre dos individuos. Estas relaciones pueden expresarse físicamente en formas muy diversas, ninguna superior a las demás. Usted tienen la libertad personal de ser común y corriente o exótico, con placer y sin sentimiento de culpa.

El sexo no es un deporte competitivo. La salud sexual, para la gran mayoría de los seres humanos se reduce al sentido común. Si algo agrada a ambos integrantes de la pareja, hágalo; de lo contrario evítelo. No permita que le invada el temor de apartarse de la normas. Los individuos no deben permitir que otras personas, quienes tampoco son expertas, les impongan su definición de lo satisfactorio; a final de cuentas recordemos que «en gustos se rompen géneros».

T Hipertensión arterial

La descripción de las principales enfermedades crónicas —cardiopatía, diabetes, artritis, cáncer, etc.— rebasa los límites de este libro, pero creemos importante hacer una excepción en el caso de la hipertensión arterial, ya que es el más común de los problemas crónicos importantes y el que mejor responde a tratamiento. Se estima que 30 a 40 millones de estadounidenses padecen hipertensión arterial, es decir, más de uno de cada diez.

Muchos de cuantos sufren hipertensión personal no lo saben; es una enfermedad singularmente insidiosa. Los síntomas no aparecen hasta que resulta demasiado tarde; con lamentable frecuencia, el primer indicio del problema es una catástrofe, como un ataque al corazón o una embolia. No espere que un dolor de cabeza o una hemorragia nasal se lo adviertan; estos trastornos no son avisos fidedignos de hipertensión arterial. Incluso si usted padece estos síntomas, es muy poco probable que se deban a presión arterial alta.

La detección precoz (mediante estudios) de la hipertensión arterial es importante porque la enfermedad avanza de manera inadvertida, pero en esta etapa puede tratarse eficazmente. La hipertensión resulta única en su clase, ya que es mucho más difícil presentar argumentos en favor de la realización de estudios previos con cualquier otra enfermedad importante. Por tanto, preferimos subrayar la importancia de detectar oportunamente la hipertensión arterial. Encabece su lista de pruebas médicas con una lectura de su presión arterial.

Es cierto que usted puede tener hipertensión arterial aun cuando sea delgado y acostumbre hacer ejercicio. Sin embargo, también es cierto que el hecho de estar pasado de peso y en mala condición física aumenta el riesgo de sufrir de este mal. Lo más importante es que algunos informes recientes han confirmado que los sujetos obesos y de vida sedentaria que padecen hipertensión arterial pueden reducir sus cifras de presión con bajar de peso y hacer ejercicio regularmente; muchos podrían mantener normal su presión arterial sin tomar ningún medicamento y, la mayoría de los demás, reducir la dosis de los fármacos que necesitan. El tratamiento terapéutico de la hipertensión arterial es eficaz, pero a la vez costoso, además de que ocasiona riesgos y efectos secundarios. Suprimir los fármacos es algo muy deseable que sólo se podría lograr en caso de no haberlos requerido nunca. De

375

cualquier forma, el ejercicio y el mantenimiento del peso adecuado pueden ser la clave para la mayoría de los hipertensos, así como las técnicas de relajamiento y la reducción del consumo de sal.

He aquí un resumen de lo que usted necesita saber acerca de la hipertensión arterial:

AVERIGÜE SI LA PADECE

Una vez al año compruebe su presión arterial; es un procedimiento fidedigno, no doloroso y barato. Quizá el consultorio de su médico no sea el mejor lugar para ello, pues el solo hecho de encontrarse allí puede elevarle la presión. La verificación de la presión arterial se puede conseguir en forma gratuita a través de corporaciones, departamentos de salud pública y agencias voluntarias de salud; casi nunca se requiere acudir al consultorio para esto. Los aparatos para medir la presión arterial, disponibles en muchos comercios, son bastante exactos.

No se alarme por una sola lectura. Como la presión arterial normalmente fluctúa, necesitará varias determinaciones si la primera dio una cifra elevada. Al menos un tercio de las personas cuya lectura inicial es elevada tendrá cifras normales en determinaciones subsiguientes. La lectura de la presión arterial consta de dos cifras; la mayor corresponde a la presión *sistólica*, y la menor, a la *diastólica*. La presión arterial se considera alta si la cifra mayor excede de 140, o la inferior es menor de 90. El nivel tradicionalmente «normal» es de 120/80, pero esto se ha exagerado. En general se prefieren las cifras bajas (a menos que el bajo nivel se deba a alguna enfermedad). Es algo insólito atribuir la presión arterial baja a un cuadro patológico; por lo regular se observa en sujetos muy jóvenes o en personas mayores en excelentes condiciones físicas.

No se compre un aparato para tomar la tensión arterial a menos que sea hipertenso o piense tomar muchas lecturas como un servicio público o por algún otro motivo. Usted puede obtener su lectura anual sin costo alguno, por lo que resulta innecesaria la adquisición de este instrumento. Si bien no es difícil tomar la presión arterial ni entraña misterio alguno, sí requiere cierta práctica, por lo que no basta hacerlo una ni incluso varias veces al año.

SI USTED SUFRE HIPERTENSION ARTERIAL DEBE CUIDARSE

Si tiene hipertensión arterial, lo más importante que debe comprender es que *usted* mismo tiene que afrontar este problema. Será su responsabilidad mantener el peso debido, perseverar en sus ejercicios, reducir su ingestión de sal y tomar sus medicamentos. Nosotros opinamos que usted mismo debe tomarse la presión arterial. Su médico debe ser un consejero digno de confianza, pero no puede asumir la responsabilidad que le corresponde como paciente. No importa lo mucho que el médico quisiera cuidarlo, ya que no le es posible hacerlo como usted lo haría. Lleve las riendas y los médicos competentes subrayarán esta particularidad. Después de la investigación inicial y una vez controlada la presión arterial, usted debe ser capaz de manejar este problema con relativamente pocas visitas a su médico.

Si es hipertenso, le resultará conveniente adquirir un aparato para medirse la presión. Las determinaciones obtenidas le revelan prácticamente el cuadro completo. Si puede manejar su problema, necesitará las lecturas de su presión arterial a fin de poder informar al médico sobre cualquier cambio o dificultad.

Incorpore a su programa una rutina adecuada de ejercicios, el control de su peso y la restricción de sal. En casos de hipertensión arterial de leves a moderados, debe considerarse como último recurso el tratamiento con medicamentos. Incluso cuando los fármacos son indispensables, su atención al ejercicio y peso corporal le permitirán tomar dosis menores, lo que significa menos gastos y menor riesgo de efectos secundarios. La sal incrementa el volumen de líquidos retenidos en el cuerpo y así eleva la presión de los líquidos. Modere su consumo de sal, evítela en la elaboración de sus alimentos y prescinda de «alimentos chatarra» muy salados.

Si necesita tomar medicamentos, comprenda cómo usarlos. Cada fármaco tiene efectos secundarios y advertencias de los que usted debe estar prevenido. Anote su consumo de medicamentos junto con sus cifras de presión arterial. Este tipo de registro es indispensable; constituye la única manera de que usted y su médico puedan tomar decisiones razonables acerca de su programa terapéutico.

Persevere. El manejo de la hipertensión arterial es una tarea de toda la vida. No debe interrumpir su programa sólo porque se siente bien ni esperar signos o síntomas que le indiquen lo que necesita hacer. La enfermedad avanza sin que uno se percate de ello. Si se cuida debidamente, es muy poco probable que su hipertensión llegue a ocasionarle un problema importante; si la pasa por alto o espera que otro lo atienda, innecesariamente pone en peligro su vida y su bienestar.

Sección III HISTORIA CLINICA FAMILIAR

Inmunizaciones, un registro familiar

DPT = Difteria, tos ferina *(pertussis)* y tétanos
DT = Difteria y tétanos
Polio = Poliomelitis

Sarampión = Vacuna antisarampión
Paperas = Paperas
Rubéola = Rubéola, sarampión de tres días

Nombre: _____ _____ _____ _____ _____ _____

Edad recomendada:	*Fecha*	*Fecha*	*Fecha*	*Fecha*	*Fecha*	*Fecha*
2 meses DPT #1						
Polio #1						
4 meses DPT #2						
Polio #2						
6 meses DPT #3						
Polio #3						
12 meses Sarampión						
Paperas						
Rubéola						
18 meses Refuerzo contra polio						
Refuerzo contra DPT						
5 años Refuerzo contra polio						
Refuerzo contra DPT						
Otros						

Nota: Las vacunas contra la difteria y el tétanos se recomiendan cada 10 años de por vida, con una vacuna de refuerzo en caso de heridas contaminadas ocurridas más de 5 años después de la última vacuna de refuerzo.

Enfermedades de la infancia

Tos ferina

Nombre	Fecha	Lugar	Observaciones

Varicela

Sarampión

Paperas

Rubéola

Otras enfermedades

_____

_____ _____ _____ _____
_____ _____ _____ _____
_____ _____ _____ _____
_____ _____ _____ _____
_____ _____ _____ _____

_____

_____ _____ _____ _____
_____ _____ _____ _____
_____ _____ _____ _____
_____ _____ _____ _____
_____ _____ _____ _____

_____

_____ _____ _____ _____
_____ _____ _____ _____
_____ _____ _____ _____
_____ _____ _____ _____
_____ _____ _____ _____

_____

_____ _____ _____ _____
_____ _____ _____ _____
_____ _____ _____ _____
_____ _____ _____ _____
_____ _____ _____ _____

Información médica familiar

Nombre	Grupo sanguíneo	Factor Rh	Alergias (incluso las medicamentosas)
_____	_____	_____	_____
_____	_____	_____	_____
_____	_____	_____	_____
_____	_____	_____	_____
_____	_____	_____	_____
_____	_____	_____	_____
_____	_____	_____	_____
_____	_____	_____	_____

Hospitalizaciones

Nombre　　　　　　　　　Fecha　　　　　　　　Hospital

_____　_____　_____

Dirección　　　　　　　　　　　　　　　　Motivo

_____　　　　　　_____

Nombre　　　　　　　　　Fecha　　　　　　　　Hospital

_____　_____　_____

Dirección　　　　　　　　　　　　　　　　Motivo

_____　　　　　　_____

Nombre　　　　　　　　　Fecha　　　　　　　　Hospital

_____　_____　_____

Dirección　　　　　　　　　　　　　　　　Motivo

_____　　　　　　_____

Nombre

_____

Fecha

_____

Hospital

_____

Dirección

_____

Motivo

_____

Nombre

_____

Fecha

_____

Hospital

_____

Dirección

_____

Motivo

_____

Nombre

_____

Fecha

_____

Hospital

_____

Dirección

_____

Motivo

_____

Nombre

_____

Fecha

_____

Hospital

_____

Dirección

_____

Motivo

_____

Nombre

_____

Fecha

_____

Hospital

_____

Dirección

_____

Motivo

_____

Nombre

_____

Fecha

_____

Hospital

_____

Dirección

_____

Motivo

_____

Nombre

_____

Dirección

_____

Fecha

_____

Hospital

_____

Motivo

_____

Nombre

_____

Dirección

_____

Fecha

_____

Hospital

_____

Motivo

_____

Nombre

_____

Dirección

_____

Fecha

_____

Hospital

_____

Motivo

_____

Nombre

_____

Dirección

_____

Fecha

_____

Hospital

_____

Motivo

_____

Nombre

_____

Dirección

_____

Fecha

_____

Hospital

_____

Motivo

_____

Nombre

_____

Dirección

_____

Fecha

_____

Hospital

_____

Motivo

_____

OTRAS OBRAS PUBLICADAS POR ESTOS AUTORES

Combs, B. J., D. R. Hales, B. K. Williams, J. F. Fries y D. M. Vickery, *An Invitation to Health: Your Personal Responsability,* Menlo Park, Calif., Benjamin/Cummings Publishing Co., 1979.

Fries, J. F., *Arthritis: A Comprehensive Guide,* Reading, Mass., Addison-Wesley Publishing Co., 1979.

Fries, J. F. y G. E. Ehrlich, *Prognosis: A Textbook of Medical Prognosis,* Bowie, Md., The Charles Press Publishers, 1980.

Fries, J. F. y L. Crapo, *Vitality and Aging,* San Francisco, Calif., W. H. Freeman and Co. Publishers, 1981.

Lorig, K. y J. F. Fries, *The Arthritis Helpbook,* Menlo Park, Calif., Addison-Wesley Publishing Co., 1980.

Pantell, R., J. F. Fries y D. M. Vickery, *Taking Care of Your Child,* Reading, Mass., Addison-Wesley Publishing Co., edición revisada, 1984.

Vickery, D. M. y J. F. Fries, *Cuídate. Guía para una mejor atención médica,* México, Fondo Educativo Interamericano, 1982.

Vickery, D. M., *Life Plan Your Health,* Reading, Mass., Addison-Wesley Publishing Co., 1978.

Lecturas complementarias

Libros

Bunker, J. P., B. A. Barnes y F. Mosteller, *Costs, Risks, and Benefits of Surgery*, Nueva York, Oxford University Press, 1977.

Dubos, R., *Mirage of Health: Utopias, Progress, and Biological Change*, Nueva York, Harper & Row Publishers, 1959.

Farquhar, J. W., *The American Way of Life Need Not Be Hazardous to Your Health*, Nueva York, W. W. Norton & Co., 1978.

Ferguson, T., *Medical Self-Care: Access to Health Tools*, Nueva York, Summit Books, 1980.

Frank, J. F., *Persuasion and Healing*, Nueva York, Schocken Books, 1963.

Fuchs, V. R., *Who Shall Live? Health, Economics, and Social Choice*, Nueva York, Basic Books, 1974.

Knowles, J. H., *Doing Better and Feeling Worse: Health in the United States*, Nueva York, W. W. Norton & Co., 1977.

Lowell, S. L., A. H. Katz, E. Holst, *Self-Care: Lay Initiatives in Health*, Nueva York, Prodist, 1979.

Mangi, R., P. Jokl y O. W. Dayton, *The Runner's Complete Medical Guide*, Nueva York, Summit Books, 1979.

McKeown, T., *The Role of Medicine: Dream, Mirage, or Nemesis?*, Princeton, N. J., Princeton University Press, 1979.

Riley, M. W., *Aging from Birth to Death: Interdisciplinary Perspectives*, Boulder, Colo., Westview Press, 1979.

Silverman, M. y P. R. Lee, *Pills, Profits and Politics*, Berkeley, Calif., University of California Press, 1974.

Sobel, D. S. y T. Ferguson, *The People's Book of Medical Tests*, Nueva York, Summit Books, 1985.

Totman, R., *Social Causes of Illness*, Nueva York, Pantheon Books, 1979.

Urquhart, J. y K. Heilmann, *Risk Watch. The Odds of Life*, Nueva York, Facts On File Publications, 1984.

Articulos

American Cancer Society, *The Cancer-Related Health Checkup*, 8 de febrero, 1980.

Berg, A. O. y J. P. LoGerfo, "Potential Effect of Self-Care Algorithms on the Number of Physician Visits", *N. Eng. J. Med.* 300(1979):535-37.

Betz, B. J. y C. B. Thomas, "Individual Temperament as a Predictor of Health or Premature Disease", *Johns Hopkins Med. J.* 144(1979):81-89.

Breslow, L. y A. R. Somers, "The Lifetime Health-Monitoring Program", *N. Eng. J. Med.* 296(1977):601-08.

Brody, D. S., "The Patient's Role in Clinical Decision Making", *Ann. Intern. Med.* 93(1980):718-22.

Camargo, Jr. C. A., P. T. Williams, K. M. Vranizan, J. J. Albers, P. D. Wood, "The Effect of Moderate Alcohol Intake on Serum Apolipoproteins A-I and A-II", *JAMA* 253(1985):2854-57.

Creagan, E. T., *et. al.*, "Failure of High-Dose Vitamin C (Ascorbic Acid) Therapy to Benefit Patients with Advanced Cancer", *N. Eng. J. Med.* 301(1979):687-90.

Delbanco, T. L. y W. C. Taylor, "The Periodic Health Examination: 1980", *Ann. Intern. Med.* 92(1980):251-52.

Dinman, B. D., "The Reality and Acceptance of Risk", *JAMA* 244(1980):1226-28.

Eisenberg, L., "The Perils of Prevention: A Cautionary Note", *N. Eng. J. Med.* 297(1977):1230-32.

Farquhar, J. W., "The Community-Based Model of Life Style Intervention Trials", *Am. J. Epidemiol,* 108(1978):103-11.

Fletcher, S. W. y W. O. Spitzer, "Approach of the Canadian Task Force to the Periodic Health Examination", *Ann. Intern. Med.* 92(1980):253.

Franklin, B. A. y M. Rubenfire, "Losing Weight through Exercise", *JAMA* 244(1980):377-79.

Fries, J. F., "Aging, Natural Death, and the Compression of Morbidity", *N. Eng. J. Med.* 303(1980):130-35.

Glasgow, R. E. y G. M. Rosen, "Behavioral Bibliotherapy: A Review of Self-Help Behavior Therapy Manuals", *Psych. Bull.* 85(1978):1-23.

Goldman, L. y E. F. Cook, "The Decline in Ischemic Heart Disease Mortality Rates", *Ann. Int. Med.* 101(1984):825-36.

Hennekens, C. H., W. Willett, *et. al,* "Effects of Beer, Wine, and Liquor in Coronary Deaths", *JAMA* 242(1979):1973-74.

Herbert, P. N., D. N. Bernier, E. M. Cullinane, L. Edelstein, M. A. Kantor, P. D. Thompson, "High-Density Lipoprotein Metabolism in Runners and Sedentary Men", *JAMA* 252(1984):1034-37.

Huddleston, A. L., D. Rockwell, *et. al,* "Bone Mass in Lifetime Tennis Athletes", *JAMA* 244(1980):1107-09.

Huttenen, J. K., *et. al* "Effect of Moderate Physical Exercise on Serum Lipoproteins", *Circulation* 60:(1979):1220-29.

Kaplan, N. M., "Non-Drug Treatment of Hypertension", *Ann. Int. Med.* 102(1985):359-73.

Kotchen, T. A. y R. J. Havlik, "High Blood Pressure in the Young", *Ann. Intern. Med.* 92(1980):254.

Kromhout, D., E. B. Bosschieter y C. DeLezenne Coulander, "The Inverse Relation between Fish Consumption and 20-Year Mortality from Coronary Heart Disease", *N. Eng. J. Med.* 312(1985):1205-09.

Langford, H. G., *et. al.,* "Dietary Therapy Slows the Return of Hypertension after Stopping Prolonged Medication", *JAMA* 253(1985):657-64.

—"The Lipid Research Clinics Coronary Primary Prevention Trial Results. I. Reduction in Incidence of Coronary Heart Disease", *JAMA* 251(1984):351-64.

Lipid Research Clinics Program, "The Lipid Research Clinics Coronary Primary Prevention Trial Results. II. The Relationship of Reduction in Incidence of Coronary Heart Disease to Cholesterol Lowering", *JAMA* 251(1984):365-74.

Lorig, K., R. G. Kraines, B. W. Brown y N. Richardson, "A Workplace Health Education Program Which Reduces Outpatient Visits", *Medical Care* (1985) (en prensa).

Moore, S. H., J. LoGerfo y T. S. Inui, "Effect of a Self-Care Book on Physician Visits", *JAMA* 243(1980):2317-20.

Multiple Risk Factor Intervention Trial Research Group, "Multiple Risk Factor Intervention Trial. Risk Factor Changes and Mortality Results", *JAMA* 248(1982):1465-501.

Nash, J. D. y J. W. Farquhar, "Community Approaches to Dietary Modification and Obesity", *Psychiatric Clinics of No. Amer.* 1(1978):713-24.

Paffenbarger, R. S. y R. T. Hyde, "Exercise as Protection against Heart Attack", *N. Eng. J. Med.* 302(1980):1026-27.

Paffenbarger, R. S., *et. al.,* "A Natural History of Athleticism and Cardiovascular Health", *JAMA* 252(1984):491-95.

Phelps, C. E., "Illness Prevention and Medical Insurance", *J. Human Resources* 13(1978):183-207.

Phillipson, B. E., *et. al.,* "Reduction of Plasma Lipids, Lipoproteins, and Apoproteins by Dietary Fish Oils in Patients with Hypertriglyceridemia", *N. Eng. J. Med.* 312(1985):1210-16.

Relman, A. S., "The New Medical-Industrial Complex", *N. Eng. J. Med.* 303(1980):963-70.

Remington, P. L., *et. al.,* "Current Smoking Trends in the United States. The 1981-1983 Behavioral Risk Factor Surveys", *JAMA* 253(1985):2975-78.

Rosen, G. M., "The Development and Use of Nonprescription Behavior Therapies", *Amer. Psych.* (febrero de 1976):139-41.

Stallones, R. A., "The Rise and Fall of Ischemic Heart Disease", *Scientific Amer.* 243(1980):53-59.

Stamler, R., J. Stamler., *et. al.,* "Weight and Blood Pressure: Findings in Hypertension Screening of 1 Million Americans", *JAMA* 240(1978):1607-10.

Taylor, W. C. y T. L. Delbanco, "Looking for Early Cancer", *Ann. Intern. Med.* 93(1980):773-75.

Thomas, C. B. y O. L. McCabe, "Precursors of Premature Disease and Death: Habits of Nervous Tension", *Johns Hopkins Med. J.* 147(1980):137-45.

Vickery, D. M., H. Kalmer, D. Lowry, M. Constantine, E. Wright y W. Loren, "Effect of a Self-care Education Program on Medical Visits", *JAMA* 250(1983):2952-56.

Weinstein, M. C., "Estrogen Use in Postmenopausal Women—Costs, Risks, and Benefits", *N. Eng. J. Med.* 303(1980):308-16.

White, J. R. y H. F. Froeb, "Small-Airways Dysfunction in Nonsmokers Chronically Exposed to Tobacco Smoke", *N. Eng. J. Med.* 302(1980):720-23.

Zook, C. J. y F. D. Moore, "High-Cost Users of Medical Care", *N. Eng. J. Med.* 302(1980):996-1002.

Indice de materias

403